나랏말쏨 1

삼국유사

일연 지음

이재호 옮김

솔

나랏말씀 편집위원 (가나다순)

박찬수 (민족문화추진회 사무국장)   송기호 (서울대 국사학과 교수)
신승운 (성균관대 문헌정보학과 교수)   정 민 (한양대 국문학과 교수)
조수익 (한문학자)

일러두기

1. 이 책은 지금까지 발간된 모든 책을 참고하여 번역의 완벽을 꾀했다.
2. 번역은 될 수 있는 한 원문에 충실히 하였으나 역문이 어려워지는 경우에는 의역 또는 보충역을 하였다.
3. 원문에 빠진 글자는 ( ) 안에 넣었고 원문에서 잘못된 것은 [ ] 안에 넣었다.
4. 3의 경우 원문에서 잘못된 것은 주석에서 그 이유를 밝히고 역문에서는 올바른 내용을 실었다.
5. 원문에서 자주는 글자체를 작게 처리하였으며, 역문에서는 글자체를 작게 하고 ─로서 표시하였다.
6. 각편의 중간제목은 사실의 개요를 표시하기 위해 옮긴이가 임의로 설치하였다.
7. 서기 연대는 독자 편의를 위해 옮긴이가 임의로 보충하였다.
8. 부호의 쓰임은 다음과 같다.

   〔 〕 : 뜻과 음이 같지 않은 한자를 묶는다.
   " " : 대화체나 인용문을 묶는다.
   ' ' : 대화체나 인용문을 재인용하거나 단어와 문구의 강조 또는 편 단위 이상으로 구성된 책에서 작품명을 표기한다.
   『 』 : 책이름을 표기한다.
   「 」 : 편명이나 작품명을 표기한다.
   《 》 : 각주에서 출전을 밝힌다.
    * : 소제목에 달린 자주를 표기한다.

해제

1 머리말

우리 나라는 옛날부터 다른 민족의 수많은 침략을 받아 귀중한 문화재를 너무도 많이 잃게 되어, 오늘날에 와서는 그 많은 역사문헌을 구할 수 없게 되었다.

더구나 상고시대로부터 삼국시대까지 수천년 동안 역사문헌이 많이 씌어졌는데도, 이제 남은 것이라고는 오직 고려 중엽에 편찬된 김부식金富軾의 『삼국사기』와 그후 충렬왕忠烈王 때에 쓰인 보각국존普覺國尊 일연一然의 『삼국유사』가 있을 뿐이니 이 두 사적史籍은 우리 나라 고대 역사의 쌍벽雙璧으로 지칭되고 있다.

2 『삼국유사』의 체재와 의례

1 『삼국유사』의 체재

『삼국사기』와 『고승전』과의 비교

우리가 옛날 사서史書를 평가할 적에 먼저 그 체재體裁와 의례義例를 고찰하는 것은, 그 사서 기술의 목적의식이 대부분 그 체재와 의례에 나타나 있기 때문이다. 그러므로 여기서 『삼국유사』의 체재를 우리측 사서인 『삼국사기』와 중국측 기록인 『고승전高僧傳』과 비교 검토해보려고 한다.

첫째, 『삼국사기』는 고려 인종仁宗 23년(1145)에 김부식이 왕명을 받아 찬진撰進한 신라·고구려·백제 삼국의 역사로서, 그 체재는 중국의 사마천司馬遷이 쓴 『사기史記』를 모방한 '기전체紀傳體'의 정사正史이며, 그 편차는 「신라 본기新羅本紀」 12권, 「고구려 본기高句麗本紀」 10권, 「백제 본기百濟本紀」 6권, 「연표年表」 3권, 「지志」 9권, 「열전列傳」 10권 합계 50권으로 되어 있는데, 그 체재는 조리정연하고 문장은 창달유려暢達流麗하다.

다음 『고승전』은 중국 역대의 승려가 찬술한 고승들의 전기傳記로서, 그 체재는 '기사본말체紀事本末體'를 모방한 개인의 전기이다. 그 편차는 양梁나라 『고승전』에서는 1 「역경譯經」,

2「의해義解」, 3「신이神異」, 4「습선習禪」, 5「명률明律」, 6「유신遺身」, 7「송경誦經」, 8「흥복興福」, 9「경사經師」, 10「창도唱導」 등으로 분류 기술하였고, 당나라『고승전』에서는 1「역경譯經」, 2「의해義解」, 3「습선習禪」, 4「명률明律」, 5「호법護法」, 6「감통感通」, 7「유신遺身」, 8「독송讀誦」, 9「흥법興法」, 10「잡과雜科」 등으로 분류 기술하고 있다.

즉『삼국사기』는 사마천이 쓴『사기』의 체재를 모방하여 신라·고구려·백제 세 나라 여러 왕들의 사적을 「본기本紀」에, 명신名臣의 사적을 「열전列傳」에 수록했으며,『고승전』은 「역경譯經」,「의해義解」 등의 편목에 따라 그 편목에 해당되는 고승들의 행적行蹟을 수록하고 있다.

이에 비해서『삼국유사』는 저자 일연이 승려의 손으로 쓴 전기체傳記體의 기록으로서 체재가 미비하고 문장이 소박한 야사野史이다. 그 편차는 1「왕력王曆」, 2「기이紀異」, 3「흥법興法」, 4「탑상塔像」, 5「의해義解」, 6「신주神呪」, 7「감통感通」, 8「피은避隱」, 9「효선孝善」 등으로 분류 기술하고 있다.

제1「왕력편王曆篇」은 신라·고구려·백제·가락국駕洛國 등 역대 여러 왕들의 세계世系와 그 연대年代에 관한 기록이고, 제2「기이편紀異篇」은 고조선 이후의 남북의 여러 부족국가와 신라·고구려·백제 삼국에 관한 기록이며, 제3「흥법편興法篇」에서 제9「효선편孝善篇」까지는 모두 불교의 홍포弘布와 승려의 행적에 관한 기록이다.

이상에 나타난 『삼국유사』의 체재를 고찰해본다면 「왕력편」과 「기이편」은 우리 민족 역사에 관한 기록이고, 「홍법편」이하의 글들은 모두 불교와 승려에 관한 기록이니, 그 체재는 사관史官의 손으로 쓴 정사체正史體의 『삼국사기』와는 근본적으로 다르며, 오히려 중국 역대 승려의 손으로 쓴 『고승전』의 체재를 대부분 모방한 것이라 할 수 있겠다.

그러나 『고승전』은 다만 불교와 승려에 관한 기록임에 대해서, 『삼국유사』는 불교와 승려에 관계된 기록 이외에 민족 역사에 관계된 기록인 「기이편」이 권두卷頭에 적혀 있으니 이것이 일연대사가 『삼국유사』의 저술 목적을 단적으로 나타낸 것이라 할 수 있다.

또 그 서술 내용도 『삼국사기』와 『삼국유사』를 비교 고찰해본다면 『삼국사기』는 자료 인용에 있어 대부분 중국측 기록만 인용했을 뿐, 우리 나라의 기록은 소홀히 처리했으며, 또 논지論旨의 전개에 있어서도 대부분 자기의 유학자적 주관主觀으로 취사取捨 논단한 경향이 있음에 비해 『삼국유사』는 자료의 인용 범위가 중국측 기록보다는 우리 나라의 고문서古文書와 민간 기록을 많이 인용하여 민족 기원起源의 원형 보존에 주력한 경향이 나타나고, 또 논지의 전개에 있어서도 의문疑問이 있는 곳에는 반드시 소주小註를 달아 그 출전出典을 인증引證하는 등 다분히 자기의 주관적인 논단을 배제한 객관적인 선택을 취하고 있다.

「기이편」의 의의와 그 범위

『삼국유사』의 편차 내용을 검토해본다면, 제1권에는 「왕력편」과 「기이편」 상을, 제2권에는 「기이편」 하를, 제3권에는 「흥법편」과 「탑상편塔像篇」을, 제4권에는 「의해편義解篇」을, 제5권에는 「신주편神呪篇」·「감통편感通篇」·「피은편避隱篇」·「효선편孝善篇」 등으로 배정 기술하고 있는데, 「기이편」은 분량면으로도 다른 편보다 단연 많을 뿐만 아니라, 그 의의 면에서도 다른 편과는 달리 그 첫머리에 서언敍言을 써서 그 서술 목적을 명시하고 있다.

즉 이 서언의 뜻을 요약한다면 역사기술의 방법에 있어, 괴이·용력勇力·패란悖亂·귀신 등의 비합리적인 요소를 배제하는 유가儒家의 논리를 원칙으로 삼고 있지만 그러나 우리나라 상고시대 건국시조의 탄생은 모두 신이神異한 전설에 속해 있으니 이 신이한 전설을 원형 그대로 기술해야 한다는 것을 표명하고 있는데, 특히 이 부분에는 중국 상고시대 건국시조인 제왕의 탄생도 대부분 신이한 전설에 속했던 유형을 인증하여 저자 자신의 서술 방법의 타당성을 뒷받침하고 있다.

즉 일연대사의 「기이편」의 저술 목적은 앞서 김부식이 저술한 『삼국사기』가 유가적인 합리주의 역사 서술방식에 의하여 우리 나라 상고시대의 신화 전설을 주관적으로 깎아 고쳐 쓴 것에 대하여, 자신은 어디까지나 신정神政시대의 신화 전설을 원형 그대로 보존 기술했음을 나타낸 것이다.

『삼국사기』에는 삼국의 건국시조부터 시작했지만 『삼국유사』의 「기이편」에서는 맨 첫머리에 국조 단군檀君이 중국 상고시대 요임금과 거의 같은 시기에 건국했다는 사실을, 중국의 역사기록인 『위서魏書』와 우리 나라의 기록인 『고기古記』를 다같이 인용하여 그 건국 내력을 밝혔으며, 특히 『고기』에서는 단군의 건국 신화를 원형 그대로 상세히 기술하고는 단군이 중국의 요임금이 즉위한 지 50년 만에 평양성平壤城에 도읍을 정하고 나라 이름을 '조선朝鮮'으로 일컬었다고 했으니 이것은 우리 나라도 중국과 같이 5천 년의 유구한 역사를 가진 국가임을 내세운 것이다.

다음으로 「기이편」에 수록된 나라의 범위에 대하여 살펴보자. 맨 처음 '고조선古朝鮮=단군조선檀君朝鮮'을 필두로 그 다음에 '위만조선衛滿朝鮮', '마한馬韓', '진한辰韓', '변한弁韓', '발해渤海', '5가야伽倻', '북부여北扶餘', '고구려高句麗', '신라新羅', '백제百濟', '가락국駕洛國' 등의 건국 시말을 차례대로 기술했으며, 특히 '신라'에 대해서는 시조 '혁거세왕赫居世王'으로부터 마지막왕 '경순왕敬順王'에 이르기까지의 사실을 그 중요한 부분만 간추려 차례대로 기술하고 있다.

즉 「기이편」의 편차에 이러한 범위를 설정한 것은, 저자 일연대사의 의도가 단군을 우리 민족의 건국시조로 삼고서, 남북의 여러 부족국가와 고구려·신라·백제 등 세 왕국을 모두 단군의 후손인 같은 민족이란 개념에서 총괄한 것이라고 여겨진다.

2 『삼국유사』의 의례

'천자天子' 칭호의 용례

역사서술에 있어 가장 중요한 것은 '의례' 곧 책의 범례이니 '의례'는 법률에서의 '판례判例'와 예악에서의 '의절儀節'과 같은 것이다. 그러므로 과거의 역사서술의 의례에 있어서는 먼저 그 역사의 중심체로서 '정통正統'을 정립시키고 있는데, 이 정통은 반드시 '천자'로서 주체主體로 삼고 그 이외 세력을 모두 종속으로 인정하여, 그 의론체계를 정립시켰으니 이것이 과거 전통적 역사의 서술방법이었다.

그러므로 역사책에서 말하는 '천자'의 칭호에 대해서 중국에서는 옛날부터 천하 곧 중국을 통치한 군주를 지칭한 것이었으니 이는 천하를 굴복시키는 데 있어서는 마땅히 존엄한 명호를 사용하여, 그 위광威光으로써 복종하는 인민을 통치하는 데 그 목적이 있었던 것이다. 또 제왕은 하늘을 대신하여 만민을 통치한다는 개념으로 '천자'는 곧 하늘의 아들로서 하늘의 명령을 받아 만민에 군림하는 인물로 인정되었던 것이다.

즉 이러한 특정 인물인 '천자'에 국한시켜 과거역사에서는 그 죽음에 대해서도 다른 인물과는 별다른 특정적인 글자를 사용했으니 즉 '천자' 곧 제왕에게는 '붕崩'자를, 제후에게는 '훙薨'자를, 다른 귀인에게는 '졸卒'자를 썼던 것이다.

이것이 그 당시 역사서술의 공통적인 의례였으므로 '천자'

해제 11

란 칭호의 용례와 왕의 죽음에 대한 '붕'자의 용례는 우리 나라의 다른 역사책에서는 찾아볼 수 없다. 그런데도 유독『삼국유사』에서는 '천자'란 칭호와 죽음에 대한 '붕'자의 용례를 서슴지 않고 그대로 썼으니 이것은 우리 나라의 역사는 중국의 종속이 아닌 자주 국가의 역사임을 나타내는 동시에, 우리 나라의 군주도 중국의 황제와 동등한 지위에 놓여 있음을 암시한 것이라 할 수 있다.

『삼국유사』에 나타난 '천자'의 실례

위에서 거론한 중국에서의 '천자'의 칭호는 천하를 통치한 군주를 지칭한 것임에 대하여,『삼국유사』에 나타난 우리 나라 상고시대의 '천자'의 칭호는 곧 하늘에서 내려온 '천제天帝'의 아들이란 것이다. 즉 고조선의 단군은 하늘에서 내려온 환웅천왕桓雄天王의 아들이란 것이며, 고구려의 시조 동명왕東明王은 '천제'의 아들인 해모수解慕漱의 아들이란 것이며, 신라의 시조 혁거세왕은 하늘에서 내려온 알[卵] 속에서 나온 하늘의 아들이란 것이며, 가락국의 시조 수로왕首露王은 하늘에서 내려온 황금빛 알에서 나온 하늘의 아들이란 것이니 중국의 '천자'는 곧 천하를 통치한 군주의 명칭이고, 우리 나라의 '천자'는 곧 하늘의 아들인 군주의 칭호이다. 그러므로 우리 나라의 역사는 하늘과 직접 연결되는 자주국의 역사이고, 결단코 중국에 예속된 부용국附庸國의 역사는 아니라는 것이다.

이와 같은 주체적인 역사서술에 있어서는 왕의 죽음에 대하여 모두 '천자'의 죽음에 사용하던 '붕'자를 썼던 것이다. 즉 「기이편」에서는 신라의 제4대 탈해왕脫解王을 위시하여 제56대 경순왕敬順王까지 열 분의 왕들의 죽음에 모두 '붕'자를 썼으며, 백제의 구수왕仇首王의 죽음에도 '붕'자를 썼으며, 또 가락국은 제2대 거등왕居登王에서 제9대 겸지왕鉗知王에 이르기까지 그 왕들의 죽음에 모두 '붕'자를 썼고, 또 「왕력편」에서도 신라의 탈해왕 이후 몇몇 왕들의 죽음에 모두 '붕'자를 썼던 것이다.

그런데 다만 건국한 시조에 국한해서 그의 죽음에 「기이편」에서 고조선의 단군에 대해서는 '산신山神'이 되었다고 기술하고, 신라의 혁거세왕에 대해서는 하늘로 올라갔다고 기술하고, 가락국의 수로왕에 대해서는 '조락殂落'이라고 기술했던 것이다. 즉 이러한 용례는 중국에서도 상고시대에는 제왕의 죽음에 대해서 요임금에게는 '조락'이라고 기술하였고, 순임금에게는 '척陟=승하昇遐'이라 기술했으니 이는 후세 제왕의 죽음에 '붕'자를 쓴 예와 같은 것이다.

또 「기이편」의 내용에 있어서도 어떤 개인의 특수한 행적에 대해서는 『삼국사기』의 「열전」과 같은 형식으로 서술했는데, 특히 신라 내물왕奈勿王 때의 충신 박제상이 왜국에 사신으로 가서 왜왕에게 항절抗節 불굴했던 늠름한 기개에 대해서는 다음과 같이 박진감 있게 표현하고 있다.

왜왕은 박제상을 가두어두고 묻기를, "너는 어째서 너희 나라 왕자를 몰래 보냈느냐?"고 하니 제상은 대답하기를, "저는 신라의 신하이고 왜국의 신하는 아니므로, 이제 우리 임금의 소원을 이루려 한 것뿐인데, 어찌 감히 왕에게 말하겠소" 했다. 왜왕은 성내어 말하기를, "너는 내 신하가 되었는데도 신라의 신하라고 말하니 그렇다면 반드시 갖은 형벌을 모두 쓸 것이고, 만약 왜국의 신하라고만 한다면 반드시 높은 벼슬로 상을 주겠다" 하니 제상은 대답하기를, "차라리 신라의 개·돼지가 될지라도, 왜국의 신하는 되고 싶지 않으며, 차라리 신라의 형장刑杖은 받을지라도 왜국의 작록爵祿은 받고 싶지는 않소" 했다. 왜왕은 노하여 제상의 발바닥 가죽을 벗기고서 갈대를 베어 그 위로 걸어가게 하고는 다시 묻기를, "너는 어느 나라의 신하냐?"고 하니 제상은 "신라의 신하다"라고 대답했다. 다시 달군 쇠 위에 세워놓고서 묻기를, "너는 어느 나라의 신하냐?"고 하니 대답하기를, "신라의 신하다"라고 했다. 왜왕은 그를 굴복시키지 못할 것을 알고는 목도木島란 섬에서 불에 태워 죽였다 한다.

그리고 우리 나라의 고유 가요인 향가鄕歌 14수를 수록해서 민족의 문학을 알게 한 것도 이 역사서술의 자주의식의 표현이라 할 수 있다. 다만 『삼국유사』가 불교 관계의 기사와 영남 지방의 사적을 중점적으로 다룬 것은 저자의 신분이 승려이고, 그의 생활무대가 영남 지방이었기 때문에 주로 사회적·지역적 환경에서 유래된 것으로 추찰되기도 한다.

3 맺는말

위에서 『삼국유사』에 나타난 자주의식을 체재·의례의 두 가지 측면에서 고찰해보았는데, 특히 의례에 있어서는 「기이편」에 국한해서 살펴보았다. 이를 다시 요약한다면 첫째, 우리 나라 건국시조의 신화적 전설을 원형 그대로 서술 보존하는 일에 정력을 경주했던 것이다. 특히 국조 단군이 중국 상고시대 요임금과 같은 시기에 건국했다는 것은 우리 나라의 건국기원도 중국과 같이 오래되었음을 나타낸 것이며, 또 단군을 우리 민족의 시조로 삼고는 남북의 여러 부족국가가 고구려·신라·백제의 세 왕국으로 통합 발전하는 과정을 설명하여 우리 민족은 모두 국조 단군의 후손으로서 그 시원은 동일계통의 민족임을 제시하였다. 둘째 우리 나라에서도 옛날부터 건국시조는 존엄의 상징어인 '천자'란 칭호를 사용한 사실과 또 이러한 '천자'의 칭호에 따른 죽음에 '붕'이란 글자를 쓴 용례를, 우리 나라 역대왕들의 죽음에도 서슴없이 사용한 것은, 우리 나라의 역사도 중국에 종속되지 않은 자주국의 역사임을 나타내고 우리 나라 군주도 중국의 제왕과 동등한 지위에 놓여 있음을 암시한 것이다.

즉 이러한 몇 가지 사실로써 살펴본다면 저자 일연대사는 그의 생존한 시대가 우리 민족이 이민족인 몽고족에게 쓰라린 침략을 당하던 때인지라 자신은 이『삼국유사』란 저술을 통하여 우리의 민족혼을 일깨우려는 자주의식을 강렬히 표방하고 있음을 넉넉히 추찰할 수가 있겠다.

저자 일연대사(1206~1289)는 고려 후기의 고승으로서 성은 김金이요, 이름은 견명見明, 처음의 자는 회연晦然인데 후에 일연으로 고쳤으며, 시호는 보각普覺이다. 경북 경산 사람이며 언필彦弼의 아들이다. 아홉 살 때 중이 되어 선학禪學을 배우고 스물두 살 때 승과僧科에 급제, 이름을 세상에 날렸으며 마흔한 살 때 선사禪師, 쉰네 살 때 대선사大禪師가 되었고, 일흔여덟 살 때 국존國尊으로 추대되어 원경충조圓鏡冲照란 칭호를 받았다. 그는 제자백가의 학설을 통달, 많은 저술을 남겼다고 하나 현재 세상에 전하는 것은 이『삼국유사』5권뿐이다.

『삼국유사』의 판본은 정덕본(正德本, 1512), 조선사학회본(朝鮮史學會本, 1928), 삼중당본(三中堂本, 1944)이 현재 유통되고 있는데, 필자는『삼국유사』를 역주하면서 이 책들을 모두 참고하여 정밀한 고증을 거쳐 오자誤字·오식誤植을 모두 바로잡아 정확한 번역이 되도록 노력하였으며, 문장의 교정에 있어서는 박지홍朴智弘 교수의 도움을 많이 받았다.

이 역주본은 지난 1967년에 광문출판사에서 처음 출판한 적이 있었으나, 이번에 책의 체재를 완전히 고쳐 솔출판사에서 다시 출판하게 되었다. 이 개정판을 간행하는 일에 애써준 임양묵 사장님과 한국학 편집부 직원들에게 감사의 뜻을 표하는 바이다.

1997년 2월
서울의 마포서실에서 이재호 李載浩

삼국유사 1 · 차례

일러두기 ··· 4
해제 ··· 5

제1권
제1 왕력편 王曆篇

·· 27

제2 기이편 紀異篇 · 상

서문 ··· 61
고조선 ·· 64
위만조선 ··· 72
마한 ··· 78
2부 ·· 81
72국 ·· 82
낙랑국 ·· 83
북대방 ·· 85
남대방 ·· 86
말갈과 발해 ··· 87
이서국 ·· 91

5가야	92
북부여	94
동부여	95
고구려	97
변한과 백제	102
진한	104
또 사절유택	107
신라 시조 혁거세왕	107
제2대 남해왕	115
제3대 노례왕	118
제4대 탈해왕	120
김알지	127
연오랑과 세오녀	129
미추왕과 죽엽군	131
내물왕과 김제상	135
제18대 실성왕	145
거문고갑을 쏘다	146
지철로왕	149
진흥왕	151
도화녀와 비형랑	153
하늘이 내려준 옥대	158
선덕여왕이 미리 알아낸 세 가지 일	160
진덕여왕	165
김유신	168
태종 춘추공	173
장춘랑과 파랑	201

제2권
제2 기이편紀異篇·하

문무왕 법민 205

만파식적 219

효소왕 때의 죽지랑 224

성덕왕 230

수로부인 231

효성왕 234

경덕왕과 충담사·표훈대덕 235

혜공왕 243

원성대왕 245

이른 눈 254

흥덕왕과 앵무새 255

신무대왕과 염장·궁파 256

제48대 경문대왕 259

처용랑과 망해사 265

진성여왕과 거타지 270

효공왕 276

경명왕 277

경애왕 278

김부대왕 279

남부여·전 백제·북부여 293

무왕 303

후백제의 견훤 308

가락국기 341

제3권
제3 흥법편興法篇

순도가 고구려에 불교를 처음 전하다 ·················· 383
난타가 백제에 불교를 열다 ······························ 386
아도가 신라 불교의 기초를 닦다 ························ 387
원종은 불법을 일으키고 염촉은 순교하다 ·············· 401
법왕이 살생을 금하다 ···································· 418
보장왕이 도교를 신봉하니 보덕화상은 절을 남쪽으로 옮기다 ···· 420

부록

색인 ··· 433

삼국유사 2 · 차례

제3권
제4 탑상편塔像篇

동경 홍륜사 금당에 모신 10명의 성인 / 가섭불의 연좌석 / 요동성의 아육왕탑 / 금관성의 파사석탑 / 고구려의 영탑사 / 황룡사의 장륙존상 / 황룡사의 9층탑 / 황룡사의 종·분황사의 약사동상·봉덕사의 종 / 영묘사의 장륙존상 / 사불산·굴불산·만불산 / 생의사의 석미륵 / 홍륜사의 보현보살 벽화 / 세 곳에 나타난 관음과 중생사 / 백률사 / 민장사 / 전후로 가지고 온 사리 / 미륵선화 미시랑과 진자사 / 남백월산의 두 성인 노힐부득과 달달박박 / 분황사의 천수관음에게 빌어 눈먼 아이가 눈을 얻다 / 낙산의 두 보살 관음·정취와 조신 / 어산의 부처 영상 / 오대산의 5만 진신 / 명주 오대산의 보질도태자 전기 / 오대산 월정사의 다섯 성중 / 남월산 / 천룡사 / 무장사의 미타전 / 백엄사의 돌탑과 사리 / 영취사 / 유덕사 / 오대산 문수사의 석탑기

제4권
제5 의해편義解篇

원광이 당나라로 유학하다 / 보양스님과 배나무 / 양지스님이 석장을 부리다 / 천축으로 간 여러 법사들 / 혜숙과 혜공이 갖가지 모습을 나타내다 / 자장이 계율을 정하다 / 원효는 구속을 받지 않다 / 의상이 화엄종을 전래하다 / 사복이 말을 하지 않다 / 진표가 간자를 전하다 / 관동 풍악의 발연수 석기 / 승전의 석촉루 / 심지가 진표조사의 뒤를 잇다 / 유가종의 대현과 화엄종의 법해

제5권
제6 신주편神呪篇

밀본법사가 요사한 귀신을 물리치다 / 혜통이 용을 항복시키다 / 명랑법사의 신인종

제7 감통편感通篇

선도성모가 불사를 수희하다 / 여종 욱면이 염불하여 서쪽 하늘로 올라가다 / 광덕과 엄장 / 경흥대덕이 문수보살을 만나다 / 진신이 공양을 받다 / 월명사의 「도솔가」 / 선율이 되살아나다 / 김현이 범을 감동시키다 / 융천사의 「혜성가」 / 정수사가 얼어 죽게 된 여자를 구하다

제8 피은편避隱篇

낭지의 구름을 부리는 지위와 보현수 / 연회는 명예를 피해 달아나다가 문수점에서 도를 얻다 / 혜현이 고요함을 구하다 / 신충이 벼슬을 버리다 / 포산의 두 성사 / 영재가 도적을 만나다 / 물계자 / 영여사 / 포천산의 다섯 비구 / 염불사

제9 효선편孝善篇

진정법사의 효도와 선행이 다 아름답다 / 대성이 전생과 이생의 부모에게 효도하다 / 상득 사지가 다릿살을 베어 어버이를 봉양하다 / 손순이 아이를 매장하다 / 가난한 여인이 어머니를 봉양하다 / 발문

부록

균여전 해제 / 균여전 / 색인

(제 1 권)

제1 왕력편

왕력편王曆篇은 삼국시대 왕들의 세계世系와 연대年代에 관한 기록이다.

중 국	신 라	고 구 려	백 제
<전한前漢>			
선제宣帝 **오봉五鳳** 갑자년(기원전 57)에서 4년 동안이다. **감로甘露** 무진년(기원전 53)에서 4년 동안이다. **황룡黃龍** 임신년(기원전 49)부터다. **원제元帝** **초원初元** 계유년(기원전 48)에서 5년 동안이다. **영광永光** 무인년(기원전 43)에서 5년 동안이다. **건소建昭** 계미년(기원전 38)에서 6년 동안이다. **성제成帝** **건시建始** 기축년(기원전 32)에서 4년 동안이다.	**제1대 혁거세赫居世** 성은 박朴이고 알에서 났다. 나이 열세 살이 되던 갑자년(기원전 57)에 즉위하였으며 치세는 60년이다. 왕비는 아이영娥伊英·알영閼英이다. 국호를 서라벌徐羅伐 또는 서벌徐伐, 사로斯盧, 계림鷄林이라 하였는데, 일설에는 탈해왕脫解王 때 이르러 처음으로 계림이란 국호를 설치했다 한다. 갑신년(기원전 37)에 금성金城을 쌓다.	**제1대 동명왕東明王** 갑신년(기원전 37)에 즉위하였으며 치세는 18년이다. 성은 고高, 이름은 주몽朱蒙인데 추몽鄒蒙이라고도 한다. 단군의 아들이다.	

중 국	신 라	고 구 려	백 제	가 락 국
하평河平 　계사년(기원전 28)에서 4년 동안이다. 양삭陽朔 　정유년(기원전 24)에서 4년 동안이다. 홍가鴻嘉 　신축년(기원전 20)에서 4년 동안이다. 영시永始 　을사년(기원전 16)에서 4년 동안이다. 원연元延 　기유년(기원전 12)에서 4년 동안이다. **애제哀帝 2** **애제哀帝** 건평建平 　을묘년(기원전 6)에서 4년 동안이다. 원수元壽 　기미년(기원전 2)에서 2년 동안이다.		제2대 유리왕瑠璃王 　누리累利 또는 유류孺留라고도 하는데 동명왕의 아들이다. 임인년(기원전 19)에 즉위하였으며 치세는 36년이다. 성은 해씨解氏이다.	제1대 온조왕溫祚王 　동명왕의 셋째 아들인데 둘째아들이라고도 한다. 계묘년(기원전 18)에 즉위하였으며 재위는 45년이다. 위례성慰禮城에 도읍하였는데 사천蛇川이라고도 하며 지금의 직산稷山이다. 병진년(기원전 5)에 한산漢山으로 도읍을 옮겼으니 지금의 광주廣州다.	

중 국	신 라	고 구 려	백 제	가락국
평제平帝 **원시元始** 　신유년(기원후 1)에서 7년 동안이다. **유자영孺子嬰** **초시初始** 　무진년(8)부터다. **신실新室**(王莽) **건국建國** 　기사년(9)에서 5년 동안이다. **천봉天鳳** 　갑술년(14)에서 6년 동안이다. **지황地皇** 　경진년(20)에서 3년 동안이다. **경시更始** 　계미년(23)에서 2년 동안이다. 〈후한後漢〉 **광무제光武帝** **건무建武** 　을유년(25)에서 31년 동안이다.	**제2대 남해차차웅南解次次雄** 　아버지는 혁거세왕, 어머니는 알영이요, 성은 박씨이며 왕비는 운제雲帝부인이다. 갑자년(기원후 4)에 즉위하였으며 치세는 20년이다. 이 왕의 위호는 거서간居西干이라고도 한다. **제3대 노례弩禮 혹은 유례잇금儒禮尼叱今** 　아버지는 남해왕, 어머니는 운제부인이며 왕비는 사요왕辭要王 (許婁王)의 딸 김씨이다. 　갑신년(24)에 즉위하였으며 치세는 33년이다. 잇금尼叱今은 이사금尼師今이라고도 한다.	계해년(기원후 3)에 도읍을 국내성國內城에 옮겼는데 또한 불이성不而城이라고도 한다. **제3대 대무신왕大武神王** 　이름은 무휼無恤 혹은 미류未留이며 성은 해씨이다. 유리왕의 셋째아들이다. 무인년(18)에 즉위하였으며 치세는 26년이다. **제4대 민중왕閔中王** 　이름은 색주色朱요 성은 해씨이며 대무신왕의 아들이다. 　갑진년(44)에 즉위했고 치세는 4년이다.	**제2대 다루왕多婁王** 　온조왕의 둘째아들이다. 　무자년(28)에 즉위하였으며 치세는 49년이다.	

중 국	신 라	고 구 려	백 제	가 락 국
		제5대 모본왕慕本王 민중왕의 형이니 이름은 애류愛留 애우愛憂라고도 한다. 무신년(48)에 즉위하였으며 치세는 5년이다.		가야伽倻라고도 하는데 지금의 금주金州다. **수로왕首露王** 임인년(42) 3월에 알에서 태어나서 그 달에 즉위하였으며, 치세는 1백58년이다. 금알에서 나왔으므로 성이 김씨다. 『개황력開皇曆』에 기록되어 있다.
중원中元 병진년(56)에서 2년 동안이다. **명제明帝** **영평永平** 무오년(58)에서 18년 동안이다.	**제4대 탈해脫解 혹은 토해잇금吐解尼叱今** 성은 석昔이다. 아버지는 완하국琓夏國 함달파왕含達婆王이니 혹은 화하花夏국왕이라고도 한다. 어머니는 적녀女國왕의 딸이요 왕비는 남해왕의 딸 아로阿老부인이다. 정사년(57)에 즉위하였으며 치세는 23년이다. 왕이 죽으니 미소소정구未召疏井丘 중에 수장水葬하였다. 뼈로써 소상을 만들어 동악東岳에 안치하니 지금의 동악대왕이다.	**제6대 국조왕國祖王** 이름은 궁宮이니 또한 태조왕太祖王이라고도 한다. 계축년(53)에 즉위하였으며 치세는 93년이다. 『후한서』의 전에 이르기를 처음 태어났을 때 눈을 뜨고 능히 보았다고 한다. 뒤에 동복아우 차대왕次大王에게 양위하였다.		
장제章帝 **건초建初** 병자년(76)에서 8년 동안이다.			**제3대 기루왕己婁王** 다루왕의 아들이다. 정축년(77)에 즉위하였으며 치세는 55년이다.	

중 국	신 라	고 구 려	백 제	가 락 국
원화元和 　갑신년(84)에서 　3년 동안이다. 장화章和 　정해년(87)에서 　2년 동안이다. **화제和帝** 영원永元 　기축년(89)에서 　17년 동안이다. 원흥元興 　을사년(105)부터 　다. **상제殤帝** 연평延平 　병오년(106)부터 　다. **안제安帝** 영초永初 　정미년(107)에서 　7년 동안이다. 원초元初 　갑인년(114)에서 　6년 동안이다. 영녕永寧 　경신년(120)부터 　다. 건광建光 　신유년(121)부터 　다.	제5대 파사잇금 **婆娑尼叱今** 　성은 박朴씨다. 아버지는 노례왕, 어머니는 사요 (허루)왕의 딸이 요, 왕비는 사초 史肖부인이다. 　경진년(80)에 즉 위하였으며 치세 는 32년이다. 제6대 지마잇금 **祇摩尼叱今** 　지미祇味라고 도 한다. 성은 박 씨이다. 아버지 는 파사왕, 어머 니는 사초부인이 다. 왕비는 마제 磨帝 국왕의 딸 □례□禮부인이 니 애례愛禮라고 도 하며 김씨다. 임자년(112)에 즉위하였으며 치 세는 23년이다.			

중 국	신 라	고 구 려	백 제	가락국
연광延光 임술년(122)에서 4년 동안이다. 순제順帝 영건永建 병인년(126)에서 6년 동안이다. 양가陽嘉 임신년(132)에서 4년 동안이다. 영화永和 병자년(136)에서 6년 동안이다. 한안漢安 임오년(142)에서 2년 동안이다. 건강建康 갑신년(144)부터다. 충제冲帝 영가永嘉 을유년(145)부터다. 질제質帝 본초本初 병술년(146)부터다.	이 왕대에 지금의 안강安康인 음질국音質國과 지금의 양산梁山인 압량국押梁國을 멸망시켰다. 제7대 일성잇금 逸聖尼叱今 아버지는 노례왕의 형이니 혹은 지마왕이라고도 하며 왕비는 □례부인이다. 일지日知갈문왕의 아버지다. □례 부인은 지마왕의 딸이다. 어머니는 이간생伊刊生부인이니 □□왕 부인이라고도 하는데 박씨다. 갑술년(134)에 즉위하였으며 치세는 36 20년이다.	제7대 차대왕次大王 이름은 수遂이고, 국조왕의 동복아우다. 병술년(146)에 즉위하였으며 치세는 19년이다.	제4대 개루왕蓋婁王 기루왕의 아들이다. 무진년(128)에 즉위하였으며 치세는 38년이다.	

중 국	신 라	고 구 려	백 제	가락국
환제桓帝 건화建和 　정해년(147)에서 　3년 동안이다. 화평和平 　경인년(150)부터 　다. 원가元嘉 　신묘년(151)에서 　2년　동안이다. 영흥永興 　계사년(153)에서 　2년 동안이다. 영수永壽 　을미년(155)에서 　3년 동안이다. 연희延熹 　무술년(158)에서 　9년 동안이다. 영강永康 　정미년(167)부터 　다. **영제靈帝** 건녕建寧 　무신년(168)에서 　4년 동안이다. 희평熹平 　임자년(172)에서 　6년　동안이다.	제8대　아달라잇 금阿達羅尼叱今 또　왜국상□□ □□령倭國相□ □□□嶺 입현立峴은　지 금 미륵대원彌勒 大院의 동쪽고개 가 이것이다.	을사년(165)에 국조왕의 나이가 1백19세가 되다. 형제 두 임금이 모두 신新대왕에 게 시해되었다. 제8대　신대왕新 大王 　이름은　백고伯 固 혹은 백구伯 句. 　을사년(165)에 즉위하였으며 치 세는 14년이다.	제5대　초고왕肖 古王 　소고素古라고 도 하는데 개루 왕의 아들이다. 　병오년(166)에 즉위하였으며 치 세는 50년이다.	

중 국	신 라	고 구 려	백 제	가 락 국
광화光和 무오년(178)에서 6년 동안이다. 중평中平 갑자년(184)에서 5년 동안이다. 홍농왕弘農王 영한永漢 기사년(189)부터다. 헌제獻帝 초평初平 경오년(190)에서 4년 동안이다. 흥평興平 갑술년(194)에서 2년 동안이다. 건안建安 병자년(196)에서 24년 동안이다. 〈조위曹魏〉 문제文帝 황초黃初 경자년(220)에서 7년 동안이다.	제9대 벌휴잇금 伐休尼叱今 제10대 내해잇금 金奈解尼叱今	제9대 고국천왕 故國川王 이름은 남호男虎, 혹은 이모夷謨라고도 한다. 기미년(179)에 즉위하였으며 치세는 20년이다. 국천國川은 또 국양國壤이라고도 하니 장지葬地의 이름이다. 제10대 산상왕 山上王	 제6대 구수왕仇首王 귀수貴須라고도 하는데 초고왕의 아들이다. 갑오년(214)에 즉위하였으며 치세는 21년이다.	 제2대 거등왕居登王 수로왕의 아들이니 어머니는 허황후許皇后다. 기묘년(199)에 즉위하였으며 치세는 55년이다. 성은 김씨다.

중 국	신 라	고 구 려	백 제	가 락 국
명제明帝 태화太和 　정미년(227)에서 6년 동안이다.	제11대 조분잇 금助賁尼叱今	제11대 동천왕 東川王	제7대 사반왕沙 泮王 　사沙□□이라 고도 하는데 구 수왕의 아들이다. 즉위하자 곧 폐 위되었다.	
청룡靑龍 　계축년(233)에서 4년 동안이다.			제8대 고이왕古 爾王 　초고왕의 동복 아우이다. 갑인년(234)에 즉위하였으며 치 세는 52년이다.	
경초景初 　정사년(237)에서 3년 동안이다. **제왕齊王** 정시正始 　경신년(240)에서 9년 동안이다. 가평嘉平 　기사년(249)에서 5년 동안이다. **고귀향高貴鄕** 　　　　(公) 정원正元 　갑술년(254)에서 2년 동안이다. 감로甘露 　병자년(256)에서 4년 동안이다.	제12대 이해잇 금理解尼叱今 　점해왕沾解王 이라고도 하는데 석씨며 조분왕의 동복아우다. 　정묘년(247)에 즉위하였으며 치 세는 15년이다. 처음으로 고구려 와 국교를 통하 였다.	제12대 중천왕 中川王		

중 국	신 라	고 구 려	백 제	가 락 국
진류왕陳留王 **경원**景元 경진년(260)에서 4년 동안이다. **함희**咸熙 갑신년(264)부터다. <서진西晉> **무제**武帝 **태시**泰始 을유년(265)에서 10년 동안이다. **함녕**咸寧 을미년(275)에서 5년 동안이다. **태강**太康 경자년(280)에서 11년 동안이다. **혜제**惠帝 **원강**元康 신해년(291)에서 9년 동안이다.	제13대 **미추잇금** 未鄒尼叱今 미소味炤, 또는 미소未召라고도 한다. 성은 김씨인데 김씨가 비로소 즉위했다. 아버지는 구도仇道갈문왕, 어머니는 생호生乎부인이니 술례述禮부인이라고도 하는데 이비伊非갈문왕의 딸이요 박씨다. 왕비는 제분왕諸賁王의 딸 광명랑光明娘이다. 임오년(262)에 즉위하였으며 치세는 22년이다. 제14대 **유례잇금** 儒禮尼叱今 세리지왕世里智 王이라고도 하는데 석씨다. 아버지는 제분왕, 어머니는 □소召부인이니 박씨다. 갑진년(284)에 즉위하였으며 치세는 15년이다. 월성月城을 보수하여 쌓았다.	제13대 **서천왕** 西川王 이름은 약로藥盧, 또는 약우若友이다. 경인년(270)에 즉위하였으며 치세는 20년이다. 제14대 **봉상왕** 烽上王 혹은 치갈왕雉葛王이라고도 하며 이름은 상부相夫다. 임자년(292)에 즉위하였으며 치세는 8년이다.	제9대 **책계왕**責稽王 고이왕의 아들이니 혹은 청체靑替라고도 하나 잘못이다. 병오년(286)에 즉위하였으며 치세는 12년이다.	제3대 **마품왕**麻品王 아버지는 거등왕, 어머니는 천부경신보泉府卿申輔의 딸 모정慕貞부인이다. 기묘년(259)에 즉위하였으며 치세는 32년이다. 제4대 **거질미왕** 居叱彌王 금물今勿이라고도 하며, 아버지는 마품, 어머니는 호구好仇이다. 신해년(291)에 즉위하였으며 치세는 55년이다.

중 국	신 라	고 구 려	백 제	가 락 국
영녕永寧 경신년(300)에서 2년 동안이다. 태안太安 임술년(302)에서 2년 동안이다. 영흥永興 갑자년(304)에서 2년 동안이다. 광희光熙 병인년(306)부터다. 회제懷帝 영가永嘉 정묘년(307)에서 6년 동안이다. 민제愍帝 건흥建興 계유년(313)에서 4년 동안이다.	제15대 기림잇금 基臨尼叱今 기립왕基立王이라고도 하며 석씨이고, 제분왕의 둘째아들이다. 어머니는 아이혜阿爾兮부인이다. 무오년(298)에 즉위하였으며 치세는 12년이다. 정묘년(307)에 신라新羅라는 국호를 정했는데 '新'은 덕업일신德業日新 즉, 덕이 날로 새로워짐이요, '羅'는 망라사방지민網羅四方之民 즉, 사방의 백성을 망라한다는 뜻이다. 지증智證·법흥왕法興王의 치세에 정했다고도 한다. 제16대 걸해잇금 乞解尼叱今 석씨다. 아버지는 우로음于老音각간이니 곧 내해왕의 둘째아들이다. 경오년(310)에 즉위하였으며 치	제15대 미천왕美川王 호양好攘이라고도 하는데 이름은 을불乙弗, 또는 우불憂弗이다. 경신년(300)에 즉위했으며 치세는 31년이다.	제10대 분서왕汾西王 책계왕의 아들이다. 무오년(298)에 즉위하였으며 치세는 6년이다. 제11대 비류왕比流王 구수왕의 둘째 아들이요 사반왕의 아우다. 갑자년(304)에 즉위하였으며 치세는 40년이다.	

중 국	신 라	고 구 려	백 제	가락국
〈동진東晋〉 **중종中宗(元帝)** 건무建武 　정축년(317)부터다. 태흥太興 　무인년(318)에서 4년 동안이다. 영창永昌 　임오년(322)부터다. **명제明帝** 태령太寧 　계미년(323)에서 3년 동안이다. **현종顯宗(成帝)** 함화咸和 　병술년(326)에서 9년 동안이다. 함강咸康 　을미년(335)에서 8년 동안이다. **강제康帝** 건원建元 　계묘년(343)에서 2년 동안이다.	세는 46년이다. 이때 처음으로 백제 군사가 침범해왔다. 기축년(329)에 처음으로 벽골제碧骨堤를 쌓다. 둘레가 □만 7천 26보요, □□가 1백66보요, 논이 1만 4천70□이었다.	**제16대 국원왕國原王** 　이름은 소쇠釗 또는 사유斯由다. 강상왕岡上王이라고도 한다. 신묘년(331)에 즉위하였으며 치세는 40년이다. 　갑오년(334)에 평양성을 증축하고 임인년(342) 8월에는 도읍을 안시성安市城에 옮겼으니, 곧 환도성丸都城이다.	**제12대 계왕契王** 　분서왕의 맏아들이다. 갑진년(344)에 즉위하였으며 치세는 2년이다.	

중 국	신 라	고 구 려	백 제	가 락 국
효종孝宗(穆帝) 영화永和 을사년(345)에서 12년 동안이다. 승평昇平 정사년(357)에서 5년 동안이다. **애제哀帝** 융화隆和 임술년(362)부터다. 흥녕興寧 계해년(363)에서 3년 동안이다. **폐제廢帝** 태화太和 병인년(366)에서 5년 동안이다. **간문제簡文帝** 함안咸安 신미년(371)에서 2년 동안이다. **열종烈宗** **(孝武帝)** 영강寧康 계유년(373)에서 3년 동안이다.	제17대 내물마립간奈勿麻立干 □□왕이라고도 하는데 김씨다. 아버지는 구도仇道갈문왕이니 혹은 미소왕未召王의 아우 미구未仇각간이라고도 하며 어머니는 휴례休禮부인 김씨다. 병진년(356)에 즉위하였으며 치세는 46년이다. 능은 첨성대의 서남쪽에 있다.	제17대 소수림왕小獸林王 이름은 구부丘夫이다. 신미년(371)에 즉위하였으며 치세는 13년이다.	제13대 근초고왕近肖古王 비류왕의 둘째 아들이다. 병오년(346)에 즉위하였으며 치세는 29년이다. 신미년(371)에 도읍을 북한산으로 옮겼다. 제14대 근구수왕近仇首王 근초고왕의 아들이다. 을해년(375)에 즉위하였으며 치세는 9년이다.	제5대 이시품왕伊尸品王 아버지는 거질미왕, 어머니는 아지阿志이다. 병오년(346)에 즉위하였으며 치세는 60년이다.

중 국	신 라	고 구 려	백 제	가락국
태원太元 병자년(376)에서 21년 동안이다. 안제安帝 융안隆安 정유년(397)에서 5년 동안이다. 원흥元興 임인년(402)에서 3년 동안이다. 의희義熙 을사년(405)에서 14년 동안이다.	제18대 실성마립간實聖麻立干 실주왕實主王, 또는 보금寶金이라고도 한다. 아버지는 미추왕의 아우 대서지大西知각간, 어머니는 예생禮生부인 석씨니 등야登也 아간의 딸이다. 왕비는 아류阿留부인이다. 임인년(402)에 즉위하였으며 치세는 15년이다. 왕은 곧 치술鵄述의 아버지다.	제18대 국양왕國壤王 이름은 이속伊速 또는 어지지於只支다. 갑신년(384)에 즉위하였으며 치세는 8년이다. 제19대 광개토대왕廣開土大王 이름은 담덕談德이다. 임진년(392)에 즉위하였으며 치세는 21년이다.	제15대 침류왕枕流王 근구수왕의 아들이다. 갑신년(384)에 즉위하였다. 제16대 진사왕辰斯王 침류왕의 아우이다. 을유년(385)에 즉위하였으며 치세는 7년이다. 제17대 아신왕阿莘王 아방阿芳이라고도 하는데 진사왕의 아들이다. 임진년(392)에 즉위하였으며 치세는 13년이다. 제18대 전지왕腆支王 진지왕眞支王이라고도 하는데 이름은 영映이요 아신왕의 아들이다. 을사년(405)에 즉위하였으며 치세는 15년이다.	

중 국	신 라	고 구 려	백 제	가 락 국
공제恭帝 원희元熙 기미년(419)부터다. ＜송宋＞ **무제武帝** 영초永初 경신년(420)에서 3년 동안이다. **소제少帝** 경평景平 계해년(423)부터다. **문제文帝** 원가元嘉 갑자년(424)에서 29년 동안이다. 세조世祖 계사년(453)은 태초太初 연호를 썼다. **효무제孝武帝** 효건孝建 갑오년(454)에서 3년 동안이다.	제19대 눌지마립간訥祇麻立干 내지왕內只王이라고도 하는데 성은 김씨다. 아버지는 내물왕, 어머니는 내례희內禮希부인 김씨니 미추왕의 딸이다. 정사년(417)에 즉위하였으며 치세는 41년이다.	제20대 장수왕長壽王 이름은 거련巨連이다. 계축년(413)에 즉위하였으며 치세는 79년이다. 정묘년(427)에 도읍을 평양성에 옮겼다.	제19대 구이신왕久爾辛王 전지왕의 아들이다. 경신년(420)에 즉위하였으며 치세는 7년이다. 제20대 비유왕毗有王 구이신왕의 아들이다. 정묘년(427)에 즉위하였으며 치세는 28년이다.	제6대 좌지왕坐知王 금토왕金吐王이라고도 하는데 아버지는 이시품왕, 어머니는 정신貞信이다. 정미년(407)에 즉위하였으며 치세는 14년이다. 제7대 취희왕吹希王 혹은 김희金喜라고도 하는데 아버지는 좌지왕, 어머니는 복수福壽이다. 신유년(421)에 즉위하였으며 치세는 30년이다. 제8대 질지왕銍知王 김질金銍이라고도 하는데 아버지는 취희왕, 어머니는 인덕仁德이다. 신묘년(451)에 즉위하였으며 치세는 36년이다.

중 국	신 라	고구려	백 제	가락국
대명大明 정유년(457)에서 8년 동안이다. 태종太宗(明帝) 태시泰始 을사년(465)에서 8년 동안이다. 후폐제後廢帝 원휘元徽 계축년(473)에서 4년 동안이다. 순제順帝 승명昇明 정사년(477)에서 2년 동안이다.	제20대 자비마립간慈悲麻立干 김씨다. 아버지는 눌지왕, 어머니는 아로부인인데 혹은 차로次老부인이라고도 하며 실성왕의 딸이다. 무술년(458)에 즉위하였으며 치세는 21년이다. 왕비는 파호巴胡갈문왕의 딸이니 혹은 미질희未叱希각간, 미흔未欣각간의 딸이라고도 한다. 처음으로 오나라와 통교하다. 기미년(479)에 왜군이 침범해왔다. 비로소 명활성明活城을 쌓고 들어가서 피하니 왜군이 양주梁州의 두 성까지 와서 포위하였으나 이기지 못하고 돌아갔다.		제21대 개로왕蓋鹵王 혹은 근개로왕近蓋鹵王이라고도 하며 이름은 경사慶司이다. 을미년(455)에 즉위하였으며 치세는 20년이다. 제22대 문주왕文周王 문주文州라고도 하는데 개로왕의 아들이다. 을묘년(475)에 즉위하였다. 도읍을 웅천熊川에 옮겼으며 치세는 2년이다. 제23대 삼근왕三斤王 혹은 삼걸왕三乞王이라고도 하는데 문주왕의 아들이다. 정사년(477)에 즉위하였으며 치세는 2년이다.	

중 국	신 라	고 구 려	백 제	가락국
<제齊> 태조太祖(高帝) 건원建元 기미년(479)에서 4년 동안이다. 무제武帝 영명永明 계해년(483)에서 11년 동안이다. 폐제廢帝 고종高宗(明帝) 건무建武 갑술년(494)에서 4년 동안이다. 영태永泰 무인년(498)부터다. 영원永元 기묘년(499)에서 2년 동안이다. 화제和帝 중흥中興 신사년(501)부터다.	제21대 비처마립간毗處麻立干 소지왕炤知王이라고도 하는데 김씨다. 자비왕의 셋째아들이며 어머니는 미흔각간의 딸이다. 기미년(479)에 즉위하였으며 치세는 21년이다. 왕비는 기보期寶갈문왕의 딸이다. 제22대 지증마립간智證麻立干 지철로智哲老 또는 지도로왕智度路王이라고도 하는데 김씨다. 아버지는 눌지왕의 아우 기보갈문왕이고, 어머니는 오생烏生부인이니 눌지왕의 딸이다. 왕비는 영제迎帝부인이니 검람대한지등허儉攬代漢只登許(혹은 □□) 각간의 딸이다. 경진년(500)에 즉위, 치세는 14년이다.	제21대 문자명왕文咨明王 이름은 명리호明理好, 또는 개운个雲 혹은 고운高雲이라고도 한다. 임신년(492)에 즉위하였으며 치세는 27년이다.	제24대 동성왕東城王 이름은 모대牟大요, 마제麻帝, 또는 여대餘大라고도 하는데 삼근왕三斤王의 종제이다. 기미년(479)에 즉위하였으며 치세는 22년이다. 제25대 무령왕武寧王 이름은 사마斯摩이니 동성왕의 둘째아들이다. 신사년(501)에 즉위하였으며 치세는 22년이다. 『남사南史』에는 이름을 부여융이	제9대 겸지왕鉗知王 아버지는 질지왕, 어머니는 방원邦媛이다. 임신년(492)에 즉위하였으며 치세는 29년이다.

중 국	신 라	고 구 려	백 제	가 락 국
〈양梁〉 **고조高祖(武帝)** 천감天監 임오년(502)에서 18년 동안이다. 보통普通 경자년(520)에서 7년 동안이다. 대통大通 정미년(527)에서 2년 동안이다. 중대통中大通 기유년(529)에서 6년 동안이다.	이상은 신라 상대이고 이하는 신라 중대이다. 제23대 법흥왕法興王 이름은 원종原宗이요 김씨다. 『책부원구冊府元龜』에는 성은 모募, 이름은 진秦이라 했다. 아버지는 지증왕, 어머니는 영제부인이다. 법흥은 시호이니 시호는 여기서 시작된다. 갑오년(514)에 즉위하였으며 치세는 26년이다. 능은 애공사哀公寺 북쪽에 있다. 왕비는 파도巴刀부인이니 법명은 법류法流이고 영흥사永興寺에서 살았다. 처음으로 율령을 행하였으며 비로소 십재일에 살생을 금하고 속인이 출가하여 비구와 비구니가 됨을 허가했다.	제22대 안장왕安藏王 이름은 흥안興安이다. 기해년(519)에 즉위하였으며 치세는 12년이다. 제23대 안원왕安原王 이름은 보영寶迎이다. 신해년(531)에 즉위하였으며 치세는 14년이다.	라 했으나 그릇된 것이다. 융은 곧 의자왕義慈王의 태자이니 『당사唐史』에 자세히 보인다. 제26대 성왕聖王 이름은 명농明禯이니 무령왕의 아들이다. 계묘년(523)에 즉위하였으며 치세는 31년이다.	제10대 구형왕仇衡王 겸지왕의 아들이니 어머니는 □녀이다. 신축년(521)에 즉위하였으며 치세는 43년이다. 중대통 4년 임자(532)에 영토를 바치고 신라에 귀순하였다. 수로왕 임인년(42)에서 임자년(532)에 이르기까지 합계 4백90년이다.

중 국	신 라	고 구 려	백 제	가 락 국
대동大同 　을묘년(535)에서 11년 동안이다.	건원建元 　병진년(536)에 처음으로 연호를 설치하여 쓰이기 시작했다. **제24대　진흥왕 眞興王** 　이름은 삼맥종 彡麥宗 혹은 심深□이니 김씨다. 아버지는 법흥의 아우 입종立宗갈문왕이며 어머니는 지소只召부인 혹은 식도息道부인 박씨이니 모량리牟梁里 영실英失각간의 딸이다. 임종시에는 머리를 깎고 죽었다. 　경신년(540)에 즉위하였으며 치세는 37년이다.	**제24대　양원왕 陽原王** 　양강왕陽崗王이라고도 하며 이름은 평성平成이다. 　을축년(545)에 즉위하였으며 치세는 14년이다.	무오년(538)에 도읍을 사비泗沘로 옮기고 남부여南扶餘라 일컬었다.	나라가 없어지다.
중대동中大同 　병인년(546)부터다. 태청太淸 　정묘년(547)에서 3년 동안이다.				
간문제簡文帝 대보大寶 　경오년(550)부터다.				
후경侯景 대시大始 　신미년(551)부터다.	개국開國 　신미년(551)에서 17년 동안이다.			
원제元帝 승성承聖 　임신년(552)에서 3년 동안이다.			**제27대　위덕왕 威德王** 　이름은 창昌, 또는 명明이다. 　갑술년(554)에 즉위하였으며 치세는 44년이다.	

제1 왕력편　45

중 국	신 라	고 구 려	백 제

경제敬帝
소태紹泰
  을해년(555)부터다.
태평太平
  병자년(556)부터다.
 	
<진陳>
 	
고조高祖(武帝)
영정永定
  정축년(557)에서 3년
  동안이다.
 	
문제文帝
천가天嘉
  경진년(560)에서 6년
  동안이다.
천강天康
  병술년(566)부터다.
광대光大
  정해년(567)부터 2년
  동안이다.
 	
선제宣帝
태건太建
  기축년(569)에서 4년
  동안이다.
	대창大昌
	  무자년(568)에서 4년
	  동안이다.
	
	홍제鴻濟
	  임진년(572)에서 12
	  년 동안이다.
	
	제25대 진지왕眞智王
	  이름은 사륜舍輪 혹은 금륜金輪이니 김씨다. 아버지는 진흥왕, 어머니는 박영실朴英失각간의 딸이니 식도息途 혹은 색도色刀부인이라 한다.
		제25대 평원왕平原王
		  평강왕平岡王이라고도 하는데 이름은 양성陽城이며 『남사南史』에는 고양高陽이라 하였다.
		  기묘년(559)에 즉위하였으며 치세는 31년이다.	

중 국	신 라	고 구 려	백 제
지덕至德 계묘년(573)에서 4년 동안이다. **정명禎明** 정미년(577)에서 3년 동안이다. <수隋> **문제文帝** 개황開皇 신축년(581)에서 20년 동안이다. 인수仁壽 신유년(601)에서 4년 동안이다. **양제煬帝** 대업大業 을축년(605)에서 12년 동안이다. **공제恭帝** 의령義寧 정축년(617)부터다.	박씨다. 왕비는 지도知刀부인이니 기오공起烏公의 딸 박씨다. 병신년(576)에 즉위하였으며 치세는 4년이다. 묘는 애공사哀公寺의 북쪽에 있다. **제26대 진평왕眞平王** 이름은 백정白淨이다. 아버지는 동륜銅輪 혹은 동륜東輪태자다. 어머니는 입종갈문왕의 딸 만호萬呼 혹은 만녕萬寧부인, 이름은 행의行義이다. 첫왕비는 마야부인 김씨니 이름은 복혜구福肹口요 다음 왕비는 승만僧滿부인 손씨다. 기해년(579)에 즉위하였다. **건복建福** 갑진년(584)에서 50년 동안이다.	**제26대 영양왕嬰陽王** 평양왕平陽王이라고도 하며 이름은 원元 혹은 대원大元이라고도 한다. 경술년(590)에 즉위하였으며 치세는 38년이다.	**제28대 혜왕惠王** 이름은 계명季明이니 혹은 헌왕獻王이라 한다. 위덕왕의 아들이다. 무오년(598)에 즉위하였다. **제29대 법왕法王** 이름은 효순孝順 또는 선宣이니, 혜왕의 아들이다. 기미년(599)에 즉위하였다. **제30대 무왕武王** 혹은 무강武康 또는 헌병獻丙이라 하며 혹은 어릴 때의 이름을 일기사덕一耆篩德이라 한다. 경신년(600)에 즉위하였으며 치세는 41년이다.

제1 왕력편 47

중 국	신 라	고 구 려	백 제
〈당唐〉 **고조高祖** 무덕武德 무인년(618)에서 9년 동안이다. **태종太宗** 정관貞觀 정해년(627)에서 23년 동안이다.	**제27대 선덕여왕善德女王** 이름은 덕만德曼이다. 아버지는 진평왕, 어머니는 마야부인 김씨다. 성골의 남자가 끊겼으므로 여왕이 즉위했다. 왕의 배필은 음飮갈문왕이다. 인평仁平 갑오(634)에 즉위하였으며 치세는 14년이다. **제28대 진덕여왕眞德女王** 이름은 승만勝曼이며 김씨다. 아버지는 진평왕의 아우 국기안國其安갈문왕, 어머니는 아니阿尼부인 박씨니 노추奴追□□□갈문왕의 딸이다. 월명月明이라고도 하나 잘못이다. 정미년(647)에 즉위하였으며 치세는 7년이다. 태화太和 갑신년(648)에서 6년 동안이다. 이상은 신라 중대이니 성골의 왕이고, 이하는 신라 하대이니 진골의 왕이다.	**제27대 영류왕榮留王** 이름은 □□ 또는 건무建武이다. 무인년(618)에 즉위하였으며 치세는 24년이다. **제28대 보장왕寶藏王** 임인년(642)에 즉위하였으며 치세는 27년이다.	**제31대 의자왕義慈王** 무왕의 아들이다. 신축년(641)에 즉위하였으며 치세는 20년이다.

중 국	신 라	고 구 려	백 제

고종高宗
영휘永徽
  경오년(650)에서 6년
  동안이다.
 	
현경顯慶
  병진년(656)에서 5년
  동안이다.
용삭龍朔
  신유년(661)에서 3년
  동안이다.
인덕麟德
  갑자년(664)에서 2년
  동안이다.
건봉乾封
  병인년(666)에서 2년
  동안이다.
총장總章
  무진년(668)에서 2년
  동안이다.
	제29대 태종 무열왕
	太宗武烈王
	  이름은 춘추春秋이니 김씨다. 진지왕의 아들 용춘탁문흥龍春卓文興갈문왕의 아들이다. 용춘은 용수龍樹라고도 한다. 어머니는 천명天明부인이니 시호는 문정文貞태후이며 진평왕의 딸이다. 왕비는 훈제訓帝부인이니 시호는 문명文明왕후이고 유신의 누이동생이며 어릴 때 이름은 문희다. 갑인년(654)에 즉위하였으며 치세는 7년이다.
	
	제30대 문무왕文武王
	  이름은 법민法敏이니 태종의 아들이다. 어머니는 훈제부인이요 왕비는 자의慈義이니 혹은 자눌慈訥왕후라고도 하며 선품善品해간의 딸이다. 신유년(661)에 즉위하였으며 치세는 20년이다.
	  능은 감은사感恩寺 동해 가운데에 있다.
		
		무진년(668)에 나라가 없어지다. 동명왕 갑신년(기원전 37)으로부터 무진년(668)에 이르기까지 합계 7백5년이다.
			
			경신년(660)에 나라가 없어지다. 온조왕 계묘년(기원전 18)으로부터 경신년(660)에 이르기까지 6백78년이다.

제1 왕력편 49

중　국	신　라
함형咸亨 　경오년(670)에서　4년 동안이다. 상원上元 　갑술년(674)에서　2년 동안이다. 의봉儀鳳 　병자년(676)에서　3년 동안이다. 조로調露 　기묘년(679)부터다. 영륭永隆 　경진년(680)부터다. 개요開耀 　신사년(681)부터다. 영순永淳 　임오년(682)부터다. 홍도弘道 　계미년(683)부터다. 무후武后 문명文明 　갑신년(684)부터다. 수공垂拱 　을유년(685)에서　4년 동안이다. 영창英昌 　기축년(689)부터다. 〈주周〉 천수天授 　경인년(690)에서　2년 동안이다.	**제31대 신문왕神文王** 　김씨며 이름은 정명政明, 자는 일소日炤이다 아버지는 문무왕, 어머니는 자눌왕후이다. 왕비는 신목神穆왕후니 김운공金運公의 딸이다. 　신사년(681)에 즉위하였으며 치세는 11년이다.

중 국	신 라
장수長壽 임진년(692)에서 2년 동안이다. 연재延載 갑오년(694)부터다. 천책天冊 을미년(695)부터다. 통천通天 병신년(696)부터다. 신공神功 정유년(697)부터다. 성력聖曆 무술년(698)에서 2년 동안이다. 구시久視 경자년(700)부터다. 장안長安 신축년(701)에서 4년 동안이다. 중종中宗 신룡神龍 을사년(705)에서 2년 동안이다. 경룡景龍 정미년(707)에서 3년 동안이다. 예종睿宗 경운景雲 경술년(710)에서 2년 동안이다.	**제32대 효소왕孝昭王** 이름은 이공理恭 혹은 홍洪이요 김씨다. 아버지는 신문왕, 어머니는 신목 왕후다. 임진년(692)에 즉위하였으며 치세는 10년이다. 능은 망덕사望德寺 동쪽에 있다. **제33대 성덕왕聖德王** 이름은 흥광興光이요 본래 이름은 융기隆基이니 효소왕의 동복아우다. 첫왕비는 배소陪昭왕후이니 시호는 엄정嚴貞이며 원대元大아간의 딸이요 다음 왕비는 점물占勿왕후니 시호는 소덕炤德이요 순원順元각간의 딸이다. 임인년(702)에 즉위하였으며 치세는 35년이다. 능은 동촌 남쪽에 있는데 혹은 양장곡楊長谷이라고도 한다.

중 국	신 라
현종玄宗 선천先天 　임자년(712)부터다. 개원開元 　계축년(713)에서 29년 　동안이다.	**제34대 효성왕孝成王** 　김씨며 이름은 승경承慶이다. 아버지는 성덕왕, 어머니는 소덕炤德 태후다. 왕비는 혜명惠明왕후니 진종眞宗각간의 딸이다. 　정축년(737)에 즉위하였으며 치세는 5년이다. 　법류사法流寺에서 화장하여 뼈를 동해에 흩어버렸다.
천보天寶 　임오년(742)에서 14년 　동안이다. **숙종肅宗** 지덕至德 　병신년(756)에서 2년 　동안이다. 건원乾元 　무술년(758)에서 2년 　동안이다. 상원上元 　경자년(760)에서 2년 　동안이다. 보응寶應 　임인년(762)부터다. **대종代宗** 광덕廣德 　계묘년(763)에서 2년 　동안이다. 영태永泰 　을사년(765)부터다.	**제35대 경덕왕景德王** 　김씨며 이름은 헌영憲英이다. 아버지는 성덕왕, 어머니는 소덕태후 다. 첫왕비는 삼모三毛부인이니 궁중에서 폐출되어 후사가 없고, 다음 왕비는 만월滿月부인이니 시호는 경수景垂왕후-수垂는 혹은 목穆이라고도 함-이고 의충依忠각간의 딸이다. 　임오년(742)에 즉위하였으며 치세는 23년이다. 　처음에 경지사頃只寺의 서쪽 산에 장사지내고 돌을 다루어 능을 만들었으나 뒤에 양장곡 가운데 옮겨 장사지냈다. **제36대 혜공왕惠恭王** 　김씨며 이름은 건운乾運이다. 아버지는 경덕왕, 어머니는 만월왕후 다. 첫왕비는 신파神巴부인이니 위정魏正각간의 딸이고 두번째 왕 비는 창창昌昌부인이니 금장金將각간의 딸이다. 　을사년(765)에 즉위하였으며 치세는 15년이다.

중 국	신 라
대력大曆 　병오년(766)에서 14년 동안이다. **덕종德宗** **건충建充** 　경신년(780)에서 4년 동안이다. **흥원興元** 　갑자년(784)부터다. **정원貞元** 　을축년(785)에서 20년 동안이다. **순종順宗** **영정永貞** 　을유년(805)부터다. **헌종憲宗** **원화元和** 　병술년(806)에서 15년 동안이다.	**제37대 선덕왕宣德王** 　김씨며 이름은 양상亮相이다. 아버지는 효방孝方해간이니 개성開聖 대왕으로 추봉되었으며, 곧 원훈元訓각간의 아들이다. 어머니는 사소四召부인이니 시호는 정의貞懿태후며 성덕왕의 딸이다. 왕비는 구족具足왕후니 낭품狼品각간의 딸이다. 　경신년(780)에 즉위하였으며 치세는 5년이다. **제38대 원성왕元聖王** 　김씨며 이름은 경신敬愼 혹은 경신敬信이니 『당서唐書』에는 경칙敬則이라 하였다. 아버지는 효양孝讓대아간이니 명덕明德대왕으로 추봉되었고 어머니는 인국仁國이니 혹은 지오知烏부인이라고도 하며 시호는 소문昭文왕후이고 창근이기昌近伊己의 딸이다. 왕비는 숙정淑貞부인이니 신술神述각간의 딸이다. 　을축년(785)에 즉위하였으며 치세는 14년이다. 　능은 곡사鵠寺에 있는데 지금의 숭복사崇福寺이며 최치원이 □한 비석이 있다. **제39대 소성왕昭聖王** 　혹은 소성왕昭成王이라 한다. 김씨며 이름은 준옹俊邕이다. 아버지는 혜충惠忠태자, 어머니는 성목聖穆태후다. 왕비는 계화桂花왕후이니 숙명공夙明公의 딸이다. 　기묘년(799)에 즉위하였으나 붕어崩御했다. **제40대 애장왕哀莊王** 　김씨며 이름은 중희重熙, 혹은 청명淸明이라 한다. 아버지는 소성왕, 어머니는 계화왕후이다. 　경진년(800)에 즉위하였으며 치세는 10년이다. 원화 4년 기축년(809) 7월 19일에 왕의 숙부되는 헌덕憲德·흥덕興德 두 이간에게 시해되어 붕어했다. **제41대 헌덕왕憲德王** 　김씨며 이름은 언승彦升이다. 소성왕의 동복아우다. 왕비는 귀승낭貴勝娘이니 시호는 황아皇娥왕후이며 충공忠恭각간의 딸이다. 　기축년(809)에 즉위하였으며 치세는 19년이다. 　능은 천림촌泉林村 북쪽에 있다.

중 국	신 라
목종穆宗 장경長慶 신축년(821)에서 4년 동안이다. **경종敬宗** 보력寶曆 을사년(825)에서 2년 동안이다. **문종文宗** 태화太和 정미년(827)에서 9년 동안이다. 개성開成 병진년(836)에서 5년 동안이다.	**제42대 흥덕왕興德王** 김씨며 이름은 경휘景暉이다. 헌덕왕의 동복아우다. 왕비는 창화昌花 부인이고 시호는 정목定穆 왕후이며 소성왕의 딸이다. 병오년(826)에 즉위하였으며 치세는 10년이다. 능은 안강安康 북쪽 비화양比火壤에 있는데 왕비 창화 부인과 합장되었다. **제43대 희강왕僖康王** 김씨며 이름은 개륭愷隆 혹은 제옹悌顒이다. 아버지는 헌정憲貞각간이니 시호는 흥성興聖대왕이며 혹은 익성翌成이라고도 하는데 예영禮英잡간의 아들이다. 어머니는 미도美道부인이니 혹은 심내深乃부인 혹은 파리巴利부인이라고도 하는데 시호는 순성順成태후며 충연忠衍대아간의 딸이다. 왕비는 문목文穆왕후니 충효각간의 딸인데 혹은 중공重恭각간이라고도 한다. 병진년(836)에 즉위하였으며 치세는 2년이다. **제44대 민애왕閔哀王 혹은 민애왕敏哀王** 김씨며 이름은 명명이다. 아버지는 충공忠恭각간이니 추봉하여 선강宣康대왕이라 하고 어머니는 추봉된 혜충왕惠忠王의 딸 귀파貴巴부인이며 시호는 선의宣懿왕후다. 왕비는 무용无容왕후니 영공永公각간의 딸이다. 무오년(838)에 즉위하였으며 기미년(839) 정월 22일에 이르러 붕어했다. **제45대 신무왕神武王** 김씨며 이름은 우징佑徵이다. 아버지는 균정均貞각간이니 추봉하여 성덕成德대왕이라 하고 어머니는 정교貞矯부인이다. 할아버지 예영禮英을 혜강惠康대왕이라 추봉하였다. 왕비는 정종貞從 혹은 계대후繼大后이니 명해明海□의 딸이다. 기미년(839) 4월에 즉위하였으며 11월 23일에 이르러 붕어했다.

중 국	신 라
무종武宗 회창會昌 신유년(841)에서 6년 동안이다.	**제46대 문성왕文聖王** 김씨며 이름은 경응慶膺이다. 아버지는 신무왕, 어머니는 정종대후다. 왕비는 소명炤明왕후다. 기미년(839) 11월에 즉위하였으며 치세는 19년이다.
선종宣宗 대중大中 정묘년(847)에서 13년 동안이다.	**제47대 헌안왕憲安王** 김씨며 이름은 의정誼靖이다. 신무왕의 아우며 어머니는 흔명昕明 부인이다. 정축년(857)에 즉위하였으며 치세는 3년이다.
의종懿宗 함통咸通 경진년(860)에서 14년 동안이다.	**제48대 경문왕景文王** 김씨며 이름은 응렴膺廉이다. 아버지는 계명啓明각간이니 추봉된 의공義恭 혹은 의공懿恭대왕이며 곧 희강왕의 아들이다. 어머니는 신무왕의 딸 광화光和부인이다. 왕비는 문자文資황후니 헌안왕의 딸이다. 신사년(861)에 즉위하였으며 치세는 14년이다.
희종僖宗 건부乾符 갑오년(874)에서 6년 동안이다. 광명廣明 경자년(880)부터다. 중화中和 신축년(881)에서 4년 동안이다. 광계光啓 을사년(885)에서 3년 동안이다.	**제49대 헌강왕憲康王** 김씨며 이름은 정晸이다. 아버지는 경문왕, 어머니는 문자황후다. 왕비는 의명懿明부인 혹은 의명義明왕후다. 을미년(875)에 즉위하였으며 치세는 11년이다. **제50대 정강왕定康王** 김씨며 이름은 황晃이다. 민애왕의 동복아우다. 병오년(886)에 즉위하였으나 붕어했다. **제51대 진성여왕眞聖女王** 김씨며 이름은 헌만憲旻이니 곧 정강왕의 동복아우다. 왕의 배필은 위홍魏弘대각간이니 추봉하여 혜성惠成대왕이라 한다. 정미년(887)에 즉위하였으며 치세는 10년이다. 정사년(897)에 소자 위공왕爲恭王에게 양위하였다. 12월에 붕어하니 화장하고 뼈를 모량牟梁 서악西岳 혹은 미황산未黃山에 흩어버렸다.

중 국	신 라	후 고 구 려	후 백 제
문덕文德 무신년(888)부터다. 소종昭宗 용기龍紀 기유년(889)부터다. 대순大順 경술년(890)에서 2년 동안이다. 경복景福 임자년(892)에서 2년 동안이다. 건녕乾寧 갑인년(894)에서 4년 동안이다. 광화光化 무오년(898)에서 3년 동안이다. 천복天復 신유년(901)에서 3년 동안이다. 경종景宗(哀帝) 천우天祐 갑자년(904)에서 3년 동안이다. 〈주량朱梁(後梁)〉 태조太祖 개평開平 정묘년(907)에서 4년 동안이다.	제52대 효공왕孝恭王 김씨이며 이름은 요嶢이다. 아버지는 헌강왕, 어머니는 문자왕후이다. 정사년(897)에 즉위하였으며 치세는 15년이다. 사자사師子寺 북쪽에서 화장하고 뼈는 구지제仇知堤의 동쪽산 허리에 두었다. 제53대 신덕왕神德王 박씨이며 이름은 경휘景徽이고 본래 이름은 수종秀宗이다. 어머니는 정화貞花부인이요 부인의 아버지는 순홍順弘각간이니 뒤에 시호를 성무成武대왕이라 하였	궁예弓裔 대순大順 경술년(890)에 비로소 북원의 도적 양길良吉에게 투항하다. 병진년(896)에 철원성鐵圓城-지금의 동주東州-에 도읍하다. 정사년(897)에 송악군松岳郡에 도읍을 옮기다. 신유년(901)에 고려라 일컬었다. 갑자년(904)에 국호를 고쳐 마진摩震이라 하고 연호를 두어 무태武泰라 하다.	견훤甄萱 임자년(892)에 비로소 광주光州에 도읍하다.

중 국	신 라	후 고 려	후 백 제
건화乾化 신미년(911)에서 4년 동안이다.	으며 조부는 원□元□각간이니 아달라왕阿達羅王의 원대손이다. 아버지는 문원文元이간이니 뒤에 흥렴興廉대왕으로 추봉되었고, 조부는 문관文官해간, 의부義父는 예겸銳謙각간이니 선성宣城대왕으로 추봉되었다. 왕비는 자성資成왕후니 혹은 의성懿成 또는 효자孝資라고도 한다. 임신년(912)에 즉위하였고 치세는 5년. 화장하여 뼈를 잠현箴峴 남쪽에 두었다.	갑술년(914)에 철원으로 환도하다.	
말제末帝 정명貞明 을해년(915)에서 6년 동안이다. 용덕龍德 신사년(921)에서 2년 동안이다.	제54대 경명왕景明王 박씨며 이름은 승영昇英이다. 아버지는 신덕왕, 어머니는 자성왕후이다. 왕비는 장사택長沙宅이다. 대존大尊각간, 추봉된 성희聖僖대왕의 아들이며 대존은 곧 수종水宗이간의 아들이다. 정축년(917)에 즉위했으며 치세는 7년. 황복사皇福寺에서 화장하여 뼈를 성등잉산省等仍山 서쪽에 흩어버렸다.	태조太祖 무인년(918) 6월에 궁예가 죽으니 태조가 철원경鐵原京에서 즉위하고 기묘년(919)에 송악군으로 도읍을 옮기다. 이해에 법왕法王·자운慈雲·왕륜王輪·내제석內帝釋·사나사舍那寺를 짓고 또 대선원-곧 보제普濟-·신흥新興·문수文殊·원통圓通·지장사地藏寺를 창건하였으니 앞의 10대 절은 모두 이 해에 창건된 것이다. 경진년	

중 국	신 라	후 고 려	후 백 제
<후당後唐> **장종莊宗** 동광同光 계미년(923)에서 3년 동안이다. **명종明宗** 천성天成 병술년(926)에서 4년 동안이다. 장흥長興 경인년(930)에서 4년 동안이다. **민제閔帝(末帝)** 청태淸泰 갑오년(934)에서 2년 동안이다. **<석진石晉(後晉)>** **고조高祖** 천복天福 병신년(936)에서 8년 동안이다.	**제55대 경애왕景哀王** 박씨이며 이름은 위응魏膺이니 경명왕의 동복아우다. 어머니는 자성 왕후이다. 갑신년(924)에 즉위하였으며 치세는 2년이다. **제56대 경순왕敬順王** 김씨며 이름은 부傅다. 아버지는 효종孝宗이간이니 신흥神興대왕으로 추봉되었고, 조부는 관□官□각간이니 의흥懿興 대왕으로 추봉되었으며 어머니는 계아桂娥대후이니 헌강왕의 딸이다. 정해년(927)에 즉위하였으며 치세는 8년이다. 을미년(935)에 영토를 바치고 태조에게 귀순하였으며 태평흥국太平興國 3년 무인(978)에 죽다. □□동향東向의 골에 있다. 오봉 갑자년(기원전 57)으로부터 을미년(935)에 이르기까지 합계 9백92년이다.	(920)에는 유암乳岩 밑에 유시油市를 설치하였다. 그러므로 지금 민간에서는 이 시利市를 유하乳下라 부른다. 10월에 대흥사大興寺를 창건하였는데 임오년(922)의 일이라 한다. 임오년에 일월사日月寺를 창건하였는데 신사년(921)의 일이라 한다. 갑신년(924)에 외제석·신중원·흥국사를 창건하고 정해년(927)에는 묘□사妙□寺, 기축년(929)에는 귀산사龜山寺를 창건하였으며 경인년(930)에는 안이 아래는 글이 빠졌다). 병신년(936)에 삼국을 통일하다.	을미년(935)에 견훤의 아들 신검神劍이 아버지의 왕위를 빼앗고 스스로 즉위하다. 이 해에 나라가 없어지다. 임자년(892)으로부터 이에 이르기까지 44년 만에 망하다.

중국 역대 왕조와 계보

전한前漢

```
┌ 고조高祖 ── 혜제惠帝 ── 소제少帝 ── 문제文帝 ── 경제景帝 ┐
└ 무제武帝 ── 소제昭帝 ── 선제宣帝 ── 원제元帝 ── 성제成帝 ┐
└ 애제哀帝 ── 평제平帝 ── 유자영孺子嬰
```

후한後漢

```
┌ 광무제光武帝 ── 명제明帝 ── 장제章帝 ── 화제和帝 ── 상제殤帝 ┐
└ 안제安帝 ── 순제順帝 ── 충제沖帝 ── 질제質帝 ── 환제桓帝 ──┐
└ 영제靈帝 ── 홍농왕弘農王 ── 헌제獻帝
```

위魏   진晉   송宋   제齊   양梁   진陳   수隋

이당李唐

```
고조高祖 ─ 태종太宗 ─ 고종高宗 ─ 칙천무후則天武后 ┐
┌─────────────────────────────────────────────────┘
└ 중종中宗 ─ 예종睿宗 ─ 현종玄宗 ─ 숙종肅宗 ─ 대종代宗 ┐
┌─────────────────────────────────────────────────────┘
└ 덕종德宗 ─ 순종順宗 ─ 헌종憲宗 ─ 목종穆宗 ─ 경종敬宗 ┐
┌─────────────────────────────────────────────────────┘
└ 문종文宗 ─ 무종武宗 ─ 선종宣宗 ─ 의종懿宗 ─ 희종僖宗 ┐
┌─────────────────────────────────────────────────────┘
└ 소종昭宗 ─ 경종景宗
```

주량朱梁   후당後唐   석진石晉   유한劉漢   곽주郭周

대송大宋

제2 기이편·상
기이편紀異篇은 신이神異한 사적에 관한 것이다.

서문

신비스러운 기원

서술해 말한다. 대체로 옛날 성인이 예악禮樂으로써 나라를 일으키고, 인의仁義로써 가르침을 베푸는 데 있어 괴이함과 용력勇力과 패란悖亂과 귀신[1]은 말하지 않는 일이었다. 그러나 제왕帝王이 장차 일어날 때는 부명符命[2]과 도록圖錄[3]을 받게 되므로, 반드

---

* 원문에는 '서문序文'이라는 말이 없으나 편집자가 편의상 제목을 달았다. 마지막에 실린 '발문跋文'도 마찬가지다.
1 괴력난신怪力亂神을 풀어쓴 말이다. 《論語 述而篇》 子不語 怪力亂神
2 하늘이 제왕 될 사람에게 상서祥瑞를 주어서 수명受命의 징험을 하는 일. 《翰林志》 帝王之興 必有符命
3 도참圖讖과 같은 말. 천신天神이 주는 부신符信을 이른다. 《後漢書》 王梁孫咸

시 남보다 다른 점이 있었다. 그래야만 능히 큰 변화를 타서 제왕의 지위4를 얻고 큰일을 이룰 수 있는 것이다.

중국의 사례

그런 까닭으로 하수河水에서 그림5이 나오고 낙수洛水에서 글6이 나옴으로써 성인이 일어났던 것이다. 무지개가 신모神母를 둘러서 복희伏羲7를 낳았고, 용이 여등女登에게 교감交感하여 염제炎帝8를 낳았으며, 황아皇娥9가 궁상窮桑 들에서 놀 때, 스스로 백제白帝의 아들이라는 신동神童이 황아와 사귀어 소호少昊10를 낳았

名應圖錄 越登槐鼎之任

4 대기大器 : 신기神器와 같은 말. 제왕의 지위를 이른다. 《易經 時乘六龍 以御天 注》乘變化而御大器

5 하도河圖 : 옛날 중국의 복희씨伏羲氏 때에 황하黃河에서 용마龍馬가 가지고 나왔다는 그림. 이것이 나중에 『주역周易』 팔괘八卦의 근원이 되었다고 한다. 《易經 繫辭》河出圖 洛出書 聖人則之

6 낙서洛書 : 옛날 중국 우왕禹王이 물을 다스릴 때에, 낙수洛水에서 나온 거북의 등에 있었다는 글씨. 『서경書經』의 홍범구주洪範九疇는 이 낙서의 이치에 따라 만든 것이라 한다.

7 희羲 : 중국 고대의 제왕인 복희씨를 이른다. 삼황三皇의 으뜸자리를 차지한 분으로 백성에게 고기잡이・목축의 방법을 가르치고, 또 처음으로 팔괘八卦를 긋고 서계書契를 만들었다고 한다.

8 염炎 : 중국 고대의 제왕인 염제炎帝 신농씨神農氏를 이른다. 백성에게 농업, 의료, 교역 등의 방법을 가르쳤다고 한다.

9 소호제少昊帝의 어머니. 궁상 들에서 신동인 백제자白帝子와 놀았다는 전설이 있다.

고, 간적簡狄[11]은 알을 삼켜 설契[12]을 낳았으며, 강원姜嫄[13]은 거인의 발자취를 밟아 기弃[14]를 낳았고, 요의 어머니는 잉태한 지 14개월 만에 요堯[15]를 낳았으며, 패공沛公[16]의 어머니는 용과 큰 못에서 교접하여 한나라 고조 패공을 낳았던 것이다.

이 후의 일은 어찌 다 기록할 수 있으랴! 그렇다면 삼국의 시조가 모두 신비스러운 데서 탄생했다는 것이 무엇이 괴이하랴. 이것이 이 책 첫머리에 기이편紀異篇이 실린 까닭이며, 그 의도도 여기에 있는 것이다.

---

10 중국 고대의 제왕, 금천씨金天氏라고도 한다.
11 유융씨有娀氏의 장녀로서 후에 제곡帝嚳의 비妃가 되었다. 일찍이 현구玄丘의 물에서 목욕하다가 현조玄鳥가 떨어뜨린 알을 얻었는데 잘못 삼켜 임신하여 설을 낳았다고 한다.
12 순임금의 신하로서, 후에 상나라의 시조가 되었다.
13 제곡의 비며 주나라의 시조 후직后稷의 어머니다.
14 기弃는 기棄의 옛 글자. 순제의 신하로서 후에 주나라의 시조가 되었다. 그의 어머니 강원이 거인의 발자취를 밟고, 이내 임신하여 아이를 낳았으므로 상스럽지 못한 일이라 하여 버리려고 하여 이름을 기라고 했다 한다.
15 중국 고대의 제왕이니 순임금과 아울러 후세에서 성군聖君의 대표적 존재로 칭송받은 분이다.
16 한나라 고조高祖 유방劉邦을 이른다. 고조는 패沛땅에서 군사를 일으켰으므로 군중은 그를 세워 패공으로 삼았던 것이다.

序文

叙曰 大抵古之聖人 方其禮樂興邦 仁義設教 則怪力亂神 在所不語 然而帝王之將興也 膺符命 受圖籙 必有異於人者 然後能乘大變 握大器 成大業也

故 河出圖 洛出書 而聖人作 以至虹繞神母而誕羲 龍感女登而生炎 皇娥遊窮桑之野 有神童自稱白帝子 交通而生少昊 簡狄吞卵而生契 姜嫄履跡而生弃 胎孕十四月而生堯 龍交大澤而生沛公 自此而降 豈可殫記 然則三國之始祖 皆發乎神異 何足怪哉 此紀異之所以漸諸篇也 意在斯焉

고조선*

민족의 시조 단군

『위서魏書』[1]에 이런 말이 있다. 지금으로부터 2천 년 전에 단군왕검壇君王儉[2]이 계셔 아사달阿斯達[3]—경經에는 무엽산無葉山이라 했

---

* 왕검조선

1 『위서』에는 지금 전하는 북제北齊 위수魏收가 찬술撰述한 것과 그밖에 『태평어람太平御覽』에 인용된 여러 사람의 찬술이 있는데, 이 기록은 어느 사서史書를 인용한 것인지 알 수 없다. 또 위수가 찬술한 『위서』마저 송나라 때에 벌써 29편이 없어졌으므로, 지금 전하는 『위서』에는 단군의 이야기가 전혀 없다.

2 단壇은 다른 기록에는 대부분 단檀으로 되어 있다. 일설에는 단군은 무당의 이름인 당굴의 사음寫音이므로 제사장祭祀長의 뜻을 내포하고 있다고 하며, 왕검王

고, 또는 백악白岳이라고도 했는데, 백주白州에 있다. 혹 개성開城 동쪽에 있다고도 하는데 지금의 백악궁白岳宮이 바로 이것이다—에 도읍을 정하고 새로 나라를 세워 조선이라 불렀는데 요堯[4]와 같은 때였다고 한다.

하느님의 아들 환웅

『고기古記』[5]에 이런 말이 있다. 옛날에 환인桓因[6]—제석帝釋[7]을 이

儉은 엉큼, 검, 곧 대인大人, 신성인神聖人 등의 뜻을 가지고 있으므로 정치적 지배자의 뜻이 포함되어 있다고도 한다.

3 단군조선이 나라를 세울 때의 서울로, 지금의 평양 부근의 백악산白岳山으로 추정되는데, 아사달은 아침달, 곧 조양朝陽의 뜻이라고 한다.

4 원문의 '高'는 '堯'의 대자代字. 고려 정종定宗의 휘인 '堯'를 피하여 '高'로 썼던 것이다.

5 『단군고기檀君古記』를 이른 말이다. 『제왕운기帝王韻記』에는 「단군본기檀君本紀」로 되어 있다. 단군의 사적事蹟을 기록한 최고의 문헌으로, 여기 인용된 것은 원문 전체가 아니요, 일연선사一然禪師의 재량에서 나온, 전체에 산정刪定과 약간의 부회附會가 있는 듯하다. 또 이『고기』는 독립된 두 가지를 결합시킨 것이다. 『고기』의 첫머리에서 웅녀熊女가 아이를 배어 아들을 낳았다고 한 데까지는 순수한 신화에 속하는 것이며, 단군왕검이 나라를 세우고 서울을 마련한 때부터 끝에 이르기까지는 전설적 역사의 초솔草率한 서술로 인정된다. 이『고기』의 주해에서 필자는 최남선崔南善 씨의 「단군고기전석檀君古記箋釋」을 많이 인용했다.

6 현대말의 하늘, 혹 하느님의 근원이 되는 무슨 어형語形의 사음寫音인 듯도 하다. 이것을 한문으로 '桓因'이라 쓰고, 또 할주割註에 '謂帝釋也'라 한 것을 보면 이 어귀는 찬자撰者 일연, 혹은 보필자補筆者인 무극無極의 손을 거쳐 윤색된 문구로 인정된다. 환인과 제석은 모두 불전佛典에서 쓰는 인도의 천주天主, 또는

른다―의 서자庶子[8] 환웅桓雄이 계셔 천하에 자주 뜻을 두고, 인간 세상을 탐내어 구했다. 아버지는 아들의 뜻을 알고, 삼위 태백산 三危太伯山[9]을 내려다보니 인간 세계를 널리 이롭게 할 만했다. 이에 천부인天符印[10] 세 개를 주어, 내려가서 세상 사람을 다스리게 했다.

호법신護法神을 이른 명칭이다.

7 범어로 Sakrodeveendra, 곧 석제환인다라釋提桓因陀羅의 약칭. 제帝는 인다라因陀羅의 번역이며, 석釋은 석가의 '석'의 음역으로서 한문과 범어를 함께한 이름이다. 수미산須彌山의 꼭대기에 있는 도리천忉利天의 임금. 선견성善見城에 있어 삼십이천을 다스리면서 불법을 보호하며, 큰 위덕을 가지고 있는 하늘의 임금님.

8 맏아들을 적자嫡子라 함에 대하여 둘째 이하의 뭇아들을 서자라 하니, 곧 몇째아들의 뜻. 동북 아시아의 고대 신화에는 인간 세상이 소란할 때에, 천주天主의 뭇아들 가운데 한 아들이 구세救世를 맡아 인간으로 내려왔다는 유례가 많이 있다.

9 태백太伯은 반도 곳곳에 있는 표지가 되는 거룩한 산의 이름으로 사용되었지만, 삼위三危는 이것이 태백의 대치어인지 수식어인지 잘 알려져 있지 않다. 중국 문헌에는 고대의 서방 명산西方名山에 삼위라는 산 이름이 보이고 (『서경書經』 「우공禹貢」), 『삼국유사』와 거의 같은 시대에 찬술된 이승휴李承休의 『제왕운기』의 아사달산阿斯達山 주에 '今九月山也 一名弓忽 又名三危 祠堂猶在'란 글귀가 나타난다. 후의 『동국여지승람東國輿地勝覽』에도 이 설이 그대로 나타나 있다. 그러나 『중문대사전中文大辭典』에 '삼위三危는 우리말의 삼봉三峰을 일컫는다' 하니 삼위·태백은 곧 세 봉우리의 태백산이란 말이다. 《中文大辭典》 三危夷狄謂山有三峰者

10 신의 위력과 영검한 힘의 표상이 되는 신성한 부인符印을 이른 말이다. 그 세 개가 무엇무엇인지는 문헌에 전하지 아니하므로 이를 분명히 알 수 없으나, 동북 아시아의 유형에 나타난 바로써 미루어 생각하면 거울·칼·방울이 아닌가 한다. 일본 신화에도 이 세 가지 신기神器가 거울·칼·구슬로 되어 있다.

환웅은 그 무리 3천 명[11]을 거느리고 태백산太伯山[12] 꼭대기—지금의 묘향산—의 신단수神壇樹[13] 밑에 내려와서 이곳을 신시神市[14]라 불렀다. 이 분을 환웅 천왕天王[15]이라 한다. 그는 풍백風伯·우

---

[11] 환웅의 무리가 3천이라 함은 이 세상을 다스리는 데 필요한 사람의 수효를 가리키는 것이며, 또한 신정神政의 규모가 큰 것을 나타내는 뜻도 된다. 고구려 동명왕 신화에도 천제자天帝子 해모수解慕漱가 하늘에서 내려올 때 따르는 무리가 1백여 명이었다는 기사가 있다. 그 숫자를 3천이라 함은 불교 경전의 삼천세계에서 빌려온 듯도 하니 혹시 찬자 일연의 윤색이 아닐는지.

[12] 반도 안에 있어서 무릇 높고 커서 민족의 표지가 된 산악은 모두 백白자 계통의 이름을 가지고 있으니, 함경도의 장백長白, 평안도의 백마白馬, 황해도 구월산의 옛 이름 백악白岳, 강원·경상 두 도의 경계에 있는 태백太白, 충청·경상 두 도의 경계에 있는 소백小白, 전라도의 백암白巖 등이 모두 그것이며, 태백도 그 하나다. 백白자는 실은 광명光明을 뜻하는 옛 말 '붉은'의 '붉'자이므로 이 이름을 가진 산은 옛 신도시대神道時代에 있는 신앙대상이 되던 산악들이다. 여기에 나오는 태백산의 현실적 위치는 한민족韓民族의 최고 신산神山인 백두산白頭山으로도 볼 수 있겠으나,『단군고기』에 나타나는 지역은 모두 대동강 유역이 무대가 되어 있으니, 이는 이 지역의 명산名山인 묘향산妙香山으로 보는 것이 좋겠다.

[13] 신단神壇은 하느님을 예배하는 처소며, 수림樹林은 신성한 지역을 표시하는 숲이니, 신단수는 제사와 정치의 근본지다.

[14] 신정사회시대神政社會時代의 도시, 곧 집회지集會地의 뜻.

[15] 천제자天帝子로서 사람의 왕 된 이를 천왕 혹은 천왕랑天王郞이라 불렀으니, 이것은 제왕을 거룩하게 본 이름이다. 중국 고대에도 제왕을 천자天子 또는 천왕이라고 이르는 말이 있고, 북방 및 동방 아시아에는 이 같은 칭호가 많았다. 5호16국시대 흉노족의 여러 군주가 천왕선우天王單于의 호를 썼고 거란契丹 태조太祖가 위를 천황天皇이라 호號했으며, 금말金末의 포선만노蒲鮮萬奴가 동진국천황東眞國天皇이라 이른 일이 그 예라 하겠다.

사雨師·운사雲師[16]를 거느리고 곡식·수명·질병·형벌·선악[17] 등을 주관하고, 인간의 3백60[18] 가지나 되는 일을 주관하여 인간 세계를 다스려 교화시켰다.

곰과 범의 신화

이때 곰 한 마리와 범 한 마리[19]가 같은 굴에서 살았는데,[20] 늘 신웅神雄(桓雄)에게 사람 되기를 빌었다. 때마침 신(桓雄)이 신령한 쑥 한 심지와 마늘 스무 개[21]를 주면서 말했다.

"너희들이 이것을 먹고 백 날 동안 햇빛을 보지 않는다면 곧 사람이 될 것이다."

곰과 범은 이것을 받아서 먹었다. 곰은 기른한 지 21일 만에 여자의 몸이 되었으나, 범은 능히 기하지 못했으므로, 사람이 되지 못했다. 여자가 된 곰[22]은 그와 혼인할 상대[23]가 없었으므로 항상

---

16 풍백風伯·우사雨師·운사雲師는 바람·비·구름을 주관하는 주술사呪術師를 이른 말. 곧 바람·비·구름은 모두 농사에 대한 자연 조건이므로 이는 이 신화가 농업경제사회의 산물임을 증명하고 있다.

17 신정시대의 정치인 5대 항목을 가리킨 말로, 곡穀은 농업 관계, 명命은 생명 관계, 병病은 건강 관계, 형刑은 법률 관계, 선악善惡은 도덕 관계를 관장한다.

18 온갖 일을 뜻하는 말. 1년 3백60일에서 얻은 숫자로 보아진다.

19 북방 및 동방 아시아에서는 가장 높은 급의 맹수가 곰과 범이므로, 자연 숭배의 단계에 있는 인민 사이에서는 이것이 숭배의 대상 동물로 되었던 것이다.

20 동혈同穴: 이 말은 북방 민족에 있는 두 개의 '토템'이 본디 같은 근원에서 나온 관계에 있음을 말하고 있다.

21 애艾·산蒜: 쑥과 마늘. 이는 주술적 효력을 발생하는 식물이다.

단수壇樹 밑에서 아이 배기를 축원했다. 환웅은 이에 임시로 변하여[24] 그와 결혼해주었더니, 그는 임신하여 아들을 낳았다. 이름을 단군왕검이라 일렀다.

단군조선의 역사

왕검은 요임금이 왕위에 오른 지 50년인 경인년—요임금의 즉위 원년은 무진이니 50년은 정사이지 경인은 아니다. 아마 그것은 사실이 아닌 것 같다—에 평양성平壤城에—지금의 서경西京—도읍을 정하고 비로소 조선朝鮮이라 불렀다. 또다시 도읍을 백악산白岳山 아사달阿斯達에 옮겼다. 그곳을 또는 궁弓—혹은 방方자로도 되어 있다—홀산忽山 또는 금미달今彌達이라 한다. 그는 1천5백 년 동안 여기서 나라를 다스렸다.[25] 주나라 무왕武王[26]이 왕위에 오른 기묘년에 무왕이 기자箕子[27]를 조선에 봉封하니, 단군은 이에 장당경藏唐京[28]

---

22 웅녀熊女 : 곰을 '토템'으로 하는 일족이 나타난 것을 일러주고 있다.
23 무여위혼無與爲婚 : 이것은 원시사회에서는 같은 '토템' 안에서의 결혼이 금지되어 있는 것을 이른다.
24 가화假化 : 하느님이 사람으로 더불어 합하려 하여 잠시 사람의 꼴을 갖추어 나타났지만 그 필요가 없어짐과 함께, 신격神格으로 돌아갈 것이므로 가화假化라 한 것이다.
25 어국御國 : 나라를 다스림이란 말이니, 1천5백 년 동안 나라를 다스렸다는 말은, 곧 단군 이후의 신정사회가 1천5백 년 동안 계속했다는 뜻.
26 원문의 '周虎王'은 주나라 무왕武王을 이름이니, 곧 고려 혜종惠宗의 휘 '武'를 피하여 '虎'로 쓴 것이다.
27 중국 은나라의 어진 이. 기자를 조선에 봉했다는 기사는 『사기』를 위시하여 많

으로 옮아갔다가 후에 돌아와 아사달에 숨어서 산신이 되었는데, 나이가 일천구백여덟 살이었다고 한다.

고구려와 4군

당나라의 「배구전裴矩傳」에 이런 말이 있다. 고구려[29]는 본디 고죽국孤竹國—지금의 해주海州—이었는데 주나라에서 기자에게 봉해줌으로써 조선이라 일렀으며, 한나라가 이를 나누어서 3군三郡을 설치하여 현도玄菟·낙랑樂浪·대방帶方—북대방北帶方—이라 불렀다.

『통전通典』[30]도 또한 이 말과 같다.—『한서漢書』에는 진번眞番·임둔臨屯·낙랑樂浪·현도玄菟 4군으로 되어 있는데, 여기에서는 3군이라 하고 이름도 또한 같지 않으니 무슨 까닭인지?

古朝鮮 王儉朝鮮

魏書云 乃往二千載 有壇君王儉 立都阿斯達 經云無葉山 亦云白岳 在白州

    은 기록에 나타나 있으나, 이것은 사실이 아니다.
28 황해도 구월산 밑에 있던 땅 이름.
29 고려高麗: 고구려를 가리킨 것이니, 중국 쪽 사서史書에는 대개 고구려가 고려로 쓰여 있다.
30 당나라 두우杜佑가 찬술한 책 이름이니, 「식화食貨」「선거選擧」「직관職官」「예악禮樂」「병형兵刑」「주군州郡」「변방邊防」등 각 부문을 배열 기록한 일종의 정치제도서다.

地 或云在開城東 今白岳宮是 開國號朝鮮 與高〔堯〕同時

古記云 昔有桓因 謂帝釋也 庶子桓雄 數意天下 貪求人世 父知子意 下視三危太伯 可以弘益人間 乃授天符印三箇 遣往理之 雄率徒三千 降於太伯山頂 卽太伯今妙香山 神壇樹下 謂之神市 是謂桓雄天王也 將風伯雨師雲師 而主穀主命主病主刑主善惡 凡主人間三百六十餘事 在世理化

時有一熊一虎 同穴而居 常祈于神雄 願化爲人 時神遺靈艾一炷 蒜二十枚曰 爾輩食之 不見日光百日 便得人形 熊虎得而食之 忌三七日 熊得女身 虎不能忌 而不得人身 熊女者 無與爲婚 故 每於壇樹下 呪願有孕 雄乃假化而婚之 孕生子 號曰壇君王儉

以唐高卽位五十年庚寅 唐高卽位元年戊辰 則五十年丁巳 非庚寅也 疑其未實 都平壤城 今西京 始稱朝鮮 又移都於白岳山阿斯達 又名弓 一作方 忽山又今彌達 御國一千五百年 周虎〔武〕王卽位己卯 封箕子於朝鮮 壇君乃移於藏唐京 後還隱於阿斯達爲山神 壽一千九百八歲

唐裵矩傳云 高麗本孤竹國 今海州 周以封箕子爲朝鮮 漢分置三郡 謂玄菟 樂浪 帶方 北帶方 通典亦同此說 漢書 則眞 臨 樂 玄 四郡 今云三郡 名又不同 何耶

위만조선

연나라의 침략

『전한서前漢書』[1] 「조선전朝鮮傳」에 이런 말이 있다. 처음 연燕나라 때부터 일찍 진번·조선—안사고顔師古는 전국시대 때에 연나라가 처음으로 땅을 침략해서 이를 차지했다고 했다—을 침략해서 차지하고 관리를 두어 변방의 요새를 쌓았다. 진秦나라가 연나라를 멸망시키고, 진번·조선을 요동의 변경에 소속시켰다. 한나라가 서자, 진번·조선은 멀어서 지키기 어렵다 하여 다시 요동의 옛 변방의 요새를 고쳐 쌓고, 패수浿水(淸川江)에 이르러 경계를 삼고—안사고는 패수가 낙랑군에 있다고 했다—진번·조선을 연나라에 소속시켰다.

위만조선의 건국

연나라 왕 노관盧綰[2]이 한나라를 배반하고, 흉노의 나라로 들어갔다. 연나라 사람 위만魏滿[3]은 망명하여 그 무리 1천여 명을 모아

---

[1] 『한서漢書』를 이름. 전한의 역사로서 후한後漢의 반고班固가 찬술한 것. 당나라 때의 안사고가 주를 했으며, 모두 1백20권으로 되어 있다.
[2] 한나라 사람. 고조 유방劉邦을 도와 공을 세워 연나라 왕이 되었으나, 후에 진희陳豨의 반란 사건으로 의심을 얻게 되자 흉노에게로 도망해갔다. 노관은 1년 후에 그곳에서 죽었다.

서 동쪽으로 달려 요동 변방의 요새를 나와서, 패수를 건너, 진秦나라의 옛 빈터, 위아래 변방 요새에서 살았다. 그는 점차로 진번·조선의 오랑캐와 옛 연燕·제齊나라에서 망명해온 사람을 다스려 왕이 되어, 도읍을 왕검—이기李奇는 땅 이름이라고 했고, 신찬臣瓚은 왕검성이 낙랑군 패수 동쪽에 있다고 했다—에 정했다.

위만은 군병軍兵의 위력威力으로써 그 이웃 작은 읍들을 항복시키니, 진번과 임둔이 모두 와서 굴복 종속되었으므로 지방이 수천 리가 되었다. 위만은 아들에게 왕위를 전하여 손자 우거右渠—안사고는 우거가 손자의 이름이라 했다—에 이르렀다.

중국과의 충돌

진번4과 진국辰國5이 한나라에 국서國書를 올려 천자께 뵙고자 했으나 우거는 그것을 가로막아, 통하지 못하게 했다.—안사고는 진辰은 진한辰韓을 이른 것이라 했다. 원봉元封6 2년(기원전 109)에 한나라에서 섭하涉何를 보내어 우거를 달랬으나, 끝내 명령을 받들지 않았다. 섭하는 떠나 국경에 이르러 패수에 다다르자, 말 모는

---

3 『사기』「조선열전」에는 성이 없고, 그저 조선왕 만滿으로 씌어 있으며, 『한서』 「조선열전」에도 역시 조선왕 만으로 씌어 있다. 『위략魏略』에 비로소 위만衛滿이라고 보이는데, 위衛를 위魏로 한 것은 같은 음에서 취해 쓴 것인 듯하다.
4 지금의 자비령慈悲嶺 이남 한강 이북의 땅.
5 한강 이남의 여러 부족 국가의 총칭. 삼한(馬·辰·弁)의 진한辰韓만을 가리켜 말한 것은 아니다.
6 한나라 무제武帝의 연호. 원봉 2년은 기원전 109년에 해당된다.

사람을 시켜 그를 호송하던 조선의 비왕神王(將帥) 장長―안사고는 장은 섭하를 호송하던 사람의 이름이라고 했다―을 찔러 죽이고는, 곧 패수를 건너 변새邊塞 너머로 들어가, 돌아가서 보고했다.

한나라 장군 양복이 쳐들어오다

한나라 천자는 섭하를 임명하여, 요동군遼東郡 동부도위東部都尉7로 삼았다. 조선은 섭하를 원망하여 불시에 쳐들어가 그를 죽였다. 천자는 누선장군樓船將軍 양복楊僕8을 보내어 제齊9로부터 발해渤海로 출항하게 하니, 군사가 5만 명이었다. 좌장군 순체荀彘10는 요동으로 나와 우거를 쳤다. 우거는 군사를 동원하여 험한 곳에서 항거했다.

누선장군은 제병齊兵 7천을 거느리고 먼저 왕검성에 이르렀다. 우거는 성을 지키다가 누선의 군사가 적은 것을 알아내고, 곧 나

---

7 『사기』「열전」에는 동부도위로 되어 있고, 주에 요동군遼東郡 무차현武次縣이라 했으니, 요동군의 동부관청東部官廳이 되겠으나 그 위치는 자세히 알 수 없다.
8 한나라 사람. 무제 때 남월南越이 배반하자, 누선장군으로 임명되어, 남월을 쳐서 공을 세웠다. 후에 순체와 함께 위만조선을 쳤는데, 죄를 얻어 면직되어 평민이 되었다.
9 지금의 산동반도를 말한다.
10 한나라 광무廣武 사람. 대장군 위청衛青을 따라 자주 흉노를 쳤다. 원봉 연간에 좌장군이 되어 위만조선을 쳤으나 공을 세우지 못했으며, 누선장군 양복을 잡은 죄로 죽임을 당했다.

가서 누선을 공격하니 누선의 군사는 패해서 도망했다. 누선장군 양복은 군사를 잃고, 산속으로 도망하여 죽음을 면했다. 좌장군 순체도 조선 패수 서군西軍을 쳤으나 깨뜨릴 수 없었다. 천자는 두 장수가 싸움에 이기지 못했기 때문에, 이에 위산衛山을 시켜 군병의 위력으로써 가서 우거를 달래게 했다. 우거는 항복하기를 청하고 태자를 보내어 말을 바치기로 했는데, 그 군사의 무리가 만여 명이나 되었다. 그들이 무장을 하고 바야흐로 패수를 건너려 할 때, 사신 위산과 좌장군 순체는 그들이 혹 병변兵變을 일으키지나 않을까 의심하여 말했다.

"태자는 이미 항복했으니 무기를 지니지 마시오."

태자도 또한 사신이 자기를 속이는가 의심하여 패수를 건너지 않고 다시 되돌아갔다. 위산이 천자에게 이를 보고하니 천자는 위산을 목베었다. 좌장군은 패수 상류의 조선군을 깨뜨리고 전진하여 왕검성 아래에 이르러 그 서북쪽을 에워쌌다. 누선장군도 또한 와서 군을 합쳐 성 남쪽에 주둔했다. 우거가 성을 굳게 지키니 여러 달이 되어도 능히 함락시킬 수 없었다.

내란으로 위만조선 무너지다

천자는 전쟁이 오래도록 끝나지 않기 때문에 전 제남태수前濟南太守 공손수公孫遂로 하여금 가서 치게 하고, 편의에 따라 일을 처리하도록[1] 했다. 공손수는 조선에 이르러 누선장군을 묶어 보내고 그 군사를 합쳐서 좌장군과 함께 급히 조선을 공격했다. 조선

의 상相[12] 노인路人, 상 한도韓陶, 이계尼谿의 상 삼參과 장군 왕협
王唊은—안사고는 이계는 땅 이름이니 모두 네 사람이라 했다—서로
모의하여 항복하고자 했으나, 우거왕은 이를 기꺼워하지 않았다.
한도, 왕협, 노인은 모두 도망해서 한나라에 항복했는데 노인만은
도중에서 죽었다. 원봉 3년(기원전 110) 여름에 이계의 상 삼은 사
람을 시켜 조선왕 우거를 죽이고 와서 항복했다. 그러나 왕검성은
아직 함락되지 않았으므로 우거의 대신 성기成己가 또 한나라에
배반했다. 좌장군은 우거의 아들 장長과 노인의 아들 최最로 하여
금 그들 백성에게 일러 깨우치고 성기를 죽이게 했다. 그리하여
드디어 조선을 평정하고 이를 진번 · 임둔[13] · 낙랑[14] · 현도[15]의 4
군으로 삼았다.

魏滿朝鮮

前漢朝鮮傳云 自始燕時 嘗略得眞番朝鮮 師古曰 戰國時(燕)國始略得此地
也 爲置吏築障 秦滅燕 屬遼東外徼 漢興 爲遠難守 復修遼東故塞 至

---

11 편의시행便宜施行을 이른다. 곧 임금에게 아뢰지 않고, 재량껏 권한을 행사하는
   일. 《史記》 卽不及奏上. 輒以便宜施行 上來以聞.
12 국상國相이란 뜻.
13 지금의 함경남도의 대부분.
14 지금의 청천강 이남 자비령 이북의 땅.
15 지금의 압록강 중류 지역의 땅.

浿水爲界 師古曰 浿在樂浪郡 屬燕

燕王盧綰反入匈奴 燕人魏滿亡命 聚黨千餘人 東走出塞 渡浿水 居秦故空地上下障 稍役屬眞番朝鮮蠻夷 及故燕齊亡命者王之 都王儉 李曰 地名 臣瓚曰 王儉城在樂浪郡浿水之東 以兵威侵降其旁小邑 眞番臨屯皆來服屬 方數千里 傳子至孫右渠 師古曰 孫名右渠

眞番辰國 欲上書見天子 雍閼不通 師古曰 辰謂辰韓也 元封二年 漢使涉何諭右渠 終不肯奉詔 何去至界 臨浿水 使馭刺殺送何者朝鮮裨王長 師古曰 送何者名也 卽渡水 馳入塞 遂歸報

天子拜何爲遼東東部都尉 朝鮮怨何 襲攻殺何 天子遣樓舡將軍楊僕 從齊浮渤海 兵五萬 左將軍荀彘 出遼討右渠 右渠發兵距嶮 樓舡將軍將齊七千人 先到王儉 右渠城守 窺知樓舡軍少 卽出擊樓舡 樓舡敗走 僕失衆 遁山中獲免 左將軍擊朝鮮浿水西軍 未能破 天子爲兩將未有利 乃使衛山 因兵威往諭右渠 右渠請降 遣太子獻馬 人衆萬餘 持兵方渡浿水 使者及左將軍 疑其爲變 謂 太子已服 宜毋持兵 太子亦疑使者詐之 遂不渡浿水 復引歸 山還報天子誅山 左將軍破浿水上軍 迺前至城下 圍其西北 樓舡亦往會居城南 右渠堅守 數月未能下

天子以久不能決 使故濟南太守公孫遂往征之 有便宜得以從事 遂至縛樓舡將軍 幷其軍與左將軍 急擊朝鮮 朝鮮相路人 相韓陶 尼谿相參 將軍王唊 師古曰 尼谿 地名 四人也 相與謀欲降 王不肯之 陶唊 路人 皆亡降漢 路人道死 元封三年夏 尼谿相參 使人殺王右渠來降 王儉城未下故 右渠之大臣成已又反 左將軍使右渠子長 路人子最 告諭其民 謀殺成已 故 遂定朝鮮 爲眞番 臨屯 樂浪 玄菟四郡

마한

마한의 건국

「위지魏志」[1]에 이런 말이 있다. 위만魏滿이 조선을 치니 조선왕 준準은 궁인宮人과 좌우에서 모시는 가까운 신하를 거느리고 바다를 건너갔다. 남쪽으로 가 한韓의 땅에 이르러 나라를 세우고 마한馬韓이라 했다. 견훤甄萱이 고려 태조에게 올린 글에는 옛적에 마한이 먼저 일어나고, 혁거세赫居世가 일어나니, 이에 백제는 금마산金馬山에서 나라를 세웠다고 했다.

최치원崔致遠[2]은 마한은 고구려고, 진한은 신라라 했다.—『삼국사기』의 「본기本紀」에 의하면 신라가 먼저 갑자년에 일어났고, 고구려가

---

[1] 『삼국지三國志』의 「위지魏志」를 이름이니, 조위시대曹魏時代의 역사로서 진晋나라의 진수陳壽가 찬술한 것. 「위지」 '한전韓傳'에 '準 將其左右宮人 走入海居 韓地 自號韓王'이란 기사가 있다.

[2] 최치원(857~?)은 신라 말기의 학자. 자字는 고운孤雲, 또는 해운海雲이라 한다. 열두 살에 당나라에 유학하여 열일곱 살에 과거에 급제했다. 황소黃巢의 난亂이 일어나자, 제도병마도통諸道兵馬都統 고변高騈의 종사從事가 되어 황소를 정벌하는 격문을 지어서 문명文名을 크게 떨쳤다. 헌강왕憲康王 11년(885)에 귀국하여 시독 겸 한림학사侍讀兼翰林學士 병부시랑兵部侍郎 지서서감知瑞書監이 되었다. 진성여왕眞聖女王 8년(894)에 아찬阿湌 벼슬을 지냈으나 곧 사직했으며, 세상이 더욱 소란스러워지자 다시 벼슬할 뜻을 버리고, 그만 산과 물을 찾아 방랑했다. 만년에 가야산伽倻山에 숨어 살다 세상을 마쳤다. 저술은 『사륙집四六集』, 『계원필경집桂苑筆耕集』이 있다.

뒤에 갑신년에 일어났다고 했는데, 여기에 이른 것은 조선왕 준準을 말함이다. 이로써 보면 동명왕東明王이 일어날 때 벌써 마한을 아울렀음을 알 수 있다. 그러므로 고구려를 일컬어 마한이라고 부른 것인데, 지금 사람들이 혹시 금마산으로 인하여 마한을 백제라고 한 것은 대개 잘못된 것이다. 고구려 땅에 본래 마읍산馬邑山이 있었으므로 마한이라 이름지은 것이다.

사이四夷3·구이九夷4·구한九韓·예맥穢貊·『주례周禮』5에 직방씨職方氏가 사이와 구맥九貊을 관장했다고 한 것은 구맥은 동이東夷의 종족이니, 곧 구이九夷를 이른 말이다.

동이의 여러 나라

『삼국사三國史』에는, 명주溟州6는 옛 예국穢國이었으니, 농부가

---

3 중국에서 자기 나라 주위에 있는 여러 나라들을 일컫는 말. 곧 동이東夷, 서융西戎, 남만南蠻, 북적北狄을 사이라 했다.
4 동방의 오랑캐가 아홉 종이 있다는 말이다. 『후한서』에는 견이畎夷·어이於夷·방이方夷·황이黃夷·백이白夷·적이赤夷·현이玄夷·풍이風夷·양이陽夷를 구이라 했고, 『이아爾雅』「이순李巡」주에는 현도玄菟·낙랑樂浪·고려高驪·만식滿飾·부유鳧臾(大餘)·색가索家·동도東屠·왜인倭人·천비天鄙를 구이라 했다. 《論語》子欲居九夷
5 주대周代의 관제官制를 기술한 책 이름이니, 주공周公 단旦이 지은 책이라고 한다. 후한後漢의 정강성鄭康成이 주를 하고, 당나라 가공언賈公彦이 소疏를 지었는데, 42권이나 된다. 직방씨는 관명이니, 사방의 일을 주관했다. 《周禮 夏官》有職方氏 掌天下之地圖 主四方之職貢
6 지금의 강릉 방면을 말한다.

밭을 갈다가 예왕穢王의 도장을 얻어서 바쳤다고 했다. 또 춘주春州[7]는 예전의 우수주牛首州니, 옛 맥국貊國이라 했다. 또 혹은 지금의 삭주朔州[8]를 맥국이라 했고, 혹은 평양성을 맥국이라고도 했다.

『회남자淮南子』[9]의 주는 동방東方의 이夷는 아홉 종이나 된다 했으며, 『논어정의論語正義』[10]는 구이에 대해 1은 현도玄菟, 2는 낙랑樂浪, 3은 고려高麗, 4는 만식滿飾, 5는 부유鳧臾(夫餘), 6은 소가素家, 7은 동도東屠, 8은 왜인倭人, 9는 천비天鄙라 했다.

『해동안홍기海東安弘記』[11]는 구한九韓에 대해 1은 일본, 2는 중화中華, 3은 오월吳越, 4는 탁라乇羅(耽羅), 5는 응유鷹遊, 6은 말갈靺鞨, 7은 단국丹國, 8은 여진女眞, 9는 예맥穢貊이라 했다.

馬韓

魏志云 魏〔衛〕滿擊朝鮮 朝鮮王準 率宮人左右 越海而南 至韓地 開國號馬韓 甄萱上太祖書云 昔馬韓先起 赫世勃興 於是百濟開國於金馬山 崔致遠云 馬韓 麗也 辰韓 羅也 據本紀 則羅先起甲子 麗後起甲申 而此云

---

7 지금의 춘천 방면을 말한다.
8 지금의 평북 삭주 방면을 말한다.
9 책 이름. 한나라 회남왕 유안劉安이 찬술한 책. 21권으로 되어 있다.
10 책 이름. 위나라의 하안何晏이 주를 하고, 송나라 형병邢昺이 소疏를 지었다. 20권으로 되어 있다.
11 책 이름. 신라의 고승 안홍安弘이 찬술한 『동도성립기東都成立記』를 이른다.

者 以王準言之耳 以此知東明之起 已幷馬韓而因之矣 故 稱麗爲馬韓 今人或認金馬山 以馬韓爲百濟者 盖誤濫也 麗地自有馬邑山 故名馬韓也 四夷 九夷 九韓 穢貊 周禮職方氏 掌四夷九貊者 東夷之種卽九夷也

三國史云 溟州 古穢國 野人耕田 得穢王印獻之 又春州古牛首州 古貊國 又或云今朔州 是貊國 或平壤城爲貊國 淮南子注云 東方之夷九種 論語正義云 九夷者 一玄菟 二樂浪 三高麗 四滿飾 五鳧臾 六素家 七東屠 八倭人 九天鄙 海東安弘記云 九韓者 一日本 二中華 三吳越 四乇羅 五鷹遊 六靺鞨 七丹國 八女眞 九穢貊

2부

평주도독부와 동부도위부

『전한서』에, 소제昭帝 시원始元 5년 기해(기원전 82)에 두 외부外府[1]를 두었다 한다. 조선의 옛 땅인 평나平那와 현도군 등을 평주도독부平州都督府로 삼고, 임둔·낙랑 등 두 군의 땅에 동부도위부東部都尉府를 둔 것을 이름이다.—사주私註: 「조선전」에는 진번·현도·임둔·낙랑 등의 4군으로 되어 있는데, 지금 이 글에는 평나平那가 있고 진번은 없으니, 대개 한 지방을 두 이름으로 불렀던 것 같다.

---

[1] 평주도독부와 동부도위부를 두 외부라고 하나,『전한서』에는 이러한 기사가 보이지 않고, 다만 그『지리지地理志』의 「낙랑군 소명현昭明縣」에는 '南部都尉治', 「불내현不耐縣」에는 '東部都尉治'로 되어 있을 뿐이다.

二府

前漢書 昭帝始元五年己亥 置二外府 謂朝鮮舊地平那及玄菟郡等 爲平州都督府 臨屯樂浪等兩郡之地 置東部都尉府 私曰 朝鮮傳則眞番 玄菟 臨屯 樂浪等四 今有平那無眞番 蓋一地二名也

72국[1]

부족국가의 분립

『통전』에는 조선의 유민遺民이 70여 개국으로 나누어져 있는데, 모두 지방이 1백 리였다고 했다. 『후한서』[2]에는 서한西漢(前漢)이 조선의 옛 땅에 처음에는 4군을 두었다가, 후에는 2부[3]를 두었는데 법령이 점점 번잡해지자 78개국으로 나누어지고, 나라가 각각 만 호였다고 했다.—마한은 서쪽에 있어 쉰네 개의 작은 읍을 차지했는데, 모두 나라라 불렀고, 진한은 동쪽에 있어 열두 개의 작은 읍을 차지했는데 나라라 불렀으며, 변한은 남쪽에 있어 열두 개의 작은 읍을 차지했는데 각각 나라라 불렀다.

---

1 삼한의 나라 총수를 일컬은 말이니, 78개국이라야만 된다.
2 후한 1대의 역사니, 유송劉宋의 범엽范曄이 지은 책. 1백20권으로 되어 있다.
3 『후한서』에도 2부를 두었다는 기사는 보이지 않는다.

七十二國

通典云 朝鮮之遺民 分爲七十餘國 皆地方百里 後漢書云 西漢以朝鮮舊地 初置爲四郡 後置二府 法令漸煩 分爲七十八國 各萬戶 馬韓在西 有五十四小邑 皆稱國 辰韓在東 有十二小邑 稱國 卞韓在南 有十二小邑 各稱國

낙랑국

낙랑국을 둘러싼 분쟁

전한 때에 처음으로 낙랑군을 두었다. 응소應邵[1]는 이것을 고조선국이라 했다. 『신당서新唐書』[2]의 주에는 평양성을 옛 한나라의 낙랑군이라 했다.

『국사國史』에 이런 말이 있다. 신라시조 혁거세왕 30년에 낙랑인들이 신라에 와서 항복했다. 또 제3대 노례왕弩禮王[3] 4년에, 고

---

1 후한後漢 사람. 자字는 중원仲遠. 헌제獻帝가 허許에 서울을 옮기니 응소는 원소袁紹의 군모교위軍謀校尉로 임명되었다. 이때 옛 전장典章이 인멸되고 기록이 보존되지 않았으므로 응소는 들은 바를 수집하여 『한관의漢官儀』와 『예의고사禮儀故事』를 저술했으며, 또 『풍속통風俗通』을 찬술하여 물류物類·명호名號를 변별하였다. 뒤에 업도鄴都에서 죽었다.
2 당대唐代의 역사책. 송나라 구양수歐陽修, 송기宋祁 등이 찬술했다. 모두 2백25권으로 되어 있다.
3 신라 제3대 유리왕儒理王을 이른 말. 『삼국사기』에는 유리왕 14년에 이 기사가 나타난다.

구려 제3대 무휼왕無恤王(大武神王)이 낙랑을 쳐서 멸망시키니, 그 나라 사람들이 대방帶方—북대방임—사람과 더불어 신라에 와서 항복했다. 또 무휼왕 27년에 후한의 광무제光武帝[4]가 사신을 보내어 낙랑을 쳐서, 그 땅을 빼앗아 군현郡縣을 삼으니, 살수薩水(淸川江) 이남의 땅이 한나라에 속하게 되었다고 했다.—위에 쓴 여러 글에 의하면 낙랑이 곧 평양이란 말은 옳은 말이다. 혹은 낙랑의 중두산中頭山 밑이 말갈靺鞨의 경계고, 살수는 지금의 대동강이라 했는데, 어느 말이 옳은지 자세히 알 수 없다.

또 백제 온조왕溫祚王의 말에는 동쪽에 낙랑이 있고, 북쪽에 말갈이 있다고 했는데, 이 말은 아마 예전 한나라 때, 낙랑군 속현屬縣의 땅일 것이다. 신라인들이 또한 스스로 낙랑이라 불렀으므로, 지금 고려에서도 또한 이로 말미암아 낙랑군 부인이라고 불렀다. 또 고려 태조께서 김부金傅에게 딸을 시집보내면서 또한 낙랑공주라고 했다.

樂浪國

前漢時 始置樂浪郡 應邵曰 故朝鮮國也 新唐書注云 平壤城 古漢之樂浪郡也 國史云 赫居世三十年 樂浪人來投 又第三弩禮王四年 高麗第

---

[4] 원문의 '光虎帝'는 후한後漢의 광무제 유수劉秀를 이름. 고려 혜종의 휘 '武'를 피하여 '虎'로 쓴 것이다.

三無恤王 伐樂浪滅之 其國人與帶方 北帶方 投于羅 又無恤王二十七年 光虎〔武〕帝遣使伐樂浪 取其地爲郡縣 薩水已南屬漢 據上諸文 樂浪卽平壤城 宜矣 或云樂浪中頭山下靺鞨之界 薩水今大同江也 未詳孰是 又百濟溫祚之言曰東有樂浪 北有靺鞨 則殆古漢時樂浪郡之屬縣之地也 新羅人亦以稱樂浪 故 今本朝亦因之 而稱樂浪郡夫人 又太祖降女於金傅 亦曰 樂浪公主

북대방

 북대방은 본시 죽담성竹覃城이다. 신라 노례왕 4년(기원전 27)에 대방인들이 낙랑인들과 함께 신라에 와서 항복했다.―이것은 모두 전한 때에 설치한 2군의 이름인데, 그 후에 참람하게 나라라고 불렀다가 지금에 와서 항복했다.

北帶方
北帶方 本竹覃城 新羅弩禮王四年 帶方人與樂浪人 投于羅 此皆前漢所置二郡名 其後僭稱國 今來降

남대방

 조위曹魏[1] 때에 처음으로 남대방군[2]—지금의 남원부南原府임—을 두었으므로 남대방南帶方이라고 했다. 대방의 남쪽은 해수海水가 1천 리이므로 거기를 한해瀚海[3]라 했다.—후한의 건안建安[4] 연간에 마한 남쪽[5]의 빈 황무지를 대방군으로 삼으니 왜倭와 한韓이 이에 속했다는 일이 바로 이것이다.

南帶方

曹魏時 始置南帶方郡 今南原府 故云 帶方之南 海水千里 曰瀚海 後漢建安中 以馬韓南荒地 爲帶方郡 倭韓遂屬 是也

---

1 삼국시대의 위나라를 이름이니, 남북조시대의 후위後魏 또는 탁발위拓跋魏와 구별해서 한 말이다.
2 『동국여지승람』의 남원도호조南原都護條에도 '曹魏時 爲北帶方郡'이란 기사가 있으나 이것은 기록의 잘못인 것 같다. 남원부는 대방군의 영현領縣이 아니다. 남원부를 대방군이라 한 것은 당나라가 백제를 멸망시킨 후 한때 일컬었던 명칭이니, 이것은 꾸며댄 이름이고 실제의 땅 이름은 아니다. 《丁茶山全書 疆域考 帶方考》 今之南原府 嘗爲帶方州刺史劉仁軌所駐 遂以南原爲帶方 其實亦冒名也
3 대마도 남쪽의 바다를 이른 말 같다. 《三國志 魏志 倭人傳》 至對馬國……又南渡一海千餘里 名曰瀚海
4 한나라 헌제의 연호.
5 이 기록도 잘못인 것 같다. 「위지」 '한전'에는 '分屯有縣以南'으로 되어 있다.

말갈*과 발해

대조영이 발해를 세우다

『통전』에 이런 말이 있다. 발해는 본래 속말말갈粟末靺鞨[1]이다. 그 추장 조영祚榮에 이르러서 나라를 세우고 스스로 진국震國[2]이라 불렀다. 선천先天[3]—당나라 현종玄宗 임자년—무렵에 와서야 비로소 말갈이란 이름을 버리고 오로지 발해라고만 불렀다. 개원開元 7년(719)—기미년—에 조영이 죽으니, 시호諡號를 고왕高王이라 했다.

세자가 뒤이어 왕이 되자, 명황明皇은 그를 책봉하여 왕위를 잇게 하였는데, 사사로이 연호를 인안仁安이라 고치고 드디어 해동의 큰 나라가 되었다. 그 땅에는 5경京[4] · 15부府 · 62주州가 있었

---

* 혹은 물길勿吉이라고도 한다.
1 종족의 명칭. 주대周代에는 숙신肅愼이라 했고, 한漢·위魏시대에는 읍루挹婁라 했으며, 후위後魏시대에는 물길勿吉이라 했고, 수隋·당唐시대에는 말갈이라 했다. 당대에 와서는 '흑수 말갈'과 '속말수 말갈'로 나누어졌으니, 전자는 송나라 때에 금국金國을 세웠고, 후자는 당나라 때에 발해국을 세웠다. 흑수黑水=흑룡강黑龍江, 속말수粟末水=송화강松花江.
2 원문의 '震旦'은 '震國'의 오기.
3 당나라 현종이 황태자로서 감국監國할 때의 연호니, 서기 712년에 해당된다.
4 중경 현덕부中京顯德府(吉林省 樺甸縣城?), 상경 용천부上京龍泉府(吉林省 寧安縣 東京城), 동경 용원부東京龍原府(琿春縣), 남경 남해부南京南海府(咸鏡南道 北青?), 서경 압록부西京 鴨綠府(輯安縣 通溝)를 일컬은 말.

다. 후당後唐 천성天成5 초에 거란이 이를 쳐서 깨뜨렸으므로 그 후에는 거란에게 지배되었다.—『삼국사』에 이런 말이 있다. 의봉儀鳳 3년 당나라 고종高宗 무인년에 고구려의 잔당이 그 무리를 모아 북으로 태백산 아래에 웅거하여 국호를 발해라 했다. 개원 20년경에 명황이 장수를 보내어 발해를 쳤다. 또 신라 성덕왕聖德王 32년, 현종 갑술년에 발해·말갈이 바다를 건너 당나라의 등주登州를 침범하니 현종은 이를 쳤다. 또 신라 『고기古記』에 이런 말이 있다. 고구려의 구장舊將 조영의 성은 대씨大氏인데 남은 군사를 모아 태백산 남쪽에서 나라를 세우고 국호를 발해라 했다. 위에 적은 여러 글을 살펴보면 발해는 말갈의 별종別種인데 다만 분리 통합함이 같지 않았을 뿐이다. 『지장도指掌圖』6를 살펴보면 발해는 만리장성萬里長城 동북쪽 밖에 있었다.

고구려의 후예, 발해

가탐賈耽7의 『군국지郡國志』에 발해국의 압록鴨綠·남해南海·부여扶餘·추성橻城 4부는 모두 고구려의 옛 땅이라 했다. 신라의 천정군泉井郡8—『지리지地理志』에는 삭주朔州의 영현領縣에 천정군이 있

---

5 당나라 장종莊宗의 연호.
6 송나라 소식蘇軾이 지은 책.
7 당나라 남피南皮 사람이니 자字는 돈시敦詩다. 당나라 현종의 천보天寶 연간에 명경과明經科에 올라서 당나라 덕종의 정원貞元 연간에는 벼슬이 동중서문하평장사同中書門下平章事에 이르렀다. 그는 글을 즐겨 읽고 더욱이 지리·음양陰陽·잡수雜數 등에 통달했다.
8 지금의 함경남도 덕원을 말한다.

으니 지금의 용주湧州라고 나와 있다—에서 추성부栜城府에 이르기까지 39역驛이다.

또 『삼국사』에는 백제의 말년에 발해·말갈·신라가 백제의 땅을 나누었다고 한다.—이것에 의하면 말갈과 발해가 또 나누어져서 두 나라가 된 것이다. 신라인들은 북쪽에는 말갈이 있고, 남쪽에는 왜인倭人이 있고, 서쪽에는 백제가 있으니 이것이 나라의 해가 된다고 했고, 또 말갈은 그 땅이 아슬라주阿瑟羅州에 연접해 있다고 했다.

또 『동명기東明記』[9]에는 졸본성卒本城은 땅이 말갈—혹은 지금의 동진東眞이라 한다—에 연접되었는데, 신라 제6대 지마왕祇摩王 14년—을축년—에 말갈의 군사가 많이 북쪽 경계에 들어와서 대령大嶺의 성책城柵을 습격하고 이하泥河를 지나갔다 했다.

『후위서後魏書』에는 말갈을 물길勿吉이라 했고, 『지장도』에는 읍루挹婁와 물길을 모두 숙신肅愼이라 했다.

흑수黑水[10]와 옥저沃沮는, 동파東坡[11]의 『지장도』에서 살펴보면, 진한의 북쪽에 남북 흑수黑水가 있다.

---

9 고구려 동명왕의 사적을 적은 『고기古記』.
10 대개 흑룡강黑龍江을 일컬은 말.
11 송나라 소식의 호.

북옥저와 남옥저

살펴보건대 동명제東明帝는 왕위에 오른 지 10년에 북옥저北沃沮를 멸망시켰고, 온조왕溫祚王 42년[12]에 남옥저의 20여 가구가 백제[13]에 와서 항복했고, 또 혁거세왕 53년에 동옥저가 신라에 와서 좋은 말을 바쳤다고 했으니 또한 동옥저도 있었던 것이다. 『지장도』에는 흑수가 만리장성 북쪽에 있고, 옥저는 만리장성 남쪽에 있다고 했다.

靺鞨 一作勿吉 渤海

通典云 渤海 本粟末靺鞨 至其酋祚榮立國 自號震旦〔國〕先天中 玄宗壬子 始去靺鞨號 專稱渤海 開元七年 己未 祚榮死 諡爲高王 世子襲立 明皇賜典冊襲王 私改年號 遂爲海東盛國 地有五京 十五府 六十二州 後唐天成初 契丹攻破之 其後爲丹所制 三國史云 儀鳳三年 高宗戊寅 高麗殘孽類聚 北依太伯山下 國號渤海 開元二十年間 明皇遣將討之 又聖德王三十二年 玄宗甲戌 渤海靺鞨越海侵唐之登州 玄宗討之 又新羅古記云 高麗舊將祚榮姓大氏 聚殘兵 立國於太伯山南 國號渤海 按上諸文 渤海乃靺鞨之別種 但開合不同而已 按指掌圖 渤海在長城東北角外

賈耽郡國志云 渤海國之鴨淥 南海 扶餘 柵城四府 並是高麗舊地也 自

---

12 『삼국사』에는 43년으로 되어 있다.
13 원문의 '新羅'는 연문衍文이거나 '百濟'를 잘못 쓴 것이다.

新羅泉井郡 地理志 朔州領縣 有泉井郡 今湧州 至橻城府三十九驛 又三國
史云 百濟末年 渤海 靺鞨 新羅 分百濟地 據此 則渤海 又分爲二國也 羅人
云 北有靺鞨 南有倭人 西有百濟 是國之害也 又靺鞨地接阿瑟羅州 又
東明記云 卒本城地連靺鞨 或云今東眞 羅第六祇摩王十四年 乙丑 靺鞨
兵大入北境 襲人嶺柵 過泥河 後魏書 靺鞨作勿吉 指掌圖云 挹婁與勿
吉 皆肅愼也 黑水 沃沮 按東坡指掌圖 辰韓之北 有南北黑水
按東明帝立十年 滅北沃沮 溫祚王四十二年 南沃沮二十餘家來投新羅
〔百濟〕又赫居世五十三年 東沃沮來獻良馬 則又有東沃沮矣 指掌圖
黑水在長城北 沃沮在長城南

이서국

노례왕 14년[1]에 이서국伊西國 사람이 와서 금성金城을 쳤다. 운문사雲門寺[2]에 예로부터 전해온 「제사납전기諸寺納田記」를 살펴보면, 정관貞觀[3] 6년 임진(632)에 이서군의 금오촌今部村 영미사零味寺[4]가 밭을 바쳤다 했는데, 금오촌은 지금 청도淸道땅이니 곧 청도

---

1 노례왕은 신라 제3대 유리왕인데, 『삼국사기』에는 제14대 유례왕儒禮王 14년에 이 기사가 있다.
2 경상북도 청도군 운문면 신원리 호거산에 있는 절. 신라 진흥왕眞興王 21년(560)에 처음 세우고, 진평왕眞平王 13년(591)에 원광국사圓光國師가 다시 세웠다.
3 당나라 태종의 연호.

는 옛 이서군이다.

伊西國

弩禮王十四年 伊西國人 來攻金城 按雲門寺古傳諸寺納田記云 貞觀六年壬辰 伊西郡今部村零味寺納田 則今部村 今淸道地 卽淸道郡 古伊西郡

5 가야*

아라阿羅―라羅는 야耶라고 씀―가야伽倻―지금의 함안咸安―고령가야古寧伽倻―지금의 함녕咸寧[1]―대가야大伽倻―지금의 고령高靈―

---

4 경상북도 청도군에 있던 절.

⟨5 가야⟩

* 「가락국기駕洛國記」의 찬贊을 살펴보면, 자주색 끈 한 가닥이 하늘에서 내려와 여섯 개의 둥근 알을 내려주었는데, 다섯 개는 각 읍으로 돌아가고, 한 개는 이 성에 있어서, 이 한 개가 수로왕首露王이 되고 나머지 다섯 개가 저마다 5가야의 군주가 되었다 했으니, 금관국이 다섯의 수에 들어가지 않은 것은 당연하다. 그런데도 고려의 『사략史略』에는 금관金官까지 그 수에 넣고 창녕昌寧을 더 기록했으니 잘못이다.

1 함창咸昌의 딴 이름. 고령가야를 이곳에 추정함은 방위가 너무 떨어져 있는 관계로 인정하기가 곤란하다. 혹은 진주晉州를 고령가야에 추정하려는 이도 있는데 자세한 일은 알 수 없다.

성산가야星山伽倻―지금의 경산京山인데, 혹은 벽진碧珍이라고도 한다
―소가야小伽倻―지금의 고성固城―이다.

또 고려의 『사략』에는 태조 천복天福[2] 5년 경자(940)에 5가야의 이름을 고쳤으니, 첫째는 금관―김해부金海府가 되었다―이요, 둘째는 고령―가리현加利縣[3]이 되었다―이며, 셋째는 비화非火―지금 창녕이니, 아마 고령高靈의 그릇된 것인 듯하다―이요, 나머지 둘은 아라와 성산이라 했다.―위의 주와 같다. 성산은 혹은 벽진가야碧珍伽倻라고도 한다.

五伽耶 按駕洛記贊云 垂一紫纓 下六圓卵 五歸各邑 一在玆城 則一爲首露王 餘五各爲五伽耶之主 金官不入五數當矣 而本朝史略 並數金官 而濫記昌寧誤

阿羅 一作耶 伽耶 今咸安 古寧伽耶 今咸寧 大伽耶 今高靈 星山伽耶 今京山一云碧珍 小伽耶 今固城 又本朝史略云 太祖天福五年庚子改五伽耶名 一金官 爲金海府 二古寧 爲加利縣 三非火 今昌寧 恐高靈之訛 餘二阿羅 星山 同前 星山或作碧珍伽耶

---

2 후진後晉 고조高祖(石敬瑭)의 연호. 천복 5년은 서기 940년에 해당된다. 고려에서는 태조의 천수天授 16년(933)부터 후당後唐의 연호를 사용했으므로 여기서도 태조 천복 5년이라 일컬은 것이다.
3 가리현은 성산의 속현屬縣이니 이것도 잘못인 것 같다.

북부여

해모수가 북부여를 세우다

『고기古記』에 이런 말이 있다. 전한[1] 선제宣帝 신작神爵 3년 임술(기원전 59) 4월 8일에 천제天帝가 흘승골성訖升骨城[2]—대요大遼의 주醫州 지경에 있다—에 내려왔는데 오룡거五龍車를 탔었다. 도읍을 정하여 왕이라 일컫고, 국호를 북부여라 하며, 스스로 이름을 해모수解慕漱라 일렀다. 아들을 낳아 이름을 부루夫婁라 하고 해해로써 씨氏를 삼았다. 해부루는 후에 상제上帝의 명령으로 동부여에 도읍을 옮겼다.

고구려, 졸본부여에서 일어나다

동명제東明帝는 북부여를 이어 일어나, 졸본주卒本州에 도읍을 정하고 졸본부여卒本扶餘가 되었으니, 곧 고구려의 시조다.—아래에 나타난다.

---

1 원문의 '前漢書'에서 '書'가 필요 없는 글자인 듯하다.
2 이병도李丙燾 박사의 설에 의하면 흘승골訖升骨은 승흘골升訖骨이 거꾸로 된 말로써 '솔꼴' '수릿골'의 의미라고 한다.

北扶餘

古記云 前漢(書)宣帝神爵三年壬戌四月八日 天帝降于訖升骨城 在大遼
醫州界 乘五龍車 立都稱王 國號北扶餘 自稱名解慕漱 生子名扶婁 以
解爲氏焉 王後因上帝之命 移都于東扶餘

東明帝繼北扶餘而興 立都于卒本州 爲卒本扶餘 卽高句麗之始 見下

동부여

동부여의 건국 설화

북부여왕 해부루解夫婁의 대신 아란불阿蘭弗의 꿈에 천제가 내려와서 말했다.

"장차 내 자손으로 하여금 이곳에 나라를 세우려 하니 너는 다른 곳으로 피해가거라.―동명왕이 장차 일어날 조짐을 말함이다. 동해의 바닷가에 가섭원迦葉原이란 곳이 있는데 기름진 땅이어서 왕도를 정할 만하다."

아란불은 왕에게 권고하여 그곳으로 도읍을 옮기고 국호를 동부여라 했다.

금와왕의 전설

부루가 늙어 아들이 없으므로 어느 날 산천에 제사지내어 대를 이을 아들을 구했다.

그가 탔던 말이 곤연鯤淵[1]에 이르러 큰 돌을 보고 마주 대하여 눈물을 흘렸다. 왕은 이것을 이상히 여겨 사람을 시켜서 그 돌을 굴리니 금빛 개구리 모양의 어린애가 있었다. 왕은 기뻐했다.

"이것은 하늘이 나에게 아들을 주심이로다."

이에 거두어 기르며 이름을 금와金蛙라 했다. 그가 자라매 태자로 삼고 부루가 세상을 떠나자 금와는 위를 이어 왕이 되었다. 다음에 왕위를 태자 대소帶素에게 전했다.

지황地皇[2] 3년 임오(22)에 와서 고구려 무휼왕이 이를 쳐서 동부여왕 대소를 죽이니 나라가 없어졌다.

東扶餘

北扶餘王解夫婁之相阿蘭弗 夢 天帝降而謂曰 將使吾子孫 立國於此 汝其避之 謂東明將興之兆也 東海之濱 有地名迦葉原 土壤膏腴 宜立王都 阿蘭弗勸王 移都於彼 國號東扶餘

夫婁老無子 一日祭山川求嗣 所乘馬至鯤淵 見大石相對淚流 王怪之 使人轉其石 有小兒金色蛙形 王喜曰 此乃天賚我令胤乎 乃收而養之 名曰金蛙 及其長 爲太子 夫婁薨 金蛙嗣位爲王 次傳位于太子帶素 至地皇三年壬午 高麗王無恤伐之 殺王帶素 國除

---

1 일설에 곤연은 큰 못을 말함이니 백두산의 천지天池라 한다.
2 신新나라 왕망王莽의 연호. 지황 3년은 서기 22년에 해당된다.

고구려

고구려의 건국

고구려는 곧 졸본부여다. 혹은 지금의 화주和州, 또는 성천成川이라 하나 모두 잘못이다. 졸본주는 요동 지경에 있었다.

『국사』「고구려 본기」에 이런 사실이 있다. 시조 동명성제東明聖帝의 성은 고高씨요, 이름은 주몽朱蒙이다. 이보다 전에 북부여왕 해부루가 이미 동부여로 피해갔으며, 후에 부루가 세상을 떠나자, 금와가 왕위를 이었다.

이때에 금와가 태백산[1] 남쪽 우발수優渤水[2]에서 한 여자를 얻었다. 금와가 그녀에게 물으니 이와같이 말했다.

"저는 하백河伯[3]의 딸인데 이름은 유화柳花라고 합니다. 여러 아우들과 나와 놀고 있을 때, 한 남자가 자기는 천제의 아들 해모수라 하면서 저를 웅신산熊神山[4] 밑 압록강 가에 있는 집 안으로 유인해가서, 몰래 정을 통해놓고 가서는 되돌아오지 않았습니다. 부모님은 제가 중매 없이 혼인한 것을 꾸짖어, 마침내 이곳으로 귀

---

1 여기에 말한 태백산은 백두산을 이른 말.
2 일설에 우발수는 웃벌못 곧 상평지上坪池라 한다.
3 황하黃河의 신 곧 물을 맡은 신.《莊子》河伯欣然自喜
4 일설에 웅신산은 고마뫼 곧 개마산蓋馬山이니 백두산이 일명 개마산이므로 백두산을 이른 것이라 한다.

양 보냈습니다."—「단군기檀君記」에는 "단군이 서하西河 하백의 딸과 관계하여 아들을 낳아 이름을 부루라 하였다"고 하는데, 지금 이 기사를 살펴보면 해모수가 하백의 딸과 정을 통하여 주몽을 낳았다 한다. 「단군기」에는 "아들을 낳아 이름을 부루라 했다" 하니, 부루와 주몽은 배다른 형제인 것이다.

금와는 그녀를 이상히 여겨 방 속에 가두어두었더니 햇빛이 비쳐왔다. 그녀가 몸을 피해가니 햇빛이 또 따라가 비쳤다. 그로 인하여 태기가 있어 알5 하나를 낳으니 크기가 닷되들이만했다. 왕은 그것을 개와 돼지에게 던져주었더니 모두 먹지 않았다. 또 길에 버렸더니 소와 말이 피해가고, 들판에 버렸더니 새와 짐승이 이것을 덮어주었다. 왕이 그것을 쪼개려 했으나, 쪼갤 수 없어서 그 어머니에게 돌려주었다.

그 어머니는 쌀 것으로 알을 싸서 따뜻한 곳에 두었더니 한 아이가 껍질을 부수고 나왔다. 골격과 외양이 특이하고 기이했다. 나이 겨우 일곱 살에 기골이 준수하여6 범인과 달랐다. 스스로 활

---

5 일란一卵 : 알에서 신성한 시조가 탄생했다는 난생신화卵生神話는 동북·동남 아시아 지대에 널리 분포되어 있다. 알의 원형은 곧 태양을 상징한 것이며, 특히 이 알에 햇빛과 서기瑞氣가 비쳤다는 일은 곧 태양 숭배 민족에게 관계되는 태양신화인 것이다. 고구려 시조 주몽왕이 일광소조日光所照로써 임신하여 알을 낳았다는 일과 다음 글의 '氣從天來 故我有娠'이란 말은 이를 말하고 있으며, 또 신라시조 혁거세의 '異氣如電光垂地有一紫卵'이란 말과 김알지金閼智의 '見大光明於始林中 雲中有黃金櫃'란 말, 가락국 시조 수로왕의 '紫繩自天垂而着地……有黃金卵六 圓如日者'란 말은 모두 태양 숭배 광명 상징의 태양신화에 속한 것이다.

과 살을 만들어 백 번 쏘면 백 번 다 맞혔다. 그 나라의 풍속에 활을 잘 쏨을 주몽이라 한 까닭으로 이름을 주몽이라고 지었다.

금와에게는 아들 일곱이 있었는데, 언제나 주몽과 함께 놀았으나 그 기예와 재능이 주몽을 따르지 못했다. 맏아들 대소가 금와왕에게 말했다.

"주몽은 사람이 낳은 것이 아니니, 만약 일찍 없애지 않으면 후환이 있을까 염려됩니다."

왕은 그 말을 듣지 않고 주몽에게 말을 기르게 했다. 주몽은 좋은 말을 알아보아 좋은 말은 적게 먹여서 여위게 하고, 나쁜 말은 잘 먹여서 살찌게 했다. 왕은 살찐 말은 자기가 타고 여윈 말은 주몽에게 주었다. 왕의 여러 아들과 여러 신하들이 주몽을 장차 죽이려고 꾀했다. 주몽의 어머니는 이 사실을 알고 그에게 말했다.

"나랏사람이 장차 너를 죽이려고 하니, 네 재능과 지략으로 어디를 간들 살지 못하겠느냐? 빨리 대책을 세워라."

이에 주몽은 오이烏伊 등 세 사람을 벗삼아 엄수淹水―지금 자세히 알 수 없다―에 이르러 물에게 말하였다.

"나는 천제의 아들이요 하백의 손자다. 오늘 도망나오는 길인데 뒤쫓는 자가 거의 다 쫓아왔으니 어찌해야 하겠느냐?"

이에 고기와 자라가 다리를 만들어 그를 건너가게 하고는 곧 흩

---

6 기억岐嶷 : 기골이 준수한 모양. 《晉書》 童幼而岐嶷 弱冠而著德

어지니 뒤쫓는 기병들은 건널 수 없었다.

졸본주—현도군의 지경—에 이르러 드디어 도읍을 정했다. 미처 궁실은 짓지 못해서, 다만 불류수沸流水 위에 옥사屋舍를 지어 거처하며, 국호를 고구려라 하고 국호로 인하여 고高로써 씨氏를 삼았다.—본성은 해解였으나 지금 자기가 천제의 아들로서 햇빛을 받고 낳았다 하는 까닭으로 스스로 고로써 씨를 삼았다. 이때 나이 열두 살이었는데 한나라 효원제孝元帝 건소建昭 2년 갑신(기원전 38)에 위에 올라 왕이라 일컬었다.

고구려가 전성하던 때는 21만 5백8호[7]나 되었다.

또 하나의 전설

『주림전珠琳傳』[8] 21권에 이런 기록이 있다. 옛날 영품리왕寧稟離王의 시녀가 임신했는데 관상을 보는 이가 점을 치더니 왕에게 말했다.

"귀하게 되어 왕이 될 상입니다."

"내 아들이 아니니 마땅히 죽여야 되겠다."

시녀가 아뢰었다.

"기운이 하늘로부터 내려와서 그 때문에 제가 임신한 것입니

---

7 이 통계는 어디에 근거를 둔 말인지 알 수 없다. 『삼국사기』에는 고구려가 망할 때의 호수를 총계 69만여 호라 했다.
8 『법원주림法苑珠琳』을 이름. 당나라 서명사西明寺의 도세道世가 찬술撰述한 것. 한 권으로 되어 있다.

다."

그 아이를 낳았으나 상서롭지 못하다 하여, 돼지우리에 버렸더니 돼지가 입김을 불어주고, 마구간에 버렸더니 말이 젖을 먹여서 죽지 않았다. 마침내 부여의 왕이 되었다.—곧 동명제가 졸본부여의 왕이 된 것을 말한 것이다. 졸본부여는 또한 북부여의 별도別都인 까닭으로 부여왕이라 이른 것이다. 영품리는 부루왕을 달리 부른 말이다.

高句麗

高句麗 卽卒本扶餘也 或云今和州 又成州等 皆誤矣 卒本州在遼東界 國史高麗本記云 始祖東明聖帝 姓高氏 諱朱蒙 先是 北扶餘王解夫婁 旣避地于東扶餘 及夫婁薨 金蛙嗣位 于時得一女子於太伯山南優渤水 問之 云 我是河伯之女 名柳花 與諸弟出遊 時有一男子 自言天帝子解慕漱 誘我於熊神山下鴨淥邊室中私之 而往不返 壇君記云 君與西河河伯之女要親 有産子 名曰夫婁 今按此記 則解慕漱私河伯之女 而後産朱蒙 壇君記云 産子名曰夫婁 夫婁與朱蒙異母兄弟也 父母責我無媒而從人 遂謫居于此 金蛙異之 幽閉於室中 爲日光所照 引身避之 日影又逐而照之 因而有孕 生一卵 大五升許 王弃之與犬猪 皆不食 又棄之路 牛馬避之 棄之野 鳥獸覆之 王欲剖之 而不能破 乃還其母 母以物褁之 置於暖處 有一兒破殼而出 骨表英奇 年甫七歲 岐嶷異常 自作弓矢 百發百中 國俗謂善射 爲朱蒙 故以名焉 金蛙有七子 常與朱蒙遊戱 技能莫及 長子帶素言於 王曰 朱蒙非人所生 若不早圖 恐有後患 王不聽 使之養馬 朱蒙知其駿

者 減食令瘦 駑者善養令肥 王自乘肥(者) 瘦者給蒙 王之諸子與諸臣
將謀害之 蒙母知之 告曰 國人將害汝 以汝才略 何往不可 宜速圖之
於時蒙與烏伊等三人爲友 行至淹水 今未詳 告水曰 我是天帝子 河伯
孫 今日逃遁 追者垂及 奈何 於是魚鼈成橋 得渡而橋解 追騎不得渡
至卒本州 玄菟郡之界 遂都焉 未遑作宮室 但結廬於沸流水上居之 國號
高句麗 因以高爲氏 本姓解也 今自言是天帝子承日光而生 故 自以高爲氏 時年
十二歲 漢孝元帝建昭二年甲申歲 卽位稱王 高麗全盛之日 二十一萬
五百八戶

珠琳傳第二十一卷載 昔寧稟離王侍婢有娠 相者占之曰 貴而當王 王
曰 非我之胤也 當殺之 婢曰 氣從天來 故我有娠 及子之産 謂爲不祥
捐圈則猪嘘 棄欄則馬乳 而得不死 卒爲扶餘之王 卽東明帝爲卒本扶餘王
之謂也 此卒本扶餘 亦是北扶餘之別都 故 云扶餘王也 寧稟離 乃夫婁王之異稱也

변한과 백제*

　신라 시조 혁거세 즉위 19년 임오(기원전 39)에 변한卞韓[1] 사람이 나라를 거느리고 와서 항복하였다.『신당서新唐書』『구당서舊唐書』[2]에는 변한의 후손들[3]이 낙랑 땅에 있었다 하고,『후한서』에

---

* 또는 남부여라고도 하니 곧 사비성泗沘城이다.
1 변한弁韓과 같다.
2 신구당서新舊唐書:『신당서』『구당서』를 이름.『신당서』는 송나라 구양수歐陽

는 변한은 남쪽에 있고, 마한馬韓은 서쪽에 있고 진한辰韓은 동쪽에 있었다고 했으며, 최치원은 변한이 백제라 했다.

「백제 본기」를 살펴보면, 온조왕이 일어나 나라를 세움은 홍가鴻嘉4 4년 갑진년(기원전 17)이었다 하니, 혁거세왕과 동명왕의 시대보다도 40년이 뒤졌는데,『당서唐書』에 변한의 후손들이 낙랑 땅에 있었다고 함은 온조왕의 계통이 동명왕으로부터 나온 까닭으로 그렇게 말했을 뿐이다. 혹 어떤 사람이 낙랑 출신으로서 변한에 나라를 세우고, 마한 등과 서로 대치한 일이 온조왕의 전에 있었던 것 같고, 도읍이 낙랑땅에 있었다는 것은 아니다.

어떤 사람은 구룡산九龍山5을 잘못 알아 또한 변나산卞那山이라 불렀던 까닭으로 고구려를 변한이라 하나, 그것은 그릇된 것이다. 마땅히 옛날 현인賢人6의 말을 옳다고 할 것이다. 백제 땅에 변산卞山7이 있었던 까닭으로 변한이라 이른 것이다. 백제의 전성시대에는 15만 2천3백 호8였다.

修, 송기宋祁 등이 지었고,『구당서』는 후진後晉의 유구劉昫 등이 지었다.
3 묘예苗裔 : 후손이란 말.
4 한나라 성제成帝의 연호.『삼국사기』에는 온조왕의 건국이 홍가 3년으로 되어 있다.
5 지금의 평양 동북쪽의 대성산大城山.
6 여기서는 최치원을 가리킨다.
7 변산이 있어서 변한이라 했다는 말도 그 근거가 확실하지 않다.
8 이 통계도 어디에 근거를 둔 것인지 알 수 없다.『삼국사기』에는 백제가 망할 때의 진국 호수를 76만 호라 했다.

卞韓 百濟 亦云 南扶餘 卽泗沘城也

新羅始祖赫居世卽位十九年壬午 卞韓人以國來降 新舊唐書云 卞韓苗
裔在樂浪之地 後漢書云 卞韓在南 馬韓在西 辰韓在東 致遠云 卞韓
百濟也 按本紀 溫祚之起 在鴻嘉四年甲辰 卽後於赫居世 東明之世 四
十餘年 而唐書云 卞韓苗裔在樂浪之地云者 謂溫祚之系 出自東明故
云耳 或有人出樂浪之地 立國於卞韓 與馬韓等並峙者 在溫祚之前爾
非所都在樂浪之地也 或者濫九龍山 亦名卞那山 故以高句麗爲卞韓者
盖謬 當以古賢之說爲是 百濟地自有卞山 故云卞韓 百濟全盛之時 十
五萬二千三百戶

진한*

『후한서』에 이런 말이 있다. 진한의 늙은이는 "진秦나라에서 망명한 이들이 한국에 오니 마한이 동쪽의 땅을 떼어서 그들에게 주고 서로 부르기를 도徒라 하며 진나라 말에 가까운 까닭으로 혹은 진한秦韓이라고 했다"고 말했다. 열두 개의 소국이 있어 각각 만 호나 되었는데 나라라 일컬었다.

또 최치원은 "진한은 본래 연나라 사람들이 피난해왔던 것이므로 탁수涿水[1]의 이름을 따서 그들의 사는 읍과 마을을 일컬어 사

---

* 또는 진한秦韓이라고도 한다.

탁沙涿・점탁漸涿 등으로 불렀다"고 말했다.―신라 사람의 방언에 탁涿의 음을 도道라고도 했으므로 지금도 혹은 사량沙梁이라고 쓰고 양梁을 또한 도道라고도 읽는다.

신라 전성시대의 서울

신라의 전성시대에는 서울에 17만 8천9백36호 1천3백60방坊[1], 55리里, 35채의 금입택金入宅―부유한 큰 집을 말한다―이 있었으니, 남택南宅・북택北宅・오비소택亏比所宅・본피택本彼宅・양택梁宅・지상택池上宅―본피부本彼部―・재매정택財買井宅―유신공庾信公의 조종祖宗―・북유택北維宅・남유택南維宅―반향사反香寺 하방下坊―・대택隊宅・빈지택賓支宅―반향사 북쪽―・장사택長沙宅・상앵택上櫻宅・하앵택下櫻宅・수망택水望宅・천택泉宅・양상택楊上宅―양부梁部의 남쪽―・한기택漢岐宅―법류사法流寺 남쪽―・비혈택鼻穴宅―위와 같다―・판적택板積宅―분황사芬皇寺 상방上坊―・별교택別敎宅―내의 북쪽―・아남택衙南宅・금양종택金楊宗宅―양관사梁官寺 남쪽―・곡수택曲水宅―내의 북쪽―・유야택柳也宅・사하택寺下宅・사량택沙梁宅・정상택井上宅・이남택里南宅―오소택亏所宅―・사내곡택思內曲宅・지택池宅・사상택寺上宅―대숙택大宿宅―・임상택林上宅―청룡사青龍寺의 동쪽이니 못이 있다―・교남택橋

---

[1] 『삼국유사』 제5권 「염불사念佛師」에는 3백60방으로 되어 있다.

南宅・항질택巷叱宅—본피부—・누상택樓上宅・이상택里上宅・명남택椧南宅・정하택井下宅이었다.

辰韓 亦作秦韓

後漢書云 辰韓耆老自言 秦之亡人 來適韓國 而馬韓割東界地以與之 相呼爲徒 有似秦語 故 或名之爲秦韓 有十二小國 各萬戶 稱國 又崔致遠云 辰韓本燕人避之者 故 取涿水之名 稱所居之邑里 云沙涿 漸涿 等 羅人方言 讀涿音爲道 故 今或作沙梁 梁 亦讀道

新羅全盛之時 京中十七萬八千九百三十六戶 一千三百六十坊 五十五里 三十五金入宅 言富潤大宅也 南宅 北宅 亐比所宅 本彼宅 梁宅 池上宅 本彼部 財買井宅 庾信公祖宗 北維宅 南維宅 反香寺下坊 隊宅 賓支宅 反香寺北 長沙宅 上櫻宅 下櫻宅 水望宅 泉宅 楊上宅 梁南 漢歧宅 法流寺南 鼻穴宅 上同 板積宅 芬皇寺上坊 別敎宅 川北 衙南宅 金楊宗宅 梁官寺南 曲水宅 川北 柳也宅 寺下宅 沙梁宅 非上宅 里南宅 亐所宅 思內曲宅 池宅 寺上宅 大宿宅 林上宅 青龍之寺東方有池 橋南宅 巷叱宅 本彼部 樓上宅 里上宅 椧南宅 井下宅

또 사절유택1

봄에는 동야택東野宅, 여름에는 곡량택谷良宅, 가을에는 구지택仇知宅, 겨울에는 가이택加伊宅에서 놀았다.

제49대 헌강대왕憲康大王 때에는 성안에 초가집은 하나도 없고 집은 이웃과 서로 처마와 담이 붙어 있었고, 노랫소리와 피리 소리2가 길거리에 가득하여 밤낮으로 끊이지 않았다.

又四節遊宅

春 東野宅 夏 谷良宅 秋 仇知宅 冬 加伊宅 第四十九憲康大王代 城中無一草屋 接角連墻 歌吹滿路 晝夜不絶

신라 시조 혁거세왕

6촌의 유래

진한의 땅에는 옛날에 6촌이 있었다. 첫째는 알천閼川 양산촌楊

---

1 춘하추동의 절후를 따라 유흥하던 귀족들의 별장.
2 가취歌吹: 노래를 부르고 피리 등속을 부는 일.《鮑照 文》歌吹沸天

山村이니 남쪽은 지금 담엄사曇嚴寺[1]다. 촌장은 알평謁平이다. 처음에 하늘에서 표암봉瓢嵓峯에 내려오니 이가 급량부及梁部 이李씨의 조상이 되었다.—노례왕 9년에 부部를 두어 급량부라 했는데 고려 태조 천복 5년 경자(940)에 이름을 중흥부中興部라고 고쳤다. 파잠波潛·동산東山·피상彼上·동촌東村이 이에 속한다.

둘째는 돌산突山 고허촌高墟村이니 촌장은 소벌도리蘇伐都利다. 처음에 형산兄山에 내려오니 이가 사량부沙梁部—양梁은 도道라고 읽고 혹은 탁涿이라고도 쓰나 역시 도라고 발음한다—정鄭씨의 조상이 되었다. 지금은 남산부南山部라 하니 구량벌仇良伐·마등오麻等烏·도북道北·회덕廻德 등 남촌南村이 이에 속한다.—지금이라고 한 것은 고려 태조 때에 설치한 것이니, 아래도 이와 같다.

셋째는 무산茂山 대수촌大樹村이니 촌장은 구례마俱禮馬—혹은 구仇라고도 쓴다—이다. 처음에 이산伊山—혹은 개비산皆比山이라고도 쓴다—에 내려오니 이가 점량부漸梁部—양梁은 혹은 탁涿이라고도 쓴다—또는 모량부牟梁部 손孫씨의 조상이 되었다. 지금은 장복부長福部라 하니 박곡촌朴谷村 등 서촌西村이 이에 속한다.

넷째는 자산觜山 진지촌珍支村—혹은 빈지賓之, 또는 빈자賓子, 빙지氷之라고도 쓴다—이니 촌장은 지백호智伯虎다. 처음에 화산花山에 내려오니 이가 본피부本彼部 최崔씨의 조상이 되었다. 지금은 통선부通仙部라 하니 시파柴巴 등 동남촌東南村이 이에 속한다. 최치

---

1 경상북도 경주시 오릉 남쪽에 있던 절.

원은 본피부 사람이다. 지금 황룡사皇龍寺[2] 남쪽 미탄사味呑寺[3] 남쪽에 옛터가 있다 하니, 이것이 최후崔侯(崔致遠)의 옛 집임이 분명하다.

다섯째는 금산金山 가리촌加利村—지금의 경주 북쪽의 금강산이니 백률사栢栗寺의 북쪽 산이다—이니 촌장은 지타祗沱—혹은 지타只他라고도 쓴다—다. 처음에 명활산明活山에 내려오니 이가 한기부漢歧部 배씨裵氏의 조상이 되었다. 지금은 가덕부加德部라 하니 상서지上西知, 하서지下西知, 내활乃活 등 동촌東村이 이에 속한다.

여섯째는 명활산明活山 고야촌高耶村이니 촌장은 호진虎珍이다. 처음에 금강산金剛山에 내려오니 이가 습비부習比部 설씨薛氏의 조상이 되었다. 지금은 임천부臨川部라 하니 물이촌勿伊村·잉구미촌仍仇旀村·궐곡闕谷—혹은 갈곡葛谷이라고도 쓴다—등 동북촌東北村이 이에 속한다.

위의 글을 살펴본다면 이 6부의 조상들은 모두 하늘에서 내려온 것 같다. 노례왕 9년(32)에 비로소 6부의 이름을 고치고 또 6성六姓을 주었다. 지금 풍속에는 중흥부를 어머니라 하고, 장복부를 아버지라 하고, 임천부를 아들이라 하고, 가덕부를 딸이라 하는데 그 이유는 자세히 알 수 없다.

---

2 경상북도 경주시 월성의 동쪽에 있던 절.
3 경상북도 경주시 구황리 낭산狼山 서쪽에 있던 절.

촌장회의에서 왕을 선거하다

전한 지절地節[4] 원년 임자(기원전 69)—고본古本에는 건무建武[5] 원년이라 했고 또는 건원建元[6] 3년이라고도 했으나 모두 잘못이다—3월 초하루에 6부의 조상들은 각기 자제들을 거느리고 알천의 언덕 위에 모여서 의논했다.

"우리들은 위에 백성[7]을 다스릴 임금이 없으므로 백성들이 모두 방자[8]하여 제 마음대로 하게 되었소. 어찌 덕 있는 사람을 찾아 임금을 삼아 나라를 세우고 도읍을 정하지 않겠소."

이에 높은 곳에 올라 남쪽을 바라보니 양산楊山 밑 나정蘿井 곁에 이상한 기운이 전광처럼 땅에 비치는데 흰말 한 마리가 꿇어앉아 절하는 형상을 하고 있었다. 그곳을 찾아가 살펴보니 붉은 알 한 개—혹은 푸른 큰 알이라고도 한다—가 있는데, 말은 사람을 보고는 길게 울다가 하늘로 올라가버렸다. 그 알을 깨어보니 사내아이가 나왔는데 모양이 단정하고 아름다웠다. 놀라고 이상히 여겨 그 아이를 동천東泉—동천사東泉寺는 사뇌야詞腦野 북쪽에 있다—에서 목욕시켰다. 몸에서 광채가 나고, 새와 짐승이 따라 춤추며

---

4 한나라 선제宣帝의 연호. 지절 원년은 기원전 69년에 해당된다.
5 원문의 '建虎'는 '建武'로, '武'자 휘를 피해서 쓴 것이다. 후한 광무제의 연호. 건무 원년은 서기 25년에 해당된다.
6 한나라 무제의 연호. 건원 3년은 기원전 138년에 해당된다.
7 증민蒸民 : 증蒸은 중衆과 같으니 증민蒸民은 중인衆人과 같은 말.
8 방일放逸 : 방자放恣와 같은 말.

천지가 진동하고 해와 달이 청명해지므로, 그 일로 인하여 그를 혁거세왕이라 이름했다.—아마 우리말일 것이다. 혹은 불구내왕弗矩內王이라고도 하니 밝게 세상을 다스린다는 뜻이다. 해설하는 이는 말한다. "이는 서술성모西述聖母9가 낳은 바니, 그러므로 중국 사람들이 선도성모仙桃聖母를 찬양한 말에 현인을 낳아 건국했다는 말이 있음은 이것이다." 계룡雞龍이 상서祥瑞를 나타내어 알영閼英을 낳았다는 이야기도 또한 서술성모의 현신現身을 말한 것이 아닐까?

위호位號는 거슬한居瑟邯이라고 했다.—혹은 거서간居西干이라고도 하니 이것은 그가 처음 말할 때에 스스로 알지거서간閼智居西干이 한번 일어났다고 했으므로 그 말로 인해서 부른 것인데 이로부터 왕자의 존칭이 되었다.

그 당시의 사람들은 서로 다투어 치하하였다.

"이제 천자天子가 이미 하늘에서 내려왔으니 마땅히 덕 있는 왕후를 찾아서 배필을 삼아야 할 것이오."

왕후 알영의 탄생

이날 사량리沙梁里 알영정閼英井—혹은 아리영정娥利英井이라고도 한다—가에 계룡이 나타나 왼쪽 갈비에서 계집애를 낳았는데—혹은 용이 나타나서 죽었는데 그 배를 갈라서 계집애를 얻었다 한다—모

---

9 서술성모의 전설은 『삼국유사』 제5권 「선도성모仙桃聖母」에 자세히 나타나 있다.

습과 얼굴은 유달리 고왔으나, 입술이 닭의 부리와 같았다. 월성 북천北川에 가서 목욕시키니 부리가 떨어졌다. 그 때문에 그 내를 발천撥川이라 한다.

혁거세왕과 그 왕후

남산 서쪽에 있는 산기슭—지금 창림사昌林寺—에 궁실을 짓고 두 성스러운 아이를 받들어 길렀다. 사내아이는 알에서 나왔으며, 그 알은 박과 같았다. 향인鄕人들은 박을 박朴이라 하는 까닭으로 그로 인하여 그 성을 박이라 했다. 계집아이는 그가 나온 우물 이름 알령으로써 이름을 지었다. 두 성인의 나이 열세 살이 되자 오봉五鳳10 원년 갑자(기원전 57)에 남자는 왕이 되고, 그 여자로 왕후를 삼았다.

나라 이름을 서라벌徐羅伐 또는 서벌徐伐—지금 세간에서 경京자를 훈독하여 서벌이라 이르는 것도 이 까닭이다—이라 하고, 혹은 사라斯羅 또는 사로斯盧라고도 했다.

처음에 왕후11가 계정鷄井에서 탄생한 까닭으로 혹은 계림국鷄林國이라 하니, 계룡이 상서를 나타냈기 때문이었다. 일설에는 탈해왕脫解王 때에 김알지金閼智를 얻어 닭이 숲속에서 울었으므로

---

10 한나라 선제의 연호. 오봉 원년은 기원전 57년에 해당된다.
11 원문의 '王'은 '后'자의 오기이든지, 또는 '王'자 밑에 '后'자가 빠진 것으로 생각된다.

이에 국호를 고쳐 계림雞林이라 했다 하는데, 후세에 와서 신라의 국호로 정했다.

나라를 다스린 지 61년 만에 왕은 하늘로 올라가고 7일 후에 그 몸뚱이가 땅에 흩어져 떨어졌는데, 왕후도 또한 세상을 떠났다 한다. 나랏사람이 합장하고자 하니 큰 뱀이 쫓아와서 방해했다. 머리와 사지12를 각각 장사지내어 오릉五陵을 만들고, 또한 사릉蛇陵이라고 했으니 담엄사 북릉北陵이 바로 이것이다. 태자 남해왕南解王이 왕위를 계승했다.

新羅始祖　赫居世王

辰韓之地 古有六村 一曰 閼川楊山村 南今曇嚴寺 長曰謁平 初降于瓢嵒峰 是爲及梁部李氏祖 弩禮王九年置 名及梁部 本朝太祖天福五年庚子 改名中興部 波潛 東山 彼上 東村屬焉 二曰 突山高墟村 長曰蘇伐都利 初降于兄山 是爲沙梁部 梁讀云道 或作涿 亦音道 鄭氏祖 今曰南山部 仇良伐 麻等烏 道北 迴德等南村屬焉 稱今曰者 太祖所置也 下例如 三曰 茂山大樹村 長曰俱 一作仇 禮馬 初降于伊山 一作皆比山 是爲漸梁 一作涿 部 又牟梁部孫氏之祖 今云長福部 朴谷村等西村屬焉 四曰 觜山珍支村 一作賓之 又賓子 又氷之 長曰智伯虎 初降于花山 是爲本彼部崔氏祖 今曰通仙部 柴巴等東南村屬焉 致遠乃本彼部人也 今皇龍寺南 味呑寺南有古墟

---

12 오체五體: 머리와 양쪽 손·발을 이른 말. 《法苑珠琳》 五體投地 禮於聖王

云是崔侯古宅也 殆明矣 五曰 金山加利村 今金剛山栢栗寺之北山也 長曰祇沱 一作只他 初降于明活山 是爲漢歧部 又作韓歧部裵氏祖 今云加德部 上下西知乃活等東村屬焉 六曰明活山高耶村 長曰虎珍 初降于金剛山 是爲習比部薛氏祖 今臨川部 勿伊村 仍仇㘽村 闕谷 一作葛谷 等東北村屬焉 按上文 此六部之祖 似皆從天而降 弩禮王九年 始改六部名 又賜六姓 今俗中興部爲母 長福部爲父 臨川部爲子 加德部爲女 其實未詳

前漢地節元年壬子 古本云 建虎〔武〕元年 又云建元三年等 皆誤 三月朔 六部祖各率子弟 俱會於閼川岸上 議曰 我輩上無君主臨理蒸民 民皆放逸自從所欲 盍覓有德人 爲之君主 立邦設都乎 於時乘高南望 楊山下蘿井傍 異氣如電光垂地 有一白馬跪拜之狀 尋撿之 有一紫卵 一云靑大卵 馬見人長嘶上天 剖其卵得童男 形儀端美 驚異之 浴於東泉 東泉寺在詞腦野北 身生光彩 鳥獸率舞 天地振動 日月淸明 因名赫居世王 盖鄉言也 或作弗矩內王 言光明理世也 說者云 是西述聖母之所誕也 故 中華人讚仙桃聖母 有娠賢肇邦之語是也 乃至雞龍現瑞産閼英 又焉知非西述聖母之所現耶 位號曰居瑟邯 或作居西干 初開口之時 自稱云 閼智居西干一起因其言稱之 自後爲王者之尊稱 時人爭賀曰 今天子已降 宜覓有德女君配之

是日沙梁里閼英井 一作娥利英井 邊 有雞龍現 而左脇誕童女 一云龍現死而剖其腹得之 姿容殊麗 然而唇似雞觜 將浴於月城北川 其觜撥落 因名其川曰撥川

營宮室於南山西麓 今昌林寺 奉養二聖兒 男以卵生 卵如瓠 鄉人以瓠爲朴 故 因姓朴 女以所出井名名之 二聖年至十三歲 以五鳳元年甲子 男

立爲王 仍以女爲后 國號徐羅伐 又徐伐 今俗訓京字云徐伐 以此故也 或云 斯羅 又斯盧 初王(后)生於雞井 故或云雞林國 以其雞龍現瑞也 一說 脫解王時 得金閼智 而雞鳴於林中 乃改國號爲雞林 後世遂定新羅之 號 理國六十一年 王升于天 七日後 遺體散落于地 后亦云亡 國人欲合 而葬之 有大蛇逐禁 各葬五體爲五陵 亦名蛇陵 曇嚴寺北陵是也 太子 南解王繼位

제2대 남해왕

남해왕이 왕위를 잇다

남해거서간南解居西干은 또한 차차웅次次雄[1]이라고도 한다. 이는 존장이란 칭호인데, 오직 이 왕만을 차차웅이라 불렀다. 아버지는 혁거세요, 어머니는 알영 부인이요, 비는 운제부인雲帝夫人—혹은 운제雲梯라고도 한다. 지금 영일현迎日縣 서쪽에 운제산 성모가 있는데 가뭄에 빌면 감응이 있다—이었다. 전한 평제平帝 원시元始 4년 갑자 (4)에 왕위에 올라 나라를 다스린 지 21년 만인 지황地皇 4년 갑신 (24)에 세상을 떠났는데, 이 왕이 삼황三皇[2]의 제일이라 한다.

---

1 혹은 자충慈充이라고도 쓴다. 존장에 대한 칭호다. 이 말의 풀이에는 스승, 지웅〔祭司 또는 神職〕이라는 여러 설이 있다.
2 혁거세왕, 남해왕, 노례왕을 이른 말. 『조선상고사감朝鮮上古史鑑』 참조.

왕에 대한 여러 칭호와 그 뜻

『삼국사』를 살펴보면 "신라에서는 왕을 거서간이라 일컬었는데, 진한 말의 왕이다. 어떤 이는 귀인을 부르는 칭호"라고 한다. 또 어떤 이는 "차차웅은 또는 자충慈充이라고도 한다"고 했다. 김대문金大問3은 "차차웅은 방언에 무당을 이르는 말이다. 세상 사람들이 무당은 귀신을 섬기고 제사를 숭상하는 까닭으로 무당을 두려워하고 공경하게 되므로, 드디어 존장 되는 이를 불러 자충이라 한다"고 했다. 어떤 이는 "이사금尼師今이라고도 하니 잇금을 이른 말이다"고 했다.

처음에 남해왕이 세상을 떠나니 아들 노례弩禮가 탈해에게 왕위를 사양했다. 탈해는 "거룩하고 슬기로운 사람은 이가 많다고 들었다"고 하고 이에 떡을 물어 시험했다. 옛날부터 이와 같이 전하고 있다.

어떤 이는 왕을 마립간麻立干—입立은 혹 수袖라고도 쓴다—이라고도 한다. 김대문은 마립麻立이란 방언에 궐橛을 이름이니 궐표橛標는 위位에 따라 설치하므로, 임금의 궐은 주主 또는 주석主席이 되고 신하의 궐은 아래에 배열하게 되니, 이로 인하여 왕을 명칭한 것이라 했다.

사론史論4에 말했다.

---

3 신라 사람. 성덕왕聖德王 3년(704)에 한산주도독漢山州都督이 되었다. 문장을 잘하여 『고승전高僧傳』 『화랑세기花郞世記』 『한산기漢山紀』 등을 지었으나 세상에 전하지 않고, 다만 『삼국사기』 중에 자주 그의 설이 인용되어 있다.

신라 왕으로서 거서간과 차차웅이라 부른 이는 한 분이요, 이사금이라 부른 이는 열여섯 분이며, 마립간이라 부른 이가 네 분이다. 신라 말기의 이름난 유학자 최치원이 제왕 연대력帝王年代曆을 지으면서 모두 모왕某王이라고만 부르고 거서간 등으로는 말하지 않았다. 혹시 그 말이 야비해서 족히 부를 것이 못 된다고 생각함인가? 그러나 지금 신라의 사실을 기록함에 있어 방언을 그대로 두는 것도 또한 옳겠다.

신라 사람들은 모든 추봉追封된 이를 갈문왕葛文王5이라고 불렀는데 자세히 알 수 없다.

낙랑국의 침범과 고구려 속국의 항복

남해왕 때에 낙랑국 사람들이 금성을 침범했으나 이기지 못하고 돌아갔다. 또 천봉天鳳6 5년 무인(18)에 고구려의 속국 일곱 나라가 항복해왔다.

---

4 역사에 관한 평론. 『삼국사기』에는 어떤 부분의 기사 뒤에 반드시 논왈論曰이란 문구로써 그 사실을 평론했다.
5 신라 때, 왕의 부친, 왕모王母의 부친, 왕비의 부친, 왕의 동모제同母弟, 여왕의 배필 등 왕의 존족尊族과 왕에 준하는 이에게 준 칭호인데, 그 말의 뜻은 알 수 없다.
6 신나라 왕망王莽의 연호. 천봉 5년은 신라 남해왕 15년(18)에 해당된다.

第二南解王

南解居西干 亦云次次雄 是尊長之稱 唯此王稱之 父赫居世 母關英夫人 妃雲帝夫人 一作雲梯 今迎日縣西 有雲梯山聖母 祈旱有應 前漢平帝元始四年甲子 卽位 御理二十一年 以地皇四年甲申崩 此王乃三皇之弟(第)一云

按三國史云 新羅稱王曰居西干 辰言王也 或云 呼貴人之稱 或曰 次次雄 或作慈充 金大問云 次次雄 方言謂巫也 世人以巫事鬼神 尙祭祀 故 畏敬之 遂稱尊長者爲慈充 或云 尼師今 言謂齒理也 初南解王薨 子弩禮讓位於脫解 解云 吾聞聖智人多齒 乃試以餠噬之 古傳如此 或曰麻立干 立一作袖 金大問云 麻立者 方言謂橛也 橛標准位而置 則王橛爲主 臣橛列於下 因以名之 史論曰 新羅稱居西干 次次雄者一 尼師今者十六 麻立干者四 羅末名儒崔致遠 作帝王年代曆 皆稱某王 不言居西干等 豈以其言鄙野 不足稱之也 今記新羅事 具存方言 亦宜矣 羅人凡追封者 稱葛文王 未詳

此王代 樂浪國人 來侵金城 不克而還 又天鳳五年戊寅 高麗之裨屬七國來投

제3대 노례왕

노례는 이가 많아 왕이 되다

박노례잇금朴弩禮尼叱今[1]—또는 유리왕儒理王[2]이라고도 쓴다.

처음에 노례왕이 매부 탈해脫解에게 왕위를 사양하니 탈해가 말했다.

"대개 덕이 있는 이는 이가 많으니 마땅히 잇금으로 시험해봅시다."

이에 떡을 물어 시험해보았다. 노례왕이 이가 많았으므로 먼저 왕위에 오르니, 이로 말미암아 잇금이라 불렀다. 잇금의 칭호는 노례왕 때부터 시작된다. 유성공劉聖公[3]은 경시更始 원년 계미(23)에 왕위에 올라―연표에는 갑신에 왕위에 올랐다고 했다―6부[4]의 이름을 고쳐 정하고 이내 6성六姓[5]을 내려주었다.

비로소 「도솔가兜率歌」[6]를 지었는데 차사嗟辭[7]와 사뇌격詞腦格[8]

---

1 잇금尼叱수 : 이사금과 같은 말. 잇금의 향찰, 임금의 옛말.
2 원문의 '儒禮王'은 '儒理王'의 잘못.
3 유현劉玄을 말한다. 성공은 그의 자字. 후한 광무제 유수劉秀의 족형族兄. 왕망의 말기에 유연, 유수劉秀 등 여러 장수가 군사를 일으켜 왕망 정부에 반기를 들고 유현을 추대하여 천자로 삼았다. 경시는 그의 연호다.
4 6부호六部號 : 6부의 칭호는 처음에 양산부楊山部·고허부高墟部·대수부大樹部·간진부干珍部·가리부加利部·명활부明活部이었는데 이때 양부梁部·사량부沙梁部·점량부漸梁部·본피부本彼部·한기부漢岐部·습비부習比部로 고쳤다.
5 이李씨·최崔씨·손孫씨·정鄭씨·배裵씨·설薛씨 등을 이른 말.
6 도솔兜率에 대한 해석이 많이 있는데, 곧 유리왕 시대는 불교 수입 이전에 속한 까닭으로 여기에 말한 도솔은 불전佛典의 도솔 그것이 아니고 우리말의 차자借字라 한다. 우리 어문학회의 주장에 따르면 「도솔가」는 서사시가 서정시로 넘어가는 교량의 구실을 한 시가라 한다.
7 '슬퍼하는 말'의 뜻이니, 곧 사뇌가詞腦歌에 나타나는 '아야阿耶' '아야阿也' '아

이 있었다. 비로소 보습과 얼음을 저장하는 창고와 수레를 만들었다. 건무 18년(42)에 이서국伊西國을 쳐서 멸망시켰다. 이 해에 고구려 군사가 와서 침범했다.

第三弩禮王

朴弩禮尼叱今 一作儒禮(理)王 初王與妹夫脫解讓位 脫解云 凡有德者多齒 宜以齒理試之 乃咬餠驗之 王齒多 故先立 因名尼叱今 尼叱今之稱 自此王始 劉聖公更始元年癸未卽位 年表云 甲申卽位 改定六部號 仍賜六姓 始作兜率歌 有嗟辭 詞腦格 製犁耜及藏氷庫 作車乘 建虎十八年 伐伊西國滅之 是年 高麗兵來侵

제4대 탈해왕

이상스러운 배

탈해잇금脫解齒叱今[1]—혹은 토해이사금吐解尼師今이라 한다.

야야阿耶也'가 이에 해당된다. 조선시대의 가사에 나타나는 감탄사 '아으'와 같다.
8 사뇌의 격식이니, 곧 사뇌가의 격식을 갖추었다는 뜻. 사뇌가의 끝 장은 반드시 차사로 시작됨이 그 특이한 격식이다.
〈제4대 탈해왕〉
1 잇금尼叱今, 이사금尼師今과 같은 말. 곧 잇금의 향찰.

남해왕 때—고본古本에 임인년에 왔다 함은 틀린 말이다. 가까운 것이라면 노례왕의 즉위 후 일이니 왕위를 서로 사양한 일이 없었을 것이요, 그 먼젓것이라면 혁거세왕 때의 일일 것이므로 임인년이 잘못임을 알겠다—가락국駕洛國 바다에 어떤 배가 와서 닿았다. 그 나라의 수로왕이 신하와 백성들과 북을 치고 떠들면서 맞아들여 머물러 두고자 했으나, 배는 빨리 달아나 계림 동쪽 하서지촌下西知村 아진포阿珍浦에 이르렀다.—지금도 상서지上西知, 하서지下西知란 촌 이름이 있다.

　그때 갯가에 한 늙은 할멈이 있었는데, 이름은 아진의선阿珍義先이라 했다. 혁거세왕의 고기잡이² 할멈이었다. 배를 바라보고 말했다.

　"이 바다 가운데에는 본래 바위가 없는데, 어찌된 까닭에 까치가 모여들어 울꼬?"

　배를 끌어당겨 찾아보았다. 까치가 배 위에 모여들고 그 배 안에 궤 하나가 있었다. 길이가 스무 자나 되고, 폭이 열석 자나 되었다. 그 배를 끌어다가 어떤 나무숲 밑에 두고 흉한 것인가, 길한 것인가를 몰라서 하늘을 향해 고했다.

　조금 있다가 궤를 열어보니 단정한 사내아이와 일곱 가지의 보물³과 노비가 그 속에 가득 차 있었다. 그들을 이레 동안이나 대접

2　해척海尺 : 해변에서 고기잡이를 전업으로 하는 사람.
3　칠보七寶 : 불가佛家에서 말하는 일곱 가지의 보물. 『반야경般若經』에는 금·은

했더니 이에 사내아이는 말했다.

"나는 본래 용성국龍城國[4] 사람이오.—또는 정명국正明國, 혹은 완하국琓夏國이라고도 하는데 완하는 혹은 화하국花夏國이라고 한다. 용성은 왜국의 동북쪽으로 천 리에 있다. 우리 나라에는 일찍이 28용왕이 있었소. 모두 사람의 태胎에서 났으며 대여섯 살 때부터 왕위에 올라 만민을 가르쳐 성명性命을 바르게 했소. 8품의 성골姓骨이 있었으나 선택하는 일이 없이 모두 왕위에 올랐소. 그때 우리 부왕 함달파含達婆가 적녀국積女國[5]의 양녀를 맞아서 왕비로 삼았는데, 오래도록 아들이 없으므로 기도하여 아들을 구했더니, 7년 후에 알 한 개를 낳았소. 이에 대왕이 여러 신하를 모아서 묻기를 사람으로서 알을 낳은 일은 고금에 없는 일이니, 아마 좋은 일이 아닐 것이다 하시고 이에 궤를 만들어 나를 그 속에 넣고 일곱 가지 보물과 종들까지 배에 실어 바다에 띄우면서, 인연이 있는 곳에 닿는 대로 나라를 세우고 집을 이루라 축원했소. 문득 붉은 용이 나타나 배를 호위하여 이곳으로 왔소."

지략이 뛰어난 탈해

말을 마치자, 아이는 지팡이를 끌고 두 종을 데리고 토함산吐含

- 유리琉璃·차거硨磲·마노瑪瑙·호박琥珀·산호珊瑚를 칠보라 했으며, 그밖에도 여러 가지 설이 있다.
4 그 위치를 자세히 알 수 없다.
5 그 위치를 자세히 알 수 없다.

山 위에 올라가서 돌무덤을 만들었다. 그곳에 이레 동안 머무르면서 성중에 살 만한 곳이 있는가 하고 바라보았다. 마치 초생달 같은 한 산봉우리가 보이는데 지세가 오래 살 만한 곳이었다. 이에 내려와서 그곳을 찾으니 곧 호공瓠公의 집이었다.

이에 속이는 꾀를 써서 숫돌과 숯을 몰래 그 곁에 묻고 이튿날 이른 아침6에 그 집 문 앞에 가서 말했다.

"이것은 우리 조상 때의 집이오."

호공은 그렇지 않다 하고 서로 다투었으나, 결단을 내리지 못하여 이에 관가에 고했다. 관가에서는 동자에게 물었다.

"이것이 너의 집이라는 걸 무엇으로 증거를 대겠느냐?"

"우리는 본래 대장장이였는데, 잠시 이웃 고을에 나가 있는 동안 다른 사람이 빼앗아 살고 있으니, 땅을 파서 조사해봅시다."

그 말대로 땅을 파보니, 과연 숫돌과 숯이 나왔으므로 이에 그 집을 빼앗아 살게 되었다. 이때 남해왕은 탈해가 지혜 있는 사람임을 알고 맏공주로써 아내를 삼게 하니 이가 아니부인阿尼夫人이었다.

입에 붙은 물그릇

어느 날 토해吐解(脫解)가 동악東岳에 올라갔다가, 돌아오는 길에 하인7을 시켜 물을 구해오라 했다. 하인이 물을 떠가지고 오다가

---

6 힐조詰朝: 이른 아침, 곧 명조明朝와 같은 말.

길에서 먼저 마시고 탈해에게 드리려 했다. 그러나 물그릇이 입에 붙어서 떨어지지 않았다. 탈해가 이로 인해 꾸짖으니 하인은 맹세했다.

"이후에는 가까운 곳이든지 먼 곳이든지 감히 먼저 물을 마시지 않겠습니다."

그제야 물그릇이 입에서 떨어졌다. 이후 하인은 탈해를 두려워하여 감히 속이지 못했다. 지금 동악산 속에 우물 하나가 있으며 세간에서 요내정遙乃井[8]이라 하는데 이것이 그 우물이다.

석탈해가 왕위에 오르다

노례왕이 세상을 떠나니 광무제光武帝 중원中元 2년 정사(57) 6월에 탈해는 왕위에 올랐다. 옛날 내 집이라 해서 남의 집을 빼앗은 까닭으로 성을 석昔씨[9]라 했는데, 어떤 이는 까치로 말미암아

---

7 백의白衣: 하인의 옷을 이름, 곧 하인이란 말.《野客叢書》漢官吏著皀 其給使賤役者著白

8 예내우물 또는 예가정濊家井의 의義란 풀이가 있으나, 자세한 것은 아래의 석씨 참조.

9 석昔은 그 훈訓 '예'의 표음자表音字로서 예濊의 예를 이름이고, 탈해는 '따개' 곧 땅기, 지방 수장을 이른다는 설이 있다. 석탈해의 설화는 예계濊系의 한 지방 수장首長이 멀리 해양의 각 방면을 회항廻航하여, 가락국을 거쳐서 신라에까지 되찾아왔음을 의미한다는 해석이 있다. 또 신작연기神鵲緣起로 인하여 작鵲자의 조鳥을 떼어버리고 성을 석昔씨로 했다는 말은 신라 중엽 이후로 한자 파자법破字法에 의하여 구성된 말일 것이라 한다.

궤를 열게 되었으므로 작鵲자에 조鳥를 떼어버리고 성을 석昔씨라 했고, 궤를 열고 알을 벗고서 나왔기 때문에 이름을 탈해라 했다 한다. 왕위에 있은 지 23년 만인 건초建初[10] 4년 기묘(79)에 세상을 떠났다. 소천구疏川丘에 장사지냈더니 그 후에 신神의 명하기를, "내 뼈를 조심해 묻으라" 했다 한다.

파내어보니 그 두골頭骨[11]의 둘레는 세 자 두 치나 되고, 신골身骨의 길이는 아홉 자 일곱 치나 되고, 이는 엉켜 뭉쳐져 있어 하나로 된 듯하고, 골절骨節은 모두 연이어 맺어져 있었으니 이른바 천하에 짝이 없는 역사力士의 골격이었다. 뼈를 부수어 소상塑像[12]을 만들어 대궐 안에 안치했더니 신이 또 일렀다.

"내 뼈를 동악에 안치하라."

그러므로 그곳에 모시게 했다.—혹은 말하기를 탈해가 세상을 떠난 후 27대 문무왕文武王 때, 조로調露[13] 2년 경진(680) 3월 15일 신유 밤에 문무왕[14]의 꿈에 험상궂게 생긴 노인이 나타나 말하기를 "나는 탈해인데 내 뼈를 소천구에서 파내어 소상을 만들어 토함산에 봉안하라" 했으므로, 왕은 그 말을 좇았다고 하며 그런 까닭으로 지금까지 나라에서 제사 지냄이 계속되어 왔으니 이를 동악신東岳神이라 한다.

---

10 후한 장제章帝의 연호. 『삼국사기』에는 건초 5년 경진으로 되어 있다.
11 촉루髑髏 : 죽은 사람의 두개골. 《莊子》莊子之楚 見空髑髏髐然有形
12 찰흙으로 만든 인물의 모형.
13 당나라 고종의 연호.
14 원문의 '太宗'은 '文武王'의 오기.

第四脫解王

脫解齒叱今 一作吐解尼師今 南解王時 古本云 壬寅年至者謬矣 近則後於弩禮卽位之初 無爭讓之事 前則在於赫居之世 故 知壬寅非也 駕洛國海中 有船來泊 其國首露王 與臣民鼓譟而迎 將欲留之 而舡乃飛走 至於雞林東下西知村阿珍浦 今有上西知 下西知村名 時浦邊有一嫗 名阿珍義先 乃赫居王之海尺之母 望之謂曰 此海中元無石嵒 何因鵲集而鳴 拏舡尋之 鵲集一舡上 舡中有一櫃子 長二十尺 廣十三尺 曳其船 置於一樹林下 而未知凶乎吉乎 向天而誓爾 俄而乃開見 有端正男子 幷七寶奴婢滿載其中 供給七日 洒言曰 我本龍城國人 亦云正明國 或云琓夏國 琓夏或作花廈國 龍城在倭東北一千里 我國嘗有二十八龍王 從人胎而生 自五歲六歲 繼登王位 敎萬民修正性命 而有八品姓骨 然無揀擇 皆登人位 時我父王含達婆 娉積女國王女爲妃 久無子胤 禱祀求息 七年後 産一大卵 於是大王會問群臣 人而生卵 古今未有 殆非吉祥 乃造櫃置我 幷七寶奴婢載於舡中 浮海而祝曰 任到有緣之地 立國成家 便有赤龍 護舡而至此矣 言訖 其童子曳杖率二奴 登吐含山上 作石塚 留七日 望城中可居之地 見一峰如三日月 勢可久之地 乃下尋之 卽瓠公宅也 乃設詭計 潛埋礪炭於其側 詰朝至門云 此是吾祖代家屋 瓠公云否 爭訟不決 乃告于官 官曰 以何驗是汝家 童曰 我本冶匠 乍出隣鄕 而人取居之 請掘地撿看 從之 果得礪炭 乃取而居焉 時南解王 知脫解是智人 以長公主妻之 是爲阿尼夫人

一日吐解登東岳 迴程次 令白衣索水飮之 白衣汲水 中路先嘗而進 其角盃貼於口不解 因而嘖之 白衣誓曰 爾後若近遙 不敢先嘗 然後乃解

自此白衣讋服 不敢欺罔 今東岳中有一井 俗云遙乃井是也
及弩禮王崩 以光虎〔武〕帝中元二年丁巳六月 乃登王位 以昔是吾家取他人家 故 因姓昔氏 或云 因鵲開櫃 故 去鳥字 姓昔氏 解櫃脫卵而生 故 因名脫解 在位二十三年 建初四年己卯崩 葬疏川丘中 後有神詔 慎埋葬我骨 其髑髏周三尺二寸 身骨長九尺七寸 齒凝如一 骨節皆連鎖 所謂天下無敵力士之骨 碎爲塑像 安闕內 神又報云 我骨置於東岳 故 令安之 一云 崩後二十七世文虎王代 調露二年庚辰三月十五日 辛酉夜 見夢於太宗〔文武王〕有老人貌甚威猛 曰我是脫解也 拔我骨於疏川丘 塑像安於土含山 王從其言 故 至今國祀不絶 卽東岳神也云

김알지*

황금궤에서 나온 김알지

영평永平[1] 3년 경신(60)—혹은 중원 6년이라고 하나 잘못이다. 중원은 모두 2년뿐이었다—8월 4일에 호공瓠公이 밤에 월성 서리西里를 가다가 큰 광명이 시림始林—혹은 구림鳩林이라고도 한다—속에서 흘러나옴을 보았다. 자주색 구름이 하늘에서 땅에 뻗쳤는데, 구름 속에 황금궤가 있어 나뭇가지에 걸려 있고, 그 빛은 궤에서 나오

---

* 탈해왕 때의 일이다.
1 후한後漢 명제明帝의 연호. 곧 신라 탈해왕 4년.

는 것이었다. 또 흰 닭이 나무 밑에서 울고 있었다.

이 모양을 왕께 아뢰자 왕이 그 숲에 가서 궤를 열어보니, 그 속에 사내아이가 있어 누웠다가 곧 일어났다. 마치 혁거세의 고사故事와 같으므로, 혁거세가 알지라고 한 그 말로 인하여 알지閼智라고 이름했다. 알지는 곧 우리말의 아기를 이름이다. 사내아이를 안고 대궐로 돌아오니 새와 짐승들이 서로 따라와 뛰놀고 춤추었다.[2]

알지는 태자가 되다

왕은 길일을 가려 태자로 책봉했으나 알지는 뒤에 파사왕婆娑王에게 왕위를 사양하고 오르지 않았다. 금궤에서 나왔으므로 성을 김金씨라 했다. 알지는 열한熱漢[3]을 낳고, 열한은 아도阿都를 낳고, 아도는 수류首留를 낳고 수류는 욱부郁部를 낳고, 욱부는 구도俱道—혹은 구도仇刀라 함—를 낳고, 구도는 미추未鄒를 낳았는데, 미추가 왕위에 올랐으니 신라의 김씨는 알지에서 시작되었다.

金閼智 脫解王代

永平三年庚申 一云 中元六年 誤矣 中元盡二年而已 八月四日 瓠公夜行月城

---

2 창창蹌蹌: 춤추는 모양. 《書經》 鳥獸蹌蹌
3 『삼국사기』에는 '세한勢漢', 문무왕의 비에는 '성한星漢'으로 되어 있다.

西里 見大光明於始林中 一作鳩林 有紫雲從天垂地 雲中有黃金櫃 掛於
樹枝 光自櫃出 亦有白鷄鳴於樹下 以狀聞於王 駕幸其林 開櫃有童男
臥而卽起 如赫居世之故事 故 因其言 以閼智名之 閼智卽鄕言小兒之
稱也 抱載還闕 鳥獸相隨 喜躍蹌蹌
王擇吉日 冊位太子 後讓於婆娑 不卽王位 因金櫃而出 乃姓金氏 閼智
生熱漢 漢生阿都 都生首留 留生郁部 部生俱道 一作仇刀 道生未鄒 鄒
卽王位 新羅金氏自閼智始

연오랑과 세오녀

제8대 아달라왕阿達羅王 즉위 4년 정유(158)에 동해 바닷가에 연오랑延烏郎과 세오녀細烏女가 부부로서 살고 있었다. 어느 날 연오가 바다에 가서 해조海藻를 따고 있던 중, 갑자기 바위 하나—혹은 고기 한 마리라고도 한다—가 연오를 싣고 일본으로 가버렸다.

그 나랏사람들이 연오를 보고 말했다.

"이는 비상한 사람이다."

그래서 왕으로 삼았다.—『일본제기日本帝紀』를 살펴보면 전후에 신라 사람이 왕 된 이가 없으니, 이것은 변읍邊邑의 소왕小王이고, 진왕眞王은 아닐 것이다.

세오는 그 남편이 돌아오지 않음을 괴이히 여겨 가서 찾다가, 남편의 벗어놓은 신을 보고 그 바위에 올라가니, 바위는 또한 그전처럼 세오를 싣고 갔다.

그 나랏사람들이 보고 놀라서 왕께 아뢰니, 부부가 서로 만나게 되어 세오를 귀비貴妃로 삼았다.

이때 신라에서는 해와 달이 빛이 없어지니, 일관日官[1]이 말했다.

"해와 달의 정기가 우리 나라에 있었던 것이 지금 일본으로 가 버린 때문에 이런 괴변이 일어났습니다."

왕은 사자使者를 일본에 보내어 두 사람을 찾았다. 연오는 말했다.

"내가 이 나라에 온 것은 하늘이 시킨 일이니, 이제 어찌 돌아갈 수 있겠소. 그러나 나의 비妃가 짠 고운 명주 비단이 있으니, 이것으로써 하늘에 제사를 지내면 될 거요."

이에 그 비단을 주었다. 사자가 돌아와서 아뢰었다. 그 말대로 제사를 지냈더니 해와 달이 그전과 같아졌다. 그 비단을 임금의 창고에 간직하여 국보로 삼고 그 창고를 귀비고貴妃庫라 하며, 하늘에 제사지낸 곳을 영일현迎日縣 또는 도기야都祈野라 했다.

延烏郎　細烏女

第八 阿達羅王卽位四年丁酉 東海濱 有延烏郎 細烏女 夫婦而居 一日 延烏歸海採藻 忽有一巖 一云一魚 負歸日本 國人見之曰 此非常人也

---

[1] 일자日者 : 천문天文과 점치는 일을 맡은 사람. 《墨子》 北之齊 遇日者

乃立爲王 按日本帝記 前後無新羅人爲王者 此乃邊邑小王 而非眞王也 細烏怪夫
不來 歸尋之 見夫脫鞋 亦上其巖 巖亦負歸如前 其國人驚訝 奏獻於王
夫婦相會 立爲貴妃 是時新羅日月無光 日者奏云 日月之精 降在我國
今去日本 故 致斯怪 王遣使求二人 延烏曰 我到此國 天使然也 今何
歸乎 雖然朕之妃 有所織細綃 以此祭天可矣 仍賜其綃 使人來奏 依其
言而祭之 然後日月如舊 藏其綃於御庫爲國寶 名其庫爲貴妃庫 祭天
所名迎日縣 又都祈野

미추왕과 죽엽군

김알지의 자손이 왕위에 오르다

제13대 미추잇금未鄒尼叱今―혹은 미조未祖, 또는 미고未古라고도 한
다―은 김알지의 7세손이다. 대대로 현달顯達[1]하였고 또 성덕聖德
이 있었으므로, 점해왕沾解王의 위를 물려받아 비로소 왕위에 올
랐다.―지금 세간에서 미추왕의 능을 시조당始祖堂이라 함은 대개 김씨
로서는 처음 왕위에 오른 때문이다. 그러므로 후대의 김씨 여러 왕들은
모두 미추로써 시조를 삼았으니 당연한 일이다. 왕위에 있은 지 23년
만에 세상을 떠났는데 능은 흥륜사興輪寺[2] 동쪽에 있다.

---

1 자영紫纓: 잠영簪纓과 같은 말. 귀인의 관식冠飾을 이른 말. 곧 현달이란 뜻.
2 경상북도 경주시 남이리에 있던 절.

귀에 대나무 잎 꽂은 원군

제14대 유례왕儒禮王 때에 이서국伊西國3 사람들이 금성을 쳐들어왔다. 우리 신라 편에서는 군사를 많이 동원하여 막았으나, 오랫동안 대적할 수는 없었다.

갑자기 이상한 군사가 와서 우리편을 도와주었는데 모두 대나무 잎을 귀에 꽂고 있었다. 우리 군사와 힘을 합쳐 적군을 쳐부수었다. 적군이 물러간 후에는 어디로 갔는지 알 수가 없었다. 다만 대나무 잎이 미추왕릉未鄒王陵 앞에 쌓여 있음을 보고, 그제야 선왕이 뒤에서 도와4 나라에 공이 있음을 알고 이로 인하여 죽현릉竹現陵이라고 불렀다.

나라를 수호한 미추왕과 김유신 장군

제37대 혜공왕惠恭王 때, 대력大曆5 14년 기미(779) 4월에 갑자기 회오리바람이 김유신金庾信 공의 무덤에서 일어났다. 그 속에 한 사람은 준마를 탔는데, 장군의 모습과 같았으며, 또한 갑옷을 입고 무기를 든 마흔 명 가량의 사람들이 그 뒤를 따라와서 죽현릉으로 들어갔다. 조금 후에 능 속에서 마치 진동하며 우는 소리가 나는 듯하고 혹은 호소하는 듯한 소리도 들렸다. 그 말은 이러했

---

3 지금의 경북 청도군
4 음즐陰騭 : 하늘이 은미隱微한 중에서 사람을 돕는다는 말. 여기서는 조상의 혼령이 후손을 돕는다는 뜻. 《書經》 惟天陰騭下民
5 당나라 대종代宗의 연호. 대력 14년은 신라 혜공왕 15년(779)에 해당된다.

다.

"신臣은 평생에 난국을 구제하고 삼국을 통일한 공이 있었으며, 지금은 혼백이 되어서도 나라를 진호鎭護하여 재앙을 제거하고 환란을 구제하는 마음만은 잠시도 변함이 없습니다. 지나간 경술년6에 신의 자손이 아무런 죄도 없이 죽임을 당했으니, 이는 군신들이 저의 공렬功烈을 생각해주지 않는 것입니다. 그러하오니 신은 다른 곳으로 멀리 옮아가서 다시는 나라를 위하여 애쓰지 않겠사오니 임금님께서는 이를 허락하소서."

미추왕은 대답했다.

"나와 공이 이 나라를 지키지 않는다면 저 백성들은 어떻게 하겠소. 공은 다시 그전처럼 힘써주시오."

김유신이 세 번이나 청해도 미추왕은 세 번 다 허락하지 않으니, 회오리바람은 이에 돌아갔다.

혜공왕은 이 소식을 듣고 두려워서 대신 김경신金敬信을 보내어 김유신의 능에 가서 사과하고, 김공을 위하여 공덕보전功德寶田7 30결을 취선사鷲仙寺8에 내려 명복을 빌게 했다. 이 절은 김공이

---

6 혜공왕 6년이니 대아찬大阿飡 김융金融의 반역복주사건叛逆伏誅事件을 말한 것인 듯하다. 그러나 김융이 유신의 후손인지는 자세히 알 수 없으며, 또 『삼국사기』의 「김유신 본전」에도 회오리바람이 유신의 무덤에서 일어났다는 기사는 있으나 김융의 복주사건은 기재되지 않았다.
7 보寶는 사원寺院 또는 어떤 기관을 유지하기 위한 기본 재단을 말하는데 그 경비를 충당하기 위한 토지.
8 경상북도 경주에 있던 절.

평양을 쳐서 평정한 후에 복을 빌기 위해서 세웠기 때문이다.

  미추왕의 혼령이 아니었더라면 김유신 공의 노여움을 막지 못했을 것이니, 나라를 진호鎭護함이 크다고 아니할 수 없다. 그러므로 나랏사람들이 그 덕을 생각해서 삼산三山9과 함께 제사지내어 폐지하지 않고서, 서열을 오릉五陵10의 위에 두어 대묘大廟라고 불렀다고 한다.

未鄒王　竹葉軍

第十三 未鄒尼叱今 一作未祖 又未古 金閼智七世孫 赫世紫纓 仍有聖德 受禪于沾解 始登王位 今俗稱王之陵爲始祖堂 盖以金氏始登王位 故 後代金氏諸王 皆以未鄒爲始祖宜矣 在位二十三年而崩 陵在興輪寺東

第十四 儒禮王代 伊西國人 來攻金城 我大擧防禦 久不能抗 忽有異兵來助 皆珥竹葉 與我軍幷力 擊賊破之 軍退後不知所歸 但見竹葉積於未鄒陵前 乃知先王陰隲有功 因呼竹現陵

越三十七世 惠恭王代 大曆十四年己未四月 忽有旋風 從庾信公塚起 中有一人乘駿馬 如將軍儀狀 亦有衣甲器仗者 四十許人 隨從而來 入於竹現陵 俄而陵中似有振動哭泣聲 或如告訴之音 其言曰 臣平生 有輔時救難匡合之功 今爲魂魄 鎭護邦國 攘災救患之心 暫無偸改 往者

---

9 신라시대의 제전祭典 중, 대사大祀에 속한 것으로서 내림奈林·골화骨火·혈례穴禮의 세 곳을 가리킨 말. 이 세 곳의 신은 호국의 신으로서 존사尊祀되었다.
10 신라 시조 혁거세왕, 남해왕, 유리왕, 탈해왕, 파사왕 등의 능을 이른다.

庚戌年 臣之子孫 無罪被誅 君臣不念我之功烈 臣欲遠移他所 不復勞勤 願王允之 王答曰 惟我與公 不護此邦 其如民庶何 公復努力如前 三請三不許 旋風乃還 王聞之懼 乃遣大臣金敬信 就金公陵謝過焉 爲公立功德寶田三十結于鷲仙寺 以資冥福 寺乃金公討平壤後 植福所置故也 非未鄒之靈 無以遏金公之怒 王之護國 不爲不大矣 是以邦人懷德 與三山同祀而不墜 躋秩于五陵之上 稱大廟云

내물왕*과 김제상1

왜국에 볼모로 간 미해 왕자

제17대 나밀왕那密王이 왕위에 오른 지 36년 경인(390)에 왜왕倭王이 사신을 보내왔다.

"우리 임금2이 대왕의 신성함을 듣고 신하臣들을 시켜 백제의 죄를 대왕에게 아뢰오니, 원컨대 대왕께서는 왕자 한 분을 보내시어 우리 임금에게 성심을 표하소서."

이에 왕은 셋째아들 미해美海3—또는 미토희未吐喜라고도 한다—

---

* 또는 나밀왕那密王이라고도 한다.
1 『삼국사기』에는 박제상朴堤上이라 하고, 그 세계世系를 시조는 혁거세왕이고 파사이사금婆娑尼師今의 5세손이라 했다.
2 과군寡君 : 신하가 다른 나라 임금에게, 자기 나라 임금을 일컫는 겸사.《左傳》寡君聞命矣

를 왜국倭國에 보내니 미해의 나이 열 살 때였다.

언사와 행동거지가 아직 구비되지 못한 까닭으로 내신內臣 박사람朴娑覽을 부사副使로 삼아 함께 보내었다. 왜왕은 이들을 억류해두고 30년 동안이나 돌려보내지 않았다.

고구려에 볼모로 간 왕제 보해

눌지왕訥祗王이 왕위에 오른 지 3년 기미(419)에는 고구려 장수왕長壽王이 사신을 보내왔다.

"우리 임금이 대왕의 아우 보해寶海[4]가 지혜와 재주가 뛰어남을 듣고 서로 가깝게 사귀기를 원하여 특히 소신小臣을 보내어 간곡히 청합니다."

왕은 이 말을 듣고 매우 다행히 여겨 이로 인하여 화친하기로 하고 그 아우 보해에게 명하여 고구려에 보냈는데 내신 김무알金武謁을 보좌로 삼아 함께 보냈다. 장수왕이 또 이들을 억류하고 돌려보내지 않았다.

눌지왕의 슬픔

10년 을축(425)[5]에 왕은 여러 신하와 나라 안의 호협豪俠들을 소

---

3 『삼국사기』에는 '미사흔未斯欣'으로 되어 있으며, 그 기사가 「실성왕實聖王」 원년조元年條에 기재되어 있다.

4 『삼국사기』에는 '복호卜好'로 되어 있다.

5 『삼국사기』 연표에 의하면, 을축은 눌지왕 9년(425)에 해당된다.

집하여 친히 연회를 베풀었는데, 술이 세 순배가 되자 모든 음악이 시작되었다.

왕은 눈물을 흘리면서 여러 신하에게 말했다.

"예전에 아버님께서 백성의 일을 지성껏 생각하신 까닭으로, 사랑하는 아들을 멀리 왜국에 보냈다가 보지도 못하시고 세상을 떠나셨고, 또 내가 왕위에 오른 후에 이웃 나라의 군사가 매우 강성하여 전쟁이 그칠 사이가 없었는데, 고구려만이 화친을 맺자는 말이 있으므로 나는 그 말을 믿고 친아우를 고구려에 보냈소. 그런데 고구려에서도 억류해두고 돌려보내지 아니하오. 나는 비록 부귀를 누리고 있지만 어느 하룬들 잠시나마 아우를 잊을 수 없어 울지 않는 날이 없었소. 만일 두 아우를 만나보고 함께 선왕先王의 사당에 고하게 된다면 나랏사람에게 은혜를 갚겠는데, 누가 그 계책을 이룩할 수 있겠소?"

이때 백관百官들이 모두 아뢰었다.

"이 일은 진실로 쉬운 일이 아니므로 반드시 지혜와 용맹이 있는 사람이라야 될 것이옵기에 신들의 생각으로서는 삽라군歃羅郡[6] 태수太守 제상堤上이 좋겠습니다."

이에 왕이 제상을 불러 물으니 제상이 두 번 절하고 아뢰었다.

"신이 듣자오니 임금에게 근심이 있으면 신하는 욕을 당하고, 임금이 욕을 당하면 신하는 죽게 된다 하였으니, 만약 일이 어렵

---

6 지금의 경상남도 양산군에 해당된다.

고 쉬운 것을 헤아려서 행한다면 그것은 충성되지 못하다 할 것이오며, 죽고 사는 것을 생각하와 움직인다면 그것은 용맹이 없다 할 것이오니, 신이 비록 불초하오나 왕명을 받들어 행하겠습니다."

왕은 그를 매우 칭찬하여 술잔을 나누어 마시고 손을 잡아 작별했다.

박제상이 고구려에 가다

제상은 왕의 앞에서 명령을 받고 바로 북해北海의 길로 향하여 변장하고 고구려로 들어갔다. 보해가 있는 곳에 나아가서 함께 도망할 날짜를 약속하고, 먼저 5월 15일에 고성高城의 수구水口에 와서 기다렸다. 약속한 기일이 가까워지자 보해는 병을 핑계하고 며칠 동안 조회에 나가지 않다가 이에 밤중에 도망쳐 나와서 고성 해변까지 이르렀다.

고구려 왕은 이 일을 알고 군사 수십 명을 풀어 뒤쫓게 했다. 고성쯤에 이르러 따라 미쳤으나, 보해가 고구려에 있을 때 항상 시중하는 사람에게 은혜를 베풀었던 까닭으로, 그 군사들은 보해를 불쌍히 여겨 모두 화살촉을 뽑고 쏘았기 때문에 드디어 살아서 돌아왔다.

박제상이 왜국으로 가다

눌지왕은 보해를 보게 되자, 더욱 미해의 생각이 나서 한편 즐겁고도 한편 슬퍼졌으므로, 눈물을 흘리면서 측근의 신하에게 말했다.

"마치 몸에 한쪽 팔뚝만 있고 얼굴에 한쪽 눈만 있는 것 같아서, 비록 하나는 얻었으나 하나가 없으니 어찌 슬프지 않으랴."

이때 제상은 이 말을 듣더니 두 번 절하고 임금에게 하직했다. 말을 타고 집에 들르지도 않고 출발하여 바로 율포栗浦 바닷가에 이르렀다. 아내는 이 소식을 듣고 말을 달려 율포까지 뒤쫓아갔으나 남편은 벌써 배 위에 있었다. 아내는 안타깝게 불렀으나 제상은 다만 손을 흔들고 멈추지 않았다.

그는 왜국에 가서 거짓말을 했다.

"계림왕鷄林王은 아무런 죄도 없이 제 부형을 죽인 까닭에 도망해왔습니다."

왜왕은 그 말을 믿고 집을 주어 편안히 있게 했다. 이때 제상은 항상 미해를 모시고 바닷가에 가서 놀다가 물고기와 새짐승을 잡아서 그것을 왜왕에게 바쳤다. 왜왕은 매우 기뻐하여 그를 의심하지 않았다.

때마침 새벽안개가 자욱하게 끼었다. 제상은 미해에게 말했다.
"인제 출발하십시오."
"그러면 같이 출발하오."
"신이 만약 간다면 왜인들이 알고 뒤쫓을까 염려됩니다. 신은 이곳에 남아서 그들이 쫓는 것을 막을까 합니다."
"지금 나는 그대를 부형처럼 여기는데 어찌 그대를 버리고 나혼자만 돌아가겠소."

"신은 공의 목숨을 구원함으로써 대왕의 심정을 위로할 수 있다면 그것으로써 만족하겠습니다. 어찌 살기를 바라겠습니까?"
하고 술을 미해에게 드렸다.

이때 신라 사람 강구려康仇麗가 왜국에 와 있었으므로, 그 사람을 미해에게 딸려 호송케 했다. 제상은 미해의 방에 들어가서 이튿날 아침까지 있었다. 측근의 사람이 방에 들어와서 보고자 하니 제상은 나와서 말했다.

"미해공이 어제 사냥하는 데 쫓아다니다가 매우 피로하여 일어나지 못하십니다."

저녁때가 되어 측근의 사람이 이상히 여겨 또다시 물었다.

"미해공이 떠난 지 벌써 오래되었소."

측근의 사람이 달려가서 왜왕에게 아뢰니 왜왕은 기병을 시켜 뒤쫓았으나 따라잡지 못했다.

왜왕은 이에 제상을 가두어두고 물었다.

"너는 어째서 너의 나라 왕자를 몰래 보냈느냐?"

"저는 신라의 신하요, 왜국의 신하는 아닙니다. 이제 우리 임금의 소원을 이루려 한 것뿐입니다. 어찌 왕에게 말할 수 있겠소?"

왜왕은 노했다.

"너는 이미 내 신하가 되었는데도 신라의 신하라고 말하느냐? 그렇다면 반드시 오형五刑7을 모두 쓸 것이요, 만약 왜국의 신하라고만 한다면 반드시 후한 녹으로 상주겠다."

그러자 제상이 대답했다.

"차라리 신라의 개·돼지가 될지언정 왜국의 신자臣子가 되고 싶지는 않으며, 차라리 신라의 형장刑杖8을 받을지라도 왜국의 작록은 받고 싶지 않습니다."

왜왕은 노하여 제상의 발바닥 가죽을 벗기고 갈대를 베어 그 위에 걸어가게 하고는—지금 갈대 위에 피 흔적이 있는데, 세간에서 제상의 피라고 한다—다시 물었다.

"너는 어느 나라 신하냐?"

"신라의 신하다."

또한 달군 쇠 위에 세워놓고 물었다.

"너는 어느 나라의 신하냐?"

"신라의 신하다."

왜왕은 그를 굴복시키지 못할 것을 알고 목도木島란 섬 안에서 불에 태워 죽였다.

미해는 바다를 건너와서 강구려를 시켜 먼저 나라에 알렸다. 눌지왕은 놀랍고 기뻐서 백관들에게 명하여 굴헐역屈歇驛에서 맞이하게 했다. 왕은 친아우 보해와 함께 남교南郊에 가서 맞이했다.

---

7 중국 고대의 다섯 가지 형벌. 고대에는 피부에 먹물로 자자刺字하는 묵墨, 코를 베는 의劓, 발뒤꿈치를 베는 비剕, 불알을 없애는 궁宮, 목을 베어 죽이는 대벽大辟을 오형五刑이라 했으나, 수대隋代에는 태형笞刑·장형杖刑·도형徒刑·유형流刑·사형死刑을 오형이라 했다. 《書經》 象以典刑 流有五刑

8 추초箠楚 : 장형杖刑을 이른 말.

대궐에 들어 잔치를 베풀고, 국내에 대사령大赦令을 내렸다.

제상의 아내를 책봉하여 국대부인國大夫人으로 삼고 그의 딸로써 미해공의 부인으로 삼았다.

논자는 말했다.

"옛적에 한나라 신하 주가周苛[9]가 형양滎陽에 있다가 초나라 군사에게 사로잡혔다. 항우項羽[10]가 주가에게 네가 내 신하가 되면 만호후萬戶侯를 봉해주겠다 하니, 주가는 꾸짖으면서 굴복하지 않고 초왕楚王 항우에게 죽임을 당했는데, 제상의 충렬도 주가보다 못함이 없다."

제상의 부인은 치술신모가 되다.

처음 제상이 떠날 때에 부인이 이 소식을 듣고 뒤쫓았으나 따라잡지 못하고, 망덕사望德寺[11] 문 남쪽 모래 위에 이르러 드러누워

---

9 한나라 패沛땅 사람. 고조高祖(劉邦) 때에 어사대부御史大夫가 되어 형양을 지키다가, 항우가 형양을 함락시키고 주가는 사로잡혔다. 항우는 "네가 내 장수가 되면 상장군上將軍으로 삼고 만호후萬戶侯를 봉해주겠다" 했으나 꾸짖으면서 끝내 굴복하지 않고 항우에게 살해되었다.

10 항우項羽(기원전 232~202)는 진秦나라 말기의 하상下相 사람. 이름은 적籍이요, 자는 우羽. 힘은 능히 구정九鼎을 들 만하고 재기가 뛰어났다. 숙부 항량項梁과 함께 군사를 일으켜 진나라를 쳐서 깨뜨리고, 자립하여 서초패왕西楚霸王이 되었다. 후에 한나라 고조와 천하를 다툰 지 5년 만에 해하垓下 싸움에서 패하여 죽었다.

11 경상북도 경주시 배반리에 있던 절. 신라 문무왕 5년(685)에 세움.

길게 부르짖었다. 그래서 그 모래를 장사長沙라 한다. 친척 두 사람이 부인을 붙들고 집에 돌아오려 했는데, 부인이 다리를 뻗고 앉아 일어나지 않았으므로 그 지명을 벌지지伐知旨[12]라 했다.

오랜 후에도 부인은 사모하는 심정을 견디지 못하여, 세 딸을 데리고 치술령鵄述嶺에 올라가 왜국을 바라보고 통곡하다가 죽었다. 이에 부인은 치술신모鵄述神母가 되었다. 지금도 그 사당祠堂이 있다.

奈勿王 一作那密王 金堤上

第十七 那密王卽位三十六年庚寅 倭王遣使來朝曰 寡君聞大王之神聖 使臣等以告百濟之罪於大王也 願大王遣一王子 表誠心於寡君也 於是 王使第三子美海 一作未吐喜 以聘於倭 美海年十歲 言辭動止 猶未備具 故 以內臣朴娑覽 爲副使而遣之 倭王留而不送三十年

至訥祇王卽位三年己未 句麗長壽王 遣使來朝云 寡君聞大王之弟寶海 秀智才藝 願與相親 特遣小臣懇請 王聞之幸甚 因此和通 命其弟寶海 道於句麗 以內臣金武謁 爲輔而送之 長壽王又留而不送

至十年乙丑 王召集群臣及國中豪俠 親賜御宴 進酒三行 衆樂初作 王 垂涕而謂群臣曰 昔我聖考 誠心民事 故 使愛子東聘於倭 不見而崩 又 朕卽位已來 隣兵甚熾 戰爭不息 句麗獨有結親之言 朕信其言 以其親

---

12 다리를 뻗친다는 뜻이니, 곧 '뻗치다'를 우리의 고유음으로 표현한 말.

弟聘於句麗 句麗亦留而不送 朕雖處富貴 而未嘗一日暫忘而不哭 若
得見二弟 共謝於先王之廟 則能報恩於國人 誰能成其謀策 時百官咸
奏曰 此事固非易也 必有智勇方可 臣等以爲歃羅郡太守堤上可也 於
是王召問焉 堤上再拜對曰 臣聞主憂臣辱 主辱臣死 若論難易而後行
謂之不忠 圖死生而後動 謂之無勇 臣雖不肖 願受命行矣 王甚嘉之 分
觴而飲 握手而別

堤上簾前受命 徑趨北海之路 變服入句麗 進於寶海所 共謀逸期 先以
五月十五日 歸泊於高城水口而待 期日將至 寶海稱病 數日不朝 乃夜
中逃出 行到高城海濱 王知之 使數十人追之 至高城而及之 然寶海在
句麗 常施恩於左右 故 其軍士憫傷之 皆拔箭鏃而射之 遂免而歸

王旣見寶海 益思美海 一欣一悲 垂淚而謂左右曰 如一身有一臂 一面
一眼 雖得一而亡一 何敢不痛乎 時堤上聞此言 再拜辭朝而騎馬 不入
家而行 直至於栗浦之濱 其妻聞之 走馬追至栗浦 見其夫已在舡上矣
妻呼之切懇 堤上但搖手而不駐 行至倭國 詐言曰 雞林王以不罪殺我
父兄 故 逃來至此矣 倭王信之 賜室家而安之 時堤上常陪美海遊海濱
逐捕魚鳥 以其所獲 每獻於倭王 王甚喜之 而無疑焉 適曉霧濛晦 堤上
曰 可行矣 美海曰 然則偕行 堤上曰 臣若行 恐倭人覺而追之 願臣留
而止其追也 美海曰 今我與汝如父兄焉 何得棄汝而獨歸 堤上曰 臣能
救公之命 而慰大王之情 則足矣 何願生乎 取酒獻美海 時雞林人康仇
麗在倭國 以其人從而送之 堤上入美海房至於明旦 左右欲入見之 堤
上出止之曰 昨日馳走於捕獵 病甚未起 及乎日昃 左右怪之而更問焉
對曰 美海行已久矣 左右奔告於王 王使騎兵逐之 不及 於是囚堤上問

曰 汝何竊遣汝國王子耶 對曰 臣是雞林之臣 非倭國之臣 今欲成吾君之志耳 何敢言於君乎 倭王怒曰 今汝已爲我臣 而言雞林之臣 則必具五刑 若言倭國之臣者 必賞重祿 對曰 寧爲雞林之犬㹠 不爲倭國之臣子 寧受雞林之箠楚 不受倭國之爵祿 王怒 命屠剝堤上脚下之皮 刈蒹葭使趨其上 今蒹葭上 有血痕 俗云 堤上之血 更問曰 汝何國臣乎 曰 雞林之臣也 又使立於熱鐵上 問 何國之臣乎 曰 雞林之臣也 倭王知不可屈 燒殺於木島中 美海渡海而來 使康仇麗先告於國中 王驚喜 命百官迎於屈歇驛 王與親弟寶海迎於南郊 入闕設宴 大赦國內 冊其妻爲國大夫人 以其女子爲美海公夫人 議者曰 昔漢臣周苛 在滎陽 爲楚兵所虜 項羽謂周苛曰 汝爲我臣 封爲萬祿侯 周苛罵而不屈 爲楚王所殺 堤上之忠烈 無愧於周苛矣

初堤上之發去也 夫人聞之追不及 及至望德寺門南沙上 放臥長號 因名其沙 曰長沙 親戚二人 扶腋將還 夫人舒脚 坐不起 名其地 曰伐知旨 久後夫人不勝其慕 率三娘子 上鵄述嶺 望倭國痛哭而終 仍爲鵄述神母 今祠堂存焉

제18대 실성왕

의희義熙[1] 9년 계축(413)에 평양주의 큰 다리가 이루어졌다.—아

---

[1] 동진東晉 안제安帝의 연호. 의희 9년은 실성왕實聖王 12년(413)에 해당되니 이때

마 남평양南平壤일 것이니 지금의 양주楊州다.

왕은 전 왕의 태자 눌지가 덕망이 있음을 꺼려 죽이려고 하여, 고구려의 군사를 청해서 거짓으로 눌지를 맞이하게 했다. 고구려 사람은 눌지가 어진 행실이 있음을 보고 이에 창끝을 뒤로 돌려서[2] 실성왕[3]을 죽이고 눌지를 왕으로 세우고 돌아갔다.

第十八實聖王

義熙九年癸丑 平壤州大橋成 恐南平壤也 今楊州 王忌憚前王太子訥祇有德望 將害之 請高麗兵 而詐迎訥祇 高麗人見訥祇有賢行 乃倒戈而殺王 乃立訥祇爲王而去

거문고갑을 쏘다

제21대 비처왕毗處王—혹은 소지왕炤知王이라고도 쓴다—즉위 10

남평양, 곧 지금의 양주는 신라의 영토가 아니므로, 큰 다리가 이루어졌다는 기사는 자세히 알 수 없다.
2 도과倒戈 : 창끝을 뒤로 돌려서 자기의 편을 친다는 말.《書經》前徒倒戈 攻于後以北
3 고구려 군사가 실성왕을 죽였다는 기사는『삼국사기』와 다르다.『삼국사기』에는 눌지왕이 실성왕을 죽였다고 쓰여 있다.

년 무진(488)에 왕이 천천정天泉亭에 행차했다.

쥐의 경고로 탄로난 음행

이때 까마귀와 쥐가 와서 울더니 쥐가 사람처럼 말을 했다.

"이 까마귀가 가는 곳을 살피시오."—혹은 말하기를 신덕왕神德王이 흥륜사興輪寺에 행향行香하려 할 때, 길에서 여러 쥐들이 꼬리를 물고 있음을 보고, 괴상히 여겨 돌아와서 점을 치니, 이튿날 먼저 우는 까마귀를 찾으라 했다 한다. 이 설은 잘못이다.

왕이 기사騎士에게 명령하여 뒤쫓게 했다. 기사가 남쪽으로 피촌避村—지금의 양피사촌壤避寺村이니 남산의 동쪽 기슭에 있다—에 이르러, 두 돼지가 싸우는 것을 한참 동안 보고 있다가, 문득 까마귀의 간 곳을 잃어버리고 길가에서 헤매고 있었다.

이때 한 노인이 연못 속에서 나와 글을 올리니 겉봉에는 이렇게 씌어 있었다.

"이를 떼어보면 두 사람이 죽을 것이고, 떼어보지 않으면 한 사람¹이 죽을 것이다."

기사가 돌아와서 왕에게 드리니 왕은 말했다.

"두 사람이 죽는 것보다는 떼어보지 않고 한 사람만 죽는 것이 낫겠다."

---

1 일인一人 : 예전에 천자天子를 일인이라 부르기도 했고, 또 왕자가 자기를 일인이라고 부르기도 했다. 《書經》 一人元良 萬邦以貞

일관이 아뢰었다.

"두 사람이란 서민庶民이요, 한 사람이란 왕입니다."

왕은 그렇게 여겨 떼어보니 그 글에 "금갑琴匣을 쏘라"고 했다.

왕은 곧 궁에 들어가서 거문고갑을 보고 쏘니, 거기에는 내전內殿에서 분향수도焚香修道하던 중이 궁주宮主²와 몰래 간통하고 있었다. 두 사람은 사형을 당했다.

이로부터 나라 풍속에 해마다 정월 상해上亥·상자上子·상오일上午日³에는 모든 일을 조심하여, 함부로 움직이지도 않았고, 15일을 오기일烏忌日⁴이라 하여 찰밥으로 제사지냈는데, 지금까지도 이를 행하고 있다. 이언俚言에 이것을 달도怛忉⁵라고 하니, 슬퍼하고 근심해서 모든 일을 꺼려 금한다는 말이다. 그 연못을 이름하여 서출지書出池라 한다.

射琴匣

第二十一 毗處王 一作炤知王 卽位十年戊辰 幸於天泉亭

---

2 고려 때는 비빈妃嬪, 또는 왕녀의 칭호로 썼으나 여기서는 신라 때 비빈을 이른 말.
3 그 달의 첫째 해일亥日이니, 예를 들면 을해, 정해 등을 이른다. 상자·상오도 첫째 자일子日, 첫째 오일午日로서 위와 같은 말.
4 실은 우리말의 향찰이라 함. 오구, 즉 영고迎鼓와 같은 말. 이 설화는 향찰을 한 자어로 보는 데서 생긴 민간어원인 듯하다.
5 신을 나타낸 우리말의 도리의 향찰. 정월에 행하는 제천의식인 듯하다.

時有烏與鼠來鳴 鼠作人語云 此烏去處尋之 或云 神德王欲行香興輪寺 路見衆鼠含尾 怪之而還占之 明日先鳴烏尋之云云 此說非也 王命騎士追之 南至避村 今壤避寺村 在南山東麓 兩猪相鬪 留連見之 忽失烏所在 徘徊路傍 時有老翁 自池中出奉書 外面題云 開見二人死 不開一人死 使來獻之 王曰 與其二人死 莫若不開 但一人死耳 日官奏云 二人者庶民也 一人者王也 王然之開見 書中云 射琴匣 王入宮 見琴匣射之 乃內殿焚修僧 與宮主潛通而所奸也 二人伏誅 自爾國俗 每正月上亥上子上午等日 忌愼百事 不敢動作 以十五日爲烏忌之日 以糯飯祭之 至今行之 俚言怛忉 言悲愁而禁忌百事也 命其池曰書出池

지철로왕

제22대 지철로왕智哲老王의 성은 김씨요, 이름은 지대로智大路 또는 지도로智度路라 했고, 시호는 지증智證이라 했다. 시호는 이때부터 시작되었다. 또 우리말에 왕을 마립간麻立干[1]이라 한 것도 지철로왕 때부터 시작된 것이다. 왕은 영원永元[2] 2년 경진(500)에 왕위에 올랐다.—혹은 신사辛巳라고도 하니 그렇다면 영원 3년이 된다.

---

1 우리말의 향찰이니, 곧 군주란 말. 왕력표王曆表에서나 『삼국사기』에서는 마립간의 칭호는 내물왕 때부터 사용했다고 했는데, 여기서는 지증왕 때부터 사용했다고 하니 이 말이 그릇된 것 같다.
2 중국의 남조南朝 제왕齊王(東昏侯)의 연호.

하늘이 마련한 배필

왕은 음경陰莖의 길이가 한 자 다섯 치가 되어 배필을 얻기 어려웠다. 그래서 사자使者를 3도三道에 보내어 배필을 구했다. 사자가 모량부牟梁部에 이르러 동로수冬老樹 아래에서 개 두 마리가 북만한 똥덩어리의 양쪽 끝을 물고 다투는 것을 보았다. 그 마을 사람에게 물으니 한 소녀가 말했다.

"모량부 상공相公의 딸이 여기서 빨래하다가 수풀 속에 숨어서 눈 것입니다."

그 집을 찾아 살펴보니 그 여자의 신장이 일곱 자 다섯 치나 되었다. 사실대로 상세히 아뢰었더니 왕은 수레를 보내어 그 여자를 궁중에 맞아들여 황후[3]로 삼았다. 여러 신하가 모두 경하했다.

박이종을 시켜 섬 오랑캐를 치다

또 아슬라주阿瑟羅州—지금의 명주溟州—동해 안에 순풍으로 이틀 걸리는 곳에 우릉도于陵島—지금은 우릉도羽陵島라고 쓴다—가 있었다. 주위가 2만 7천1백30보나 되었다. 섬의 오랑캐들은 그 깊은 바닷물을 믿고 교만하여 조공朝貢하지 않았다. 왕은 이찬 박이종朴伊宗[4]을 시켜 군사를 거느리고 가서 치게 했다. 이종은 나무로 사자를 만들어 큰 배 위에 싣고 그들을 위협했다.

---

3 박씨 연제부인延帝夫人을 가리킨다.
4 곧 이사부異斯夫니 일명 태종苔宗이라고도 한다.

"항복하지 않으면 이 사자를 놓아버리겠다."

섬 오랑캐는 두려워서 항복했다. 왕은 이종을 포상하여 아슬라주의 장관으로 삼았다.

智哲老王

第二十二 智哲老王 姓金氏 名智大路 又智度路 諡曰智證 諡號始于此 又鄕稱王爲麻立干者 自此王始 王以永元二年庚辰卽位 或云辛巳 則三年也

王陰長一尺五寸 難於嘉耦 發使三道求之 使至牟梁部 冬老樹下 見二狗嚙一屎塊如鼓大 爭嚙其兩端 訪於里人 有一小女告云 此部相公之女子 洗澣于此 隱林而所遺也 尋其家檢之 身長七尺五寸 其事奏聞 王遣車邀入宮中 封爲皇后 群臣皆賀

又阿瑟羅州 今溟州 東海中 便風二日程 有于陵島 今作羽陵 周迴二萬六千七百三十步 島夷恃其水深 驕傲不臣 王命伊湌朴伊宗 將兵討之 宗作木偶師子 載於大艦之上 威之云 不降則放此獸 島夷畏降 賞伊宗爲州伯

진흥왕

제24대 진흥왕眞興王은 왕위에 올랐을 때, 나이 열다섯 살이므로 태후太后가 섭정攝政했다. 태후는 법흥왕法興王의 딸로서 입종갈문왕立宗葛文王[2]의 왕비였다. 왕은 세상을 떠날 때에 머리를 깎고 법의法衣를 입고 돌아갔다.

백제의 침략

승성承聖[3] 3년 9월에 백제의 군사가 진성珍城을 쳐들어와서 남녀 3만 9천 명과 말 8천 필을 빼앗아갔다. 이에 앞서 백제가 신라와 군사를 합하여 고구려를 치자고 하니 진흥왕은 "나라가 흥하고 망함은 하늘에 달렸으니, 만약 하늘이 고구려를 미워하지 않는다면 내가 어떻게 감히 고구려의 멸망함을 바라겠느냐" 하고 이에 이 말을 고구려에 전했다.

고구려는 그 말에 감격하여 신라와 서로 평화롭게 사귀었으므로, 백제가 신라를 원망하여 침략한 것이었다.

眞興王

第二十四 眞興王卽位 時年十五歲 太后攝政 太后乃法興王之女子 立宗葛文王之妃 終時削髮 被法衣而逝

---

1 『삼국사기』에는 일곱 살로 되어 있다.

2 법흥왕의 아우.

3 양나라 원제元帝의 연호.

承聖三年九月 百濟兵來侵於珍城 掠取人男女三萬九千 馬八千匹而去 先是 百濟欲與新羅合兵 謀伐高麗 眞興曰 國之興亡在天 若天未厭高麗 則我何敢望焉 乃以此言通高麗 高麗感其言 與羅通好 而百濟怨之 故來爾

도화녀와 비형랑

제25대 사륜왕舍輪王의 시호는 진지대왕眞智大王이니, 성은 김씨며 왕비는 기오공起烏公의 딸 지도부인知刀夫人이다. 대건大建[1] 8년 병신(576)에 왕위에 올랐는데—고본에는 11년 기해라 했으니 잘못이다—나라를 다스린 지 4년 만에 정사政事는 어지러워졌고, 또 주색에 빠져 있었으므로 나랏사람이 그를 폐위시켰다.

진지대왕의 정사

이에 앞서 사량부沙梁部 민가의 여인[2]이 얼굴이 아름다웠으므로, 그때 사람들이 도화랑桃花娘이라고 불렀다. 왕은 이 소식을 듣고 궁중에 불러와서 관계하고자 하니 여인은 아뢰었다.

"여자가 지킬 일은 두 남편을 섬기지 않는 것입니다. 남편이 있

---

1 진陳나라 선제宣帝의 연호.
2 서녀庶女 : 민가의 여자. 《淮南子 覽冥訓》庶女叫天 雷電下擊

고 다른 사람에게 시집감은 비록 제왕3의 위엄으로써도 그 정조를 강요하지는 못할 것입니다."

"너를 죽인다면 어떻게 할 것이냐?"

"차라리 죽임을 당할지라도 다른 마음을 가질 수는 없습니다."

왕은 희롱하였다.

"네 남편이 없으면 되겠느냐?"

"그러면 될 수 있습니다."

왕은 그를 놓아 보냈다.

이 해에 왕은 폐위되어 세상을 떠났는데, 그 후 2년 만에 그 남편도 또한 죽었다. 열흘4 만에 홀연히 밤중에 왕은 평상시처럼 여인의 방에 왔다.

"네가 예전에 허락한 적이 있었는데 지금은 네 남편이 없으니 되겠느냐?"

여인은 가벼이 허락하지 않고 부모에게 고하니 부모는 "임금님의 명령을 어찌 거절하겠느냐?" 하고 그 딸을 방에 들여보냈다. 왕이 이레 동안 머물렀는데 늘 오색 구름이 집에 덮여 있고 향기가 방안에 가득 차더니, 이레 후에는 홀연히 왕의 자취가 없어졌다.

---

3 만승萬乘 : 천자天子를 이르는 말. 곧 주대周代의 제도에 천자는 직할지直轄地 천리에서 병거兵車 만승을 낼 수 있다는 일에서 나온 말. 《孟子》萬乘之國 弑其君者 必千乘之家

4 협순浹旬 : 1순一旬, 열흘을 이른 말. 《剪燈餘話》未浹旬 相繼殞歿 復卿泣哭盡哀

여인은 이내 태기가 있었는데 달이 차서 해산하려 할 때 천지가 진동하더니 한 사내아이를 낳았다. 이름을 비형鼻荊이라 했다.

귀신을 부르는 비형랑

진평대왕眞平大王이 그 이상함을 듣고 궁중에 데려다 길렀다. 나이 열다섯 살이 되자 집사執事 벼슬로 임명했더니, 밤마다 멀리 도망가서 놀았다. 왕은 용사勇士 50명을 시켜 그를 지키게 했는데, 번번이 월성月城을 날아 넘어가더니 서쪽으로 황천荒川 언덕 위─서울 서쪽에 있다─에 가서 귀신을 데리고 놀았다. 용사들이 수풀 속에 매복하여 엿보니, 귀신들은 여러 절의 새벽 종소리를 듣고 각각 헤어지자 비형도 돌아왔다. 군사들이 사실대로 와서 아뢰니 왕은 비형을 불러 물었다.

"네가 귀신을 데리고 논다는 것이 참말이냐?"

"그렇습니다."

"그렇다면 네가 귀신들을 시켜 신원사神元寺[5] 북쪽 개천─또는 신중사神衆寺라 하나 잘못이며 또는 황천荒川 동쪽 심거深渠라고도 한다─에 다리를 놓아라."

비형은 칙명勅命을 받들고 그 무리를 시켜 돌을 다듬어 하룻밤에 큰 다리를 놓았으므로, 그 다리를 귀신다리라 한다. 왕은 또 물었다.

---

5 경상북도 월성군 내남면에 있던 절.

"귀신들 가운데 인간에 출현하여 정사政事를 도울 자가 있겠느냐?"

"길달吉達이란 자가 있는데 정사를 도울 만합니다."

"데리고 오라."

이튿날 비형은 길달을 데리고 와서 함께 뵈었다. 집사 벼슬을 주었더니, 과연 충성스럽고 정직해서 그를 짝할 만한 사람이 없었다.

이때 각간角干[6] 임종林宗에게 아들이 없었으므로 왕이 명령하여 뒤를 이을 아들로 삼게 했다. 임종이 길달을 시켜 흥륜사 남쪽에 문루門樓를 세우게 했더니, 밤마다 그 문 위에 가서 잤으므로, 이를 길달문吉達門이라 한다. 어느 날 길달이 여우로 변하여 도망해 가니 비형이 귀신을 시켜 잡아 죽였다. 그러므로 그 무리들은 비형의 이름을 듣고 두려워하여 달아났다. 그 당시 사람이 글을 지어 일렀다.

　　성제聖帝의 혼이 아들을 낳았구나
　　여기는 비형랑의 집이다
　　날고 뛰는 잡귀들아
　　이곳에는 머물지 말아라

---

6 신라 관등의 제1위인 이벌찬伊伐湌의 별칭.

향속鄕俗에 이 글을 집에 붙여서 귀신을 물리쳤다.

桃花女　鼻荊郞

第二十五 舍輪王 諡眞智大王 姓金氏 妃起烏公之女 知刀夫人 大建八
年丙申卽位 古本云 十一年己亥 誤矣 御國四年 政亂荒婬 國人廢之
前此 沙梁部之庶女 姿容艶美 時號桃花娘 王聞而召致宮中 欲幸之 女
曰 女之所守 不事二夫 有夫而適他 雖萬乘之威 終不奪也 王曰 殺之
何 女曰 寧斬于市 有願靡他 王戲曰 無夫則可乎 曰 可 王放而遣之 是
年 王見廢而崩 後二年其夫亦死 浹旬忽夜中 王如平昔 來於女房曰 汝
昔有諾 今無汝夫 可乎 女不輕諾 告於父母 父母曰 君王之敎 何以避
之 以其女入於房 留御七日 常有五色雲覆屋 香氣滿室 七日後 忽然無
蹤 女因而有娠 月滿將産 天地振動 産得一男 名曰鼻荊

眞平大王聞其殊異 收養宮中 年至十五 授差執事 每夜逃去遠遊 王使
勇士五十人守之 每飛過月城 西去荒川岸上 在京城西 率鬼衆遊 勇士伏
林中窺伺 鬼衆聞諸寺曉鍾各散 郞亦歸矣 軍士以事奏 王召鼻荊曰 汝
領鬼遊 信乎 郞曰 然 王曰 然則汝使鬼衆 成橋於神元寺北渠 一作神衆
寺 誤 一云荒川東深渠 荊奉勑 使其徒鍊石 成大橋於一夜 故 名鬼橋 王又
問 鬼衆之中 有出現人間 輔朝政者乎 曰 有吉達者 可輔國政 王曰 與
來 翌日荊與俱見 賜爵執事 果忠直無雙 時角干林宗無子 王勅爲嗣子
林宗命吉達 創樓門於興輪寺南 每夜去宿其門上 故 名吉達門 一日吉
達變狐而遁去 荊使鬼捉而殺之 故 其衆聞鼻荊之名 怖畏而走 時人作

詞曰 聖帝魂生子 鼻荊郞室亭 飛馳諸鬼衆 此處莫留停 鄕俗帖此詞以辟鬼

하늘이 내려준 옥대*

거인 진평대왕

제26대 백정왕白淨王의 시호는 진평대왕眞平大王이니 성은 김씨다. 대건大建 11년 기해(579) 8월에 왕위에 올랐는데 신장이 11척이었다.

내제석궁內帝釋宮—또한 천주사天柱寺라고도 하니 왕이 세운 것이다—에 행차할 때에 섬돌을 밟으니 돌 세 개가 한꺼번에 부러졌다. 왕은 시신侍臣에게 일렀다.

"이 돌을 옮기지 말고 뒷사람에게 보여라."

곧 성중의 다섯 가지 움직이지 않는 돌의 하나다.

하늘이 내린 옥대

즉위한 원년에 천사가 궁전의 뜰에 내려와서 왕에게 말했다.

"상제께서 나에게 명하여 옥대玉帶를 전해주라 합니다."

---

* 청태淸泰 4년 정유(937) 5월에 정승 김부金傅가 금으로 새기고 옥으로 장식한 허리띠 하나를 바치니, 길이가 10위圍, 전과鐫銙가 62개나 되었는데 이것이 진평왕의 천사대天賜帶라 했다. 고려 태조는 이것을 받아서 내고內庫에 간수했다.

왕은 친히 꿇어앉아서 받으니 그 후에 천사는 하늘로 올라갔다. 교사郊社와 종묘宗廟¹의 큰 제사 때에는 으레 이 옥대를 맸다.

신라의 세 가지 국보

후에 고구려왕이 신라를 치려고 하면서 말했다.

"신라에 세 가지 보물이 있으므로 침범할 수 없다 했는데 그것이 무엇인가?"

"황룡사皇龍寺의 장륙존상丈六尊像이 첫째요, 그 절의 9층탑九層塔이 둘째요, 하늘이 진평왕에게 준 옥대가 그 셋째입니다."

이에 왕은 신라를 칠 계획을 그만두었다.

기린다.

하늘이 주신 긴 옥대는
임금²의 곤의袞衣³에 알맞았네
우리 님 이로부터 몸 더욱 무거우니
다음에는 쇠로써 섬돌을 만들까 하네

---

1 교묘郊廟: 교사와 종묘를 이름이니 교사는 천지에 제사지내는 일이고 종묘는 그 조상에 제사지내는 일.
2 벽옹辟雍: 중국 고대에 천자의 나라에 설치한 대학을 말함. 여기서는 임금이라는 뜻. 《禮記》 大學在郊 天子曰辟雍 諸侯曰頖宮
3 용곤龍袞: 곤룡포袞龍袍를 이름. 임금이 입던 정복으로서 황색 비단에 용의 무늬를 수 놓았던 옷이다. 《禮記》 天子龍袞 諸侯黼 大夫黻

天賜玉帶 淸泰四年丁酉五月 正承金傅獻鐫金粧玉排方腰帶一條 長十圍 鐫銙六十二 曰是眞平王天賜帶也 太祖受之 藏之內庫

第二十六 白淨王 諡眞平大王 金氏 大建十一年己亥八月卽位 身長十一尺 駕幸內帝釋宮 亦名天柱寺 王之所創 踏石梯 三石並折 王謂左右曰 不動此石 以示後來 卽城中五不動石之一也

卽位元年 有天使降於殿庭 謂王曰 上皇命我傳賜玉帶 王親奉跪受 然後其使上天 凡郊廟大祀皆服之

後高麗王將謀伐羅 乃曰 新羅有三寶不可犯 何謂也 皇龍寺丈六尊像一 其寺九層塔 二 眞平王天賜玉帶 三也 乃止其謀 讚曰 雲外天頒玉帶圍 辟雍龍袞雅相宜 吾君自此身彌重 准擬明朝鐵作墀

선덕여왕이 미리 알아낸1 세 가지 일

제27대 덕만德曼—혹은 만萬으로도 쓴다—의 시호는 선덕여왕善德女王이니 성은 김씨요, 아버지는 진평왕이다. 정관 6년 임진(632)에 왕위에 올라 나라를 다스린 지 16년 동안에 미리 안 일이 세 가지가 있었다.

---

1 지기知幾 : 일의 기미幾微를 미리 아는 것.《易經》知幾其神乎

향기 없는 모란꽃

첫째는 당나라 태종이 붉은색, 자주색, 흰색의 세 가지 색깔로 그린 모란과 그 씨 서 되를 보내왔다. 왕은 그 그린 꽃을 보고 말했다.

"이 꽃은 절대로 향기가 없을 것이다"

이내 씨를 뜰에 심었더니 그 꽃이 피었다가 떨어질 때에 과연 그 말과 같이 향기가 없었다.

숨어 들어온 적을 알아내다

둘째는 영묘사靈妙寺[2] 옥문지玉門池[3]에 겨울철에 많은 개구리가 모여서 사나흘 동안이나 울고 있었다. 나랏사람들이 이를 괴이히 여겨 왕에게 물었다. 왕은 급히 각간 알천閼川·필탄弼呑 등을 시켜 정병 2천 명을 뽑아서 빨리 서교西郊로 가서 여근곡女根谷[4]을 탐문探問하면 반드시 적병이 있을 것이니 덮쳐서 죽이라 했다.

두 각간이 명령을 받고 각각 군사 천 명을 거느리고 서교에 가서 물었다. 부산富山 아래에 과연 여근곡이 있고, 백제 군사 5백 명이 그곳에 와서 매복해 있으므로 모두 잡아서 죽였다. 백제의

---

2 경상북도 경주시 성진리 강가에 있던 절로, 신라 선덕여왕 원년(632)에 처음 세운 절.
3 『삼국사기』에서는 '궁서宮西의 옥문지玉門池'라 했다.
4 『삼국사기』에서는 '西南邊亦有地名玉門谷者'라 하여 여근곡이 옥문곡玉門谷으로 씌어 있다.

장군 오소5召란 자는 남산 고개 바위 위에 매복해 있었으므로 이를 포위하여 쏘아 죽였다. 또 후속 부대 1천3백 명이 오는 것을 또한 쳐서 죽여 한 사람도 남기지 않았다.5

자기 죽을 날을 미리 알다

셋째는 왕이 병이 없었을 때에 여러 신하에게 일렀다.

"내가 아무 해 아무 달 아무 날에는 죽을 것이니, 나를 도리천忉利天6 속에 장사지내시오."

여러 신하는 그곳을 알지 못하여 물었다.

"어느 곳입니까?"

"낭산狼山 남쪽이다."

그 달 그 날에 이르러 왕이 과연 세상을 떠났으므로, 여러 신하들이 낭산 남쪽에 왕을 장사지냈다. 그 후 10여 년에 문무대왕文武大王이 사천왕사四天王寺7를 왕의 무덤 아래에 세웠다. 불경에 사천왕천四天王天8의 위에 도리천이 있다고 했으니, 그제야 대왕의 신령하고 성스러움을 알게 되었다.

---

5 혈유자遺 : 남긴 씨가 없다는 말. 《詩經》周餘黎民 靡有子遺
6 불교에서 말하는 욕계육천欲界六天의 둘째 하늘로서 도리忉利는 곧 삼십삼이란 뜻.
7 경상북도 경주시에 있던 절로, 신라 문무왕 19년(679)에 처음 세워졌다.
8 불교에서 말하는 욕계육천의 하나. 동방은 지국천持國天, 남방은 증장천增長天, 서방은 광목천廣目天, 북방은 다문천多聞天이라 한다.

선덕여왕의 슬기

그 당시에 여러 신하들이 왕에게 아뢰었다.

"어떻게 모란꽃과 개구리 우는 두 가지 일이 그렇게 될 줄 아셨습니까?"

"꽃을 그렸는데도 나비가 없었으므로 그 꽃이 향기가 없음을 알 수 있었소. 이는 당나라 임금이 나9의 배우자가 없음을 모멸한 것이오. 또 개구리의 노한 형상은 병사의 형상이며, 옥문이란 것은 여자의 생식기니, 여자는 음이고, 음은 그 빛이 백색이며, 백색은 서방이므로 군사가 서쪽에 있음을 알 수 있었으며, 남자의 생식기는 여자의 생식기에 들어가면 반드시 죽게 되니 이로써 쉽사리 잡을 줄 알았소."

여러 신하가 모두 그 뛰어난 지혜에 감복했다.

꽃을 세 가지 색깔로 보낸 것은 대개 신라에 세 여왕이 있을 줄 알고 그렇게 한 것인가. 선덕善德·진덕眞德·진성眞聖이 그것이니 당제唐帝도 헤아려 알아맞히는10 밝음이 있었던 것이다.

선덕여왕이 영묘사를 세운 일은 양지사良志師의 전기에 자세히 적혀 있으니 이를 살필 것이다. 별기別記에 이런 말이 있다. 선덕여왕 때에 돌을 다듬어 첨성대瞻星臺11를 쌓았다.

---

9 과인寡人 : 옛날 제후들이 자기를 일컫던 겸사. 《禮記》 諸侯自稱曰寡人
10 현해懸解 : 현사懸思와 같은 뜻. 헤아려 알아맞힌다는 말.
11 신라 선덕여왕 때에 세운 천문대. 동양에서 가장 오래된 것으로 경상북도 경주시에 있다.

善德王 知幾三事

第二十七德曼 一作萬 諡善德女大王 姓金氏 父眞平王 以貞觀六年壬辰卽位 御國十六年 凡知幾有三事

初 唐太宗送畫牧丹 三色紅紫白 以其實三升 王見畫花曰 此花定無香 仍命種於庭 待其開落 果如其言

二 於靈妙寺玉門池 冬月衆蛙集鳴三四日 國人怪之 問於王 王急命角干閼川 弼呑等 鍊精兵二千人 速去西郊 問女根谷 必有賊兵 掩取殺之 二角干旣受命 各率千人問西郊 富山下果有女根谷 百濟兵五百人 來藏於彼 並取殺之 百濟將軍亐召者 藏於南山嶺石上 又圍而射之殪 又有後兵一千三百人來 亦擊而殺之 一無孑遺

三 王無恙時 謂群臣曰 朕死於某年某月日 葬我於忉利天中 群臣罔知其處 奏云 何所 王曰 狼山南也 至其月日 王果崩 群臣葬於狼山之陽 後十餘年 文虎(武)大王創四天王寺於王墳之下 佛經云 四天王天之上 有忉利天 乃知大王之靈聖也

當時群臣啓於王曰 何知花蛙二事之然乎 王曰 畫花而無蝶 知其無香 斯乃唐帝欺寡人之無耦也 蛙有怒形兵士之像 玉門者女根也 女爲陰也 其色白 白西方也 故 知兵在西方 男根入於女根 則必死矣 以是知其易捉 於是群臣 皆服其聖智 送花三色者 蓋知新羅有三女王而然耶 謂善德 眞德 眞聖是也 唐帝以有懸解之明 善德之創靈妙寺 具載良志師傳詳之 別記云 是王代 鍊石築瞻星臺

진덕여왕

진덕여왕의 태평가

제28대 진덕여왕眞德女王은 왕위에 올라 스스로 「태평가太平歌」를 짓고, 비단을 짜서 「태평가」로 무늬를 놓아 사신使臣[1]을 시켜 당나라에 가서 이것을 바치게 했다.—다른 책에는 "춘추공春秋公을 사신으로 삼아, 당나라에 가서 군사를 청하니 태종이 좋아하여 소정방을 보내기로 허락했다"고 한 것은 모두 잘못이다. 현경顯慶 전에 춘추공은 이미 왕위에 올랐다. 현경 경신년은 태종 때가 아니요 고종 때며, 소정방이 온 것은 현경 경신년이다. 그러니 비단을 짜서 무늬를 놓아 보냄은 청병請兵한 때의 일이 아님을 알 수 있다. 진덕여왕의 때라야 옳겠다. 대개 김흠순金欽純을 놓아 돌려보내기를 청하던 때일 것이다.

당나라 황제는 이를 좋아하여 진덕여왕을 계림국왕雞林國王으로 고쳐 봉封했다. 그 가사는 이렇다.

당나라가 나라를 세우니, 어마어마한[2] 제왕의 업적이 융창隆昌도 하다. 전쟁을 그치어[3] 천하를 평정하고,[4] 문치文治를 닦아 전대

---

[1] 『삼국사기』에는 선덕여왕 4년에 춘추공의 아들 법민法敏을 당나라에 사신으로 보냈다고 되어 있다.
[2] 외외巍巍: 높고 큰 모양. 《論語》 巍巍乎惟天爲大 惟堯則之
[3] 지과止戈: 전쟁을 종식시킨다는 말. 《左傳》 夫文 止戈爲武
[4] 원문의 '戎威定'의 '威'는 '衣'의 오자. 즉 한 번 융의戎衣(軍服)를 입고서 천하를

임금을 이었다. 세상을 대자연처럼5 다스리고, 만물을 땅처럼 포용한다.6 깊은 인덕仁德은 해와 달과 같고, 평안한 국운은 요순堯舜7보다 앞선다. 깃발은 번쩍이고, 징소리와 북소리는 웅장하다.8 외이外夷로서 황제의 영을 거역한 자는, 멸망되어 천벌을 받을 것이다. 순후淳厚한 풍속이 곳곳9에 퍼지니, 원근 지방에서 다투어 상서祥瑞를 바친다. 사시四時의 기후는 태평10을 이루고, 칠요七曜11의 광명은 만방에 비친다. 산악의 정기12는 보필의 재상을 낳고, 황제는 어진 인재를 등용한다. 오제 삼황五帝三皇13이 하나로 이룩되니, 우리 당나라 황도皇道가 밝게 빛나리.

　　평정했다는 말. 《書經 武成篇》一戎衣 天下大定
5　우시우시雨施 : 대자연의 작용을 이른 말. 《易經》雲行雨施 品物流形
6　함장含章 : 미덕을 속에 함축한다는 말이니 곧 지도地道를 이른 말. 《易經 坤卦》含章可貞 《坤卦 文言》陰雖有美含之 地道也 妻道也 臣道也
7　우당虞唐 : 곧 요순이란 말. 우虞는 순임금의 국명이요, 당은 요임금의 국명이다.
8　황황鍠鍠 : 종소리와 북소리. 《馬融 賦》鍠鍠鎗鎗 奏於農郊大路之衢
9　유현幽現 : 유현유현幽顯과 같은 말이니, 사람이 보지 못한 곳과 보는 것을 이른 말이다. 《北史 房彦謙傳》自非積德累仁豊功厚利 孰能道洽幽顯 義感靈祇
10　옥촉玉燭 : 사시의 기후가 모두 화和한다는 말이니 곧 태평한 세상을 이름. 군주의 덕이 옥같이 아름답고 촛불처럼 밝으면 능히 사시의 화기和氣를 이룬다는 뜻이다. 《爾雅》四時和 謂之玉燭
11　일日・월月과 화火・수水・목木・금金・토土의 다섯 별을 이른 말. 《晉 范寧 穀梁傳序》七曜爲之盈縮
12　악강嶽降 : 산악의 신령한 정기로써 위인을 낳았다는 뜻. 《詩經 崧高章》維嶽降神 生甫及申
13　오삼五三 : 오제五帝와 삼황三皇. 《漢書 揚雄傳》五三孰知其是非 (注)五帝三皇

알천의 용력과 유신의 위엄

왕의 시대에 알천공閼川公·임종공林宗公·술종공述宗公·호림공虎林公 —자장慈藏의 아버지— ·염장공廉長公·유신공庾信公이 있었는데, 그들은 남산 오지암亐知巖에 모여서 나라일을 의논했다.

이때 큰 범이 나타나서 자리에 뛰어드니 여러 공들이 놀라 일어났으나 알천공은 조금도 움직이지 않고, 태연히 담소談笑하면서 범의 꼬리를 붙잡아 땅에 메어쳐 죽였다. 알천공의 완력이 이와 같았으므로 수석에 앉았으나 그래도 여러 공들은 모두 유신공의 위엄에 복종했다.

신라의 신령한 네 땅

신라에 네 곳의 신령한 땅이 있어 나라의 큰일을 의논할 때는 대신들은 그곳에 모여서 모의謀議하면 그 일이 반드시 이루어졌다. 신령한 네 땅은 첫째는 동쪽의 청송산青松山이요, 둘째는 남쪽의 오지산亐知山이요, 셋째는 서쪽의 피전皮田이요, 넷째는 북쪽의 금강산金剛山14이다.

진덕여왕 때에 비로소 설날 아침의 조례朝禮를 행했고, 또 시랑侍郎이란 칭호도 처음 쓰기 시작했다.

---

14 지금의 경북 영천군에 있다.

眞德王

第二十八 眞德女王卽位 自製太平歌 織錦爲紋 命使往唐獻之 一本命春秋公爲使 往仍請兵 太宗嘉之 許蘇定方云云者 皆謬矣 顯慶前春秋已登位 顯慶庚申非太宗 乃高宗之世 定方之來 在顯慶庚申 故 知織錦爲紋 非請兵時也 在眞德之世 當矣 蓋請放金欽純之時也 唐帝嘉賞之 改封爲雞林國王 其詞曰 大唐開洪業 巍巍皇猷昌 止戈戎威〔衣〕定 修文契〔繼〕百王 統天崇雨施 理物體含章 深仁諧日月 撫運邁虞唐 幡旗何赫赫 錚鼓何鍠鍠 外夷違命者 剪覆被天殃 淳風凝幽現 遐邇競呈祥 四時和玉燭 七曜巡萬方 維嶽降輔宰 維帝任忠良 五三成一德 昭我唐家皇

王之代有閼川公 林宗公 述宗公 虎林公 慈藏之父 廉長公 庾信公 會于南山亐知巖 議國事 時有大虎走入座間 諸公驚起 而閼川公 略不移動 談笑自若 捉虎尾撲於地而殺之 閼川公膂力如此 處於席首 然諸公皆服庾信之威

新羅有四靈地 將議大事 則大臣必會其地謀之 則其事必成 一曰東靑松山 二曰 南亐知山 三曰 西皮田 四曰北金剛山 是王代 始行正旦禮 始行侍郞號

김유신

김무력金武力 이간伊干의 아들 서현舒玄 각간의 김씨의 장자는 유신庾信이며 그 아우는 흠순欽純이다. 맏누이는 보희寶姬이니 아이 때 이름은 아해阿海이고, 손아래누이는 문희文姬이니 아이 때 이름은 아지阿之이다. 유신공은 진평왕 17년 을묘(595)에 태어났다. 칠요七曜의 정기를 타고났으므로 등에 칠성七星의 무늬가 있고, 또 신기하고 이상한 일이 많았다.

호국신이 유신의 위험을 구하다

나이 열여덟 살 되던 임신년에 검술을 닦아 국선國仙이 되었다. 이때 백석白石이란 자가 있었는데, 어디서 왔는지 알 수 없었으나 몇 해 동안 화랑의 무리에 속해 있었다. 낭이 고구려·백제 두 나라를 치려고 밤낮으로 깊이 모의하니, 백석은 그 계획을 알고 낭에게 아뢰었다.

"제가 공과 함께 은밀히 적국敵國을 먼저 정탐한 후에 도모하는 것이 어떻겠습니까?"

낭은 기뻐하여 친히 백석을 데리고 밤에 떠났다. 고개 위에서 막 쉬고 있는데, 두 여자가 나타나 낭을 따라왔다. 골화천骨火川[1]에 이르러 유숙하니 또 한 여자가 문득 이르렀다.

공은 세 낭자와 즐거이 이야기할 때, 낭자들은 그에게 맛있는 과실을 주었다. 낭은 이를 받아먹고 마음으로 서로 허락하여 이에 그 실정을 이야기했다. 낭자들은 말했다.

"공의 말씀하는 바는 이미 들었습니다. 원컨대 공이 백석과 작

---

[1] 지금의 영천永川.

별하고 우리와 함께 숲속에 들어가면 다시 실정을 말하겠습니다."

이에 함께 숲속으로 들어갔다. 낭자들은 문득 신의 형상으로 변하여 말했다.

"우리들은 내림奈林·혈례穴禮·골화骨火 등 세 곳의 호국신입니다. 지금 적국의 사람이 낭을 유인하는데도, 낭은 그것을 알지 못하고 따라가므로 우리는 낭을 말리려고 여기 온 것입니다."

말을 마치자 낭자들은 자취를 감추었다.

공은 이 말을 듣고 놀라 쓰러졌다가 두 번 절하고 숲속에서 나왔다. 골화관骨火館에 유숙할 때 백석에게 말했다.

"지금 다른 나라에 가면서 요긴한 문서를 잊고 왔다. 나와 함께 집에 돌아가서 가지고 오자."

마침내 집에 돌아와서 백석을 결박 고문하여 그 실정을 물으니 백석이 말했다.

"나는 본래 고구려 사람—고본에는 백제라 했으나 잘못이다. 추남楸南은 고구려 사람이요, 또한 음양陰陽을 역행함도 보장왕 때 일임—이오. 우리 나라의 여러 신하들은 말했소. 신라의 유신은 우리 나라의 점쟁이 추남—고본에 춘남春南이라 했으나 잘못이다—이었는데 일찍이 고구려의 국경에 거꾸로 흐르는 물—혹은 웅자雄雌라 하니 이는 더욱 뒤바뀐 일이다—이 있었으므로 그에게 점치게 했소. 추남은 '대왕의 부인이 음양의 도를 역행했으므로 나타난 표징이 이와 같습니다' 하고 아뢰었소. 대왕은 놀라고 괴이히 여겼으며, 왕비도 크게 노하여 이를 요망한 여우의 말이라 하고, 왕에게 고하기를 다시 다른 일을 시험해 물어서 그 말이 틀리면 중형에 처하기로 했소. 이에 쥐 한 마리를 함 속에 감추어두고, 이것이 무슨 물건이냐고 물으니 추남은 말했소. '이것은 틀림없이 쥐인데 그 수는 여덟입니다.' 이에 말이 틀린다 하여 죽이려 하니 추남은 맹세해서 말했소. '내가 죽은 후에는 대장이 되어 반드시 고구려를 멸망시킬 것이다.' 그를 즉시 목베어 죽이고 쥐의 배를 갈라서 보니, 그 새끼가 일곱 마리나 있었으므로, 그제야 그의 말이 맞은 줄 알았소. 그날 밤 대왕의 꿈에 추남이 신라 서현공舒玄公의 부인 품 속으로 들어갔으므로 이것을 여러 신하에게 이야기했더니 모두 말했소. '추남이 마음속으로 맹세하고 죽더니 그 일이 과연 들어맞았습니다.' 그 때문에 나를 보내어 여기에 와서 이런 계획을 꾸미게 했을 뿐이오."

공은 이에 백석을 죽이고, 온갖 음식물을 갖추어서 삼신三神에게 제사지내니, 모두 나타나서 제물을 흠향했다.

김씨댁 재매부인財買夫人이 죽으니 청연靑淵에 장사지내고, 이로 인하여 재매곡財買谷이라 불렀다. 해마다 봄철에는 한 종중宗中의 남자와 여자들[1]이 그 골짜기의 남쪽 시내에 모여 크게 잔치했는데, 이때엔 온갖 꽃이 피고[2] 송화松花가 골안 숲에 가득했다. 골짜기 어귀에 암자를 지어 송화방松花房이라 불렀으며 원찰願刹[3]로

---

1 사녀士女 : 남자와 여자를 이름. 《左傳》 士女玉帛 則君有之
2 부영敷榮 : 꽃이 핀다는 말. 《王羲之 文》 頃東遊還 脩植桑果 今盛敷榮

삼았다. 54대 경명왕景明王 때에 이르러 공을 추봉追封하여 흥무대왕興武大王이라 했다. 공의 능은 서산 모지사毛只寺 북쪽, 동으로 뻗은 봉우리에 있다.

金庾信

虎力伊干之子 舒玄角干 金氏之長子曰庾信 弟曰欽純 姊曰寶姬 小名阿海 妹曰文姬 小名阿之 庾信公以眞平王十七年乙卯生 禀精七曜 故背有七星文 又多神異

年至十八壬申 修劍得術 爲國仙 時有白石者 不知其所自來 屬於徒中有年 郞以伐麗濟之事 日夜深謀 白石知其謀 告於郞曰 僕請與公密先探於彼 然後圖之何如 郞喜 親率白石夜出行 方憩於峴上 有二女隨郞而行 至骨火川留宿 又有一女忽然而至 公與三娘子喜話之時 娘等以美菓餽之 郞受而啖之 心諾相許 乃說其情 娘等告云 公之所言 已聞命矣 願公謝白石 而共入林中更陳情實乃與俱入 娘等便現神形曰 我等奈林 穴禮 骨火等三所護國之神 今敵國之人 誘郞引之 郞不知而進途我欲留郞而至此矣 言訖而隱 公聞之驚仆 再拜而出 宿於骨火館 謂白石曰 今歸他國 忘其要文 請與爾還家取來 遂與還至家 拷縛白石 而問

---

3 소원을 빌기 위하여 세운 절.

4 『삼국사기』「김유신전」에는 42대 흥덕왕興德王 때에 흥무대왕으로 추봉했다고 씌어 있다.

5 경상북도 경주 서산에 있던 절.

其情 曰 我本高麗人 古本云百濟 誤矣 楸南乃高麗之士 又逆行陰陽 亦是寶藏王
事 我國群臣曰 新羅庾信 是我國卜筮之士楸南也 古本作春南 誤矣 國界
有逆流之水 或云雄雌 尤反覆之事 使其卜之 奏曰 大王夫人逆行陰陽之道
其瑞如此 大王驚怪 而王妃大怒 謂是妖狐之語 告於王 更以他事驗問
之 失言則加重刑 乃以一鼠藏於合中 問是何物 其人奏曰 是必鼠 其命
有八 乃以謂失言 將加斬罪 其人誓曰 吾死之後 願爲大將 必滅高麗矣
卽斬之 剖鼠腹視之 其命有七 於是知前言有中 其日夜大王夢 楸南入
于新羅舒玄公夫人之懷 以告於群臣 皆曰 楸南誓心而死 是其果然 故
遣我至此謀之爾 公乃刑白石 備百味祀三神 皆現身受奠 金氏宗財買
夫人死 葬於靑淵上谷 因名財買谷 每年春月 一宗士女 會宴於其谷之
南澗 于時百卉敷榮 松花滿洞府林 谷口架築爲庵 因名松花房 傳爲願
刹 至(第)五十四景明王 追封公爲興虎〔武〕大王 陵在西山毛只寺之北
東向走峰

태종 춘추공

제29대 태종대왕太宗大王의 이름은 춘추春秋요, 성은 김씨다. 용수龍樹—혹은 용춘龍春이라고도 쓴다—각간角干으로서 추봉된 문흥대왕文興大王의 아들이요, 어머니는 진평대왕의 딸인 천명부인天明夫人이다. 왕비는 문명황후文明皇后 문희文姬니 곧 유신공의 누이동생이다.

문희가 용꿈을 사다

처음에 문희의 언니 보희寶姬가 꿈에 서악西岳에 올라가서 오줌을 누었더니 오줌이 서울에 가득 찼었다. 이튿날 아침에 아우 문희에게 꿈 이야기를 했더니 문희는 듣고 청했다.

"내가 이 꿈을 사겠어요."

"무엇을 주겠느냐?"

"비단치마를 주면 되겠어요?"

"좋아."

문희가 옷깃을 벌리고 꿈을 받을 때 보희는 말했다.

"어젯밤 꿈을 너에게 준다."

문희는 비단치마로써 꿈값을 치렀다.

그 후 열흘 만에 유신은 춘추와 같이 정월 상오上午 기일忌日─위의 「거문고갑을 쏘다(射琴匣)」에 나타났으니 최치원의 설이다─에 자기 집 앞에서 공을 차다가─신라 사람은 공차기를 농주弄珠의 희戱라고 한다─짐짓 춘추공의 옷을 밟아서 옷고름을 뜯어지게 하고는 말했다.

"내 집에 들어가서 달기로 합시다."

춘추공은 그 말에 따랐다. 유신은 아해阿海에게 옷고름을 달아드리도록 하니 아해는 "어찌 사소한 일로써 귀공자에게 경솔히 가까이할 수 있겠습니까?" 하고 사양했다.─고본에는 병으로 나오지 않았다고 한다.

이에 아지阿之에게 옷고름을 달아드리도록 시켰다. 춘추공은 유신의 뜻을 알아차리고 마침내 문희를 사랑했다. 이후로부터 춘추공은 자주 내왕했다.

유신은 문희가 아기를 밴 것을 알자 꾸짖었다.

"네가 부모에게 혼인할 것을 고하지도 않고 아이를 배었으니 무슨 일이냐?"

이에 온 나라에 선언하고 그 누이 문희를 불태워 죽이려 했다.

어느 날 선덕여왕이 남산에 놀러가심을 기다려, 유신은 뜰 가운데 나무를 쌓아놓고 불을 지르니, 연기가 일어났다. 왕이 그것을 바라보고 무슨 연기냐고 물으니 시종하는 신하들이 아뢰었다.

"아마 유신이 자기 누이를 불태워 죽이려는 것 같습니다."

왕이 그 까닭을 물었다.

"그의 누이가 남편도 없이 몰래 임신하였기 때문입니다."

"그것이 누가 한 짓이냐?"

때마침 춘추공이 왕을 모시고 앞에 있다가 얼굴빛이 아주 변했다. 왕은 말했다.

"그것은 네가 한 짓이니 빨리 가서 목숨을 구하라."

춘추공은 임금의 명을 받고 말을 타고 달려가서 왕명을 전하여 죽이지 못하게 하고 그 후 공공연히 혼례를 행했다.

통일의 군주 태종대왕

진덕여왕이 세상을 떠나자 영휘永徽[1] 5년 갑인(654)에 춘추공은

---

[1] 당나라 고종高宗의 연호.

왕위에 올라 나라를 다스린 지 8년 만인 용삭龍朔² 원년 신유(661)에 세상을 떠나니 나이가 쉰아홉이었다. 애공사哀公寺³의 동쪽에 장사지내고 비를 세웠다.

왕은 유신과 더불어 꾀와 힘을 다하여⁴ 삼국三國을 통일하니 나라⁵에 큰 공로를 세웠으므로 묘호廟號를 태종太宗이라 한다. 태자 법민法敏과 각간 인문仁問·문왕文王·노단老旦·지경智鏡·개원愷元 들은 모두 문희가 낳은 이다. 그전에 꿈을 샀던 징조가 여기에 나타났던 것이다. 서자는 개지문皆知文 급간級干⁶과 차득車得 영공令公⁷, 마득馬得 아간阿干⁸이라 한다. 딸까지 합하면 다섯 명이다. 왕은 하루에 쌀 서 말과 꿩 아홉 마리를 잡수셨는데, 경신년(660)에 백제를 멸망시킨 후로는 점심진지는 그만두고 다만 조석만 들 뿐이었다. 그러나 하루를 계산해보면 쌀 여섯 말, 술 여섯 말, 꿩 열 마리였다.

---

2 당나라 고종의 연호.
3 경상 북도 경주시 효현리 와산에 있던 절. 신라 때에 처음 세운 것인데 지금도 3중석탑三重石塔이 있다.
4 육력戮力 : 서로 힘을 합한다는 말. 《書經》 聿求元聖 與之戮力
5 사직社稷 : 국가의 뜻. 사社는 토지의 신이요, 직稷은 곡물의 신이니 건국한 군주는 사社(土神)와 직稷(穀神)에 제사지내는 까닭으로 국가의 대칭이 된다. 《孝經》 能保其社稷而和其民人
6 신라 관등의 제9위인 급벌찬級伐湌의 별칭.
7 중국에서는 중서령中書令에 대한 존칭이나, 신라에서는 국상國相에 대한 존칭.
8 신라 관등의 제6위인 아찬阿湌.

성중의 물건값은 베 한 필에 벼가 30섬, 혹 50섬이었으니, 백성들은 성군聖君의 시대라고 불렀었다. 왕이 태자로 있을 때에 고구려를 치려고 군사를 청하러 당나라에 들어갔다. 당나라 황제가 그 풍채를 보고 칭찬하여 신성한 사람이라 하고는 기어이 머물게 하여 시위侍衛로 삼으려 했으나 굳이 청하여 본국에 돌아왔다.

백제의 의자왕

이때에 백제의 마지막 왕 의자義慈는 무왕武王의 맏아들이다. 용맹하고 담력이 있으며 부모에게 효도하고 형제에게 우애가 있으므로 사람들이 해동海東의 증자曾子9라고 일컬었다.

정관 15년 신축(641)에 왕위에 오르자, 왕은 주색에 빠져서 정사政事가 문란해지고 나라가 위태해졌다. 좌평佐平―백제의 관작 이름―성충成忠이 극력으로 간하여도 듣지 않고 옥안에 가두니 그는 몸이 여위고 지쳐서 거의 죽을 지경에 이르렀다.

성충은 글을 올려 말했다.

"충신은 죽어도 임금을 잊지 아니하옵나니, 한말씀 드리고 죽고 싶습니다. 신臣이 일찍이 시세의 변화를 살펴보니 반드시 병란이 있을 것 같습니다. 대개 군사를 부림에 있어서는 그 지세를 잘 가

---

9 춘추시대 노魯나라 무성武城 사람. 이름은 삼參이요 자字는 자여子輿. 공자의 제자로서 공자의 도를 전하여 『대학大學』과 『효경孝經』을 저술했으므로, 후세에 종성宗聖으로 불렸다. 또 효성이 지극했다. 여기서 해동증자라 함은 의자왕의 효성을 이른 말이다.

려야 될 것이오니, 상류上流에 머물러서 적병을 맞이하면 능히 보전保全할 수 있을 것입니다. 만약 적병이 오거든 육로로는 탄현炭峴—혹은 침현沈峴이라고도 하니 백제의 요새지다—을 넘어오지 못하게 할 것이고, 수군은 기벌포伎伐浦[10]—곧 장암長岩이니 또는 손량孫梁 혹은 지화포只火浦 또는 백강白江이라고 한다—에 들어오지 못하게 할 것이오며, 험한 곳에 웅거하여 적병을 막아야만 될 것입니다."

그러나 왕은 그 말을 살피지 않았다.

흉조가 백제를 휩쓸다

현경顯慶[11] 4년 기미(659)에 백제의 오회사烏會寺[12]—또는 오합사烏合寺라고 한다—에 크고 붉은 말이 나타나 주야로 여섯 시간이나 절을 돌아다녔고, 2월에는 여러 여우가 의자왕의 궁안에 들어왔는데, 흰 여우 한 마리는 좌평의 책상 위에 올라앉았었다.

4월에는 태자궁太子宮의 암탉이 작은 참새와 교미했으며, 5월에는 사비수泗沘水—부여의 강 이름—언덕에 큰 고기가 나와 죽었는데 길이가 서른 자나 되었으며, 그 고기를 먹은 사람은 다 죽었다. 9월에는 궁중의 홰나무가 사람이 우는 것처럼 울었고, 밤에는 귀신이 대궐 남쪽 길에서 울었다. 현경 5년 경신(660) 2월에는 서울

---

10 금강錦江 하류의 장항長項 부근.
11 당나라 고종의 연호. 현경 4년은 신라 무열왕 6년(659)에 해당된다.
12 그 소재를 알 수 없다.

의 우물물이 핏빛이 되었고, 서쪽 바닷가에 작은 고기가 나와 죽었는데, 백성들이 이것을 다 먹을 수 없었으며, 사비수의 물이 핏빛이 되었다. 4월에는 개구리 수만 마리가 나무 위에 모여들었고, 서울의 시민이 까닭 없이 놀라 달아나니 마치 무엇이 잡으러 오는 것처럼 놀라 엎어져서 죽은 자가 백여 명이나 되었고, 재물을 잃은 사람은 이루 다 셀 수 없었다.

6월에는 왕흥사王興寺13의 모든 중들은 배가 큰 물결을 따라서 절 문으로 들어오는 것 같은 광경을 보았고, 들사슴과 같은 큰 개가 서쪽에서 사비수 언덕까지 와서는 왕궁을 향해 짖더니 별안간 간 곳을 모르게 되었다. 성중의 여러 개들이 길 위에 모여서 혹은 짖고 혹은 울다가 한참 만에야 흩어졌다. 한 귀신이 궁중에 들어와서 크게 부르짖었다.

"백제는 망한다, 백제는 망한다."

귀신은 곧 땅 속으로 들어갔다. 왕은 이를 괴이히 여겨 사람을 시켜 땅을 파보니, 깊이 석 자 가량 내려가서 거북이 한 마리가 나타났다. 거북의 등에 글이 씌어 있었는데 백제는 온달 같고 신라는 초승달 같다14 했다. 무당에게 물었더니 무당은 말했다.

"온달이란 꽉찬 것이오니 차면 이지러지는 법이오며, 초승달이라 함은 아직 차지 않은 것이오니 차지 않으면 점점 차게 되는 것

---

13 충청남도 부여군에 있던 절. 백제 무왕 원년(660)에 세웠다.
14 百濟圓月輪 新羅如新月

입니다."

왕은 노해서 무당을 죽였다. 어떤 이가 말했다.

"온달은 꽉찬 것이고, 초승달은 미약한 것이오니 생각건대 우리 나라는 성해지고 신라는 점점 미약해진다는 것이 아니겠습니까?"

왕은 기뻐했다.

신라·당나라 연합군이 백제를 치다

태종 무열왕은 백제국에 괴변이 많다는 말을 듣고 현경 5년 경신(660)에 김인문을 사신으로 당나라에 보내어 군사를 청했다. 당나라 고종은 좌무위대장군 형국공左武衛大將軍荊國公 소정방蘇定方[15]으로 신구도 행군총관神丘道行軍摠管으로 삼아 좌위장군左衛將軍이며 자字가 인원仁遠인 유백영劉伯英과 좌무장군左武衛將軍 풍사귀馮士貴와 좌효위장군左驍衛將軍 방효공龐孝公 들을 거느리고 13만의 군대로써 와서 백제를 치게 했다.—신라 기록에는 군졸이 12만 2천7백11명이요, 병선이 1천9백 척이라 했으나 『당사』에는 이것을 자세히 말하지 아니하였다.

또 신라왕 춘추를 우이도 행군총관嵎夷道行軍摠管을 삼아 신라

---

15 당나라 무읍武邑 사람. 이름은 열烈이요, 자는 정방인데 자로서 행세했다. 당나라 태종 때에 돌궐突厥을 깨뜨려 그 공으로써 좌효위대장군左驍衛大將軍이 되고 형국공에 책봉되었다. 후에 또 백제를 평정하여 양주안집대사凉州安集大使가 되었다.

군사를 거느리고 그들과 합세하게 했다.

소정방이 군사를 이끌고, 성산城山16에서 바다를 건너 신라국 서쪽 덕물도德勿島17에 이르니 신라 왕은 장군 김유신을 시켜 정병精兵 5만을 거느리고 가게 했다. 의자왕은 이 소식을 듣고 여러 신하를 모아서 싸우고 지킬 계책을 물으니, 좌평 의직義直이 진언했다.

"당나라 군사는 멀리 바다를 건너왔으며 수전水戰에는 익숙하지 못하고, 신라 군사는 큰 나라의 원조만 믿고서 우리를 가벼이 보는 마음이 있습니다. 만약 당군唐軍이 이기지 못함을 보면 반드시 두려워하여 감히 빨리 나아오지 못할 것입니다. 그러므로 먼저 당군과 결전하는 것이 좋을 것입니다."

달솔達率18 상영常永 등은 반대했다.

"그렇지 않습니다. 당나라 군사는 먼 곳에서 왔으므로 속히 싸우려 할 것이니 그 예봉銳鋒을 당해내지 못할 것이며, 신라 군사는 우리 군사에게 여러 번 패전했으므로 지금 우리의 군세軍勢를 바라보면 두려워하지 않을 수 없을 것입니다. 지금의 계책으로서는 마땅히 당군의 길을 막아서 그 군사가 피로할 때를 기다릴 것이며, 먼저 일부분의 군사19로써 신라군을 쳐서 그 예기銳氣를 꺾은

---

16 성산成山이니 지금의 산동성山東省 문등현文登縣.

17 지금의 덕적도德積島.

18 백제 관등의 제2품직.

19 편사偏師 : 일부분의 군사란 말. 《左傳》 豈子以偏師陷

후에 편의를 엿보아 싸운다면 군사를 한 사람도 죽이지 않고 나
라를 보전할 수 있을 것입니다."

왕은 망설이며 따를 바를 몰랐다. 이때 좌평 홍수興首가 죄를 얻
어 고마미지현古馬旀知縣[20]에 귀양가 있었는데, 왕은 사람을 보내
어 홍수에게 물었다.

"사세가 위급하니 어찌하면 좋겠소?"

"대개 좌평 성충이 한 말과 같습니다."

대신들은 이 말을 믿지 않고 왕에게 아뢰었다.

"홍수는 죄를 지어 귀양 중에 있으므로[21] 임금을 원망하고 나라
를 사랑하지 않을 것이니, 그 말을 채용할 수 없습니다. 당군으로
하여금 백강白江—곧 기벌포—에 들어와서 강류를 따라 내려오되
배를 나란히 타고[22] 오지 못하게 하고, 신라군으로 하여금 탄현에
올라와서 소로小路를 따라 내려오되, 말을 나란히 타고 오지 못하
게 함이 좋을 것이며, 이때에 군사를 놓아서 적군을 친다면 닭장
에 든 닭과 그물에 걸린 고기처럼 될 것입니다."

왕은 말했다.

"그것이 좋겠소."

---

20 지금의 전남 장흥長興.
21 누설縲絏 : 죄인을 결박하는 노끈. 재누설지중在縲絏之中은 죄인이 되어 있다는
뜻. 《論語》 雖在縲絏之中 非其罪也
22 방주方舟 : 배 두 척이 서로 나란히 간다는 말. 《莊子》 方舟而濟于河

계백장군이 결사대로 분전하다

또 당나라와 신라의 군사가 이미 백강과 탄현을 지났다는 말을 듣고 왕은 장군 계백階伯을 보내어 결사대 5천 명을 거느리고 황산黃山[23]에 가서 신라 군사와 싸우게 했다. 네 번 접전하여 네 번 다 이겼으나, 군사가 적고 힘이 다 되어 마침내 패전하여 계백은 전사했다. 당군과 신라군이 합세 전진하여 진구津口에 닥쳐서 강가에 군사를 주둔시키자, 문득 새가 소정방의 진영 위에서 돌아다녔다. 정방이 사람을 시켜 점을 쳤다.

"반드시 원수가 상할 것입니다."

그래서 정방이 두려워하여 군사를 이끌고 가면서 싸움을 그만두려 하니 김유신이 소정방에게 말했다.

"어찌 나는 새의 괴이한 것으로써 천시天時를 어기겠소. 하늘의 뜻에 응하고 민심에 순종하여 지극히 불인不仁한 자를 치는데 무엇이 상서롭지 못한 일이 있겠소."

이에 신검神劍을 뽑아 그 새를 겨누니 새가 찢어져서 자리 앞에 떨어졌다. 이에 정방은 백강 왼쪽 언덕에 나와서 산을 등지고 진을 쳐서 함께 싸우니 백제군은 크게 패전했다.

당군은 조수를 이용하여 전선戰船이 서로 잇달아 북을 치고 고함을 치면서 전진했다. 정방은 보병과 기병을 거느리고 바로 도성都城으로 쳐들어가서 30리[24]쯤 되는 곳에서 머물렀다. 성중에서는

---

23 지금의 충남 연산連山의 황등야黃等野.

있는 군사를 다 내어 막았으나, 또 패전하여 죽은 사람이 만여 명이나 되었다. 당군은 이긴 기세를 타서 성에 들이닥치니 의자왕은 죽음을 면하지 못할 줄 알고 탄식하며 말했다.

"성충의 말을 듣지 않다가 이 지경에 이른 것을 뉘우친다."

드디어 태자 융隆―혹은 효孝라고도 하나 잘못이다―과 함께 북쪽 변읍邊邑[25]으로 달아나니 소정방은 도성을 포위했다.

왕의 둘째아들 태泰가 스스로 왕이 되어 무리를 거느리고 굳게 지키니 태자의 아들 문사文思가 태에게 말했다.

"의자왕이 태자와 함께 달아났는데 숙부께서 자기 마음대로 왕이 되었으니, 만약 당군이 포위를 풀고 물러가면 그때는 우리들이 어찌 무사할 수 있겠습니까?"

문사가 측근자를 거느리고 성을 넘어서 나가니, 백성들이 모두 그를 따랐으나 태는 막을 수 없었다. 소정방이 군사를 시켜 성가퀴를 넘어 당나라 깃발을 세우니 태는 매우 급하여 이에 성문을 열고 항복하기를 청했다.[26]

---

24 일사一舍 : 30리를 이른다. 《左傳 註》 三十里爲一舍

25 북비北鄙 : 북쪽 변읍이란 말. 곧 웅진성熊津城을 가리킨 말. 《左傳》 太叔命西鄙北鄙貳于己

26 청명請命 : 생명을 보전해주기를 청한다는 말. 《三國志 呂蒙傳》 蒙疾 權命道士於星辰下 爲之請命

백제가 망하다

이에 왕 및 태자 융, 왕자 태, 대신 정복貞福과 여러 성이 모두 항복했다. 소정방은 왕 의자와 태자 융, 왕자 태, 왕자 연演과 대신·장사將士 88명과 백성 1만 2천8백7명을 당나라 서울로 보냈다. 백제에는 본시 5부·37군·2백 성·76만 호가 있었는데, 이때 당나라는 이곳에 웅진熊津, 마한馬韓, 동명東明, 금련金漣, 덕안德安 등 다섯 도독부都督府를 나누어 두고 우두머리를 뽑아서 도독都督과 자사刺史를 삼아 이곳을 다스리게 하였다. 낭장郎將 유인원에게 명하여 도성인 사비성泗沘城을 지키게 하고, 또 좌위낭장左衛郎將 왕문도王文度로 웅진도독熊津都督을 삼아 백제의 남은 백성을 무마하게 했다. 소정방은 포로들을 이끌고 당나라 황제에게 뵈니 당나라 황제는 그들을 꾸짖고는 죄를 용서했다.

의자왕은 그곳에서 병들어 죽으니 금자광록대부 위위경金紫光祿大夫衛尉卿을 증직贈職하고, 그 옛 신하들이 가서 조상함을 허용하며, 손호孫皓[27]·진숙보陳叔寶[28]의 무덤 옆에 장사지내게 하고 또 비도 세워주었다.

7년 임술(662)[29]에 당나라 황제는 소정방에게 명하여 요동도 행군대총관遼東道行軍大摠管을 삼았다가, 다시 평양도 행군대총관平

---

27 삼국시대 오나라 마지막 왕. 나라를 망친 임금.
28 진陳나라의 후주後主니 나라를 망친 임금.
29 당나라의 현경 연호는 5년에 그쳤으므로, 7년 임술은 용삭龍朔 2년으로 개정해야만 한다.

壤道行軍大摠管으로 개칭하여, 고구려군을 패강浿江에서 깨뜨리고 마읍산馬邑山을 빼앗아 진영陣營을 세우고, 드디어 평양성을 포위했으나, 때마침 큰눈이 와서 포위를 풀고 돌아갔다. 당나라 황제는 소정방을 양주 안집대사涼州安集大使를 삼아 토번吐蕃[30]을 평정했다. 건봉乾封[31] 2년(667)에 소정방이 죽으니, 당나라 황제는 슬퍼하여 좌효기대장군 유주도독左驍騎大將軍幽州都督을 증직하고 시호를 장莊이라 했다.―이상은 『당사』의 글이다.

『신라별기新羅別記』에는 문무왕 즉위 5년 을축(665) 가을 8월 경자庚子에 왕은 친히 많은 군사를 거느리고 웅진성熊津城에 가서 가왕假王[32] 부여 융과 만나서 단을 만들고 흰말을 잡아서 맹세할 때 먼저 천신과 산천의 영에게 제사지낸 후에 말의 피를 입가에 바르고[33] 글을 지어 맹세했다.

"지난번에 백제의 선왕先王이 순종과 반역의 이치에 어두워서, 이웃과의 평화를 두텁게 하지 않고 인친姻親[34]과 화목하지 않으

---

30 티베트의 한자 표기. 서장西藏 또는 서장족西藏族을 이르는 말.

31 당나라 고종의 연호.

32 임시로 왕이 됨을 이름. 당나라에서는 백제 옛왕의 태자인 융을 웅진도독으로 삼아 고국에 돌아가서 남은 백성을 다스리게 했으므로 가왕이라 이른다. 《史記》 乃以吳叔爲假王 監諸將 以西擊滎陽

33 삽혈歃血 : 서로 맹세할 때에 그 표시로 개나 돼지나 말 등 동물의 피를 입가에 바르는 일. 《孟子》 葵丘之會 諸侯束牲載書 而不歃血

34 신라 소지왕炤知王 15년, 백제 동성왕東城王 15년에 신라와 백제가 서로 통혼했던 사실을 말한 것.

며, 고구려와 결탁하고 왜국과 교통하여 함께 잔인 포악한 일을 했으며, 신라를 침략하여 성읍을 파괴하고 그 백성을 무찔러 죽임으로써 거의 편안한 때가 없었다.

중국의 천자天子는 한 사람이라도 제 살 곳을 잃은 것을 민망히 여기고 백성이 해독 입는 것을 불쌍히 여겨, 자주 사신35을 보내어 사이좋게 지내도록 달랬으나, 백제는 지세가 험함과 거리가 먼 것을 믿고 천도天道36를 모만侮慢했다. 황제는 이에 크게 노하여 삼가 정벌을 행하니 깃발이 향하는 곳에 한 번 싸워서 백제를 평정했다.37

마땅히 그 궁택宮宅을 무너뜨려 못을 만들어 후손38들을 경계하고 폐단의 근원을 아주 뽑아버려 후손39에게 교훈을 보일 것이나, 귀순한 자를 편안하게 하고 배반한 자를 정벌함은 선왕의 영전令典40이요, 망한 나라를 흥하게 하고 끊어진 후사를 잇게 함은 전철前哲의 통규通規며, 일은 반드시 옛것을 본받아야 함이 이전의 사

---

35 행인行人 : 관명官名. 조근朝覲·빙문聘問의 일을 맡아보았다. 《論語》 行人子羽 修飾之
36 천경天經 : 천도天道란 말. 천경지의天經地義란 말이 있으니 곧 정당불역正當不易의 상리常理란 뜻. 《孝經》 夫孝 天之經也 地之義也
37 일융一戎 : 『서경書經』 「무성편武成篇」의 '一戎衣 天下大定'에서 온 말. 융의戎衣, 곧 전투복을 한 번 입고 천하를 평정했다는 뜻.
38 내예來裔 : 후세의 자손이란 말이다.
39 후곤後昆 : 자손.
40 좋은 전법典法이란 말이다. 《荀悅 漢紀序》 虞夏商周之書 其揆一也 皆古今之令典

책史冊에 전해오므로 전 백제왕 사가정경司稼正卿 부여 융을 웅진도독으로 삼아 그 선조의 제사를 받들게 하고 그 옛땅41을 보전하게 하노니, 신라에 의지하여 길이 우방42이 되어, 각기 묵은 감정을 풀고 호의를 맺어 화친할 것이며, 삼가 조명詔命을 받들어 영원히 번국藩國43이 될 것이다.

이에 사자使者 우위위장군노성현공右衛威將軍魯城縣公 유인원을 보내어, 친히 권유시켜 내 뜻을 자세히 선포하노니, 혼인할 것을 약속하고 맹세를 거듭하여, 희생을 잡아 피를 입가에 바르고, 함께 시종을 두텁게 할 것이며, 재앙을 나누어 맡고 환란을 서로 구원하여 은의를 형제처럼 할 일이다. 삼가 조칙44을 받들어 감히 버리지 말 것이며, 이미 맹세한 후에는 함께 변하지 않는 지조45를 지킬 일이다. 만약 어기고 배반하여, 그 덕을 변하여 군사를 일으켜서 변경을 침범하는 일이 있으면, 신명이 이를 살펴 많은 재앙을 내리시어, 자손은 기르지 못하게 되고 사직社稷은 지키지 못

---

41 상자桑梓 : 고향을 이름. 부모가 심은 상桑과 자梓도 반드시 공경한다는 뜻에서 옴.《詩經》維桑與梓 必恭敬止
42 여국與國 : 서로 친선하는 나라.《孟子》我能爲君約與國 戰必勝 攻必克
43 번복藩服 : 제후의 나라, 곧 구복九服의 하나로서 천자의 나라에서 5천 리나 떨어진 지역을 말한다.
44 윤언綸言 : 군주가 아랫사람에게 내리는 말. 곧 군주의 말은 그 본래는 실과 같이 가늘지만, 이것이 하달될 때는 벼리처럼 굵어진다는 뜻.《晉書》脣儒勸學 亟降於綸言
45 세한歲寒 : 변하지 않는 절조節操란 말.《論語》歲寒然後 知松柏之後凋也

하게 되며, 제사도 끊어져서 남는 것이 없게 될 것이다. 그러므로 금서철권金書鐵券46을 만들어 종묘에 간직해두니, 자손들은 만대에 감히 어기지 말 일이다. 신은 이를 들으시고 흠향하고 복을 주소서."

맹세가 끝난 후에 폐백幣帛을 단의 북쪽에 묻고, 맹세한 글을 신라의 대묘大廟47에 간수해두었다. 이 글은 대방도독帶方都督 유인궤劉仁軌48가 지은 것이다.—위의『당사』의 글을 보면, 소정방이 의자왕과 태자 융 등을 당나라 서울에 보냈다고 했는데, 여기는 부여왕 융과 만났다고 하니 당나라 황제가 융의 죄를 용서하고 놓아 보내 웅진도독을 삼았음을 알겠다. 그러므로 맹세한 글에 분명히 말했다. 이것으로써 증거가 된다.

또『고기古記』에 이런 기록이 있다. 총장總章 원년 무진(668)—총장 원년 무진이라면 이적李勣의 일인데 아랫글에서 소정방이라고 함은 잘못이다. 만약 소정방의 일이라면 연호가 용삭 2년 임술에 해당되니 평양에 와서 포위했던 때일 것이다—에 신라에서 청한 당나라 구원병이 평양 교외에 주둔하면서 서신을 보내어 군수물자를 급히 보내

---

46 금서철계金書鐵契 : 금서철권金書鐵券과 같은 말. 곧 철판에 글자를 새겨 금으로 칠한 것. 옛날 한나라 고조가 천하를 평정하고 공신을 봉할 때에 썼던 것.《格古要論》始作鐵券 其內鏤字 以金塗之 故 名曰金書鐵券

47 미추왕묘未鄒王廟를 말한다.

48 당나라 사람. 자는 정칙正則. 태종 때에 급사중給事中이 되었으며 고종 때에 백제의 반란을 평정하고 대방주자사帶方州刺史로 임명되었고, 다시 고구려를 평정한 공으로서 상서우복야尙書右僕射에 임명되었다.

달라고 했다. 왕은 여러 신하들을 모아놓고 물었다.

"적국인 고구려에 들어가서 당군唐軍의 진영까지 이르기는 그 형세가 매우 위험하오. 그러나 우리가 청한 당군이 양식이 다 떨어졌는데 그 군량을 보내주지 않는 것도 또한 옳지 못하니 어찌하면 좋겠소?"

김유신이 아뢰었다.

"신들이 능히 그 군수물자를 수송하겠사오니 대왕께서는 염려하지 마시옵소서."

이에 유신·인문 들이 군사 수만 명을 거느리고 고구려 국경 안에 들어가서 군량 2만 곡斛을 수송해주고 돌아오니 왕은 크게 기뻐하였다. 또 군사를 일으켜 당군과 합세하고자 유신이 먼저 연기然起·병천兵川 두 사람을 보내어 그 합세할 기일을 물었다. 당나라 장군 소정방이 종이에 난새와 송아지 두 동물을 그려서 보냈다. 신라 사람들이 그 뜻을 알지 못하여 사람을 시켜 원효법사元曉法師에게 물으니 원효는 그림의 뜻을 풀어주었다.

"군사를 속히 돌이키라는 말이다. 송아지와 난새를 그린 것49은 두 반절反切을 이른 것이다."

이에 유신이 군사를 돌이켜 패강을 건너려 할 때 영을 내렸다.

"나중에 건너는 자는 목을 벤다."

---

49 원문의 '畫犢畫鸞'에서 앞의 '畫'는 '書'의 오기이며, '鸞'은 옛날 음이 '롼'이므로 이것을 두 반절反切로 해석하면 속환速還이란 음이 나오므로, 속환기병速還其兵이라고 해석했던 것이다.

군사가 서로 앞을 다투어 반쯤 건넜을 때 고구려 군사가 느닷없이 쳐들어와서 미처 건너지 못한 자를 죽였다. 그 이튿날 유신은 고구려 군사를 도리어 추격하여 수만 명을 잡아 죽였다.

낙화암의 전설

『백제고기百濟古記』에 부여성扶餘城 북쪽 모퉁이에 큰 바위가 강물을 내려다보고 있는데 예로부터 서로 전해 말하기를 의자왕과 모든 후궁들이 화를 면하지 못할 줄 알고 차라리 자결할지언정 남의 손에 죽지 않겠다 하고 서로 이끌고 이곳에 와서 강에 몸을 던져 죽었으므로 속칭 타사암墮死巖이라고 한다 했으나, 이것은 속설俗說의 그릇된 것이다. 다만 궁녀들은 그곳에서 떨어져 죽었으나 의자왕이 당나라에서 죽었다는 것은 『당사』에 명문明文이 있다.

당군의 음모를 물리치다

또 『신라고전新羅古傳』에는 이런 말이 있다. 소정방이 이미 고구려 백제 두 나라를 치고 또 신라를 치려고 머물러 있었다. 유신은 그 음모를 알고 당군을 초대하여 독약을 먹이니 모두 죽었으므로 구덩이에 묻었다. 지금 상주尙州 지경에 당교唐橋가 있는데 이것이 그때 묻은 땅이라 한다.―『당사』를 살펴보면 그 죽은 까닭은 말하지 않고 다만 죽었다고만 했으니 무슨 까닭일까? 감추기 위한 것일까? 혹은 신라의 속설이 근거가 없음일까? 만약 임술년에 고구려를 치는 싸움에 신라 사람이 소정방의 군사를 죽였다고 한다면, 후일 총장 원년 무진년에 어찌 당나라에 군사를 청해서 고구려를 멸망시킨 일이 있겠는가? 이로써 『신라고전』이 근거가 없음을 알 수 있다. 다만 무진년에 고구려를 멸망시킨 후에 당나라에 신하로서 섬기지 않고 고구려의 땅을 마음대로 차지했을 뿐 소정방, 이적 두 사람을 죽이기까지 한 일은 없었다.

위세를 떨치는 신라

당군이 백제를 평정하고 돌아간 후, 신라 왕은 여러 장수에게 명령하여 백제의 남은 적을 쫓아 잡게 하고 한산성漢山城에 진을 치니 고구려, 말갈靺鞨[50]의 두 나라 군사가 와서 포위하여 서로 싸워 결말이 나지 않고 5월 11일에서 6월 22일까지 이르니 우리 군사가 매우 위태로웠다.

왕은 이 소식을 듣고 여러 신하에게 의논했다.

"무슨 좋은 계책이 있느냐?"

망설이면서 결정짓지 못하고 있는데, 유신이 달려와서 아뢰었다.

"형세가 위급하니 인력으로서는 할 수 없고 오직 신술로써만 구원할 수 있습니다."

이에 성부산星浮山에 단을 설치하고 신술을 다스리매 갑자기 큰

---

50 무열왕 8년(661)에 고구려 장군 뇌음신惱音信과 말갈 장군 생해生偕가 군사를 합해서 신라의 북한산성에 와서 포위했던 때의 사실을 말한 것인데 사실이 조금 다른 점이 있다.

독만한 광채가 단 위에서 솟아나더니, 별이 날아서 북쪽으로 갔다.—이로 말미암아 성부산이라 하는데 산 이름에 대해서는 혹 딴 설이 있다. 곧 산은 도림都林의 남쪽에 있으며 솟은 한 봉우리가 이것이다. 서울에 한 사람이 벼슬을 구하려고, 그 아들을 시켜 큰 횃불을 만들어 밤에 이 산에 올라가서 횃불을 들게 했다. 그날 밤에 서울 사람이 횃불을 바라보고 모두 말하기를 괴상한 별이 그곳에 나타났다 하니, 왕은 이 말을 듣고 두려워하여 사람을 모집하여 기도하게 하니 그 아버지가 거기에 응모하려 했다. 일관이 아뢰기를 "이것은 큰 괴변이 아니고 다만 한 집에 아들이 죽고 아버지가 우는 징조입니다" 하므로, 드디어 기도를 하지 않았다. 이날 밤에 그 아들이 산에서 내려오다가 범에게 물려 죽었다.

한산성 안의 군사들은 구원병이 오지 않음을 원망하여 서로 바라보고 울기만 할 뿐이었다. 때에 적병이 급히 치려고 하자, 갑자기 광채가 남쪽 하늘 끝에서 날아와서 벼락불이 되어 적의 포석砲石[51] 30여 대를 쳐부수었다. 적군의 활과 화살과 창은 분쇄되고 군사들은 모두 땅에 엎어지더니 한참 뒤에 깨어나서 흩어져 돌아갔다. 신라 군사도 돌아왔다.

태종이 처음 왕위에 올랐을 때에 머리는 하나고 몸은 둘이고 다리는 여덟 개나 되는 돼지를 바치는 사람이 있었다. 이를 해석하는 이는 말했다.

"이것은 반드시 천하[52]를 통일할 상서祥瑞입니다."

---

51 돌을 장치한 포차砲車로 큰 돌을 날려보내어 성가퀴를 파괴시키던 무기.

태종 때에 비로소 중국의 의관衣冠과 아홀牙笏을 쓰게 되었는데 그것은 자장법사慈藏法師가 당나라 황제에게 청해서 가져온 것이었다.

신라의 자주정신

신문왕神文王 때에 당나라 고종이 신라에 사신을 보내어 일렀다.

"나의 성고聖考이신 당태종唐太宗께서 어진 신하 위징魏徵[53]과 이순풍李淳風[54] 들을 얻어서 마음을 합하고 덕을 같이하여 천하를 통일했다. 그래서 태종황제라 했지만, 너희 신라는 해외의 작은 나라로서 태종이란 칭호를 사용하여 천자의 칭호를 참람하게 씀은, 그 뜻이 불충한 데에 있으니 속히 그 칭호를 고치라."

신라왕은 글을 올려 답했다.

"신라는 비록 작은 나라지만 거룩한 신하 김유신을 얻어서 삼국을 통일했으므로 태종이라고 한 것입니다."

당나라 황제는 그 글을 보고 생각했다. 그가 태자[55]로 있을 때에

---

52 육합六合 : 천지 사방을 이른 말.
53 당나라 곡성曲城 사람. 처음에는 태자 건성建成을 섬겼으나 나중에는 태종 때에 벼슬하여 간의대부諫議大夫가 되었으며 비서감秘書監을 거쳐 지문하성사知門下省事가 되었다. 정국공鄭國公에 책봉되고 죽은 뒤에 문정文貞이라 시호하였다.
54 당나라 기주岐州 사람. 태종 때에 태사령太史令이 되었다. 공로로서 창락현남昌樂縣男에 책봉되었다.
55 저이儲貳 : 태자를 이름. 《晉書》所以重儲貳 異正嫡

하늘에서 "삼십삼천三十三天의 한 사람이 신라에 태어나서 김유신이 되었다"고 해서 책에 기록해둔 것이 생각나서 꺼내어보고 놀라마지않았다. 다시 사신을 보내어 태종의 칭호를 고치지 말도록 했다.

太宗春秋公

第二十九 太宗大王 名春秋 姓金氏 龍樹 一作龍春 角干 追封文興大王之子也 妣 眞平大王之女天明夫人 妃 文明皇后文姬 卽庾信公之季妹也

初文姬之姊寶姬 夢登西岳捨溺 瀰滿京城 旦與妹說夢 文姬聞之謂曰 我買此夢 姊曰 與何物乎 曰 鬻錦裙可乎 姊曰 諾 妹開襟受之 姊曰 疇昔之夢 傳付於汝 妹以錦裙酬之 後旬日 庾信與春秋公 正月午忌日 見上射琴匣事 乃崔致遠之說 蹴鞠于庾信宅前 羅人謂蹴鞠爲弄珠之戲 故踏春秋之裙 裂其襟紐 曰請 入吾家縫之 公從之 庾信命阿海奉針 海曰 豈以細事輕近貴公子乎 固辭 古本云因病不進 乃命阿之 公知庾信之意 遂幸之 自後數數來往 庾信知其有娠 乃噴之曰 爾不告父母 而有娠何也 乃宣言於國中 欲焚其妹 一日俟善德王遊幸南山 積薪於庭中 焚火烟起 王望之問何烟 左右奏曰 殆庾信之焚妹也 王問其故 曰 爲其妹無夫有娠 王曰 是誰所爲 時公昵侍在前 顔色大變 王曰 是汝所爲也 速往救之 公受命馳馬 傳宣沮之 自後現行婚禮

眞德王薨 以永徽五年甲寅卽位 御國八年 龍朔元年辛酉崩 壽五十九

歲 葬於哀公寺東 有碑 王與庾信神謀戮力 一統三韓 有大功於社稷 故廟號太宗 太子法敏 角干仁問 角干文王 角干老旦 角干智鏡 角干愷元等 皆文姬之所出也 當時買夢之徵 現於此矣 庶子 曰皆知文級干 車得令公 馬得阿干 幷女五人 王膳一日飯米三斗 雄雉九首 自庚申年滅百濟後 除晝膳 但朝暮而已 然計一日米六斗 酒六斗 雉十首 城中市價布一疋租三十碩 或五十碩 民謂之聖代 在東宮時 欲征高麗 因請兵入唐 唐帝賞其風彩 謂爲神聖之人 固留侍衛 力請乃還

時百濟末王義慈 乃虎〔武〕王之元子也 雄猛有膽氣 事親以孝 友于兄弟 時號海東曾子 以貞觀十五年辛丑卽位 耽婬酒色 政荒國危 佐平 百濟爵名 成忠 極諫不聽 囚於獄中 瘦困濱死 書曰 忠臣死不忘君 願一言而死 臣嘗觀時變 必有兵革之事 凡用兵 審擇其地 處上流而迎敵 可以保全 若異國兵來 陸路不使過炭峴 一云沈峴 百濟要害之地 水軍不使入伎伐浦 卽長嵓 又孫梁 一作只火浦 又白江 據其險隘以禦之 然後可也 王不省 顯慶四年己未 百濟烏會寺 亦云烏合寺 有大赤馬 晝夜六時 遶寺行道 二月 衆狐入義慈宮中 一白狐坐佐平書案上 四月 太子宮雌雞與小雀交婚 五月 泗沘 扶餘江名 岸大魚出死 長三丈 人食之者皆死 九月 宮中槐樹鳴如人哭 夜鬼哭宮南路上 五年庚申春二月 王都井水血色 西海邊小魚出死 百姓食之不盡 泗沘水血色 四月 蝦蟆數萬集於樹上 王都市人無故驚走 如有捕捉 驚仆死者百餘 亡失財物者無數 六月 王興寺僧皆見如舡楫隨大水入寺門 有大犬如野鹿 自西至泗沘岸 向王宮吠之 俄不知所之 城中群犬集於路上 或吠或哭 移時而散 有一鬼入宮中 大呼曰百濟亡 百濟亡 卽入地 王怪之 使人掘地 深三尺許 有一龜 其背

有文(曰) 百濟圓月輪 新羅如新月 問之巫者 云 圓月輪者 滿也 滿則虧 如新月者 未滿也 未滿則漸盈 王怒殺之 或曰圓月輪盛也 如新月者 微也 意者國家盛 而新羅寢微乎 王喜

太宗聞百濟國中多怪變 五年庚申 遣使仁問請兵唐 高宗詔左虎衛大將軍荊國公蘇定方 爲神丘道行策〔軍〕摠管 率左衛將軍劉伯英字仁遠 左虎衛將軍馮士貴 左驍衛將軍龐孝公等 統十三萬兵來征 鄕記云 軍十二萬二千七百十一人 船一千九百隻 而唐史不詳言之 以新羅王春秋 爲嵎夷道行軍摠管 將其國兵 與之合勢 定方引兵 自城山濟海 至國西德勿島 羅王遣將軍金庾信 領精兵五萬以赴之 義慈王聞之 會群臣問戰守之計 佐平義直進曰 唐兵遠涉溟海 不習水 羅人恃大國之援 有輕敵之心 若見唐人失利 必疑懼而不敢銳進 故 知先與唐人決戰可也 達率常永等曰 不然 唐兵遠來 意欲速戰 其鋒不可當也 羅人屢見敗於我軍 今望我兵勢不得不恐 今日之計 宜塞唐人之路 以待師老 先使偏師擊羅 折其銳氣 然後伺其便而合戰 則可得全軍而保國矣 王猶預不知所從 時佐平興首得罪流竄于古馬𠸂知之縣 遣人問之曰 事急矣 如(之)何 首曰 大槪如佐平成忠之說 大臣等不信 曰 興首在縲絏之中 怨君而不愛國矣 其言不可用也 莫若使唐兵入白江 卽伎伐浦 沿流而不得方舟 羅軍升炭峴 由徑而不得並馬 當此之時 縱兵擊之 如在籠之雞 罹網之魚也 王曰 然 又聞唐羅兵已過白江炭峴 遣將軍階伯 帥死士五千出黃山 與羅兵戰 四合皆勝之 然兵寡力盡 竟敗而階伯死之 進軍合兵 薄津口 瀕江屯兵 忽有鳥廻翔於定方營上 使人卜之 曰 必傷元帥 定方懼 欲引兵而止 庾信謂定方曰 豈可以飛鳥之怪 違天時也 應天順人 伐至不仁 何不祥之

有 乃拔神劍擬其鳥 割裂而墜於座前 於是定方出左涯 乘山而陣 與之戰 百濟軍大敗 王師乘潮 軸轤〔舳艫〕含尾 鼓譟而進 定方將步騎 直趨都城一舍止 城中悉軍拒之 又敗死者萬餘 唐人乘勝薄城 王知不免 嘆曰 悔不用成忠之言 以至於此 遂與太子隆 或作孝 誤也 走北鄙 定方圍其城 王次子泰 自立爲王 率衆固守 太子之子文思 謂王泰曰 王與太子出 而叔擅爲王 若唐兵解去 我等安得全 率左右縋而出 民皆從之 泰不能止 定方令士超堞 立唐旗幟 泰窘迫 乃開門請命

於是王及太子隆 王子泰 大臣貞福 與諸城皆降 定方以王義慈及太子隆 王子泰 王子演 及大臣將士八十八人 百姓一萬二千八百七人 送京師 其國本有五部 三十七郡 二百城 七十六萬戶 至是析置熊津 馬韓 東明 金漣 德安等五都督府 擢渠長爲都督刺史以理之 命郎將劉仁願守都城 又左衛郎將王文度爲熊津都督 撫其餘衆 定方以所俘見 上責而宥之 王病死 贈金紫光祿大夫衛尉卿 許舊臣赴臨 詔葬 孫皓陳叔寶墓側 幷爲竪碑 七年壬戌 命定方爲遼東道行軍人摠管 俄改平壤道 破高麗之衆於浿江 奪馬邑山爲營 遂圍平壤城 會大雪 解圍還 拜凉州安集大使 以定吐蕃 乾封二年卒 唐帝悼之 贈左驍騎大將軍幽州都督 謚曰莊 已上唐史文 新羅別記云 文虎王卽位五年乙丑秋八月庚子 王親統大兵 幸熊津城 會假王扶餘隆 作壇 刑白馬而盟 先祀天神及山川之靈 然後歃血爲文而盟曰 往者百濟先王 迷於逆順 不敦隣好 不睦親姻 結托句麗 交通倭國 共爲殘暴 侵削新羅 破邑屠城 略無寧歲 天子憫一物之失所 憐百姓之被毒 頻命行人 諭其和好 負險恃遠 侮慢天經 皇赫斯怒 恭行吊伐 旌旗所指 一戎大定 固可瀦宮汚宅 作誡來裔 塞源拔本

垂訓後昆 懷柔伐叛 先王之令典 興亡繼絶 往哲之通規 事必師古 傳諸
彝冊 故 立前百濟王 司稼正卿扶餘隆 爲熊津都督 守其祭祀 保其桑梓
依倚新羅 長爲與國 各除宿憾 結好和親 恭承詔命 永爲藩服 仍遣使人
右威衛將軍魯城縣公劉仁願 親臨勸諭 具宣成旨 約之以婚姻 申之以
盟誓 刑牲歃血 共敦終始 分災恤患 恩若兄弟 祗奉綸言 不敢墜失 旣
盟之後 共保歲寒 若有乖背 二三其德 興兵動衆 侵犯邊陲 神明鑒之
百殃是降 子孫不育 社稷無宗 禋祀磨滅 罔有遺餘 故 作金書鐵契 藏
之宗廟 子孫萬代 無或敢犯 神之聽之 是享是福 歆訖 埋幣帛於壇之壬
地 藏盟文於大廟 盟文乃帶方都督劉仁軌作 按上唐史之文 定方以義慈王及
太子隆等送京師 今云會扶餘王隆 則知唐帝宥隆而遣之 立爲熊津都督也 故 盟文明言
以此爲驗 又古記云 總章元年戊辰 若總章戊辰則李勣之事 而下文蘇定方 誤矣
若定方則年號當龍朔二年壬戌 來圍平壤之時也 國人之所請唐兵 屯于平壤郊
而通書曰 急輸軍資 王會群臣問曰 入於敵國 至唐兵屯所 其勢危矣 所
請王師粮匱 而不輸其料 亦不宜也 如何 庾信奏曰 臣等能輸其軍資 請
大王無慮 於是庾信仁問等 率數萬人 入句麗境 輸料二萬斛 乃還 王大
喜 又欲興師會唐兵 庾信先遣然起兵川等二人 問其會期 唐師蘇定方
紙畫鸞犢二物廻之 國人未解其意 使問於元曉法師 解之曰 速還其兵
謂畫(書)犢畫鸞二切也 於是庾信廻軍 欲渡浿江 令日後渡者斬之 軍
士爭先半渡 句麗兵來掠 殺其未渡者 翌日(庾)信返追句麗兵 捕殺數萬
級

百濟古記云 扶餘城北角有大岩 下臨江水 相傳云 義慈王與諸後宮 知
其未免 相謂曰 寧自盡 不死於他人手 相率至此 投江而死 故 俗云墮

死岩 斯乃俚諺之訛也 但宮人之墮死 義慈卒於唐 唐史有明文

又新羅古傳云 定方旣討麗濟二國 又謀伐新羅而留連 於是庾信知其謀 饗唐兵鴆之 皆死坑之 今尙州界有唐橋 是其坑地 按唐史 不言其所以死 但書云卒何耶 爲復諱之耶 鄉諺之無據耶 若壬戌年高麗之役 羅人殺定方之師 則後總章戊辰 何有請兵滅高麗之事 以此知鄉傳無據 但戊辰滅麗之後 有不臣之事 擅有其地而已 非至殺蘇李二公也

王師定百濟 旣還之後 羅王命諸將 追捕百濟殘賊 屯次于漢山城 高麗靺鞨二國兵來圍之 相擊未解 自五月十一日 至六月二十二日 我兵危甚 王聞之 議群臣曰 計將何出 猶豫未決 庾信馳奏曰 事急矣 人力不可及 唯神術可救 乃於星浮山 設壇修神術 忽有光耀如大瓮 從壇上而出 乃星飛而北去 因此名星浮山 山名或有別說云 山在都林之南 秀出一峯是也 京城有一人謀求官 命其子作高炬 夜登此山擧之 其夜京師人望火 人皆謂怪星現於其地 王聞之憂懼 募人禳之 其父將應之 日官奏曰 此非大怪也 但一家子死父泣之兆耳 遂不行禳法 是夜其子下山 虎傷而死 漢山城中士卒 怨救兵不至 相視哭泣而已 賊欲攻急 忽有光耀 從南天際來 成霹靂 擊碎砲石三十餘所 賊軍弓箭矛戟籌碎皆仆地 良久乃蘇 奔潰而歸 我軍乃還 太宗初卽位 有獻猪一頭二身八足者 議者曰 是必幷吞六合瑞也 是王代 始服中國衣冠牙笏 乃法師慈藏請唐帝而來傳也

神文王時 唐高宗遣使新羅曰 朕之聖考得賢臣魏徵 李淳風等 協心同德 一統天下 故 爲太宗皇帝 汝新羅海外小國 有太宗之號 以僭天子之名 義在不忠 速改其號 新羅王上表曰 新羅雖小國 得聖臣金庾信 一統三國 故 封爲太宗 帝見表 乃思儲貳時 有天唱空云 三十三天之一人

降於新羅爲庾信 紀在於書 出撿視之 驚懼不已 更遣使許無改太宗之號

장춘랑과 파랑*

전번에 백제 군사와 황산에서 싸울 때 신라의 장춘랑長春郎과 파랑罷郎이 진중에서 죽었다. 후에 백제를 칠 때 그들은 태종의 꿈에 나타나서[1] 말했다.

"신들은 그전에 나라를 위하여 몸을 바쳤고, 지금 백골이 되었으나 나라를 지키려고 종군하여 게으르지 않았는데 당나라 장수 소정방의 위엄에 눌려서 남의 뒤만 쫓아다닙니다. 부디 임금께서는 저희에게 작은 힘을 주십시오."

대왕이 놀라고 괴이히 여겨, 두 혼령을 위하여 하룻동안 모산정牟山亭에서 불경을 풀어 밝히고 또 북한산주北漢山州에 장의사壯義寺[2]를 세워 그들의 명복을 빌게 했다.

---

* 파랑罷郎은 비랑䮻郎으로도 쓴다.
1 현몽見夢 : 『삼국사기』에도 무열왕 6년에 장춘랑과 파랑이 왕의 앞에 나타난 기사가 있으나 이것과는 조금 다르다.
2 서울 창의문彰義門 밖 신영동에 있던 절.

長春郎　罷郎 一作羆

初與百濟兵戰於黃山之役 長春郎罷郎 死於陣中 後討百濟時 見夢於太宗曰 臣等昔者爲國亡身 至於白骨 庶欲完護邦國 故 隨從軍行 無怠而已 然迫於唐帥定方之威 逐於人後爾 願王加我以小勢 大王驚怪之 爲二魂 說經一日於牟山亭 又爲創壯義寺於漢山州 以資冥援

(제 2 권)

제2 기이편 · 하
기이편紀異篇은 신이神異한 사적에 관한 것이다.

문무왕[1] 법민

왕이 처음 즉위한 용삭 신유(661)에 사비의 남쪽 바닷속에 여자의 시체가 있었다. 키가 73척이요, 발이 6척이고, 음문의 길이가 3척이었다. 어떤 이는 키가 18척이며, 건봉乾封[2] 2년 정묘(667)의 사실이라 한다.

신라 · 당나라 연합군이 고구려를 멸망시키다
총장[3] 원년 무진(668)에 왕은 군사를 거느리고 김인문金仁問 · 김

---

1 원문의 '文虎王'은 '文武王'을 이름이니, 고려 혜종惠宗의 이름 '武'를 피하여 '虎'로 썼다.
2 건봉은 당나라 고종의 연호. 원문의 '封乾'은 거꾸로 된 것이다.

흠순金欽純 등과 함께 평양에 이르러 당나라 군사와 합세하여 고구려를 멸망시켰다. 당나라 장수 이적李勣[4]은 고장왕高臧王(寶藏王)을 잡아가지고 본국으로 돌아갔다.―왕의 성은 고씨이므로 고장高臧이라 했다.『당서』「고종기高宗記」를 살펴보면 현경 5년 경신(660)에 소정방 등이 백제를 정벌한 후 12월에 대장군 글필하력契苾何力[5]을 패강도[6] 행군대총관浿江道行軍大摠管으로 삼고, 소정방을 요동도遼東道 대총관으로 삼고, 유백영劉伯英을 평양도平壤道 대총관으로 삼아 고구려를 쳤다. 또 이듬해 신유년 정월에는 소사업蕭嗣業을 부여도扶餘道 총관으로 삼고 임아상任雅相을 패강도 총관으로 삼아 군사 35만을 거느리고 고구려를 치게 했다. 8월 갑술에 소정방 등은 고구려와 패강에서 싸우다가 패해 도망하였다. 건봉 원년 병인(666) 6월에 방동선龐同善·□고간高侃·설인귀薛仁貴·이근행李謹行으로 하여금 후원케 했다. 9월에 방동선은 고구려와 싸워 이를 쳐부수었다.

---

3 고종의 연호니, 총장 원년은 신라 문무왕 8년(668).

4 당나라 조주曹州 사람. 태종을 도와 천하를 평정하는데 공이 많았으며 정관貞觀 초년에 병주도독幷州都督에 임명되었다. 고종이 즉위하매 상서좌복야尙書左僕射에 임명되고 사공司空에 승진되었다. 총장 원년(668)에 고구려를 쳐서 멸망시켰다.

5 원문의 '契如何'는 '契苾何力'의 오기. 당나라 때 돌궐 극한可汗의 손손孫으로서 태종 때에 당나라에 귀순하였다. 고종 때 좌효위대장군左驍衛大將軍에 승진되고 성국공郕國公에 책봉되었다. 또 이적을 따라 고구려를 쳐서 멸망시키고 진군대장군鎭軍大將軍에 승진되었다.

6 원문의 '浿道'는 '浿江道'. 그 아래의 글이 모두 주註인 것을 각자刻字할 때에 잘못하여 큰 글자로 새겼던 것이다.

12월 기유에 이적을 요동도 행군대총관으로 삼아 여섯 총관의 군사를 거느리고 고구려를 치게 했다. 총장 원년 무진 9월 계사에 이적은 고장왕을 사로잡았으며, 12월 정사에 당나라 황제에게 포로를 바쳤다. 상원上元 원년 갑술(674) 2월에 유인궤를 계림도雞林道 총관으로 삼아 신라를 치게 했다.

우리 나라 옛 기록에는 당나라에서 육로장군陸路將軍 공공孔恭과 수로장군 유상有相을 보내어 신라 김유신 등과 더불어 고구려를 멸망시켰다 하였는데, 여기는 인문과 흠순 등의 일만 말하고 유신은 없으니 자세히7 알 수 없다.

당나라의 침략 정책과 신라의 자위 정책

이때 당나라의 유병遊兵인 여러 장수와 병졸이 머물러 있어 신라를 습격하려 했다. 왕은 이를 알고 군사를 일으켰다.

이듬해에 당나라 고종이 인문 등을 불러들여 꾸짖었다.

"너희들이 우리 군사를 청하여 고구려를 멸망시켰는데 우리를 침해하다니 무슨 까닭이냐?"

이에 옥8에 가두고 군사 50만 명을 교련하여 설방薛邦을 장수로 삼아 신라를 치려고 했다. 이때 의상법사義湘法師가 유학하러 당나라에 건너가 인문을 찾아보니 인문이 그 사실을 알렸다. 의상은

---

7 김유신은 이때 병으로 출정하지 않았다.
8 원비圓扉 : 뇌옥牢獄을 뜻한다. 《王融 文》鞠茂草於圓扉

곧 돌아와서 임금에게 아뢰니 임금은 매우 두려워하여 여러 신하를 모아 막을 계책을 물었다. 각간角干 김천존金天尊이 아뢰었다.

"요사이 명랑법사明朗法師가 용궁에 들어가서 비법을 배워왔으니 그를 불러 물어보시기 바랍니다."

명랑법사가 아뢰었다.

"낭산狼山 남쪽에 신유림神遊林이 있으니, 그곳에 사천왕사를 세우고 도량道場을 열면 좋겠습니다."

당나라 군사를 비법으로 물리치다

그때 정주貞州9에서 사람이 달려와서 보고했다.

"당나라 군사가 헤아릴 수 없이 많이 우리 국경까지 와서 바다 위를 순회하고 있습니다."

왕은 또 명랑법사를 불러 물었다.

"일이 이토록 급박하게 되었으니 어찌하면 좋겠소?"

"채백彩帛으로 절을 임시로 만들면 될 것입니다."

이에 채백으로 절을 짓고 풀로 5방五方의 신상을 만들며 유가瑜伽10의 명승 열두 분으로써 명랑을 우두머리로 삼아 문두루文豆婁11의 비밀법을 지었다.

---

9 지금의 경기도 개풍군.
10 유가는 범어로서 사유한다는 뜻. 조용히 앉아서 사유하여 능히 비밀의 신력神力을 얻어서 마귀를 물리치고 도를 증명하여 중생을 널리 구제하는 것을 말한다.
11 불교의 신인종神印宗을 이름이니 7종 12파의 하나. 신라 선덕여왕 때에 명랑법

그때 당나라 군사와 신라 군사가 접전하기 전에 바람과 물결이 사납게 일어나서 당나라 배가 모두 물에 침몰되었다.

그 후에 절을 고쳐 짓고 이름을 사천왕사라 하니, 지금까지 단석壇席[12]이 없어지지 않았다.―『국사國史』에는 이 절을 고쳐 지음이 조로調露 원년 기묘에 있었다 했다.

그 후 신미년(671)에 당나라에서는 다시 조헌趙憲을 장수로 삼아 또한 군사 5만 명을 이끌고 쳐들어오므로 또 그 법을 썼더니 그전처럼 배가 침몰했다. 이때에 한림랑翰林郞 박문준朴文俊이 인문과 함께 옥에 있었는데 고종은 문준을 불러 물었다.

"너희 나라에는 무슨 비법이 있기에 우리가 많은 군사를 두 번이나 동원해도 살아 돌아오는 사람이 없느냐?"

문준은 아뢰었다.

"배신陪臣[13]들이 상국上國[14]에 온 지 십수년이나 되었으므로 본국의 일을 알지 못하오나, 다만 멀리서 한 가지 사실만 들었을 뿐입니다. 곧 저희 나라가 상국의 은혜를 많이 입어 세 나라를 통일했으므로, 그 덕을 갚으려고 새로 천왕사天王寺를 낭산 남쪽에 세

사가 창설한 종파. 후에 중도종中道宗과 합하여 중신종中神宗이 되었다.
12 땅을 쓸어 단을 만들고 자리를 편다는 뜻인데, 여기서는 불교의 도량을 의미한다. 《後漢書》近魯陽樊君 被徵初至 朝廷設壇席 猶待神明
13 옛날에 제후의 신하가 천자에 대하여 일컬었던 말. 《論語》陪臣執國命
14 속국屬國이 종주국宗主國을 높여 부른 말인데 여기서는 당나라를 가리킨다. 《左傳 昭公二十八年》聘于上國

우고 황제의 만년 수명을 축원하면서 법석法席을 길이 열었다는 사실뿐입니다."

고종은 이 말을 듣고 크게 기뻐하여 이에 예부시랑禮部侍郞 악붕귀樂鵬龜를 신라에 보내어 그 절을 살펴보게 했다. 왕은 당나라 사신이 온다는 말을 미리 듣고 이 절을 보여서는 안 될 것으로 여겨, 이에 따로 그 남쪽에 새 절을 짓고 기다렸다. 사신이 와서 청했다.

"먼저 황제의 수명을 빈다는 천왕사에 가서 분향하고자 합니다."

그를 새 절로 인도하여 보였더니 그 사신은 문전에 서서 "이것은 사천왕사가 아니고 망덕요산望德遙山의 절이오" 하면서 끝끝내 들어가지 않았다. 나랏사람이 금 천 냥을 그에게 주니 당나라에 돌아가서 아뢰었다.

"신라에서는 천왕사를 짓고 황제의 수명을 새 절에서 축원할 뿐입니다."

당나라 사신의 말로 인하여 새 절을 망덕사望德寺라 했다.—어떤 이는 효소왕孝昭王 때의 일이라 하나 잘못이다.

왕은 박문준이 당나라 황제에게 말을 잘 아뢰어 황제가 너그럽게 사면해줄 뜻이 있음을 들었다. 이에 강수強首[15]선생에게 명하

---

15 신라의 유학자. 중원경中原京 사량沙梁 사람. 문장에 능하여 태종 무열왕 때에 당나라와 신라 사이에 왕래하는 국서를 맡아 나라에 크게 공헌했다. 신문왕 때에 국학國學에서 설총薛聰과 함께 구경九經을 제자에게 가르쳤다.

여 인문을 놓아달라고 청하는 표문表文을 지어 사인舍人 원우遠禹를 시켜 당나라 황제에게 아뢰었다. 황제는 표문을 읽고 눈물을 흘리며 인문을 놓아주고 위로해 보냈다. 인문이 옥에 있을 때에 나랏사람이 그를 위하여 절을 지어 인용사仁容寺[16]라 하고 관음도량觀音道場을 설치했다. 인문이 돌아오다가 바다 위에서 죽었으므로, 그 도량을 미타도량彌陀道場으로 고쳤는데, 지금까지도 남아 있다.

대왕의 성덕

대왕은 나라를 다스린 지 21년 만인 영륭永隆[17] 2년 신사(681)에 세상을 떠났는데, 유언에 따라 동해의 큰 바위 위에 장사지냈다.

왕은 평시에 항상 지의법사智義法師에게 말했다.

"나는 죽은 후에 나라를 수호하는 큰 용이 되어 불법을 받들어서 나라를 지키려고 하오."

"용은 짐승의 응보應報이니 어찌 용이 되겠습니까?"

"나는 세간의 영화를 싫어한 지 오래요. 만약 추한 응보로서 짐승이 된다면 나의 뜻에 맞지요."

왕은 처음 왕위에 오르자 남산에 장창長倉을 설치했는데, 길이가 50보, 넓이가 15보였으며, 곡식과 병기를 쌓아두었다. 이것이

---

16 경상북도 경주시 인왕동에 있던 절.
17 당나라 고종의 연호.

우창右倉이다. 천은사天恩寺[18]의 서북 산 위에 있는 것은 좌창左倉이다.

그리고 딴 책에서는 건복建福[19] 8년 신해(591)에 남산성南山城을 쌓았는데, 그 둘레가 2천8백50보라 했다. 이것은 진평왕[20] 때에 처음 쌓았던 것이니, 그렇다면 문무왕 때에 와서 다시 수리했을 것이다. 또 처음으로 부산성富山城[21]을 쌓았는데 3년 만에 역사를 마쳤으며 안북하安北河의 냇가에 철성鐵城[22]을 쌓았다.

또한 서울에 성곽을 쌓으려고 이미 임원을 갖추라고 명령하였는데, 그때 의상법사가 이 말을 듣고 글을 보내서 아뢰었다.

"왕의 정치와 교화敎化가 밝으시면, 비록 풀 언덕에 땅을 그어서 성이라 해도 백성이 감히 넘어오지 못할 것이오며, 재앙을 씻어버리고 복을 오게 할 수는 있겠지만, 정치와 교화가 진실로 밝지 못하면 비록 만리장성이 있다 하더라도 재해를 없애지 못할 것입니다."

왕은 이에 그 역사를 중지시켰다.

---

18 경상북도 경주시 탑동에 있던 절.
19 신라 진평왕眞平王 때의 연호.
20 원문의 '眞德王'은 '眞平王'의 오기.
21 경주 서면에 있는 성. 문무왕 3년에 처음 쌓았다.
22 신라의 철성鐵城에 대해서는 『당서唐書』「신라전新羅傳」에도 보이는데, 그 소재에 대해서는 지내굉池內宏 씨의 덕원설德源說이 있다. 「만선지리보고서滿鮮地理報告書」 참조.

인덕麟德[23] 3년 병인(666) 3월 10일에 민가에 길이吉伊라는 여종이 있었는데 한꺼번에 세 아들을 낳았다. 총장 3년 경오(670) 정월 7일에는 한기부漢歧部 일산 급간一山級干—혹은 성산 아간成山阿干이라 한다—의 여종이 한꺼번에 네 자식을 낳으니 딸 하나와 아들이 셋이었다. 나라에서 곡식 2백 섬을 주어 그녀에게 포상했다.

또 고구려를 쳐 그 나라 왕손王孫[24]을 데리고 와서 진골의 관위를 주었다.

재상 차득공과 안길의 이야기

왕이 어느 날 서제庶弟 차득공車得公을 불렀다.

"그대가 재상이 되어 백관을 통솔하고 천하를 다스리도록 하시오."

"폐하께서 만약 소신小臣으로써 재상을 삼으시려면 신은 원컨대 국내를 몰래 다니면서 민간에서 담당하는 부역의 괴로움과 수월함, 조세의 가벼움과 무거움, 관리의 청렴함과 탐오貪汚함을 알아본 뒤에 관직을 맡겠습니다."

왕은 그 말을 들어주었다. 차득공은 승복을 입고 비파를 들고 거사居士[25] 차림을 하고 서울을 떠났다. 아슬라주阿瑟羅州[26]—지금

---

23 당나라 고종의 연호. 인덕 3년은 곧 건봉 원년(666)에 해당된다.
24 고구려의 귀족 안승安勝을 이름이니, 안승이 신라에 귀순해오므로, 왕은 그를 보덕왕報德王으로 봉封하고 후에 또 누이동생을 그에게 시집보냈다.
25 머리를 깎지 아니한 불교 신자.

의 명주溟州—우수주牛首州—지금 춘주春州—북원경北原京27—지금의 충주忠州—을 거쳐 무진주武珍州28—지금의 해양海陽—에 이르렀다. 촌락29을 돌아다니니, 그때 무진주의 관리 안길安吉은 그를 비범한 인물인 줄 알아보고 자기 집으로 맞아들여 성심껏 대접했다.30

그날 밤에 안길은 아내와 첩 세 사람을 불렀다.

"오늘 밤에 거사 손님을 모시고 자는 사람은 나와 한평생을 같이 늙을 거요."

두 아내는 말했다.

"차라리 당신과 같이 살지 못할지언정 어찌 남과 동침할 수 있겠습니까?"

다른 한 아내가 말했다.

"당신이 만약 종신토록 함께 살기를 허락한다면 명령을 받들겠습니다."

그 여인은 그대로 시행하였다. 이튿날 일찍 거사는 떠날 때에 말했다.

"나는 서울 사람인데 내 집은 황룡사皇龍寺·황성사皇聖寺31 두

---

26 지금의 강릉 방면.
27 지금의 원주原州.
28 지금의 광주光州 방면.
29 이한리한 : 이려里閭, 곧 마을이란 말. 《後漢書 成武侯順傳》順與光武同里閈 少相厚
30 공억공억供億 : 빈곤한 사람을 공급하여 편안하게 한다는 뜻인데, 대개 접대한다는 의미로 쓰인다. 《左傳》寡君惟是 一二父兄不能供億

절의 중간에 있고 내 이름은 단오―속설에 단오를 차의車衣라 한다―요, 주인이 만약 서울에 오거든 내 집을 찾아주면 좋겠소."

차득공은 드디어 서울로 돌아와서 재상이 되었다. 나라에 매년 각 주의 향리鄕吏 한 사람을 서울 안에 있는 여러 관청에 올려보내어 지키게 하는 제도―지금의 기인其人[32]―가 있었다. 안길이 올라와 지킬 차례가 되어 서울에 왔다. 두 절 사이에 있는 단오거사의 집을 물으니 아는 사람이 없었다. 안길이 오랫동안 길가에 서 있으니 한 늙은이가 지나가다가 그의 말을 듣고 한참 서서 생각하다가 말했다.

"두 절 사이에 있는 집은 대궐[33]이고, 단오란 것은 차득영공인데 그분이 외군外郡을 미복 차림으로 돌아다닐 때에 그대와 아마 인연과 약속이 있었던 모양이지?"

안길이 그 사실대로 말했다. 노인은 말했다.

"그대는 궁성 서쪽 귀정문歸正門으로 가서 출입하는 궁녀를 기다려 사실을 말하오."

안길은 그 말을 쫓아 아뢰었다.

---

31 경상북도 월성군 서면 모량리에 있던 절.
32 고려 초기에 향리의 자제로서 서울에 뽑혀와 볼모로 있으면서 그 출신 지방의 사정에 관한 고문역을 맡아보던 사람. 이는 신라 때의 상수리上守吏에서 나왔다. 조선 왕조시대에 와서도 이 제도는 계승되었는데, 대동법大同法이 실시되자 탄목炭木을 바치는 사람으로 변했다.
33 대내大內 : 임금이 거처하는 곳, 곧 대궐이라는 말.《宋會要》今大內 卽宣武軍節度住所

"무진주 안길이 상공을 뵈오러 왔습니다."

차득공은 그 말을 듣고 쫓아 나와서 손을 붙잡고 궁으로 들어가서 공의 부인을 불러내어 안길과 함께 잔치를 베풀었다. 차린 음식이 쉰 가지나 되었다.

이 사실을 임금에게 아뢰고, 성부산星浮山—혹은 성손호산星損乎山이라 함—밑의 땅을 무진주 상수리上守吏의 소목전燒木田[34]으로 삼아 인민들의 벌채를 금했다. 사람들이 감히 가까이하지 못하고, 경향京鄕의 사람이 모두 그를 부러워했다. 산 밑에 밭 30묘畝가 있는데 종자를 석 섬이나 뿌렸다.

이 밭이 풍작이 되면 무진주도 또한 풍작이 되고, 흉작이 되면 무진주도 또한 흉작이 되었다.

文虎〔武〕王法敏

王初卽位 龍朔辛酉 泗沘南海中 有死女尸 身長七十三尺 足長六尺 陰長三尺 或云身長十八尺 在封乾〔乾封〕二年丁卯

總章戊辰 王統兵 與仁問 欽純等 至平壤 會唐兵滅麗 唐帥李勣 獲高臧王還國 王之姓高 故 云高臧 按唐書高宗記 顯慶五年庚申 蘇定方等 征百濟 後十二月 大將軍契如何〔契苾何力〕 爲浿(江)道行軍大摠管 蘇定方爲遼東道大摠管 劉伯英爲平壤道大摠管 以伐高麗 又明年辛酉正月 蕭嗣業爲扶餘道摠管 任雅相爲浿江道

---

34 원문의 '繞木田'은 '燒木田'의 오기. 궁중과 여러 관청에 공출하는 연료밭.

摠管 率三十五萬軍 以伐高麗 八月甲戌 蘇定方等及高麗 戰于浿江敗亡 乾封元年丙寅六月 以龐同善 口高侃 薛仁貴 李謹行等爲後援 九月 龐同善及高麗戰敗之 十二月己酉 以李勣爲遼東道臺[軍]大摠管 率六摠管兵 以伐高麗 總章元年戊辰九月癸巳 李勣獲高藏王 十二月丁巳獻俘于帝 上元元年甲戌二月 劉仁軌爲雞林道摠管 以伐新羅 而鄕古記云 唐遣陸路將軍孔恭 水路將軍有相 與新羅金庾信等滅之 而此云仁問欽純等 無庾信 未詳

時唐之游兵 諸將兵 有留鎭而將謀襲我者 王覺之 發兵(擊)之 明年 高宗使召仁問等 讓之曰 爾請我兵以滅麗 害之何耶 乃下圓扉 鍊兵五十萬 以薛邦爲帥 欲伐新羅 時義相師西學入唐 來見仁問 仁問以事諭之 相乃東還上聞 王甚憚之 會群臣問防禦策 角干金天尊奏曰 近有明朗法師 入龍宮 傳秘法以來 請詔問之 朗奏曰 狼山之南 有神遊林 創四天王寺於其地 開設道場則可矣

時有貞州使走報曰 唐兵無數至我境 廻槧海上 王召明朗曰 事已逼至如何 朗曰 以彩帛假構宜矣 乃以彩帛營寺 草構五方神像 以瑜伽明僧十二員 明朗爲上首 作文豆婁秘密之法 時羅兵未交接 風濤怒起 唐舡皆沒於水 後改創寺 名四天王寺 至今不隳壇席 國史大改創 在調露元年己卯 後年辛未 唐更遣趙憲爲帥 亦以五萬兵來征 又作其法 舡沒如前 是時翰林郞朴文俊 隨仁問在獄中 高宗召文俊曰 汝國有何密法 再發大兵 無生還者 文俊奏曰 陪臣等來於上國一十餘年 不知本國之事 但遙聞一事爾 厚荷上國之恩 一統三國 欲報之德 新創天王寺於狼山之南 祝皇壽萬年 長開法席而已 高宗聞之大悅 乃遣禮部侍郞樂鵬龜 使於羅 審其寺 王先聞唐使將至 不宜見玆寺 乃別創新寺於其南 待之 使

至日 必先行香於皇帝祝壽之所天王寺 乃引見新寺 其使立於門前曰 不是四天王寺 乃望德遙山之寺 終不入 國人以金一千兩贈之 其使乃還奏曰 新羅創天王寺 祝皇壽於新寺而已 因唐使之言 因名望德寺 或系孝昭王代 誤矣 王聞文俊善奏 帝有寬赦之意 乃命强首先生 作請放仁問表 以舍人遠禹奏於唐 帝見表流涕 赦仁問慰送之 仁問在獄時 國人爲創寺 名仁容寺 開設觀音道場 及仁問來還 死於海上 改爲彌陁道場 至今猶存

大王御國二十一年 以永隆二年辛巳崩 遺詔葬於東海中大巖上 王平時常謂智義法師曰 朕身後願爲護國大龍 崇奉佛法 守護邦家 法師曰 龍爲畜報何 王曰 我厭世間榮華久矣 若麤報爲畜 則雅合朕懷矣 王初卽位 置南山長倉 長五十步 廣十五步 貯米穀兵器 是爲右倉 天恩寺西北山上 是爲左倉 別本云 建福八年辛亥 築南山城 周二千八百五十步 則乃眞德〔平〕王代始築 而至此乃重修爾 又始築富山城 三年乃畢 安北河邊築鐵城 又欲築京師城郭 旣令眞〔具〕吏 時義相法師聞之 致書報云 王之政敎明 則雖草丘畫地而爲城 民不敢踰 可以潔災進福 政敎苟不明 則雖有長城 災害未消 王於是止罷其役 麟德三年丙寅三月十日 有人家婢名吉伊 一乳生三子 總章三年庚午正月七(日) 漢歧部一山級干 一作成山阿干 婢一乳生四子 一女三子 國給穀二百石以賞之 又伐高麗 以其國王孫還國 置之眞骨位

王一日召庶弟車得公曰 汝爲冢宰 均理百官 平章四海 公曰 陛下若以小臣爲宰 則臣願潛行國內 視民間徭役之勞逸 租賦之輕重 官吏之淸濁 然後就職 王聽之 公著緇衣 把琵琶 爲居士形 出京師 經由阿瑟羅

州 今溟州 牛首州 今春州 北原京 今忠州 至於武珍州 今海陽 巡行里閈 州
吏安吉見是異人 邀致其家 盡情供億 至夜 安吉喚妻妾三人曰 今玆侍
宿客居士者 終身偕老 二妻曰 寧不並居 何以於人同宿 其一妻曰 公若
許終身並居 則承命矣 從之 詰旦 居士欲辭行時 曰 僕京師人也 吾家
在皇龍皇聖二寺之間 吾名端午也 俗謂端午爲車衣 主人若到京師 尋訪吾
家幸矣 遂行到京師 居冢宰 國之制 每以外州之吏一人 上守京中諸曹
注 今之其人也 安吉當次上守至京師 問兩寺之間端午居士之家 人莫知
者 安吉久立道左 有一老翁經過 聞其言 良久佇思曰 二寺間一家 殆大
内也 端午者 乃車得令公也 潛行外郡時 殆汝有緣契乎 安吉陳其實 老
人曰 汝去宮城之西歸正門 待宮女出入者告之 安吉從之 告武珍州安
吉進於門矣 公聞而走出 携手入宮 喚出公之妃 與安吉共宴 具饌至五
十味 聞於上 以星浮山 一作星損乎山 下爲武珍州上守繞〔燒〕木田 禁人
樵採 人不敢近 内外欽羨之 山下有田三十畝 下種三石 此田稔歲 武珍
州亦稔 否則亦否云

만파식적

신문대왕이 용을 만나 보물을 얻다

제31대 신문대왕神文大王의 이름은 정명政明이요, 성은 김씨다. 개요開耀[1] 원년 신사(681) 7월 7일에 왕위에 올랐다. 아버지 문무대왕을 위하여 동해가에 감은사感恩寺[2]를 세웠다.—절의 기록에 이런 말이 있다. 문무왕이 왜병을 진압하려고 이 절을 처음으로 지었으나, 역사를 마치지 못하고 돌아가자 바다의 용이 되었다. 그 아들 신문왕이 왕위에 올라 개요 2년(682)에 역사를 마쳤는데, 금당金堂의 계하階下에 동쪽을 향해 구멍 하나를 뚫어두었다. 이것은 용이 절에 들어와서 돌아다니게 하기 위한 것이다. 대개 유언으로 유골을 간직한 곳은 대왕암大王岩이라 하고, 절은 감은사라 이름했으며 후에 용이 나타난 곳을 이현대利見臺라 한 것 같다.

이듬해 임오년 5월 초하루―어떤 책에는 천수天授 원년이라 했으나 잘못이다―에 해관海官 파진찬波珍湌[3] 박숙청朴夙淸이 아뢰었다.

"동해 안에 있는 작은 산이 떠서 감은사로 향해오는데 물결을 따라 왔다갔다합니다."

왕은 이를 이상히 여겨 일관 김춘질金春質―혹은 춘일春日이라고 쓴다―에게 점치게 하니 아뢰었다.

"대왕의 아버님께서 지금 바다의 용이 되시어 삼한三韓을 진호鎭護하시고 또 김유신 공도 삼십삼천의 한 아들로서 지금 인간으로 내려와서 대신이 되었습니다. 두 성인이 덕을 같이하여 성을 지키는 보물을 내어주시려 하니, 만약 폐하께서 해변에 행차하시면 반드시 값을 칠 수 없는 큰 보물4을 얻을 것입니다."

---

1 당나라 고종의 연호.
2 경상북도 월성군에 있던 절. 신라 신문왕 2년(682)에 왕이 아버지 문무왕을 위해 세웠다.
3 신라 17관등의 제4위. 해간海干 또는 파미간波彌干이라고도 한다.

왕은 기뻐하여 그 달 7일에 이현대에 가서, 그 산을 바라보고 사자를 보내어 살펴보게 했다. 산세는 거북의 머리와 같은데 위에는 한 그루의 대나무가 있어, 낮에는 둘이 되고 밤에는 합하여 하나가 되는 것이었다.―어떤 이는 산도 또한 대나무처럼 낮에는 벌어지고 밤에는 합해졌다고 한다. 사자가 돌아와서 사실대로 아뢰니 왕은 감은사에 가서 유숙했다. 이튿날 오시午時2에 대나무가 합해져 하나가 되자 천지가 진동하고 비바람이 일어나 어두컴컴해지더니 이레 동안 계속되었다. 그 달 16일에 이르러서야 바람이 자고 물결이 평온해졌다. 왕은 배를 타고 바다로 나가 그 산에 들어가니 용이 검은 옥대玉帶를 받들어 왕에게 바쳤다. 왕은 용을 맞아 같이 앉으면서 물었다.

　"이 산과 대나무가 혹은 갈라지기도 하고 혹은 합해지기도 하니 무슨 까닭이냐?"

　"비유해 말씀드리면 한 손으로 치면 소리가 나지 않고, 두 손으로 치면 소리가 나는 것과 같습니다. 이 대나무란 물건은 합쳐야만 소리가 나게 되므로 성왕聖王께서 소리로써 천하를 다스리게 될 상서로운 징조입니다. 왕께서는 이 대나무로 피리를 만들어 불면 천하가 화평해질 것입니다. 지금 왕의 아버님께서는 바닷속의 큰 용이 되셨고, 김유신은 다시 천신이 되셔서 두 성인이 마음을

4　무가대보無價大寶 : 값을 칠 수 없는 귀중한 보물.《周墨 詩》寶劒徒稱無價寶 行
　心更貴不欺心

같이하여 이같은 값을 칠 수 없는 큰 보물을 저에게 주시어 저로 하여금 그것을 왕께 바치게 한 것입니다."

왕은 몹시 놀라고 기뻐하여 오색 비단과 금과 옥을 용에게 주고, 사자를 시켜 대나무를 베게 한 다음 바다에서 나왔다. 그때 산과 용은 문득 없어지더니 보이지 않았다.

왕은 감은사에서 유숙하고 17일에 기림사祇林寺[5] 서쪽에 있는 시냇가에 가서 수레를 멈추고 점심을 들었다. 태자 이공理恭—곧 효소대왕孝昭大王—이 대궐을 지키고 있다가 이 소식을 듣고 말을 달려와서 경하하며 천천히 살펴보고 아뢰었다.

"이 옥대의 눈금이 모두 진짜 용입니다."

"네가 어찌 아느냐?"

"눈금 하나를 떼어 물에 넣어서 그것을 보이겠습니다."

이에 왼편 둘째 눈금을 떼어 시냇물에 넣으니 곧 용이 되어 하늘로 올라가고 그 땅은 못이 되었다. 이로 인하여 그 못을 용연龍淵이라 한다.

신비스런 피리

왕은 돌아와서 그 대나무로 피리를 만들어 월성의 천존고天尊庫에 간직해두었다. 이 피리를 불면 적병이 물러가고 질병이 낫고, 가물 때는 비가 오고, 비가 올 때는 개이고, 바람이 가라앉고, 물

---

5 경상북도 봉화군 문수산에 있던 절.

결은 평온해졌다. 이 피리를 만파식적萬波息笛이라 부르고 국보로 삼았다. 효소왕 때에 이르러 천수天授[6] 4년 계사(693)에 부례랑大禮郞[7]이 살아 돌아왔던 기이한 일로 인하여 다시 만만파파식적萬萬波波息笛이라 이름했다. 자세한 일은 그의 전기[8]에 나타나 있다.

萬波息笛

第三十一 神文大王 諱政明 金氏 開耀元年辛巳七月七日卽位 爲聖考 文武大王 創感恩寺於東海邊 寺中記云 文武王欲鎭倭兵 故 始創此寺 未畢而 崩 爲海龍 其子神文立 開耀二年畢排 金堂砌下 東向開一穴 乃龍之入寺 旋繞之備 蓋 遺詔之葬骨處 名大王岩 寺名感恩寺 後見龍現形處 名利見臺 明年壬午五 月朔 一本云 天授元年 誤矣 海官波珍湌朴夙淸奏曰 東海中有小山 浮來向感恩 寺 隨波往來 王異之 命日官金春質 一作春日 占之 曰聖考今爲海龍 鎭 護三韓 抑又金公庾信 乃三十三天之一子 今降爲大臣 二聖同德 欲出 守城之寶 若陛下行幸海邊 必得無價大寶 王喜 以其月七日 駕幸利見 臺 望其山 遣使審之 山勢如龜頭 上有一竿竹 晝爲二 夜合一 一云 山亦 晝夜開合如竹 使來奏之 王御感恩寺宿 明日午時 竹合爲一 天地震動 風 雨晦暗七日 至其月十六日 風霽波平 王泛海入其山 有龍奉黑玉帶來

---

6 주나라 무후武后의 연호인데 천수는 2년에 그쳤고, 그 다음이 여의如意, 장수長壽니 천수 4년 계사는 곧 장수 2년(693)이다.

7 원문의 '失禮郞'은 당시의 화랑 '夫禮郞'의 오기.

8 피전彼傳: 부례랑에 대한 사실은 『삼국유사』 3권 「백률사栢栗寺」 참조.

獻 迎接共坐 問曰 此山與竹 或判或合如何 龍曰 比如一手拍之無聲 二手拍則有聲 此竹之爲物 合之然後有聲 聖王以聲理天下之瑞也 王取此竹 作笛吹之 天下和平 今王考爲海中大龍 庾信復爲天神 二聖同心 出此無價大寶 令我獻之 王驚喜 以五色錦彩金玉酬賽之 勅使斫竹出海時 山與龍忽隱不現 王宿感恩寺 十七日 到祗林寺西溪邊 留駕晝饍 太子理恭 卽孝昭大王 守闕 聞此事 走馬來賀 徐察奏曰 此玉帶諸窠皆眞龍也 王曰 汝何以知之 太子曰 摘一窠沈水示之 乃摘左邊第二窠沈溪 卽成龍上天 其地成淵 因號龍淵

駕還 以其竹作笛 藏於月城天尊庫 吹此笛則兵退病愈 旱雨雨晴 風定波平 號萬波息笛 稱爲國寶 至孝昭大王代 天授四年癸巳 因失〔夫〕禮郞生還之異 更封號曰萬萬波波息笛 詳見彼傳

효소왕 때의 죽지랑*

화랑과 부패한 관리

제32대 효소왕孝昭王 때에 죽만랑竹曼郞의 무리 가운데에 득오실得烏失[1]―失을 谷이라고도 한다―급간級干이 있었다. 화랑도의 명부[2]에 이름을 올려놓고 날마다 출근하더니[3] 한 열흘 동안 보이지

---

* 혹은 죽만竹曼 또는 지관智官이라고도 한다.

1 득오실은 득오곡得烏谷과 같은 말. 곡谷의 훈訓을 지금도 '실'이라 한다.

2 풍류황권風流黃卷: 화랑도의 명부.

않았다. 죽만랑은 득오 급간의 어머니를 불러 그대의 아들이 어디 있느냐고 물었더니 그 어머니는 말했다.

"당전幢典4 모량부牟梁部 익선 아간益宣阿干이 내 아들을 부산성 창지기로 임명했습니다. 빨리대어 가느라고 미처 낭에게 말하지 못했습니다."

낭은 말했다.

"그대 아들이 만약 사사일로 그곳에 갔다면 찾아볼 필요가 없지만 이제 공적인 일로 갔다니 마땅히 가서 대접해야겠소."

이에 설병舌餠 한 합과 술 한 병을 가지고 좌인左人—우리 말에 갯지라 하니 노복을 말함—을 거느리고 가니 낭의 무리 1백37명도 또한 위의威儀를 갖추고 따라갔다. 부산성에 이르러 문지기5에게 득오실이 어디 있느냐고 물으니 문지기는 대답했다.

"지금 익선의 밭에서 예에 따라 부역하고 있습니다."

낭은 밭으로 찾아가서 가지고 간 술과 떡을 득오실에게 먹이고, 익선에게 휴가를 청하여 함께 돌아가고자 했으나 익선은 굳이 거부하고 허락하지 않았다.

그때 사리使吏 간진侃珍이 추화군推火郡6 능절能節의 조租 서른

---

3 사진仕進 : 벼슬한다는 말. 여기서는 벼슬아치가 규정된 시간에 출근한다는 의미로 사용되었다. 《後漢書》常以典籍爲業 未遑仕進之事
4 신라 군직軍職의 이름. 부대장격.
5 혼인閽人 : 문을 지키는 사람이니 곧 문지기. 《韓愈 上宰相書》足三及門 而閽人辭焉

섬을 거두어 성안으로 수송하다가 죽만랑이 선비를 존대하는 풍미風味를 아름답게 여기고 익선의 어리석은 고집과 변통성이 없음을 비루하게 여겨, 이에 가지고 가던 조 서른 섬을 익선에게 주고 득오실을 보내주도록 청했다. 그래도 허락하지 아니하므로, 또 진절珍節 사지舍知7의 말안장을 주니 그제서야 허락했다.

조정의 화주花主8가 이 말을 듣고 사자를 보내어 익선을 잡아다가 그 더럽고 추한 것을 씻어주려고 하니 익선이 도망하여 숨었으므로 그 맏아들을 대신 잡아갔다. 그때는 한겨울의 몹시 차가운 날씨였으므로 성안의 못에서 목욕을 시켰더니 이내 얼어붙어 죽어버렸다.

효소왕은 이 말을 듣고 명령하기를 모량리 사람으로서 벼슬하는 자는 모두 쫓아 보내어 다시는 관서官署에 관계하지 못하게 하고, 승복을 입지 못하게 했으며, 만약 중이 된 사람이라도 절에는 들어가지 못하게 했다. 칙사가 간진의 자손을 올려 평정호손枰定戶孫9으로 삼고 그를 표창했다. 이때 원측법사圓測法師는 신라의 고승이었으나 모량리 사람인 까닭으로 승직을 주지 않았다.

---

6 지금의 밀양군.
7 사지舍知 : 신라 17관등의 제13위.
8 화랑 단체를 관장하던 관직.
9 미상未詳

죽지랑의 탄생 설화

이전에 술종공述宗公10이 삭주도독사朔州都督使가 되었다. 장차 임지任地로 가려 하는데, 이때 삼한三韓에 병란이 있으므로, 기병 3천 명으로 그를 호송했다. 그가 떠나 죽지령에 이르니 한 거사가 그 고개의 길을 평탄하게 닦고 있었다. 공은 그것을 보고 탄복 칭찬했으며, 거사 또한 공의 위세가 매우 큼을 존경하여 서로의 마음이 감동되었다. 공이 주州의 치소治所11에 부임한 지 한 달이 지나서였다. 꿈에 거사가 방안에 들어오는 것을 보았다. 부부가 같은 꿈을 꾸었으므로 더욱 더 놀라고 괴이히 여겨 이튿날 사람을 보내어 그 거사의 안부를 물었다. 그 지방 사람이 "거사가 죽은 지 며칠 되었습니다"라고 알려주었다.

사자가 돌아와서 그 사실을 아뢰었다. 그가 죽은 날짜가 꿈꾸던 그날이었다. 공은 말했다.

"아마 거사가 우리 집에 태어날 것 같구려."

다시 군사를 보내어 죽지령 위 북쪽 봉우리에 장사지내게 하고 돌로 미륵불 하나를 새겨 무덤 앞에 모시게 했다. 공의 아내는 꿈 꾼 날로부터 태기가 있더니 이윽고 아이를 낳았다. 그래서 이름을 죽지竹旨라 했던 것이다.

---

10 진덕여왕眞德女王 때의 사람.
11 주리州理 : 주치州治. 주청州廳 소재지를 이른 말. 고려시대에는 성종成宗의 이름 치治를 피하여 이理자를 사용했다.

죽지랑의 공과 노래

죽지랑은 커서 벼슬하여 유신공을 따르며 부수副帥가 되어 삼국을 통일했으며 진덕여왕·태종 무열왕·문무왕·신문왕의 4대에 걸쳐 재상이 되어 나라를 안정시켰다. 처음에 득오곡이 낭을 사모하여 노래를 지었으니 그 노래는 이렇다.

> 지나간 봄을 그리워하매
> 모든 것이 설어 시름하는데
> 아름다움을 나타내신 얼굴,
> 주름살 지니려 하옵내다
> 눈 돌릴 사이에나마
> 이승에서 만나뵈옵도록 기회를 지으리이다
> 낭郞이여 낭을 그리워하는 마음에 다니는 길
> 다북쑥 우거진 마을에 잘 밤 있으리이까

孝昭王代 竹旨郎 亦作竹曼 亦名智官

第三十二. 孝昭王代 竹曼郎之徒 有得烏失 一云谷 級干 隷名於風流黃卷 追日仕進 隔旬日不見 郎喚其母 問爾子何在 母曰 幢典牟梁益宣阿干 以我子差富山城倉直 馳去行急 未暇告辭於郎 郎曰 汝子若私事適彼 則不須尋訪 今以公事進去 須歸享矣 乃以舌餠一合酒一缸 卒〔率〕左人 鄕云皆叱知 言奴僕也 而行 郎徒百三十七人 亦具儀侍從 到富山城

問閽人 得烏失奚在 人曰 今在益宣田 隨例赴役 郞歸田 以所將酒餠饗之 請暇於益宣 將欲偕還 益宣固禁不許 時有使吏侃珍 管收推火郡 能節租三十石 輸送城中 美郞之重士風味 鄙宣暗塞不通 乃以所領三十石 贈益宣助請 猶不許 又以珍節舍知騎馬鞍具貽之 乃許朝廷花主聞之 遣使取益宣 將洗浴其垢醜 宣逃隱 掠其長子而去 時仲冬極寒之日 浴洗於城內池中 仍合凍死 大王聞之 勅牟梁里人從官者 幷合黜遣 更不接公署 不著黑衣 若爲僧者 不合入鐘鼓寺中 勅史〔使〕上佲〔侃〕珍子孫 爲枰定戶孫 標異之 時圓測法師 是海東高德 以牟梁里人 故 不授僧職

初述宗公爲朔州都督使 將歸理所 時三韓兵亂 以騎兵三千護送之 行至竹旨嶺 有一居士 平理其嶺路 公見之歎美 居士亦善公之威勢赫甚 相感於心 公赴州理 隔一朔 夢見居士入于房中 室家同夢 驚怪尤甚 翌日使人問其居士安否 人曰 居士死有日矣 使來還告 其死與夢同日矣 公曰 殆居士誕於吾家爾 更發卒修葬於嶺上北峯 造石彌勒一軀 安於塚前 妻氏自夢之日有娠 旣誕 因名竹旨

壯而出仕 與庾信公爲副帥 統三韓 眞德 太宗 文武 神文 四代爲冢宰 安定厥邦 初得烏谷 慕郞而作歌曰 去隱春皆理米 毛冬居叱沙 哭屋尸以憂音 阿冬音乃叱好支賜烏隱 皃史年數就音墮支行齊 目煙廻於尸七史伊衣 逢烏支惡知作乎下是 郞也慕理尸心未 行乎尸道尸 蓬次叱巷中 宿尸夜音有叱下是

성덕왕

 제33대 성덕왕聖德王 때인 신룡神龍¹ 2년 병오(706)에 흉년이 들어 인민들의 굶주림이 심했다. 그 이듬해 정미년 1월 초하루부터 7월 30일까지 백성을 구제하여 곡식을 주었다. 한 사람에 하루분을 서 되로 정했는데 일을 마치고 계산해보니 30만 5백 섬이나 되었다.

 왕은 태종대왕을 위하여 봉덕사奉德寺²를 세우고,, 이레 동안 인왕도량仁王道場³을 설치하고 모든 죄인을 사면했다.⁴ 이때부터 비로소 시중侍中의 관직을 두었다.—어떤 책에는 효성왕孝成王 때에 관계된 일이라 했다.

聖德王

第三十三 聖德王 神龍二年丙午歲 禾不登 人民飢甚 丁未正月初一日 至七月三十日 救民給租 一口一日三升爲式 終事而計 三十萬五百碩

---

1 당나라 중종中宗의 연호. 신룡 2년은 신라 성덕왕聖德王 5년(706).
2 경상북도 경주에 있던 절. 신라 성덕왕 때 처음 세웠다.
3 『인왕경仁王經』을 수업하는 장소.
4 일반 죄인을 모두 사면하는 것이니, 임금이 왕위에 오를 때나 혹은 국가의 경축일에 시행하는 특전. 《漢書 宣帝紀》地節二年 鳳凰集魯郡 群鳥從之 大赦天下

也 王爲太宗大王創奉德寺 設仁王道場七日 大赦 始有侍中職 一本系孝成王

수로부인

꽃을 청한 수로부인

성덕왕 때에 순정공純貞公이 강릉태수江陵太守—지금의 명주溟州—로 부임할 때 바닷가에 가서 점심을 먹었다. 그 곁에는 바위 봉우리가 병풍처럼 둘러쳐서 바다를 굽어보고 있는데, 높이는 천길이나 되는 그 위에는 철쭉꽃이 활짝 피어 있었다. 공의 부인 수로水路는 이것을 보고 가까이 모시던 이들에게 청했다.

"누가 저 꽃을 꺾어다 주겠소?"

종자들은 대답했다.

"그곳은 사람의 발자취가 이르지 못하는 곳입니다."

그러고는 모두 안 되겠다 했다. 그 곁으로 한 늙은이가 암소를 끌고 지나가다가 부인의 말을 듣고 그 꽃을 꺾어와서는 또한 가사를 지어 바쳤다. 그 늙은이는 어떤 사람인지 알 수 없었다.

용궁을 다녀온 수로부인

또 이틀을 더 가니 임해정臨海亭이 있었다. 그곳에서 점심을 먹고 있었는데 바다의 용이 갑자기 부인을 끌고 바닷속으로 들어가

버렸다. 공은 비틀거리며 땅에 주저앉았으나 아무런 계책이 없었다. 또 한 노인이 말했다.

"옛사람 말에 뭇사람의 입에 오르내리면 쇠 같은 물건도 녹인다 했으니[1] 바닷속의 짐승[2]이 어찌 뭇사람의 입을 두려워하지 않겠습니까? 당연히 경내境內의 백성을 모아야 합니다. 노래를 지어 부르고 막대기로 언덕을 치면 부인을 찾을 수 있을 것입니다."

공은 그 말대로 따라 하였더니 용이 부인을 받들고 바다에서 나와 공에게 바쳤다. 공이 부인에게 바닷속 일을 물으니 부인이 대답했다.

"일곱 가지 보물로 장식한 궁전에 음식은 달고 향기로우며 인간의 음식[3]은 아닙니다."

또 부인의 옷에서는 이상한 향기가 풍겼는데, 세간에서는 맡아보지 못한 것이었다.

수로부인은 용모가 세상에 견줄 이가 없었으므로 매양 깊은 산이나 못을 지날 때면 번번이 신물神物들에게 붙들리곤 하였던 것이다.

---

1 중구삭금衆口鑠金 : 뭇사람의 말은 쇠같이 굳은 물건도 녹인다는 뜻이니, 여러 사람의 말은 무섭다는 말이다. 《國語》衆心成城 衆口鑠金
2 방생傍生 : 불교에서 축생을 가리켜 방행傍行이라 하니 방생은 대개 축생이란 의미다. 여기서는 용을 가리킨다. 《婆娑論》其形旁 故 其行亦旁 因行不正 受果報 負天而行 故 云旁行
3 연화煙火 : 숙식熟食, 곧 불에 익힌 음식이란 말. 《馬令 南唐書》此非有風雅製度 但得人間煙火氣多爾

「해가」와 「헌화가」

여러 사람이 「해가海歌」를 불렀는데 가사는 이렇다.

해신海神아, 해신아, 수로를 내놓아라
남의 부녀를 앗아간 죄 그 얼마나 클까
네 만약 거슬러 내놓지 않으면
그물로 너를 잡아 구워 먹겠다

노인의 「헌화가獻花歌」는 이렇다.

질붉은 바위 가에
잡은 암소 놓게 하시고
나를 아니 부끄러워하시면
꽃을 꺾어 받자오리다

水路夫人

聖德王代 純貞公赴江陵太守 今溟州 行次海汀晝饍 傍有石嶂 如屛臨

---

4 구호龜乎: 「가락국기」의 '구하가龜何歌'에 나오는 구하龜何의 딴 표기 '신이시여'의 뜻. 여기서는 용을 해신으로 인정하여 '해신이시여'라는 뜻이 된다. 「가락국기」의 '구하가' 참조. 『국어국문학』 16집에 실린 「구지가연구龜旨歌研究」에 의한다.

海 高千丈 上有躑躅花盛開 公之夫人水路見之 謂左右曰 折花獻者其
誰 從者曰 非人跡所到 皆辭不能 傍有老翁牽牸牛而過者 聞夫人言 折
其花 亦作歌詞獻之 其翁不知何許人也

便行二日程 又有臨海亭 晝膳次 海龍忽攬夫人入海 公顚倒躄地 計無
所出 又有一老人 告曰 故人有言 衆口鑠金 今海中傍生 何不畏衆口乎
宜進界內民 作歌唱之 以杖打岸 則可見夫人矣 公從之 龍奉夫人出海
獻之 公問夫人海中事 曰 七寶宮殿 所饍甘滑香潔 非人間煙火 且夫人
衣襲異香 非世所聞 水路姿容絶代 每經過深山大澤 屢被神物掠攬
衆人唱海歌 詞曰 龜乎龜乎出水路 掠人婦女罪何極 汝若悖逆不出獻
入網捕掠燔之喫 老人獻花歌曰 紫布岩乎邊希 執音乎手母牛放敎遣
吾肹不喩慚肹伊賜等 花肹折叱可獻乎理音如

효성왕

모화군에 관문을 쌓아 왜적을 막다

개원開元[1] 10년 임술(722) 10월에 처음으로 관문關門을 모화군毛
火郡[2]에 세웠다. 지금의 모화촌毛火村으로서 경주의 동남경東南境
에 속했다. 곧 일본을 방어하는 변방의 요새였다.

---

1 당나라 현종의 연호. 개원 10년은 신라 성덕왕 21년(722)이니, 효성왕 때는 아니
다.
2 지금의 경주군 외동면外東面 부근. 관문의 자취가 약간 남아 있다.

주위는 6천7백92보 5척인데, 소요된 역부役夫는 3만 9천62명이고 감독자는 원진 각간元眞角干이었다.

당나라, 신라에 군사를 청하다

개원 21년 계유(733)에 당나라 사람들이 북적北狄[3]을 치려고 신라에 출병하기를 요청하여 사객使客 6백4명이 신라에 왔다가 본국으로 돌아갔다.

孝成王

開元十年壬戌十月 始築關門於毛火郡 今毛火村 屬慶州東南境 乃防日本塞垣也 周廻六千七百九十二步五尺 役徒三萬九千二百六十二人 掌員元眞角干

開元二十一年癸酉 唐人欲征北狄 請兵新羅 客使六百四人來還國

경덕왕과 충담사 · 표훈대덕

당나라에서 『도덕경道德經』[1] 등을 보내니 대왕이 예를 갖추어

---

3 발해渤海를 가리킨 말. 당나라에서 신라에 청하여 발해를 치게 했던 것은 성덕왕 32년의 사실이므로 효성왕 때는 아니다.

그것을 받았다.

왕이 나라를 다스린 지 24년에 오악五嶽² 삼산三山의 신들이 간혹 육신을 나타내어 대궐 뜰에서 왕을 모셨다.

경덕왕과 충담사

3월 3일에 왕은 귀정문歸正門의 누각 위에 나가서 측근자에게 말했다.

"누가 길에 나가서 위의威儀 있는 승려 한 사람을 데리고 올 수 있겠소?"

이때 마침 모습이 깨끗한 고승이 이리저리³ 거닐면서 지나갔다. 측근 신하가 바라보고 그를 데리고 와서 뵈었다. 왕은 말했다.

"내가 말하는 위의 있는 스님이 아니다."

왕은 그를 물리쳤다. 다시 승려 한 사람이 장삼을 입고 앵통櫻筒을 걸머지고—혹은 삼태기를 걸머졌다 함—남쪽에서 왔다. 왕은 기뻐하면서 그를 보더니 누각 위로 맞아들였다. 그 앵통 속을 보니 차구茶具만 담겨 있었다. 왕은 물었다.

---

1 덕경德經 : 노자老子의 『도덕경道德經』. 이 절節의 상단에는 빠진 글이 있는 것이며 또 위에 효성왕조에 연계된 사실인 듯하니 『삼국사기』 「효성왕 2년 여름 4월」에 '唐使臣邢璹 以老子道德經等文書 獻于王'이란 기사가 있다.

2 다섯 산이니, 동악東岳(吐含山), 남악南岳(智異山), 서악西岳(鷄龍山), 북악北岳(太白山), 중악中岳(八公山)을 이른 말.

3 상양徜徉 : 배회 또는 소요란 뜻.《宋玉 賦》徜徉中庭

"그대는 누구요?"

"저는 충담忠談입니다."

"어디서 오오?"

"제가 매양 3월 3일과 9월 9일이면 차를 다려서 남산 삼화령三花嶺의 미륵세존彌勒世尊⁴께 드립니다. 오늘도 드리고 오는 길입니다."

"나에게도 차 한 사발 주겠소?"

중은 이에 차를 다려서 왕에게 드렸는데 차의 맛이 이상하고 그 사발 안에서 이상한 향기가 풍겼다⁵. 왕은 말했다.

"내 들으니 스님이 기파랑耆婆郎을 찬미한 사뇌가詞腦歌⁶가 그 뜻이 매우 높다 하니 과연 그러하오?"

"그렇습니다."

"그렇다면 나를 위하여 백성을 다스려 편안히 할 노래를 지어 주오."

중은 즉시 칙명勅命을 받들어 노래를 지어 바쳤다. 왕은 그를 아

---

4 미륵불彌勒佛. 미륵불은 인도 바라나국波羅奈國의 바라문婆羅門의 집안에 탄생하여 석가모니의 가르침과 인도함을 받았으며, 미래에 부처가 된다고 한다. 현재 도솔천에 있으면서 모든 중생을 지도한다는 보살.

5 욱렬郁烈 : 향기가 성하다는 말이다.

6 향가 중의 한 형태. 일본인 고쿠라 진페이小倉進平 박사와 양주동梁柱東 박사의 설에 의하면 향가에는 4구체·8구체·10구체가 있는데, 이 중 10구체만은 반드시 차사嗟辭로 시작된 끝장을 가지고 있다. 이것이 곧 사뇌가다. 십구체十九體 가라고도 할 수 있다.

름다이 여겨 왕사王師로 봉하니 충담사는 두 번 절하고 굳이 사양하며 받지 않았다.

충담이 지은 「안민가」와 기파랑 찬미가

「안민가安民歌」는 이렇다.

> 임금은 아버지요
> 신하는 사랑하실 어머니요
> 백성은 어리석은 아이라! 하실지면
> 백성이 그 사랑을 알리이다
> 꾸물거리며 사는 물생物生에게
> 이를 먹여 다스린다
> 이 땅을 버리고 어디 가려! 할지면
> 나라 안이 유지됨을 알리이다
> 아아! 임금답게 신하답게 백성답게 할지면
> 나라 안이 태평하리이다

기파랑을 찬미한 노래[7]는 이렇다.

---

7 「찬기파랑가讚耆婆郎歌」: 본문에는 딴 장으로 되어 있으나 윗글에 연결된 것이므로 딴 장이 될 수 없는 것이니, 오각誤刻이다.

열치고

나타난 달이

흰구름을 좇아 떠가는 것이 아닌가

새파란 시내에

파랑의 모습이 있도다

일오천逸烏川 조약돌에서

낭이 지니신

마음가를 좇으려 하노라

아아! 잣나무 가지 드높아

서리 모를 화랑의 장長이여

경덕왕과 표훈대덕

경덕왕은 음경의 길이가 여덟 치나 되었다. 아들이 없었으므로 왕비를 폐하여8 사량부인沙梁夫人으로 봉했다. 후비 만월부인滿月夫人의 시호는 경수태후景垂太后며, 의충依忠 각간의 딸이었다.

왕이 어느 날 표훈대덕表訓大德에게 명했다.

"내가 복이 없어 아들을 두지 못했으니 원컨대 대덕은 상제上帝께 청하여 아들을 두게 하여 주오."

표훈이 천제에게 올라가 고하고 돌아와서 아뢰었다.

---

8 폐지廢之 : 왕비를 폐했다는 말. 왕력표王曆表에도 '先妃三毛夫人 出宮無後'라고 되어 있다.

"상제께서 딸은 얻을 수 있지만 아들은 얻을 수 없다고 하십니다."

"딸 대신 아들을 만들어주기 바라오."

표훈이 다시 하늘에 올라가서 청하니 상제는 말했다.

"될 수는 있지만 아들이 되면 나라가 위태할 것이다."

표훈이 내려오려 할 때 상제는 다시 불러 말했다.

"하늘과 사람 사이를 문란케 할 수 없는 법인데 지금 대사가 하늘과 사람 사이를 이웃 마을처럼 왕래하여 천기天機9를 누설했으니 이후로는 다시 다니지 말아야 한다."

표훈이 돌아와서 천제의 말로써 왕을 깨우쳤으나 왕은 말했다.

"나라는 비록 위태하더라도 아들을 얻어 뒤를 잇게 한다면 만족하겠소."

그 후 만월왕후滿月王后가 태자를 낳으니 왕은 매우 기뻐했다.

혜공대왕의 실정과 쿠데타

태자는 여덟 살 때에 왕이 세상을 떠났으므로 왕위에 올랐다. 이가 혜공대왕惠恭大王이다. 왕은 나이가 어렸으므로 태후太后가 대신 정사政事를 보살피니10 정사가 다스려지지 않았다. 도둑이

---

9 모든 조화를 꾸미는 하늘의 기밀. 《淮南子》內有以通乎天機
10 임조臨朝: 태후가 정사를 대신 행한다는 말이다. 《獨斷》少帝卽位 太后代而攝政 臨前殿朝群臣 太后東面 少帝西面

벌떼처럼 일어나서 미처 막아낼 수 없었다. 표훈의 말이 그대로 들어맞았다.

왕은 여자로서 남자가 되었으므로 돌날부터 왕위에 오를 때까지 항상 부녀가 하는 짓만 했다. 비단 주머니 차기를 좋아하고 도사道士[11]들과 함께 희롱했다. 그러므로 나라에 큰 난리가 생겨 마침내 선덕왕宣德王과 김경신金敬信[12]에게 죽임을 당했다. 그리고 표훈 이후로는 신라에 성인이 나지 않았다 한다.

景德王 忠談師 表訓大德

德經等 大王備禮受之 王御國二十四年 五岳三山神等 時或現侍於殿庭

三月三日 王御歸正門樓上 謂左右曰 誰能途中得一員榮服僧來 於是適有一大德 威儀鮮潔 徜徉而行 左右望而引見之 王曰 非吾所謂榮僧也 退之 更有一僧 被衲衣 負櫻筒 一作荷簣 從南而來 王喜見之 邀致樓上 視其筒中 盛茶具已 曰 汝爲誰耶 僧曰 忠談 曰 何所歸來 僧曰 僧每重三重九之日 烹茶饗南山三花嶺彌勒世尊 今茲旣獻而還矣 王曰 寡人亦一甌茶有分乎 僧乃煎茶獻之 茶之氣味異常 甌中異香郁烈 王曰 朕嘗聞師讚耆婆郞詞腦歌 其意甚高 是其果乎 對曰 然 王曰 然則

---

11 도류道流: 도사道士란 말.《韋應物 詩》玉書示道流
12 원문의 '金良相'은 선덕왕의 왕 되기 전의 이름. 여기서는 김양상과 함께 거병擧兵한 이찬伊湌 '金敬信'의 오기인 듯하다.

爲朕作理安民歌 僧應時奉勅歌呈之 王佳之 封王師焉 僧再拜固辭不受

安民歌曰 君隱父也 臣隱愛賜尸母史也 民焉狂尸恨阿孩古爲賜尸知 民是愛尸知古如 窟理叱大肹生以支所音物生 此肹喰惡支治良羅 此地肹捨遺只於冬是去於丁爲尸知 國惡支持以支知古如後句 君如臣多支 民隱如爲內尸等焉 國惡大平恨音叱如 讚耆婆郎歌曰 咽嗚爾處米 露曉邪隱月羅理 白雲音逐于浮去隱安支下 沙是八陵隱汀理也中 耆郎矣皃史是史藪邪 逸烏川理叱磧惡希 郎也持以支如賜烏隱 心未際叱肹逐內良齊 阿耶 栢史叱枝次高支好 雪是毛冬乃乎尸花判也

王玉莖長八寸 無子 廢之 封沙梁夫人 後妃滿月夫人 諡景垂太后 依忠角干之女也 王一日詔表訓大德曰 朕無祜 不獲其嗣 願大德請於上帝而有之 訓上告於天帝 還來奏云 帝有言 求女卽可 男卽不宜 王曰 願轉女成男 訓再上天請之 帝曰 可則可矣 然爲男則國殆矣 訓欲下時 帝又召曰 天與人不可亂 今師往來如隣里 漏洩天機 今後宜更不通 訓來以天語諭之 王曰 國雖殆 得男而爲嗣足矣 於是滿月王后生太子 王喜甚

至八歲 王崩 太子卽位 是爲惠恭大王 幼冲故 太后臨朝 政條不理 盜賊蜂起 不遑備禦 訓師之說驗矣 小帝旣女爲男 故 自期晬至於登位 常爲婦女之戱 好佩錦囊 與道流爲戱 故 國有大亂 終爲宣德與金良相〔敬信〕所弑 自表訓後 聖人不生於新羅云

혜공왕

갖가지 병난의 흉조가 나타나다

대력大曆[1] 초년에 강주康州[2] 관서의 대당大堂 동쪽 땅이 점점 꺼져서 못을 이루니—어떤 책에서는 대사大寺 동쪽의 작은 못이라 하였다—세로는 13척이고 가로는 7척이나 되었다. 갑자기 잉어 대여섯 마리가 서로 연달아 점점 커지니 못도 또한 따라서 커졌다. 2년 정미(767)에는 천구성天狗星[3]이 동루東樓 남쪽에 떨어졌다. 머리는 항아리처럼 생겼고, 꼬리는 3척 가량이나 되었으며, 빛은 활활 타는 불과 같았고, 천지가 또한 진동했다. 또 이 해에 금포현金浦縣의 5경五頃 정도의 논에서 모두 쌀낱이 이삭을 이루었으며, 같은 해 7월에는 북궁北宮 뜰 안에 먼저 별 두 개가 땅에 떨어지고 또 별 한 개가 떨어지더니, 별 세 개가 모두 땅 속으로 들어갔다.

앞서 대궐 북쪽 뒷간 속에서 두 줄기 연蓮이 나더니, 또 봉성사奉聖寺[4] 밭 가운데서도 연이 났다. 범이 궁성 안에 들어온 것을 찾다가 잃어버렸고, 각간 대공大恭의 집 배나무 위에 참새가 수없이

---

1 당나라 대종代宗의 연호. 대력 원년은 신라 혜공왕 2년(766)이다.
2 지금의 경남 진주.
3 천구天狗 : 천구성天狗星을 이름이니 옛날 중국에서 유성이나 혜성을 일컬었던 말. 《史記》 天狗狀如大奔星 有聲 其上止地類狗
4 경상북도 경주시에 있던 절. 신라 신문왕 5년(685)에 처음 세웠다.

모였다. 『안국병법安國兵法』5 하권에 의거하면 이러한 변괴가 있으면 천하에 큰 병란이 일어난다 했으므로, 이에 왕은 죄수를 사면하고 몸을 닦고 반성했다.6

각간 대공의 반란

같은 해 7월 3일에 각간 대공의 적도賊徒가 일어나고 서울과 5도 주군州郡의 도합 아흔여섯 명의 각간이 서로 싸워서 나라가 크게 어지러웠다. 각간 대공의 집이 멸망하니 그 집의 재산과 보물·비단 등을 왕궁으로 옮겼다.

신성新城7의 장창長倉이 불에 타므로 사량沙梁·모량牟梁 등의 마을 안에 있던 역적들의 보물과 곡식을 왕궁으로 실어 들였다.

병란은 석 달 만에 그쳤다. 상을 받은 사람도 많고 죽임을 당한 사람도 헤아릴 수가 없었으니 앞서 표훈의 말에 나라가 위태롭다 한 것이 이것이었다.

惠恭王

大曆之初 康州官署大堂之東 地漸陷成池 一本大寺東小池 縱十三尺 橫

---

5 병법에 관한 옛 기록. 지은이는 자세히 알 수 없다.
6 수성修省 : 수기반성修己反省한다는 말.《易經》君子以 恐懼修省
7 경주의 남산.

七尺 忽有鯉魚五六 相繼而漸大 淵亦隨大 至二年丁未 又天狗墜於東樓南 頭如瓮 尾三尺許 色如烈火 天地亦振 又是年 今浦縣稻田五頃中 皆米顆成穗 是年七月 北宮庭中 先有二星墜地 又一星墜 三星皆沒入地 先是宮北厠圊中二莖蓮生 又奉聖寺田中生蓮 虎入禁城中 追覓失之 角干大恭家梨木上雀集無數 據安國兵法下卷云 天下兵大亂 於是大赦修省

七月三日 大恭角干賊起 王都及五道州郡幷九十六角干 相戰大亂 大恭角干家亡 輸其家資寶帛于王宮 新城長倉火燒 逆黨之寶穀在沙梁牟梁等里中者 亦輸入王宮 亂彌三朔乃息 被賞者頗多 誅死者無算也 表訓之言國殆 是也

원성대왕

김경신의 왕 될 길몽

이찬伊湌[1] 김주원金周元이 처음에 상재上宰(首相)가 되었고 나중에 왕이 된 김경신金敬信은 각간으로 차재次宰(次相)에 있었다. 꿈에 복두幞頭[2]를 벗은 채 흰 갓을 쓰고 십이현금을 들고 천관사天官寺[3] 우물 속으로 들어갔다. 왕은 꿈에서 깨어나자마자 사람을 시

---

1 신라 17관등의 제2위.
2 귀인이 쓰던 모자. 또는 과거 급제자가 홍패紅牌를 받을 때에 쓰던 관이다.
3 경상북도 월성군 내남면 일남리에 있던 절.

켜 점을 쳐보니 "복두를 벗은 것은 관직에서 떠날 징조요, 십이현금을 든 것은 칼을 쓰게 될 조짐이며, 우물속으로 들어간 것은 옥에 갇힐 징조입니다" 했다. 왕은 이 말을 듣고 매우 근심하여 문을 닫고 집 밖으로 나가지 않았다. 그때에 아찬阿飡[4] 여삼餘三—어떤 책에는 여산餘山이라고 했다—이 와서 뵙고자 했으나 왕은 병을 핑계하고 나가지 않았다. 아찬이 다시 청하여 한 번 뵈옵기를 원한다 하므로 왕은 허락했다. 아찬이 물었다.

"공이 근심하는 것은 무슨 일입니까?"

왕이 꿈을 점쳤던 사유를 자세히 말하니, 아찬은 일어나 절하면서 말했다.

"그것은 좋은 꿈입니다. 공이 만일 왕위에 올라서 나를 저버리지 않는다면 공을 위해 꿈을 풀어보겠습니다."

왕은 이에 좌우의 사람을 물리치고 해몽하기를 청하니 아찬은 말했다.

"복두를 벗은 것은 다른 이가 공의 위에 앉을 이가 없음이요, 흰 갓을 쓴 것은 면류관을 쓰게 될 징조요, 십이현금을 든 것은 12세손[5]이 대를 이을 징조요, 천관사 우물로 들어간 것은 궁궐로 들어갈 길조입니다."

"내 위에 주원이 있으니 어찌 윗자리에 앉을 수 있겠소."

---

4 신라 17관등의 제6위.
5 내물왕 12세손을 말한다.

"비밀히 북천北川(閼川) 신에게 제사지내면 좋을 것입니다."

왕은 그대로 따랐다. 얼마 안 가서 선덕왕이 세상을 떠나니 나랏사람이 김주원을 받들어 왕을 삼으려고 장차 왕궁에 맞아들이려 했다. 그러나 그 집이 시내의 북쪽에 있었으므로 갑자기 비가 와서 냇물이 불어 건너오지 못했다. 때문에 왕이 먼저 궁궐에 들어가서 왕위에 올랐다. 상재의 무리들이 모두 와서 따르고 새로 위에 오른 임금에게 삼가 치하하였다.

이가 곧 원성대왕元聖大王인데 이름은 경신이요, 성은 김씨니 대개 길몽의 응함이었다.

주원은 명주溟州에 물러가 있고 왕은 임금이 되었다. 이때 여산餘山은 이미 죽었으므로 그의 자손을 불러 벼슬을 주었다. 왕은 손자가 다섯이 있었으니 혜충태자惠忠太子・헌평태자憲平太子・예영잡간禮英匝干・대룡부인大龍夫人・소룡부인小龍夫人 들이었다. 대왕은 진실로 인생의 곤궁하고 영달하는 이치를 알았으므로 신공사뇌가身空詞腦歌를 지었다.—노래는 없어졌으므로 알 수 없다.

만파식적과 일본의 내침

왕의 아버지 대각간 효양孝讓이 조종祖宗의 만파식적萬波息笛을 간직해서 왕에게 전했다. 왕이 이를 얻었으므로 천은天恩을 후하게 입어 그 덕이 멀리 빛났었다.

정원貞元 2년 병인(786) 10월 11일에 일본왕 문경文慶―『일본제기日本帝紀』를 살펴보면 제55대의 군주 문덕왕文德王이 이 임금인 듯하다.

그 밖에 문경은 없다. 어떤 책에는 이 왕의 태자라 했다—이 군사를 일으켜 신라를 치려다가 신라에 만파식적이 있어 군사를 물리친다는 말을 듣고서 사자를 보내어 금 쉰 냥으로써 그 피리를 보자고 청했다.

왕은 사자에게 말했다.

"내가 듣기에는 상대上代 진평왕 때에 그것이 있었을 뿐 지금은 있는 곳을 알 수 없다."

이듬해 7월 7일에 일본왕이 다시 사자를 보내어 금 1천 냥으로써 만파식적을 청해왔다.

"내가 신비로운 물건을 보기만 하고 그것을 돌려보내겠습니다."

왕은 또한 전과 같은 대답으로써 거절하고 은 3천 냥을 그 사자에게 주며 금은 돌려주고 받지 않았다. 8월에 일본의 사자가 돌아갔다. 그 피리를 내황전內黃殿에 간직했다.

왕이 용을 구원하다

왕이 즉위한 11년 을해(795)에 당나라 사자가 서울에 와서 한 달 동안 머물다가 돌아갔다. 그 후 하루 만에 두 여인이 내정內庭에 나와서 아뢰었다.

"저희들은 동지東池, 청지靑池—청지는 곧 동천사東泉寺의 샘이다. 절의 기록에 이 샘은 동해의 용이 왕래하면서 불법을 듣는 곳이요, 절은

---

6 당나라 덕종德宗의 연호.

진평왕이 지은 것이니 5백 성중聖衆과 5층탑과 전민田民을 아울러 헌납했다고 했다—에 있는 두 용의 아내인데 당나라의 사자가 하서국河西國7 사람 둘을 데리고 와서 우리 남편인 두 용과 분황사芬皇寺8 우물에 있는 용을 다 저주하여 모습을 작은 고기로 바꾸어서 통 속에 넣어가지고 돌아갔습니다. 부디 폐하께서는 그 하서국의 두 사람에게 명령하여 우리 남편들인 호국룡護國龍을 여기에 머물도록 해주십시오."

왕은 하양관河陽館9까지 쫓아가서 친히 연회를 베풀고 하서국 사람에게 명령했다.

"너희들이 어찌하여 우리 나라의 세 용을 잡아서 이곳까지 왔느냐? 만약 사실대로 아뢰지 않으면 정녕코 사형에 처하겠다."

하서국 사람이 그제야 세 고기를 내어 왕에게 바쳤다. 이것을 세 곳에 놓아주니 각각 물에서 한 길이나 솟구치고 즐거이 뛰놀면서 달아났다. 이에 당나라 사자는 왕의 명철함에 감복했다.

묘정과 작은 구슬

왕이 어느 날 황룡사—어떤 책에는 화엄사華嚴寺10라 했고 또 금강사金剛寺11라고도 했으니, 아마 절 이름과 경 이름을 혼동한 것 같다—의

---

7 미상.
8 경상북도 경주시 구황리에 있던 절. 신라 선덕여왕 3년(634)에 처음 세웠다.
9 하양은 지금 영천永川의 서쪽.
10 전라남도 구례군 지리산에 있는 절을 가리킨 것 같다.

중 지해智海를 대궐로 청해 들여 『화엄경華嚴經』을 50일 동안 강의하게 했다. 사미沙彌[12] 묘정妙正이 매양 금광정金光井—대현법사大賢法師가 우물 이름을 지었다—가에서 바리때를 씻었는데 그때 자라 한 마리가 우물 속에서 떠올랐다가 잠기곤 하였다. 묘정은 매번 밥찌꺼기를 자라에게 먹이면서 장난을 쳤다. 법석法席이 바야흐로 끝나려 할 때 묘정은 자라에게 말했다.

"내가 너에게 은덕을 베푼 지가 오래되었는데 너는 무엇으로 그 은덕을 갚으려느냐?"

수일 후에 자라는 한 개의 작은 구슬을 토해서는 묘정에게 주려는 듯하므로 묘정은 그 구슬을 얻어서 허리띠 끝에 달았다. 이후로부터 대왕은 묘정을 보면 사랑하고 귀중히 여겨 내전에 맞아들여 자기의 옆을 떠나지 못하게 했다.

그때에 한 잡간币干[13]이 당나라에 사신으로 가게 되었는데, 또한 묘정을 사랑하여 함께 가기를 청하니 왕은 이를 허락했다. 잡간과 묘정이 함께 당나라에 들어가니 당나라의 황제도 또한 묘정을 보자 사랑하게 되었고, 승상과 근신들까지도 그를 존경하고 믿지 않는 이가 없게 되었다. 상을 보는 어떤 사람이 황제에게 아뢰었다.

---

11 경상북도 경주에 있던 절. 신인조사神印祖師 명랑이 처음 세웠다.
12 십계를 받고 불도를 닦는 나이 어린 중을 일컫는 말.《魏書 釋老傳》其爲沙門者 初修十誡 曰沙彌
13 신라 17관등의 제3위인 잡찬币飡을 이른다.

"이 중을 자세히 보았으나 하나도 길한 상이 없는데, 남에게 신뢰와 존경을 받으니 틀림없이 이상한 물건을 가졌을 것입니다."

황제는 사람을 시켜 뒤져보고는 허리띠 끝에서 작은 구슬을 찾아냈다. 황제는 말했다.

"나에게 여의주如意珠[14] 네 개가 있었는데 지난해 한 개를 잃어버렸다. 이제 이 구슬을 보니 바로 내가 잃었던 것이다."

황제가 묘정에게 연유를 물으니 묘정은 그 사실을 자세히 말했다. 황제가 생각해보니 구슬을 잃었던 날짜가 묘정이 구슬을 얻었던 날짜와 같았으므로, 황제는 그 구슬을 빼앗아두고 묘정을 신라로 돌려보냈다. 그 후에는 사람들이 묘정을 귀여워하고 신뢰하는 이가 없었다.

많은 절을 짓게 하고 조상을 추봉하다

왕의 능은 토함산 서쪽 동곡사洞鵠寺[15]—지금의 숭복사崇福寺다—에 있는데, 여기 최치원이 지은 비가 있다. 왕은 또 보은사報恩寺와 망덕루望德樓를 세웠다. 왕은 할아버지 훈입 잡간訓入匝干을 추봉追封하여 흥평대왕興平大王이라 하고, 증조 의관 잡간義官匝干을 신영대왕神英大王이라 하고, 고조 법선 대아간法宣大阿干[16]을 현성

---

14 용의 턱 아래에 있다고 하는 구슬인데, 이 구슬을 얻으면 변화를 마음대로 부릴 수 있다고 한다.
15 경상북도 월성군 외동면 말방리에 있던 절.
16 신라 17관등의 제5위 대아찬大阿湌을 이른 말.

대왕玄聖大王이라 했다.

현성대왕[17]의 아버지는 곧 마질차 잡간摩叱次匝干이다.

元聖大王

伊湌金周元 初爲上宰 王爲角干 居二宰 夢脫幞頭 著素笠 把十二絃琴 入於天官寺井中 覺而使人占之 曰 脫幞頭者 失職之兆 把琴者 著枷之 兆 入井 入獄之兆 王聞之甚患 杜門不出 于時阿湌餘三 或本餘山 來通 謁 王辭以疾不出 再通曰 願得一見 王諾之 阿湌曰 公所忌何事 王具 說占夢之由 阿湌興拜曰 此乃吉祥之夢 公若登大位而不遺我 則爲公 解之 王乃辟禁左右而請解之 曰 脫幞頭者 人無居上也 著素笠者 冕旒 之兆也 把十二絃琴者 十二孫傳世之兆也 入天官井 入宮禁之瑞也 王 曰 上有周元 何居上位 阿湌曰 請密祀北川神可矣 從之 未幾 宣德王 崩 國人欲奉周元爲王 將迎入宮 家在川北 忽川漲不得渡 王先入宮卽 位 上宰之徒衆 皆來附之 拜賀新登之主 是爲元聖大王 諱敬信 金武 〔氏〕 盖厚夢之應也 周元退居溟州 王旣登極 時餘山已卒矣 召其子孫 賜爵 王之孫有五人 惠忠太子 憲平太子 禮英匝干 大龍夫人 小龍夫人 等也 大王誠知窮達之變 故 有身空詞腦歌 歌亡未詳

王之考大角干孝讓 傳祖宗萬波息笛 乃傳於王 王得之 故 厚荷天恩 其 德遠輝 貞元二年丙寅十月十一日 日本王文慶 按日本帝紀 第五十五主文德

---

17 원문에는 '玄聖大王'이 두 번 나오므로 하나는 필요 없는 글자인 듯하다.

王疑是也 餘無文慶 或本云 是王太子 擧兵欲伐新羅 聞新羅有萬波息笛退兵 以金五十兩 遣使請其笛 王謂使曰 朕聞上世眞平王代有之耳 今不知所在 明年七月七日 更遣使 以金一千兩請之曰 寡人願得見神物 而還之矣 王亦辭以前對 以銀三千兩賜其使 還金而不受 八月 使還 藏其笛於內黃殿

王卽位十一年乙亥 唐使來京 留一朔而還 後一日 有二女 進內庭 奏曰 妾等乃東池靑池 靑池卽東泉寺之泉也 寺記云 泉乃東海龍往來聽法之地 寺乃眞平王所造 五百聖衆 五層塔 幷納田民焉 二龍之妻也 唐使將河西國二人而來 呪我夫二龍及芬皇寺井等三龍 變爲小魚 筒貯而歸 願陛下勅二人 留我夫等護國龍也 王追至河陽舘 親賜享宴 勅河西人曰 爾輩何得取我三龍至此 若不以實告 必加極刑 於是出三魚獻之 使放於三處 各湧水丈餘 喜躍而逝 唐人服王之明聖

王一日請皇龍寺 注 或本云 華嚴寺又金剛寺□ 蓋以寺名經名 □混之也 釋智海入內 稱〔講〕華嚴經五旬 沙彌妙正 每洗鉢於金光井 因大賢法師得名 邊有一黿浮沈井中 沙彌每以殘食 餽而爲戱 席將罷 沙彌謂黿曰 吾德汝日久 何以報之 隔數日 黿吐一小珠 如欲贈遺 沙彌得其珠 繫於帶端 自後大王見沙彌愛重 邀致內殿 不離左右 時有一匝干 奉使於唐 亦愛沙彌 請與俱行 王許之 同入於唐 唐帝亦見沙彌而寵愛 承相左右莫不尊信 有一相士奏曰 審此沙彌 無一吉相 得人信敬 必有所持異物 使人檢看 得帶端小珠 帝曰 朕有如意珠四枚 前年失一个 今見此珠 乃吾所失也 帝問沙彌 沙彌具陳其事 帝內〔思〕失珠之日 與沙彌得珠同日 帝留其珠而遣之 後人無愛信此沙彌者

王之陵在吐含岳西洞鵠寺 今崇福寺 有崔致遠撰碑 又創報恩寺 又望德樓 追封祖訓入匝干爲興平大王 曾祖義官匝干爲神英大王 高祖法宣大阿干爲玄聖大王 玄聖之考 卽摩叱次匝干

이른 눈

제40대 애장왕哀莊王 말년 무자(808)에는 8월 15일에 눈이 왔다.

제41대 헌덕왕憲德王 때인 원화元和[1] 13년 무술(818)에는 3월 14일에 많은 눈이 왔다.—어떤 책에는 병인이라 했으나 잘못이다. 원화는 15년으로 끝났으므로 병인은 없다.

제46대 문성왕文聖王 기미에는 5월 19일에 많은 눈이 왔다. 8월 1일에는 천지가 어두워졌다.

早雪
第四十 哀莊王 末年戊子八月十五日 有雪第四十一 憲德王 元和十三年戊戌三月十四日 大雪 一本作丙寅 誤矣 元和盡十五 無丙寅 第四十六 文聖王 己未五月十九日 大雪 八月一日 天地晦暗

---

1 당나라 헌종의 연호. 원화 13년은 신라 헌덕왕 10년(818)이다.

흥덕왕과 앵무새

제42대 흥덕대왕興德大王은 보력寶曆[1] 2년 병오(826)에 왕위에 올랐다. 왕위에 오른 지 얼마 아니 되어 어떤 이가 당나라에 사신으로 갔다가 앵무새 한 쌍을 가지고 왔다. 그러나 얼마 안 가 암놈이 죽었다. 혼자 남은 수놈은 슬피 울며 그치지 않았다. 왕은 사람을 시켜 그 앞에 거울을 걸어놓게 했다. 앵무새는 거울 속의 그림자를 보고는 자신의 짝을 얻은 줄 생각하고 거울을 쪼더니 그림자임을 알자 슬피 울다가 죽었다. 이에 왕이 노래를 지었다고 하는데 그 노래는 알 수 없다.

興德王 鸚鵡

第四十二 興德大王 寶曆二年丙午卽位 未幾有人奉使於唐 將鸚鵡一雙而至 不久雌死 而孤雄哀鳴不已 王使人掛鏡於前 鳥見鏡中影 擬其得偶 乃啄其鏡而知其影 乃哀鳴而死 王作歌云 未詳

---

1 당나라 경종敬宗의 연호.

신무대왕과 염장·궁파

왕이 공신 궁파와의 약속을 어기다

제45대 신무대왕神武大王이 아직 왕이 되기 전에[1] 왕은 협사俠士 궁파弓巴[2]에게 말했다.

"내겐 이 세상에서 같이 살 수 없는 원수가 있소[3]. 그대가 나를 위해 그를 없애주면 내가 왕위에 올랐을 때 그대의 딸을 왕비로 삼겠소."

궁파는 이를 허락하고, 마음과 힘을 같이하여 군사를 일으켜 서울에 쳐들어가서, 그 일을 성공시켰다. 왕은 이미 왕위를 빼앗았으므로 궁파의 딸을 왕비로 삼으려 하니 여러 신하가 극력으로 간했다.

"궁파는 미천한[4] 사람이니 임금께서 그의 딸을 왕비로 삼는 것

---

1 잠저潛邸 : 창업創業의 임금이나 종실宗室에서 들어온 임금으로서 아직 왕위에 오르기 전에 살던 집.《宋史 理宗紀》淳祐七年 詔改潛邸爲龍翔宮
2 장보고張保皐를 이름이니 궁복弓福, 또는 궁파라고도 한다.
3 부동천不同天 : 불공대천不共戴天, 곧 이 세상에서 같이 살 수 없다는 말로 대개 부모의 원수를 가리켜 쓴다. 곧 신무왕의 원수는 제44대 민애왕閔哀王이니 민애왕은 앞서 신무왕의 아버지 김균정金均貞을 죽인 일이 있었고, 또 난을 일으켜 희강왕僖康王을 죽게 하고 자립하여 왕이 되었던 것이다.《禮記》父之讎 勿與共戴天
4 측미側微 : 미천하다는 말.《史記》尙父側微 卒歸西伯

은 옳지 못합니다."

왕은 그 말을 따랐다.

궁파를 제거하다

그때 궁파는 청해진淸海鎭[5]에 진을 지키고 있었다. 왕이 약속을 어긴 것을 원망하여 난을 일으키려 했다. 이때 장군 염장閻長이 이 소식을 듣고 왕에게 아뢰었다.

"궁파가 장차 불충한 일을 하려 하오니 제가 이를 제거하겠습니다."

왕은 기뻐하며 이를 허락했다. 염장은 왕의 명령을 받들고 청해진으로 가서 인도자를 통해 말했다.

"나는 임금에게 조그만 원망이 있소. 그래서 명공明公[6]에게 의탁하여 몸과 목숨을 보전하려 합니다."

궁파는 이 말을 듣고 크게 노했다.

"너희들이 왕에게 간하여 나의 딸을 폐하게 해놓고 어찌 나를 보려고 하는가?"

염장은 다시 인도자를 통해 말했다.

"그것은 여러 신하들이 간한 것입니다. 나는 그 일에 참여하지 않았으니 공은 혐의를 가지지 마십시오."

---

5 전라남도 완도莞島를 말한다.
6 명망과 관위가 있는 사람에 대한 존칭. 여기서는 궁파를 말한다. 《後漢書》 孫堅 謂張溫曰 明公親帥王師 威振天下

궁파는 이 말을 듣고 청사廳事(廳舍)에 불러들여 물었다.

"그대가 무슨 일로 이곳에 왔소?"

"왕에게 거스른 일이 있었으므로 공의 막하에 의탁하여 죽음을 면하려고 합니다."

"다행한 일이오."

그래서 술잔을 나누며 매우 기뻐하던 차에 염장은 궁파의 긴 칼을 빼어 궁파를 베어 죽였다. 휘하의 군사들이 놀라서 모두 땅에 엎드렸다. 염장은 군사를 이끌고 서울로 가서 왕에게 복명復命7하였다.

"이미 궁파를 베어 죽였습니다."

왕은 기뻐하여 그에게 상을 내리고, 아간阿干의 벼슬을 주었다.

神武大王 閻長 弓巴

第四十五 神武大王潛邸時 謂俠士弓巴曰 我有不同天之讎 汝能爲我除之 獲居大位 則娶爾女爲妃 弓巴許之 協心同力 擧兵犯京師 能成其事 旣簒位 欲以巴之女爲妃 群臣極諫曰 巴側微 上以其女爲妃則不可 王從之

時巴在淸海鎭爲軍戍 怨王之違言 欲謀亂 時將軍閻長聞之 奏曰 巴將

---

7 명령을 받고 일을 처리한 사람이 그 결과를 보고하는 일.《論語》賓退 必復命曰 賓不顧矣

爲不忠 小臣請除之 王喜許之 閤長承旨歸淸海鎭 見謁者通曰 僕有小
怨於國君 欲投明公 以全身命 巴聞之大怒曰 爾輩諫於王而廢我女 胡
顧見我乎 長復通曰 是百官之所諫 我不預謀 明公無嫌也 巴聞之 引入
廳事 謂曰 卿以何事來此 長曰 有忤於王 欲投幕下 而免害爾 巴曰 幸
矣 置酒歡甚 長取巴之長劍斬之 麾下軍士 驚愕皆伏地 長引至京師復
命曰 已斬弓巴矣 上喜賞之 賜爵阿干

제48대 경문대왕

세 가지 아름다운 행실을 말한 어진 응렴공

경문대왕의 이름은 응렴膺廉이며 나이 열여덟 살에 국선國仙이 되었다. 나이 스무 살[1]에 이르자 헌안대왕憲安大王은 낭을 불러 궁중에서 잔치를 베풀고 물었다.

"낭은 국선이 되어 사방에 돌아다녔으니[2] 무슨 이상한 일을 본 일이 있는가?"

"신臣은 행실이 아름다운 사람 세 명을 보았습니다."

"그 이야기를 들려주게."

"남의 윗자리에 있을 만한 사람이면서도 겸손하여[3] 남의 밑에

---

1 약관弱冠: 남자의 나이 스무 살이 된 것을 이르는 말. 《禮記》 二十曰弱冠
2 우유優遊: 편안하고 한가롭게 지낸다는 뜻이나, 여기서는 두루 유람한다는 뜻으로 해석된다.

있는 이가 그 첫째이옵고, 세력 있고 부자이면서도 옷차림이 검소한 이가 그 둘째요, 본래 귀하고 세력이 있으면서도 그 위세를 보이지 않는 이가 그 셋째였습니다."

왕은 그 말을 듣고 낭의 어짊을 알았으므로 자기도 모르는 새 눈물을 떨어뜨리며 말했다.

"나에게 두 딸이 있는데 낭의 시중을 들게4 하겠네."

낭은 자리에서 일어나 다른 곳으로 피하면서5 절하고는 머리를 굽히면서 물러갔다.

이 사실을 부모에게 아뢰니 부모는 놀라고 기뻐하여 그 자제들을 모아 의논하였다.

"왕의 맏공주는 얼굴이 매우 초라하고 둘째공주는 매우 아름다우니 둘째공주에게 장가가는 것이 좋겠다."

범교사의 충고를 듣다

낭의 무리 중의 으뜸인 범교사範敎師6가 이 말을 듣고 낭의 집에 와서 낭에게 물었다.

---

3 휘겸撝謙 : 겸손하다는 말. 《易經》旡不利撝謙
4 건즐巾櫛 : 수건과 빗. 건즐을 받드는 일은 천한 여인들이나 하는 것이니 여기서는 남의 아내가 된다는 말의 겸사. 《左傳》寡君之使婢子侍執巾櫛
5 피석避席 : 웃어른에게 공경을 표하기 위하여 그 자리를 피하는 일. 《禮記》孔子 蹴然避席而對
6 『삼국사기』「헌안왕憲安王 4년」에는 다만 흥륜사의 중이라고 기록되어 있다.

"대왕께서 공주를 공의 아내로 주고자 한다는데 사실입니까?"

"그렇습니다."

"어느 공주에게 장가들 생각입니까?"

"부모님께서 나에게 둘째공주가 좋다고 하십니다."

"낭이 만약 둘째공주에게 장가든다면 나는 반드시 낭의 면전에서 죽을 것이며, 맏공주에게 장가든다면 반드시 세 가지 좋은 일이 있을 것이니 살피십시오."

"그 말대로 하겠습니다."

얼마 후에 왕은 날을 가려서 낭에게 사신을 보내어 말했다.

"두 딸을 공의 의사대로 결정하게."

사신이 돌아와서 낭의 의사대로 임금께 아뢰었다.

"맏공주를 받들겠다고 합니다."

그 후 3개월이 지나자 왕은 병이 위독하여 여러 신하를 불렀다.

"내게 남손男孫이 없으니 죽은 후의 일7은 마땅히 맏딸의 남편 응렴이 이를 계승해야 할 것이다."

그 이튿날 왕이 세상을 떠나니 낭은 유언을 받들어 왕위에 올랐다.

---

7 둔석窀穸: 매장한다는 말이나 여기에 말한 둔석지사窀穸之事는 곧 죽은 후의 일이란 뜻. 《左傳》惟是春秋窀穸之事

겹친 세 가지 경사

이에 범교사는 경문왕에게 나아가 아뢰었다.

"제가 아뢰었던 세 가지 좋은 일이 지금 모두 이루어졌습니다. 맏공주에게 장가듦으로써 이제 왕위에 오른 것이 그 첫째이옵고, 전에 흠모하던 둘째공주에게 이제 쉽게 장가를 들 수 있음이 그 둘째이오며, 맏공주에게 장가듦으로써 왕과 부인께서 매우 기뻐하게 됨이 그 셋째입니다."

왕은 그 말을 고맙게 여겨 대덕大德[8]이란 벼슬을 주고 금 1백30냥을 주었다. 왕이 세상을 떠나니 시호를 경문景文이라 했다.

뱀과 함께 자는 왕

일찍이 왕의 침전寢殿에는 매일 저녁이면 많은 뱀들이 모여들었다. 나인들이 놀라고 두려워하여 쫓아내려 하니 왕은 말했다.

"나는 뱀이 없으면 편안히 잘 수 없으니 쫓아내지 말라."

그리고 언제나 잘 때에는 뱀처럼 혀를 내밀어 온 가슴에 펴고 있었다.

임금의 귀는 나귀의 귀처럼 생겼다

왕이 임금의 자리에 오르자 왕의 귀가 갑자기 길어져서 나귀의 귀처럼 되었다. 왕후와 나인들은 모두 알지 못했으나 오직 복두장

---

8 불교에서 덕이 높은 스님에게 주는 계급.

복두장幞頭匠9 한 사람만이 그것을 알고 있었다. 그러나 평생에 남에게 말하지 않았다. 그는 죽으려 할 때 도림사道林寺10의 대숲 속의 사람이 없는 곳으로 들어가서 대나무를 보고 외쳤다.

"우리 임금님 귀는 나귀 귀처럼 생겼다."

그 후 바람만 불면 댓소리가 났다.

"우리 임금님 귀는 나귀 귀처럼 생겼다."

왕은 이 소리를 싫어하여 이에 대나무를 베어버리고 산수유나무를 심었더니 바람이 불면 다만 그 소리는 "우리 임금님 귀는 기다랗다"고만 했다.—도림사는 예전에 서울로 들어가는 곳에 있는 숲가에 있었다.

네 화랑이 가요를 짓다

국선 요원랑邀元郎·예흔랑譽昕郎·계원桂元·숙종랑叔宗郎 등이 금란金蘭11을 유람할 때 은근히 임금을 도와 나라를 다스리려는 뜻이 있었다. 이에 노래 세 수를 지어 심필心弼 사지舍知12를 시켜 침권針卷을 주어 대구화상大矩和尙13에게 보내어 세 가지 곡을 짓

---

9 복두를 만드는 기술자임. 복두는 관의 하나.
10 경상북도 월성군 내동면 구황리에 있던 절.
11 지금의 강원도 통천의 옛 지명.
12 신라 17관등의 제13위.
13 신라의 스님으로 향가를 잘 지었다. 진성여왕眞聖女王 때에 각간 위홍角干魏弘과 함께 향가를 수집하여 향가집『삼대목三代目』을 엮었다.

게 하니 첫째가 「현금포곡玄琴抱曲」이요, 둘째가 「대도곡大道曲」이요, 셋째가 「문군곡問羣曲」이었다. 대궐에 들어가서 왕에게 아뢰니, 왕은 크게 기뻐하여 칭찬했다. 노래는 알려져 있지 않다.

四十八 景文大王

王諱膺廉 年十八爲國仙 至於弱冠 憲安大王召郞 宴於殿中 問曰 郞爲國仙 優遊四方 見何異事 郞曰 臣見有美行者三 王曰 請聞其說 郞曰 有人爲人上者 而撝謙坐於人下 其一也 有人豪富 而衣儉易 其二也 有人本貴勢 而不用其威者 三也 王聞其言 而知其賢 不覺墮淚而謂曰 朕有二女 請以奉巾櫛 郞避席而拜之 稽首而退 告於父母 父母驚喜 會其子弟 議曰 王之上公主貌甚寒寢 第二公主甚美 娶之幸矣

郞之徒上首範敎師者聞之 至於家 問郞曰 大王欲以公主妻公信乎 郞曰 然 奚娶 郞曰 二親命我宜弟 師曰 郞若娶弟 則予必死於郞之面前 娶其兄 則必有三美 誠之哉 郞曰 聞命矣 旣而王擇辰 而使於郞曰 二女惟公所命 使歸以郞意奏曰 奉長公主爾 旣而過三朔 王疾革 召群臣曰 朕無男孫 窀穸之事 宜長女之夫膺廉繼之 翌日王崩 郞奉遺詔卽位

於是範敎師詣於王曰 吾所陳三美者 今皆著矣 娶長故 今登位 一也 昔之欽艶弟主 今易可取 二也 娶兄故 王與夫人喜甚 三也 王德其言 爵爲大德 賜金一百三十兩 王崩 諡曰景文

王之寢殿 每日暮 無數衆蛇俱集 宮人驚怖 將驅遣之 王曰 寡人若無蛇

不得安寢 宜無禁 每寢吐舌滿胸鋪之

乃登位 王耳忽長如驢耳 王后及宮人皆未知 唯幞頭匠一人知之 然生平不向人說 其人將死 入道林寺竹林中無人處 向竹唱云 吾君耳如驢耳 其後風吹 則竹聲云 吾君耳如驢耳 王惡之 乃伐竹而植山茱萸 風吹則但聲云 吾君耳長 道林寺 舊在入都林邊

國仙邀元郎 譽昕郎 桂元 叔宗郎等 遊覽金蘭 暗有爲君主理邦國之意 乃作歌三首 使心弼舍知 授針卷 送大矩和尙處 令作三歌 初名玄琴抱曲 第二大道曲 第三問群曲 入奏於王 王大喜稱賞 歌未詳

처용랑과 망해사[1]

신라의 번영

제49대 헌강대왕憲康大王 때는 서울로부터 지방에 이르기까지 집과 담이 연이어져 있었으며, 초가는 하나도 없었다. 풍악과 노랫소리는 길거리에 끊이지 않았으며, 바람과 비는 철마다 순조로웠다.

용의 아들 처용을 얻다

때에 대왕이 개운포開雲浦—학성鶴城의 서남에 있으니 지금의 울주

---

1 경상남도 울주군 청량면 율리 문수산에 있던 절.

蔚州—에 나가 놀다가 바야흐로 돌아가려 했다. 낮에 물가에서 쉬는데, 갑자기 구름과 안개가 자욱해져 길을 잃게 되었다. 왕은 괴이히 여겨 측근자에게 물으니 일관이 아뢰었다.

"이것은 동해 용의 조화이오니 마땅히 좋은 일을 해주어서 이를 풀어야 될 것입니다."

이에 사무를 맡은 관원에게 명령하여 용을 위해 그 근처에 절을 세우도록 했다. 왕의 명령이 내려지자 구름과 안개가 걷혔으므로 이 일로 말미암아 지명을 개운포라 한다. 동해 용이 기뻐하여 이에 아들 일곱을 거느리고 임금 앞에 나타나서 왕의 덕을 찬양하여 춤을 추며 음악을 연주했다. 그 중 한 아들이 임금을 따라 서울에 들어가서 정사政事를 도왔는데 이름은 처용處容이라 했다.

도량 넓은 처용

왕은 미녀를 처용에게 아내로 주어 그의 생각을 잡아두게 했으며, 또한 급간級干이란 관직을 주었다. 그런데 그의 아내가 너무 아름다웠으므로, 역신疫神이 그녀를 흠모하여 사람으로 모습을 바꾸더니 밤에 그 집에 가서 몰래 그녀와 동침했다. 처용이 밖에서 집에 돌아와 잠자리에 두 사람이 누워 있는 것을 보자 이에 노래를 부르며 춤을 추면서 물러 나왔다.

그 노래는 이렇다.

서울 밝은 달에
밤들어 노니다가
들어서야 자리를 보니
가랭이가 넷일러라
둘은 내 것인데
둘은 뉘 것인뇨
본디는 내 것이다마는
앗은 것을 어찌할꼬

　그때에 역신이 형체를 나타내어 처용의 앞에 꿇어앉았다.
　"제가 공의 아내를 사모하여 지금 그녀와 관계했는데, 공은 노여움을 나타내지 않으시니 감동하여 칭송하는 바입니다. 맹세코 이후로는 공의 형용을 그린 것만 보아도 그 문에 들어가지 않겠습니다."
　이 일로 말미암아 나랏사람들이 처용의 형상을 문에 붙여서 사귀邪鬼를 물리쳐 경사를 맞아들이게 되었다.

망해사를 짓다

　왕이 서울에 돌아오자 영취산靈鷲山[2] 동쪽 기슭의 경치 좋은 곳을 선정하여 절을 세우고 이름을 망해사라 했다. 또한 신방사新房

---

2 지금의 울산에 있는 산 이름.

寺라 하니 용을 위하여 세운 것이다.

산신들이 나타나 춤을 추다

왕이 또 포석정鮑石亭3에 행차했더니, 남산의 신이 임금의 앞에 나타나서 춤을 추었다. 좌우 사람들은 보지 못했으나 왕만은 홀로 이것을 보았다. 어떤 사람(신)이 앞에 나타나 춤을 추니 왕 자신이 춤을 추어 그 형상을 보였다. 신의 이름을 혹 상심祥審이라 했으므로 지금까지 나랏사람들이 이 춤을 전하여 어무상심御舞祥審 또는 어무산신御舞山神이라고 한다. 어떤 이는 신이 이미 나와 춤을 추자 그 모습을 살펴 본떠 공인工人에게 명하여 모습에 따라 새겨4 후세의 사람에게 보이게 했으므로 상심象審이라 한다고 했다. 또 어떤 이는 상염무霜髥舞5라고도 하니 이는 그 형상에 따라 일컬은 것이다.

왕이 또한 금강령金剛嶺에 행차했을 때에 북악北岳의 신이 나타나 춤을 추었으므로 그의 이름을 옥도금玉刀鈐이라 했고 또 동례전同禮殿의 잔치 때에는 지신地神이 나타나 춤을 추었으므로 그의

---

3 경주 남산 서쪽 기슭에 있는 유흥의 잔치를 베풀던 장소. 통일신라 이후에 역대 임금과 귀인들이 이곳에서 술잔을 전복 모습으로 둥글게 판 홈에 띄워놓고 놀이를 즐겼다.
4 모각摹刻 : 모양에 의거해 조각한다는 말.
5 상염霜髥은 흰수염이니 상염무霜髥舞는 산신의 형상에 따라 이름한 말.《蘇軾詩》霜髥三老如松檜

이름을 지백 급간地伯級干이라 했다.

어법집語法集에는 그때 산신이 춤을 추고 노래를 부르되 지리다도파도파智理多都波都波[6]라 한 것은 대개 지혜로 나라를 다스리는 사람이 사태를 미리 알고 많이 도망했으므로 도읍이 장차 파괴된다는 것을 말함이다. 곧 지신과 산신은 나라가 장차 멸망할 줄 알았으므로 춤을 추어 그것을 경고했던 것이나 나랏사람들은 이를 깨닫지 못하고 도리어 상서祥瑞가 나타났다고 하여 술과 계집을 즐김[7]이 더욱 심해졌던 까닭에 나라는 마침내 멸망했다.

處容郎 望海寺

第四十九 憲康大王之代 自京師至於海內 比屋連墻 無一 草屋 笙歌不絕道路 風雨調於四時

於是大王遊開雲浦 在鶴城西南 今蔚州 王將還駕 晝歇於汀邊 忽雲霧冥曀 迷失道路 怪問左右 日官奏云 此東海龍所變也 宜行勝事以解之 於是勅有司 爲龍創佛寺近境 施令已出 雲開霧散 因名開雲浦 東海龍喜 乃率七子 現於駕前 讚德獻舞奏樂 其一子隨駕入京 輔佐王政 名曰處容

王以美女妻之 欲留其意 又賜級干職 其妻甚美 疫神欽慕之 變爲人 夜

---

6 향찰. 뒤에 나타나는 해석은 향찰을 한문으로 보고 풀이했다.
7 탐락耽樂 : 주색에 빠져서 마음껏 즐김.《書經》惟耽樂之從

至其家 竊與之宿 處容自外至其家 見寢有二人 乃唱歌作舞而退 歌曰
東京明期月良 夜入伊遊行如可 入良沙寢矣見昆 脚烏伊四是良羅 二
肹隱吾下於叱古 二肹隱誰支下焉古 本矣吾下是如馬於隱 奪叱良乙何
如爲理古 時神現形 跪於前曰 吾羨公之妻 今犯之矣 公不見怒 感而美
之 誓今已後 見畵公之形容 不入其門矣 因此 國人門帖處容之形 以僻
[辟]邪進慶

王旣還 乃卜靈鷲山東麓勝地置寺 曰望海寺 亦名新房寺 乃爲龍而置
也

又幸鮑石亭 南山神現舞於御前 左右不見 王獨見之 有人現舞於前 王
自作舞 以像示之 神之名或曰祥審 故至今國人傳此舞 曰御舞祥審 或
曰御舞山神 或云 旣神出舞 審象其貌 命工摹刻 以示後代 故 云象審
或云霜髥舞 此乃以其形稱之 又幸於金剛嶺時 北岳神呈舞 名玉刀鈐
又同禮殿宴時 地神出舞 名地伯級干 語法集云 于時山神獻舞 唱歌云
智理多都波都波等者 盖言以智理國者 知而多逃 都邑將破云謂也 乃
地神山神 知國將亡 故 作舞以警之 國人不悟 謂爲現瑞 耽樂滋甚 故
國終亡

진성여왕과 거타지

권력의 남용과 문란해진 정사

제51대 진성여왕眞聖女王이 임금이 된 지 몇 해 만에, 유모 부호

부인鳧好夫人과 그의 남편 위홍 잡간魏弘匝干 등 서너 명의 총신寵 臣이 권력을 마음대로 하여, 정사政事를 문란하게 하니 도적이 벌 떼처럼 일어났다. 나랏사람이 이를 근심하여 이에 다라니陀羅尼[1] 의 은어隱語를 지어 써서 길에 던졌다. 왕과 권신들이 이를 얻어보 고 말했다.

"이것은 왕거인王居仁이 아니면 누가 이 글을 지었겠느냐?"

이에 거인을 옥에 가두었다.

거인은 시를 지어 하늘에 호소하니, 하늘이 그 옥에 벼락을 쳐서 그를 놓아주었다.

왕거인의 시와 다라니의 은어

거인의 시는 이렇다.

> 연단燕丹[2]의 슬픈 울음[3]에 무지개가 해를 뚫고
> 추연鄒衍[4]의 품은 슬픔 여름에 서리 내리다

---

1 범어로서 주문呪文이란 뜻.

2 전국시대 연燕나라의 태자 이름이 단丹이다. 진秦나라에 인질로 가 있다가 도망해왔다. 진나라가 6국을 차례로 멸망시키자 연나라에도 화가 미칠 것을 두려워하여 자객 형가荊軻를 보내어 진나라 왕을 암살하려다가 실패했다. 진왕이 장수를 보내어 연나라를 치니 연나라 왕은 태자를 목베어 진나라에 보내었다.

3 읍혈泣血 : 매우 슬피 운다는 말. 《禮記》 高子皐之執親之喪也 泣血三年 未嘗見齒

4 전국시대 제齊나라 사람. 연나라 소왕昭王이 그를 맞이하여 스승으로 섬겼다. 후에 아들 혜왕惠王이 즉위하자 참소를 믿고 옥에 가두었더니 여름철에 서리가 내

이제 내 불우함[5]이 그들과 같은데
황천皇天은 어째서 징조를 안 내릴꼬

다라니는 이렇다. 나무망국 찰니나제 판니판니 소판니 우우삼아간 부이사바하南無 亡國 刹尼那帝 判尼判尼 蘇判尼 于于三阿干 鳧伊娑婆訶. 해설자는 "찰니나제刹尼那帝는 여왕을 말한 것이요, 판니판니 소판니判尼判尼蘇判尼는 두 소판蘇判[6]을 말한 것이니, 소판은 관작官爵의 이름이요, 우우삼아간于于三阿干은 서너 명의 총신을 말한 것이며,[7] 부이鳧伊는 부호鳧好를 말한 것이다"라고 했다.

거타지가 늙은 여우를 잡다

이때에 아찬阿飡 양패良貝는 왕의 막내아들이었다. 당나라에 사신으로 갈 때에 후백제의 해적이 진도津島에서 길을 막는다는 말을 듣고, 궁수弓手 쉰 명을 뽑아서 그를 따르게 했다.

배가 곡도鵠島—우리말로는 곤섬[骨大島]이라 한다—에 대니 풍랑이 크게 일어났으므로 열흘 이상이나 묵게 되었다.[8] 공은 이를 근

렸다 한다.
5 실도失途 : 실로失路와 같은 말이니 뜻을 얻지 못한 것을 비유한 말이다. 《漢書》當塗者升青雲 失路者塡溝壑
6 신라 17관등의 제3위인 잡찬帀飡의 별칭.
7 일설에는 원문 '于于三阿干' 다음에 '者言三四寵臣'의 여섯 자가 빠졌다고 한다.
8 신숙信宿 : 이틀 밤을 머무른다는 말이니 곧 여러 날을 묵게 된다는 뜻이다. 《左傳》凡師一宿爲舍 再宿爲信 過信爲次

심하여 사람을 시켜 이 일을 점치게 하였다.

"섬에 신지神池가 있으니 그곳에 제사지내는 것이 좋겠습니다."

이에 못 위에서 제물을 차려놓으니 못 물이 한 길 남짓이나 높이 치솟았다. 그날 밤 꿈에 한 노인이 나타나 공에게 말했다.

"활 잘 쏘는 이 한 사람을 이 섬 안에 남겨두면 순풍을 얻을 수 있을 것입니다."

공은 꿈을 깨어 그 일을 좌우 사람들에게 물었다.

"누구를 남겨두면 좋겠는가?"

여러 사람들이 대답했다.

"나뭇조각 50쪽에 저희들 이름을 각각 써서 물속에 가라앉게 함으로써 제비를 뽑아야 할 것입니다."

공은 그 말에 따랐다. 군사 중에 거타지居陁知란 사람이 있었는데, 그의 이름이 물속에 가라앉았다. 그 사람을 남겨두니 순풍이 문득 일어나 배는 지체없이 잘 갔다.

거타居陁는 근심에 잠겨 섬에 서 있으니 갑자기 한 노인이 못 속으로부터 나와 말했다.

"나는 서쪽 바다의 신[9]이오. 매양 한 중이 해 뜰 때면 하늘에서 내려와 다라니 주문을 외우고 이 못을 세 번 돌면 우리 부부와 자손들이 모두 물 위에 뜨게 되는데, 중은 내 자손의 간장을 빼먹곤 하오. 이제 우리 부부와 딸 하나만 남았소 내일 아침에 또 반드시

---

9 해약海若 : 해신海神이란 말.《楚辭》令海若舞馮夷

올 것이니 그대는 중을 활로 쏘아주시오."

"활 쏘는 일은 저의 장기長技니 명령을 받들겠습니다."

노인은 그에게 고맙다 하고는 물속으로 들어갔다. 거타는 숨어서 기다렸다. 이튿날 동쪽에서 해가 뜨니10 과연 중이 와서 그전처럼 주문을 외우면서 늙은 용의 간을 빼려 했다. 이때 거타는 활을 쏘아 중을 맞히니 중은 즉시 늙은 여우가 되어 땅에 떨어져 죽었다. 이에 노인이 물속에서 나와서 치사했다.

"공의 덕택으로 생명11을 보전하게 되었으니 내 딸을 공에게 아내로 드리겠소."

"저에게 따님을 주시고 저버리지 않으시니 원하던 바입니다."

노인은 그 딸을 한 송이 꽃으로 변하게 하여 거타의 품속에 넣어주고 이내 두 용을 시켜 거타를 받들고 사신의 배를 따라가서 그 배를 호위하여 당나라 지경에 들어가게 했다. 당나라 사람은 신라의 배를 두 용이 받들고 있음을 보고 사실대로 황제에게 아뢰었다. 황제는 말했다.

"신라의 사신은 정녕코 비상한 사람이다."

그리고 잔치를 베풀어 여러 신하들의 윗자리에 앉히고 금과 비단을 후히 주었다. 고국에 돌아오자 거타는 꽃가지를 내어 여자로

---

10 부상扶桑 : 옛날 중국에서 해가 뜨는 동쪽 바닷속에 있다는 상상의 신목神木을 이름이니 곧 해가 뜨는 곳을 말한다. 《淮南子》 朝發扶桑 日入落棠
11 성명性命 : 생명이란 말. 《諸葛亮 出師表》 苟全性命於亂世 不求聞達於諸侯

변하게 한 다음 함께 살았다.

眞聖女大王 居陁知

第五十一 眞聖女王 臨朝有年 乳母鳧好夫人 與其夫魏弘匝干等三四寵臣 擅權撓政 盜賊蜂起 國人患之 乃作陀羅尼隱語 書投路上 王與權臣等得之 謂曰 此非王居仁 誰作此文 乃囚居仁於獄 居仁作詩訴于天 天乃震其獄囚以免之

詩曰 燕丹泣血虹穿日 鄒衍含悲夏落霜 今我失途還似舊 皇天何事不垂祥 陀羅尼曰 南無亡國 刹尼那帝 判尼判尼 蘇判尼 于于三阿干 鳧伊娑婆訶 說者云 刹尼那帝者 言女主也 判尼判尼蘇判尼者 言二蘇判也 蘇判爵名 于于三阿干(者言三四寵臣)也 鳧伊者 言鳧好也

此王代阿飡良貝 王之季子也 奉使於唐 聞百濟海賊梗於津島〔島〕選弓士五十人隨之 舡次鵠島 鄕云骨大島 風濤大作 信宿俠〔浹〕旬 公患之 使人卜之 曰島有神池 祭之可矣 於是具奠於池上 池水湧高丈餘 夜夢有老人 謂公曰 善射一人 留此島中 可得便風 公覺而以事諮於左右曰 留誰可乎 衆人曰 宜以木簡五十片 書我輩名 沈水而鬮之 公從之 軍士有居陁知者 名沈水中 乃留其人 便風忽起 舡進無滯 居陁愁立島嶼 忽有老人 從池而出 謂曰 我是西海若 每一沙彌 日出之時 從天而降 誦陁羅尼 三繞此池 我之夫婦子孫 皆浮水上 沙彌取吾子孫肝腸 食之盡矣 唯存吾夫婦與一女爾 來朝又必來 請君射之 居陁曰 弓矢之事 吾所長也 聞命矣 老人謝之而沒 居陁隱伏而待 明日扶桑旣暾 沙彌果來 誦

呪如前 欲取老龍肝 時居陀射之 中沙彌 卽變老狐 墜地而斃 於是老人 出而謝曰 受公之賜 全我性命 請以女子妻之 居陀曰 見賜不遺 固所願 也 老人以其女 變作一枝花 納之懷中 仍命二龍 捧居陀 趁及使舡 仍 護其舡 入於唐境 唐人見新羅舡有二龍負之 具事上聞 帝曰 新羅之使 必非常人 賜宴坐於羣臣之上 厚以金帛遺之 旣還國 居陀出花枝 變女 同居焉

효공왕

이상스런 징조

제52대 효공왕孝恭王 시대인 광화光化 15년 임신(912)—실은 주량 朱梁(後梁)의 건화乾化 2년이다—에 봉성사奉聖寺 바깥문 동서 스물한 칸에 까치가 집을 짓고 또 신덕왕 4년 을해(915)—고본古本에는 천 우天祐[1] 12년이라 했으나 마땅히 정명貞明 원년이라 해야 한다—에 영묘 사 안 행랑에 까치집이 서른네 군데나 되고 까마귀집이 마흔 군 데나 되었다.

또 3월에 서리가 두 번 왔으며, 6월에는 참포斬浦의 물과 바닷물 결이 사흘 동안이나 서로 싸웠다.

---

[1] 당나라 소선제昭宣帝의 연호. 천우 4년(907)에 당나라가 멸망했다.

孝恭王

第五十二 孝恭王 光化十五年壬申 實朱梁乾化二年也 奉聖寺外門東西二十一間鵲巢 又神德王卽位四年乙亥 古本云 天祐十二年 當作貞明元年 靈妙寺內行廊 鵲巢三十四 烏巢四十 又三月 再降霜 六月斬浦水與海水波相鬪三日

경명왕

제54대 경명왕景明王 때인 정명貞明¹ 4년 무인(918)에 사천왕사四天王寺 벽화의 개가 울므로 사흘 동안 불경을 강설 풀이하여 이것을 물리쳤더니 한나절이 채 안 되어² 또 울었다.

정명 7년 경진(920) 2월에는 황룡사皇龍寺 탑 그림자가 금모 사지今毛舍知의 집 뜰 안에 한 달이나 거꾸로 서 있었다. 또 10월에는 사천왕사 오방신五方神³의 활줄이 모두 끊어졌고, 벽화의 개가 뜰로 쫓아나왔다가 다시 벽 속으로 들어갔다.

---

1 후량後梁 말제末帝의 연호. 무인년은 정명 4년이다.
2 원문의 '大半日'은 '未半日'의 오자인 듯. 곧 한나절이 안 되어라는 말인 듯하다.
3 불교에서 말하는 사방과 중앙을 수호하는 신장.

景明王

第五十四 景明王代 貞明五[四]年戊寅 四天王寺壁畫狗鳴 說經三日禳之 大[未]半日又鳴 七年庚辰二月 皇龍寺塔影 倒立於今毛舍知家庭中 一朔 又十月 四天王寺五方神弓弦皆絕 壁畫狗出走庭中 還入壁中

경애왕

제55대 경애왕景哀王이 즉위한 동광同光[1] 2년 갑신[2](924) 2월 29일에 황룡사에서 백좌百座[3]를 베풀어 불경을 풀이했다. 다시 선교禪教의 승려 3백 명에게 음식을 먹이고, 대왕이 친히 향을 피우고 불공을 드렸다. 이것이 백좌로 설립한 선교의 시초였다.

景哀王

第五十五 景哀王卽位 同光二年甲辰[申]二月十九日 皇龍寺說[設]百座說經 兼飯禪僧三百 大王親行香致供 此百座通說禪教之始

---

1 후당後唐 장종莊宗의 연호.
2 원문의 '甲辰'은 '甲申'의 오기.
3 설법의 행사. 하루에 백 자리를 베푸는 행사.

김부대왕

제56대 김부대왕金傅大王의 시호는 경순敬順이다. 천성天成[1] 2년 정해(927) 9월에 후백제의 견훤甄萱이 신라를 침범하여 고울부高鬱府[2]에 이르니, 경애왕은 우리 태조에게 구원을 청했다. 태조는 장수에게 명령하여 정예 군사 1만 명을 거느리고 가서 구원하게 했는데, 구원군이 미처 이르기 전에 견훤은 그해 겨울 11월에 신라 서울로 쳐들어갔다.

이때 왕은 비빈妃嬪·종친·외척들과 포석정에서 즐겁게 놀면서 적병이 오는 것을 깨닫지 못했으므로, 창졸간에 어찌할 줄을 몰랐다. 왕과 비빈은 달아나 후궁으로 들어가고 종친·외척 및 공경대부公卿大夫와 사녀士女들은 사방으로 흩어져 달아나다가 적에게 사로잡혀 귀하고 천한 신분을 논할 것 없이 모두 땅에 엎드려 기면서[3] 노비가 되기를 애걸했다.

견훤은 군사를 놓아 공사의 재물을 약탈하고, 왕궁에 들어가 거처했다. 이에 좌우의 사람을 시켜 왕을 찾게 했더니 왕은 비첩 및 사람과 함께 후궁에 숨어 있었다. 진영 안으로 잡아다 왕을 강제로 자결하게 하고 왕비를 강간했다. 그리고 부하를 놓아 왕의 빈

---

1 후당後唐 명종明宗의 연호.

2 지금의 영천군.

3 포복포복匍匐 : 땅에 엎드려 기어감. 《詩經》 凡民有喪 匍匐救之

첩들을 욕보였다.

이에 왕의 족제 부傅를 세워 왕을 삼으니 경순왕은 견훤에 의해 즉위한 것이다. 왕위에 올라 경애왕의 시체를 서당西堂에 안치하고 여러 신하들과 함께 통곡했다. 우리 태조는 사신을 보내어 조문하고 제사를 지냈다.

덕 있는 고려 군주 왕건

이듬해 무자년(928) 봄 3월에 태조는 50여 기병을 거느리고 신라의 서울에 이르렀다. 왕은 백관과 함께 교외에서 맞아 대궐로 들어와서 서로 대해서 정리와 예의를 다하고 임해전臨海殿에서 잔치를 베풀었다. 술기운이 얼근해지자 왕은 말했다.

"나는 하늘의 도움을 입지 못해4 화란禍亂을 초래했고 견훤은 불의한 짓을 마음껏 행하여 우리 나라를 망쳐놓았으니 이 얼마나 통탄할 일인가?"

이내 눈물을 줄줄 흘리면서 우니 좌우 사람들도 목메어 울지 않는 이가 없었으며, 태조도 또한 눈물을 흘렸다. 그래서 태조는 수십 일을 머물다가 돌아갔는데, 부하의 군병들은 엄숙하고 조용했으며 어떠한 조그만 물건에도 손대지 않았다. 서울의 사녀들은 서로 경하慶賀해 말했다.

"전번에 견훤이 왔을 때는 마치 늑대와 범을 만난 것 같더니 이

---

4 불천不天: 하늘의 도움을 받지 못했다는 말이다. 《左傳》 孤不天 不能事君

제 왕공을 만나니 마치 부모를 대한 것 같다."

8월에 태조는 사자를 보내어 왕에게 금삼錦衫과 안장을 얹은 말을 주었고, 여러 관료와 장사에게도 선물을 차등있게 주었다.

신라 사직 붕괴 전야

청태淸泰[5] 2년 을미(935) 10월에 신라의 사방 땅이 모두 다른 나라의 소유가 되어 국력은 약해지고 형세가 위태로워져 스스로 보전할 수 없었다. 이에 왕은 신하들과 함께 국토를 가지고 고려 태조에게 항복하는 것에 대해 의논하니 여러 신하들은 옳으니 그르니 하여 의논이 시끄럽고 끝나지 않았다.

왕태자는 말했다.

"나라가 보존되거나 멸망하는 데는 반드시 천명이 있는 것입니다. 마땅히 충신과 의사들로 더불어 민심을 수습해서 힘을 다해본 후에 그만두어야지 어찌 천 년이나 전승해온 나라를 남에게 쉽사리 내줄 수 있겠습니까?"

왕은 말했다.

"나라가 외롭고 위태함이 이와 같으니, 형세가 보전될 수 없다. 이왕 강해질 수도 없고 또한 약해질 수도 없으니 죄 없는 백성들을 참혹하게 죽임[6]은 나로는 차마 할 수 없는 일이다."

---

5 후당後唐 폐제廢帝의 연호. 청태 2년은 신라 경순왕 9년(935)에 해당된다.
6 간뇌도지肝腦塗地 : 간장과 뇌장腦漿이 땅 위를 바른다는 말로, 죽음의 참혹함을

이에 시랑侍郞 김봉휴金封休를 시켜 국서를 보내어 태조에게 항복하기를 청했다.

태자는 울면서 왕을 하직하고 바로 개골산皆骨山으로 들어가서 바위를 집으로 삼고 삼베옷을 입고 풀뿌리를 캐어 먹다가 그곳에서 세상을 마쳤다. 그리고 그의 막내아들은 머리를 깎고[7] 화엄종華嚴宗에 들어가 중이 되어[8] 이름을 범공梵空이라 했는데, 후에 법수사法水寺[9]와 해인사海印寺[10]에 있었다 한다.

신라, 고려에 귀순하다

태조는 신라의 국서를 받자 대상大相 왕철王鐵을 보내어 영접하게 했다. 왕은 여러 신하를 거느리고 우리 태조에게 귀순했다. 향거香車와 보마寶馬[11]가 30여 리에 뻗쳤고 길은 사람으로 꽉차서 막혔으며[12] 구경꾼들이 쭉 둘러서 있었다.[13] 태조는 교외에 나가서

이른 말.《史記》使天下之民 肝腦塗地 父子暴骨中野

7 축발祝髮 : 길렀던 머리털을 바싹 깎음.《穀梁傳》祝髮文身
8 부도浮圖 : 부도浮屠와 같은 말로서, 범어 Buddha, 곧 불타佛陀의 음역. 승려 또는 불교를 일컫는다.《歐陽修 文》秘演隱於浮圖
9 법수法水 : 법수사法水寺를 이름이니 경상북도 성주군 동쪽 가야산伽倻山 남쪽에 있던 절.
10 경상남도 합천군 가야면 가야산에 있다. 신라 애장왕哀莊王 3년(802)에 순응順應・이정利貞 두 대사가 세운 절.
11 좋은 수레와 좋은 말을 이른 말.《張說 詩》商女香車珠結網 天人寶馬玉繁纓
12 전인塡咽 : 사람이 꽉차서 막혔다는 말.《南史》賓客塡咽

영접해 위로하고 대궐 동쪽의 한 구역—지금의 정승원—을 주고, 장녀 낙랑공주를 그에게 아내로 주었다. 왕이 자기 나라를 버리고 다른 나라에 와서 살았으므로 난새에 비유하여 공주의 칭호를 신란공주神鸞公主라 고쳤다. 시호를 효목孝穆이라 한다.

왕을 봉하여 정승으로 삼으니 그 자리는 태자의 위에 있었으며 봉록俸祿 1천 석을 주고 시종侍從한 관원과 장수들도 모두 채용해 주었다.14

신라를 고쳐 경주라 하고 경순왕의 식읍食邑15으로 삼았다. 처음에 경순왕이 국토를 바치며 항복해오니 태조는 매우 기뻐하여 후한 예로써 대우하고 사람을 시켜 알렸다.

"지금 왕이 나라를 내게 주시니 그 은혜를 받음이 큽니다. 원컨대 왕의 종실과 결혼해서 길이 장인과 사위의 의誼를 계속하고 싶습니다."

왕은 대답했다.

"내 백부 억렴億廉—왕의 아버지 효종 각간孝宗角干은 추봉追封된 신흥대왕新興大王의 아우다—에게 딸이 있는데, 심덕과 용모가 아름다우니 이 사람이 아니면 내정內政을 다스릴 수 없을 것입니다."

---

13 여도如堵 : 담을 두른 것처럼 사람이 많이 둘러섰다는 말. 《晉書》 觀者如堵

14 녹용錄用 : 채용한다는 말. 《後漢書》 廣羅英雄 棄瑕錄用

15 국가에서 공신들에게 내려주어 그 땅의 조세수입으로 생활하게 하던 고을. 《漢書 高帝紀》 吾與天下之豪士賢大夫 共定天下 同安輯之 其有功者 上致之王 次爲列侯 下乃食邑

태조가 그녀에게 장가드니 이가 신성왕후神成王后 김씨다.—우리 왕조 등사랑登仕郞 김관의金寬毅가 지은 『왕대종록王代宗錄』에 이런 말이 있다. 신성왕후 이씨는 본디 경주 대위大尉 이정언李正言이 협주俠州16 원으로 있을 때 태조가 그 고을에 갔다가 그를 왕비로 맞아들였으므로 혹은 협주군俠州君이라 한다고 하였다. 그의 원당願堂은 현화사玄化寺이며 3월 25일이 기일忌日이다. 정릉貞陵에 장사했다. 그녀가 아들을 낳으니 안종安宗이다. 그 외 스물다섯 분의 비주妃主 중에 김씨의 일이 실려 있지 않으니 자세히 알 수 없다. 그러나 사신史臣의 논도 또한 안종을 신라의 외손이라 했으니 마땅히 사전史傳을 옳다고 해야 할 것이다.

그 후의 신라

태조의 손자 경종景宗 주伷는 정승공政丞公의 딸을 맞이하여 비를 삼으니 이가 헌승황후憲承皇后이다.

이에 정승공을 봉해 상보尙父로 삼았으며, 태평흥국太平興國17 3년 무인(978)에 세상을 떠나니 시호를 경순이라 하였다.

상보로 책봉하는 고명誥命에서 말했다.

"조칙詔勅하노니 주나라18가 나라를 연 초기에19 먼저 여상呂

---

16 지금의 합천.
17 송나라 태종太宗의 연호. 태평흥국 3년은 고려 경종景宗 3년(978).
18 희주姬周 : 주周나라를 일컫는 말. 희姬는 주나라 왕실의 성이다.
19 계성啓聖 : 창업創業이란 뜻으로 사용한 말. 곧 주나라는 문왕文王·무왕武王 같은 성인이 왕업을 열었기 때문.

尙[20]을 제후齊侯로 봉했고, 한나라[21]가 창업했을 시초에 먼저 소하蕭何[22]를 찬후酇侯로 봉했다. 이로부터 천하[23]는 평정되었고 널리 기업基業을 열어 주나라는 왕위가 30대[24]나 계승되었고 한나라는 국운[25]이 4백 년이나 계속되었다. 해와 달이 빛나고[26] 천지가 교태交泰[27]되었으니 비록 무위無爲[28]의 군주로부터 시작되었지만 역시 보필하는 신하로 말미암았던 것이다. 관광 순화 위국공신 상주국 낙랑왕정승觀光順化衛國功臣上柱國樂浪王政丞, 식읍 8천 호食邑八千戶

---

20 여망呂望 : 여상呂尙 강태공姜太公을 이름. 주나라 초기의 현신. 위수渭水 가에 은거하고 있었는데 문왕이 그를 맞이해서 태공망太公望이라 일컬었고 후에 무왕이 그를 스승으로 삼아 사상보師尙父라 일렀다. 무왕을 도와 은殷나라를 쳐서 멸망시켰다. 주나라 건국에 큰 공로가 있어 제齊나라의 후로 봉하였다.

21 유한劉漢 : 한나라를 일컫는 말. 한나라 고조의 성이 유씨인 까닭이다.

22 한나라 사람. 한나라 고조를 도와 천하를 평정하고 승상이 되었다. 고조가 항우와 전쟁할 때 관중을 수비하고 군량을 보급했으므로 그 공을 제일로 삼아 찬후酇侯로 봉했다. 장량張良·한신韓信과 함께 이른바 한대 3걸三傑 중의 한 사람이다.

23 환구寰區 : 천지간天地間, 또는 국내國內란 말.《後漢書》自致寰區之外

24 용도龍圖 : 용마가 등에 짊어지고 나온 그림이란 말로서 곧 제왕 출현의 부서符瑞를 이름. 여기서는 제왕의 역년歷年이란 뜻.《竹書紀年》龍圖出河 龜書出洛 赤文篆字 以授軒轅

25 인지麟趾 :『시경詩經』「주남周南」의 한 편. 주나라 문왕文王의 자손과 종족이 번성함을 이른 말인데, 여기서는 제왕의 후손 곧 국조國祚, 국운國運의 뜻.

26 중명重明 : 해와 달이 나란히 빛난다는 말.《易經》重明以麗乎正

27 천지 음양이 조화하여 천하가 태평하다는 말.《易經》天地交泰

28 무위이치無爲而治란 말이니 곧 덕화德化로써 백성을 다스려 형벌을 일삼지 않아도 나라가 잘 다스려진다는 말.《論語》無爲而治者 其舜也與

김부는 대대로 계림雞林에 살고 벼슬은 왕작王爵을 받았었다. 영렬英烈은 속세를 초탈한[29] 기상이 넘쳤고 문장은 우수한 재예才藝를 발휘하였다.[30] 부富는 오래 계속되었고 귀貴는 봉토封土[31]를 가지고 있었다. 『육도삼략六韜三略』[32]은 가슴에 들어 있고 칠종오신七縱五申[33]은 손바닥 위에서 움직였다.

우리 태조는 비로소 이웃과 가까이 지내는 우호를 닦으시니 선대의 여풍餘風[34]을 일찍부터 알았고 이내 부마의 인의姻誼를 맺으니 안으로 대절大節로 수답酬答했다. 국가가 이미 통일되고 임금

---

29 능운凌雲 : 초탈한다는 말. 《漢書》縹縹有凌雲之志
30 척지擲地 : 척지작금석성擲地作金石聲이란 말이니 곧 문장이 매우 정묘하여 땅에 던지면 금석성金石聲이 난다는 뜻.《晉書 孫綽傳》綽嘗作天台山賦 辭致甚工 初成 以示友人 范榮期云 卿試擲地 當作金石聲也
31 모토茅土 : 봉토封土와 같은 말. 곧 제후를 봉할 때 내어준 땅. 예전에 천자가 제후를 봉할 적에 그 방향 빛깔의 흙(동이면 청, 서이면 백, 남이면 적, 북이면 흑, 중앙은 황색)을 흰 띠인 백모白茅에 싸서 주었으므로 모토라 일컬었다. 《李陵 文》享茅土之薦 受千乘之賞
32 병서兵書를 이름. 육도(文韜·武韜·龍韜·虎韜·豹韜·犬韜)는 태공망이 지은 것이라 하고, 삼략(上略·中略·下略)은 황석공黃石公이 지은 것이라고 하나 이 둘이 모두 후세의 위작僞作이라 한다.
33 칠종七縱은 촉한蜀漢의 제갈량諸葛亮이 남만南蠻의 추장 맹획孟獲을 칠종칠금七縱七擒하였다는 것이니 곧 전략의 탁월함을 이름이고, 오신五申은 삼령오신三令五申 곧 재삼고계再三告誡한다는 뜻이니 군기軍紀의 철저함을 이른 말이다. 《蜀志 註》亮笑 縱使更戰 七縱七擒 獲曰公天威也《史記 孫武傳》約束旣布 乃設鈇鉞 三令五申之
34 전대에서 남긴 풍교風敎란 말.《書經》餘風未殄

과 신하가 삼국三國에서 합쳤으니 좋은 명예35는 널리 퍼지고 아름다운 규범規範36은 빛났다. 상보 도성령都省令의 호를 주고 추충신의숭덕수절공신推忠愼義崇德守節功臣의 호를 주어 훈봉勳封은 전과 같이 하고 식읍은 전후를 아울러 1만 호로 한다. 유사有司는 날을 가려 예를 갖추어 명하노니 맡은 이는 시행하라."

개보開寶37 8년(975) 10월 일.

"대광 내의령 겸총 한림 신 격선은 봉행하여 위와 같이 칙령을 받들고 직첩이 도착되어 봉행한다.

개보 8년 10월 일.

시중서38, 시중서, 내봉령서, 군부령서, 군부령 무서, 병부령 무서, 병부령서, 광평시랑서, 광평시랑 무서, 내봉시랑 무서, 내봉시랑서, 군부경 무서, 군부경서, 병부경 무서, 병부경서. 추충신의숭덕수절공신, 상보 도성령·상주국 낙랑군왕, 식읍 1만 호 김부에게 고하노니 위와 같이 칙명을 받들고 부신符信이 도착되거든 봉행하라. 주사무명 낭중무명 서령사무명 공목39 무명, 개보 8년 10

---

35 영명令名 : 좋은 명예란 말.《禮記》將爲善 思貽父母令名
36 의범懿範 : 아름다운 모범이란 말.《王勃 文》宇文新州之懿範
37 개보開寶 : 송나라 태조太祖의 연호. 개보 8년은 고려 광종 26년(975)에 해당된다.
38 서署는 서명署名한 것이고 무서無署는 서명하지 않은 것이니, 곧 시중이 서명했다는 말.
39 회계와 공문서를 맡은 관명.

월 일 하下라."

신라사를 비판하다

사론史論에 말했다. 신라의 박씨·석씨는 모두 알에서 나왔고, 김씨는 황금궤 속에 들어 하늘로부터 내려왔다고 하며 혹은 황금수레를 타고 왔다고 하니 이는 더욱 기괴하여 믿을 수 없으나 세속世俗이 서로 전하여 사실이라고 한다.

이제 다만 그 시초를 살펴보면 위에 있는 이는 그 자신을 위해서는 검소했고 남에게는 너그러웠으며, 관직의 설치는 간략하고 행사는 간소했다.

성심껏 중국을 섬겨 육로 해로로40 조빙朝聘하는 사신이 서로 잇달아 끊어지지 않았다. 늘 자제를 보내어 당나라 서울에 가서 숙위宿衛케 하고 국학國學(大學)에 들여보내 강습시켰다. 이로써 성현의 풍습과 교화를 입어 미개한41 풍속을 변혁시켜 예의의 나라로 만들었으며 또한 당나라의 군대의 위엄을 빌려 백제와 고구려를 평정하고, 그 땅을 얻어 군현으로 삼았으니 성세盛世라 이를 만했다.

그러나 불법佛法을 숭상하여 그 폐단을 알지 못하고서 마을마

---

40 제항梯航 : 산에서는 사다리로 오르고 바다에서는 배로 건너서 험난을 무릅쓰고 온다는 말.《令狐楚 文》百蠻梯航以内面

41 홍황鴻荒 : 홍황洪荒과 같은 말. 태고太古 또는 미개라는 뜻.《王逸 賦》鴻荒朴略 厥狀睢盱

다 탑과 절이 빽빽히 늘어섰고 평민들은[42] 중이 되어서[43] 병졸과 농민이 점점 줄어들어 국가가 날로 쇠퇴해가니 어찌 문란해지지 않으며 멸망하지 않겠느냐?

이때에 경애왕은 더욱이 함부로 음란한 짓을 하고 놀기에만 바빠 궁녀들과 좌우의 근신으로 더불어 포석정에 나가 놀며 술자리를 베풀고 즐기다가 견훤이 오는 것을 알지 못했으니 저 문 밖의 한금호韓擒虎[44]와 누각 위의 장여화張麗華[45]와 다름이 없었다.

경순왕이 태조에게 귀순함은 비록 마지못해서 한 일이지만 또한 칭찬할 만한 일이었다. 그때 만약 힘껏 싸워 사수하여 고려 군사에 항거했다가 힘이 꺾이고 기세가 다 되었더라면 반드시 그 종족을 멸망시키게 되고 무죄한 백성들에게까지 화가 미쳤을 것인데, 이에 고명告命을 기다리지 않고 부고府庫를 봉封하고 군현을 기록하여 태조에게 귀순하였으니 그가 조정에 대하여 공로가 있고 백성에게 덕이 있음이 매우 컸던 것이다.

옛날 전錢씨[46]가 오월吳越의 땅을 송나라에 바친 일을, 소자첨蘇

---

42 제민齊民 : 평민과 같은 말. 《史記》 齊民無藏蓋
43 치갈緇褐 : 승려는 검은 장삼을 입으므로 승도僧徒를 치갈 등으로 일컬었다.
44 수隋나라 사람. 문제文帝 때에 그는 5백 명으로 진陳나라 수도 금릉金陵을 손에 넣고 진陳나라 후주後主를 사로잡았다. 여기서는 한금호를 견훤에 비유한 것임.
45 남조南朝 진 후주의 비. 모습이 매우 아름다워 후주의 사랑을 받았다. 수나라 장수 한금호가 금릉으로 들어오자 후주와 함께 우물 속에 숨었으나 붙잡혀 죽임을 당했다. 여기서 여화麗華는 경애왕의 비빈에 비유되어 있다.
46 오대 때 오월왕吳越王 전숙錢俶을 말한다. 송나라 태조 때에 입조入朝했으며, 태

子瞻(蘇軾)이 그를 충신이라 일렀는데 이제 신라의 공덕은 그보다 훨씬 나은 점이 있다.

우리 태조는 비빈이 많고 그 자손들도 또한 번성했으므로, 현종 顯宗은 신라의 외손으로서 왕위에 올랐으며 그 후에 왕통을 계승한 이는 모두 그의 자손이었으니 어찌 그 음덕이 아니리요.

신라는 이미 국토를 바치고 나라가 없어지니 아간阿干 신회神會는 외직外職을 그만두고 돌아오자 도성인 경주가 황폐됨을 보고 고국을 슬퍼하여 탄식하며 이에 노래를 지었다는데,47 그 노래는 없어져서 알 수 없다.

金傅大王

第五十六 金傅大王 諡敬順 天成二年丁亥九月 百濟甄萱 侵羅至高鬱府 景哀王請救於我太祖 命將以勁兵一萬往救之 救兵未至 萱以冬十一月掩入王京 王與妃嬪宗戚 遊鮑石亭宴娛 不覺兵至 倉卒不知所爲 王與妃奔入後宮 宗戚及公卿大夫士女 四散奔走 爲賊所虜 無貴賤匍匐乞爲奴婢 萱縱兵摽掠公私財物 入處王宮 乃命左右索王 王與妃妾數人 匿在後宮 拘致軍中 逼令王自進〔盡〕而强淫王妃 縱其下亂其嬪

종태종太宗의 태평흥국 3년에 소관所管 13주를 송나라에 갖다 바쳤다.

47 서리리黍離離: 『시경』「왕풍王風」의 한 편. 주나라 대부大夫가 주周(西周)의 옛 도성을 지나다가 종묘와 궁실이 모두 밭이 된 것을 보고 주나라의 왕실이 전복됨을 민망히 여겨 지은 시. 《詩經 王風》彼黍離離 彼稷之苗

妾 乃立王之族弟傅爲王 王爲萱所擧卽位 前王尸殯於西堂 與羣下慟哭 太祖遣使弔祭

明年戊子春三月 太祖率五十騎 巡到京畿 王與百官郊迎 入(宮)相對 曲盡情禮 置宴臨海殿 酒酣 王言曰 吾以不天 浸致禍亂 甄萱恣行不義 喪我國家 何(痛)如之 因泫然涕泣 左右莫不嗚咽 太祖亦流涕 因留數旬 乃迴駕 麾下肅靜 不犯秋毫 都人士女相慶曰 昔甄氏之來也 如逢豺虎 今王公之至 如見父母 八月 太祖遣使 遺王錦衫鞍馬 幷賜羣僚將士有差

淸泰二年乙未十月 以四方(土)地盡爲他有 國弱勢孤 不能自安 乃與羣下謀 擧土降太祖 羣臣可否 紛然不已 王太子曰 國之存亡 必有天命 當與忠臣義士 收合(民)心 力盡而後已 豈可以一千年之社稷 輕以與人 王曰 孤危若此 勢不能全 旣不能强 又不能弱 至使無辜之民 肝腦塗地 吾所不能忍也 乃使侍郎金封休齎書 請降於太祖 太子哭泣辭王 徑往皆骨山 倚巖爲屋 麻衣草食 以終其身 季子祝髮隷華嚴 爲浮圖 名梵空 後住法水 海印寺云

太祖受書 送大相王鐵迎之 王率百僚歸(于)我太祖 香車寶馬 連亘三十餘里 道路塡咽 觀者如堵 太祖出郊迎勞 賜宮東一區 今正承院 以長女樂浪公主妻之 以王謝自國居他國 故以鸞喩之 改號神鸞公主 諡孝穆 封爲正(政)承 位在太子之上 給祿一千石 侍從員將 皆錄用之 改新羅爲慶州 以爲公之食邑 初王納土來降 太祖喜甚 待之(以)厚禮 使告曰 今王以國與寡人 其爲賜大矣 願結婚於宗室 以永甥舅之好 王答曰 我伯父億廉 王之考 孝宗角干 追封神興大王之弟也 有女子 德容雙美 非是無

以備內政 太祖娶之 是爲神成王后金氏 本朝登仕郞金寬毅所撰工代宗錄云 神成王后李氏 本慶州大尉李正言爲俠州守時 太祖王幸此州 納爲妃 故或云俠州君 願堂玄化寺 三月二十五日 立忌 葬貞陵 生一子 安宗也 此外二十五妃主中 不載金氏之事 未詳 然而史臣之論 亦以安宗爲新羅外孫 當以史傳爲是

太祖之孫景宗伷 聘政承公之女爲妃 是爲憲承皇后 仍封政承〔丞〕爲尙父 太平興國三年戊寅崩 諡曰敬順 冊尙父誥曰 勅 姬周啓聖之初 先封呂望 劉漢興王之始 首冊蕭〔蕭〕何 自〔此〕大定寶區 廣開基業 立龍圖三十代 躡麟趾四百年 日月重明 乾坤交泰 雖自無爲之主 亦關致理之臣 觀光順化衛國功臣上柱國樂浪王政承〔丞〕食邑八千戶金傅 世處雞林 官分王爵 英烈振凌雲之氣 文章騰擲地之才 富有春秋 貴居茅土 六韜三略 恂入胸襟 七縱五申 撮歸指掌 我太祖始修睦隣之好 早認餘風 尋頒駙馬之姻 內酬大節 家國旣歸於一統 君臣宛合於三韓 顯播令名 光崇懿範 可加號尙父都省令 仍賜推忠愼義崇德守節功臣號 勳封如故 食邑通前爲一萬戶 有司擇日備禮冊命 主者施行 開寶八年十月日 大匡內議令兼摠翰林臣翮宣奉行 奉勅如右 牒到奉行 開寶八年十月日 侍中署 侍中署 內奉令署 軍部令署 軍部令無署 兵部令無署 兵部令署 廣坪〔評〕侍郞署 廣坪〔評〕侍郞無署 內奉侍郞無署 內奉侍郞署 軍部卿無署 軍部卿署 兵部卿無署 兵部卿署 告推忠愼義崇德守節功臣尙父都省令上柱國樂浪都〔郡〕王食邑一萬戶金傅 奉勅如右 符到奉行 主事無名 郞中無名 書令史無名 孔目無名 開寶八年十月日下

史論曰 新羅朴氏昔氏 皆自卵生 金氏從天入金櫃而降 或云乘金車 此尤詭怪不可信 然世俗相傳爲實事 今但厚〔原〕厥初 在上者 其爲己也

儉 其爲人也寬 其設官也略 其行事也簡 以至誠事中國 梯航朝聘之使 相續不絶 常遣子弟 造朝(而)宿衛 入學而誦習 于以襲聖賢之風化 革 鴻荒之俗 爲禮義之邦 又憑王師之威靈 平百濟高句麗 取其地(爲)郡縣 可謂盛矣 然而奉浮屠之法 不知其弊 至使閭里比其塔廟 齊民逃於緇 褐 兵農浸小 而國家日衰 幾何其不亂且亡也哉 於是時 景哀王加之以 荒樂 與宮人左右 出遊鮑石亭 置酒燕衛〔衎〕 不知甄萱之至 與〔夫〕門 外韓擒虎 樓頭張麗華 無以異矣 若敬順之歸命太祖 雖非獲已 亦可佳 矣 向若力戰守死 以抗王師 至於力屈勢窮 則必覆其宗族 害及于無辜 之民 而乃不待告命 封府庫 籍郡縣 以歸之 其有功於朝廷 有德於生民 甚大 昔錢氏以吳越入宋 蘇子瞻謂之忠臣 今新羅功德 過於彼遠矣 我 太祖妃嬪衆多 其子孫亦繁衍 顯宗自新羅外孫卽寶位 此後繼統者 皆 其子孫 豈非陰德也歟 新羅旣納土國除 阿干神會 罷外署還 見都城離 潰 有黍離離歎 乃作歌 歌亡未詳

남부여·전 백제·북부여*

백제에 대한 기록들

부여군은 전 백제의 도읍이다. 혹 소부리군所夫里郡이라고도 한다. 『삼국사기』에 의하면 백제의 성왕聖王 26년¹ 무오 봄에 수도

---

* 북부여는 이미 위에 나타났다.

를 사비泗沘로 옮기고 국호를 남부여라 했다고 한다.—주註에서는 말하기를 "그 지명은 소부리니 사비는 지금의 고성진古省津이며 소부리는 부여의 딴 이름이다"라고 했다.

또 양전장적量田帳籍[2]에 의하면 소부리군 농부의 주첩柱貼이라 했는데, 지금에 이르는 부여군이란 옛 이름을 되찾은 것이다. 백제 임금의 성이 부扶씨였으므로 그렇게 일컬었던 것이다.

혹 여주餘州라고도 부름은 군의 서쪽에 있는 자복사資福寺의 상좌上座에 수놓은 휘장이 있는데 그 자수무늬[3]에서 "통화統和[4] 15년 정유 5월 일 여주 공덕대사功德大師 수장"이라고 했으며, 또 옛적에는 하남河南에 임주자사林州刺史를 두었는데 그때 도적圖籍 중에 여주란 두 글자가 있었으니 임주는 지금 가림군佳林郡이고 여주는 지금의 부여군이다.

백제『지리지』에서는『후한서』를 인용해 말하기를 삼한이 대개 78국인데 백제는 그 중의 한 나라라 했다.

『북사北史』[5]에서는 "백제는 동쪽으로는 신라에서 그쳤고 서남쪽으로는 대해大海에서 그쳤으며 북쪽으로는 한강을 경계하였는

---

1 『삼국사기』에는 16년으로 되어 있으며, 또한 16년은 무오년戊午年이다.
2 토지 대장을 이른다.
3 수문繡文 : 수문繡紋과 같으니 자수刺繡의 무늬.《史記》刺繡文 不如倚市門
4 요遼나라의 성종聖宗의 연호. 통화 15년은 곧 고려 성종成宗 16년(997).
5 북조北朝의 위魏·북제北齊·주周·수隋의 4왕조 2백42년 동안의 역사. 당나라의 이연수李延壽가 지었다. 전부 1백 권.

데, 도읍은 거발성居拔城 또는 고마성固麻城이라고 하며, 그밖에 오방성五方城이 있다"고 했다.

『통전』에서는 "백제는 남쪽으로 신라에 접경하고 북쪽으로 고구려에 이르고 서쪽으로는 대해에서 그쳤다"고 했다.

『구당서』에서는 "백제는 부여의 별종別種인데 동북쪽은 신라며, 서쪽은 바다를 건너서 월주越州6에 이르고, 남쪽은 바다를 건너 왜국에 이르며, 북쪽은 고구려고, 그 왕의 거처하는 곳에 동서의 두 성이 있다"고 했다.

『신당서』에서는 "백제는 서쪽으로 월주와 남쪽으로 왜국과 경계했는데 다 바다를 건너게 되고, 북쪽에는 고구려와 경계했다"고 했다.

백제의 시조가 된 온조

『삼국사』「본기」에는 이런 말이 있다. 백제의 시조는 온조溫祚다. 그의 아버지는 추모왕鄒牟王 또는 주몽朱蒙이라고 한다. 주몽은 북부여에서 피난하여 졸본부여에 이르니 그곳 왕은 아들이 없고 다만 딸만 셋 있었으므로 주몽이 비상한 사람임을 알고 둘째 딸을 그의 아내로 주었다. 얼마 안 되어 부여 주州의 왕이 돌아가니 주몽이 왕위를 이었다.

---

6 중국의 절강성浙江省 소흥현紹興縣을 월주越州라 하는데, 여기서는 대개 강소江蘇·절강 등지를 통칭.

주몽이 두 아들을 낳으니 맏아들은 불류沸流요 둘째는 온조였다. 그들은 후에 태자[7]에게 용납되지 못할 것을 두려워하여 마침내 오간烏干・마려馬黎 등 열 명의 신하와 함께 남으로 떠나니 백성들도 그들을 따라오는 이가 많았다.

드디어 한산漢山에 이르러 부아악負兒岳에 올라가서 살 만한 땅을 바라보았다. 불류가 바닷가에서 살고자 하니 열 명의 신하가 간했다.

"이 하남河南 땅은 북쪽으론 한수漢水를 띠고 동쪽으론 높은 산에 의지하며 남쪽으론 비옥한 늪을 바라보고 서쪽으론 큰바다로 가로막혀 있어 그 천험天險과 지리地利[8]는 얻기 어려운 형세니 여기에 수도를 정하는 것이 어찌 좋지 않겠습니까?"

불류는 듣지 않고 백성을 각기 나누어 미추홀彌鄒忽[9]에 가서 살았으며 온조는 하남 위례성河南慰禮城[10]에 도읍을 정하여 열 명의

---

7 주몽왕의 태자 유리類利 또는 유리왕瑠璃王. 주몽왕이 북부여에 있을 때 예禮씨에게 장가들어 낳은 아들. 주몽왕이 졸본부여로 도망해와서 나라를 세우고 난 후 유리도 도망해왔으므로 주몽왕은 그를 세워 태자로 삼았다.『삼국사기』「백제 본기」에서는 '扶餘王薨 朱蒙嗣位 生二子 長曰沸流 次曰溫祚 及朱蒙在北扶餘所生子來爲太子 沸流 溫祚 恐爲太子所不容'이라 했다.
8 천험은 자연적으로 생긴 요해지要害地를 이름이고 지리는 지리적으로 형세의 이점을 차지했다는 말이다.《北史》三蜀二齊 古稱天險 《孟子》天時不如地利
9 지금의 인천 부근.
10 하남 위례성河南慰禮城이라고 한 것을 보면 하북 위례성河北慰禮城도 있었을 것이니, 하북 위례성은 한강 이북에 있었던 것만은 분명하나 그 위치는 자세히 알 수 없다. 하남 위례성은 지금의 광주廣州 고읍古邑.

신하를 보필輔弼[11]로 삼고 국호를 십제十濟[12]라 했다. 이때는 한나라 성제成帝 홍가鴻嘉 3년(기원전 18)이었다.

불류는 미추홀의 땅이 습기가 많고 물이 짜서 편안히 살 수 없으므로 위례성에 와보니 그곳은 도읍을 새로 정하여 인민이 편안했다. 마침내 부끄럽게 여기고 뉘우쳐 죽으니 그의 신하와 백성들이 모두 위례성으로 돌아왔다. 훗날에 올 때에 백성들이 기뻐했다는 이유로 국호를 고쳐 백제百濟[13]라고 했다.

그리고 세계世系는 고구려와 마찬가지로 부여에서 나왔으므로 씨氏를 부여라 했다. 그 후 성왕聖王 때에 이르러 도읍을 사비로 옮기니 지금의 부여군이다.―미추홀은 인주仁州고 위례는 지금의 직산稷山[14]이다.

백제의 흥망성쇠

『고전기古典記』에 이런 말이 있다. 동명왕東明王의 셋째아들 온조는 전한 홍가 3년 계묘(기원전 18)에 졸본부여로부터 위례성으로 와서 도읍을 정하고 왕이라 일컬었다.

---

11 보익輔翼 : 보필輔弼과 같은 말이다.
12 십十 신臣의 십十자를 떼어 국호로 삼았다고 한다.
13 백성이란 백百자를 떼어와서 국호를 백제라고 했다고는 하나, 너무 글자에 구애된 해석인 것 같다.
14 직산稷山설은 근거가 없는 설이며, 이는 앞사람들이 이미 그 부당함을 지적했다.

온조왕 14년 병진(기원전 5)에는 도읍을 한산漢山—지금의 광주廣州—으로 옮겼다. 3백89년을 지나서 13대 근초고왕近肖古王 때인 함안咸安[15] 원년(371)에 이르러 고구려의 남평양南平壤[16]을 빼앗아 도읍을 북한성北漢城[17]—지금의 양주楊州—으로 옮겼다.

또 1백5년을 지나서 23대 문주왕文周王이 즉위하던 원휘元徽[18] 3년 을묘(475)에는 도읍을 웅천熊川—지금의 공주公州—으로 옮겼다.

다시 63년을 지나서 26대 성왕聖王에 이르러서는 도읍을 소부리로 옮겨 국호를 남부여라 하고 31대 의자왕義慈王 때에 이르기까지 1백20년을 여기서 지냈다.

백제의 멸망

당나라의 현경 5년(660)은 의자왕 재위 20년이다. 이때 신라의 김유신은 소정방과 백제를 쳐서 평정했다.

백제국에는 본디 5부가 있어, 37군·2백 성[19]·76만 호로 나누어 다스렸는데, 당나라는 그 땅에 웅진熊津·마한馬韓·동명東明·금련金漣·덕안德安 등 5도독부를 두고 그 추장들을 도독부의

---

15 동진東晋 간문제簡文帝의 연호.
16 지금의 서울이니, 이때 이미 백제의 소유가 되었던 것이다. 이 해에 백제의 근초고왕이 평양성을 칠 때 고구려의 고국원왕故國原王은 유시流矢에 맞아 전사하였다.
17 『삼국사기』에는 다만 한산漢山으로 수도를 옮겼다고 기록되어 있을 뿐이다.
18 유송劉宋 후폐제後廢帝의 연호.
19 원문의 '二百濟城'에서 '濟'는 필요 없는 글자이다.

자사로 삼았으나 얼마 안 가서 신라가 그 땅을 모두 합치고는 웅주熊州·전주全州·무주武州2의 3주 및 여러 군현을 두었다.

정사암의 유래

또 호암사虎巖寺20에는 정사암政事巖이란 바위가 있다. 이는 나라에서 장차 재상을 뽑을 때에 뽑힐 후보 서너 명의 이름을 써서 상자에 넣어 봉해서 바위 위에 두었다가 얼마 후에 가지고 와서 열어보고 그 이름 위에 인이 찍혀 있는 사람을 재상으로 삼았다. 그런 까닭으로 정사암이라 했다.

용암의 유래

또, 사비하泗沘河 강변에 바위 한 개가 있다. 소정방이 일찍이 이 위에 앉아서 고기와 용을 낚았으므로 바위 위에는 용이 꿇어앉은 자취가 있다. 그래서 용암龍巖이라 한다.

세 산의 신인들

또 군에는 세 산이 있는데, 일산日山21·오산吳山22·부산浮山23

---

20 충청남도 부여군 호압산虎壓山 천정대天政臺 아래에 있던 절. 정사암政事岩은 속칭 천정대天政臺라고도 한다.
21 소재를 자세히 알 수 없다.
22 지금 부여읍 오산烏山.
23 지금 부여읍 북쪽의 부산浮山.

이라 한다. 백제가 전성했을 때는 저마다 신인神人이 있었는데, 그 산 위에 살면서 날아서 서로 왕래함이 조석으로 끊임이 없었다 한다.

돌석암의 유래

또, 사비수 언덕에 돌 한 개가 있는데 여남은 명이 앉을 만하다. 백제왕이 왕흥사王興寺[24]에 가서 부처에게 예를 드리려 할 때엔 먼저 이 돌에서 부처를 바라보고 절을 하니 그 돌이 저절로 따뜻해졌으므로 돌석㷼石이라 한다.

대왕포의 유래

또 사비하의 양쪽 언덕은 흡사 그림병풍 같다. 백제왕이 매양 그곳에서 잔치를 베풀고 노래하고 춤추었으므로 지금도 대왕포大王浦라고 부른다.

백제의 왕들

또 시조 온조왕은 동명왕의 셋째아들로서 몸이 크고 천성이 효도 있고 우애가 있었으며, 말타기와 활쏘기를 잘했다.

또 다루왕多婁王은 너그럽고 후했으며 위엄과 명망이 있었다.

또 사불왕沙沸王—혹은 사반왕沙伴王이라고도 한다—은 구수왕仇首

---

[24] 지금 부여읍 규암면窺岩面에 절터가 있다.

王이 세상을 떠난 후에 왕위를 이었으나 나이 어려서 정사政事를 보살필 수 없었으므로 즉시 폐위하고, 고이왕古爾王을 세웠다. 어떤 이는 낙초樂初[25] 3년 기미에 사불왕이 세상을 떠나니, 고이왕이 왕위에 올랐다고도 한다.

南扶餘 前百濟 北扶餘 已見上

扶餘郡者 前百濟王都也 或稱所夫里郡 按三國史記 百濟聖王二十六年戊午春 移都於泗沘 國號南扶餘 注曰 其地名所夫里 泗沘 今之古省津也 所夫里者 扶餘之別號也 已上(分)注 又按量田帳籍曰 所夫里郡田丁柱貼 今言扶餘郡者 復上古之名也 百濟王姓扶氏 故稱之 或稱餘州者 郡西資福寺高座之上 有繡帳焉 其繡文曰 統和十五年丁酉五月日餘州功德大寺繡帳 又昔者 河南置林州刺史 其時圖籍之內 有餘州二字 林州 今佳林郡也 餘州 今之扶餘郡也 百濟地理志曰 後漢書曰 三韓凡七十八國 百濟是其一國焉 北史云 百濟東極新羅 西南限大海 北際漢江 其郡〔都〕曰居拔城 又云固麻城 其外更有五方城 通典云 百濟南接新羅 北距高麗 西限大海 舊唐書云 百濟扶餘之別種 東北新羅 西渡海〔至〕越州 南渡海至倭 北高麗 其王所居 有東西兩城 新唐書云 百濟西界越州 南倭 皆踰海 北高麗

(國)史本記云 百濟始祖溫祚 其父雛牟王 或云朱蒙 自北扶餘逃難 至

---

25 경초景初의 간오刊誤. 경초는 조위曹魏 명제明帝의 연호.

卒本扶餘 (扶餘)州之王無子 只有三女 見朱蒙知非常人 以第二女妻之 未幾 扶餘州王薨 朱蒙嗣位 生二子 長曰沸流 次曰溫祚 恐爲太子所不容 遂與烏干 馬黎等(十)臣南行 百姓從之者多 遂至漢山 登負兒岳 望可居之地 沸流欲居於海濱 十臣諫曰 惟此河南之地 北帶漢水 東據高岳 南望沃澤 西阻大海 其天險地利 難得之勢 作都於斯 不亦宜乎 沸流不聽 分其民 歸彌雛忽居之 溫祚都河南慰禮城 以十臣爲輔翼 國號十濟 是漢成帝鴻嘉三年也 沸流以彌雛忽土濕水鹹 不得安居 歸見慰禮 都邑鼎定 人民安泰 遂慙悔而死 其臣民皆歸於慰禮城 後以來時百姓樂悅 改號百濟 其世系與高句麗同出扶餘 以扶爲氏 後至聖王 移都於泗沘 今扶餘郡 彌雛忽 仁州 慰禮 今稷山

按古典記云 東明王第三子溫祚 以前漢鴻嘉三年癸卯 自卒本扶餘 至慰禮城 立都稱王 十四年丙辰 移都漢山 今廣州 歷三百八十九年 至十三世近肖古王 咸安元年 取高句麗南平壤 移都北漢城 今楊州 歷一百五年 至二十二世文周王卽位 元徽三年乙卯 移都熊川 今公州 歷六十三年 至二十六世聖王 移都所夫里 國號南扶餘 至三十一世義慈王 歷一百二十年

至唐顯慶五年 是義慈王在位二十年 新羅金庾信與蘇定方討平之 百濟國舊有五部 分統三十七郡 二百(濟)城 七十六萬戶 唐以(其)地 分置熊津 馬韓 東明 金漣 德安 等五都督府 仍(以)其酋長 爲都督府刺史 未幾 新羅盡幷其地 置熊 全 武三州及諸郡縣

又虎嵓寺有政事嵓 國家將議宰相 則書當選者名或三四 函封置嵓上 須臾取看 名上有印跡者爲相 故 名之

又泗沘河邊有一嵓 蘇定方嘗坐此上 釣魚龍而出 故 嵓上龍跪之跡 因名龍嵓

又郡中有三山 曰日山 吳山 浮山 國家全盛之時 各有神人居其上 飛相往來 朝夕不絶

又泗沘崖又有一石 可坐十餘人 百濟王欲幸王興寺禮佛 先於此石望拜佛 其石自煖 因名煖石

又泗沘河兩崖如畫屛 百濟王每遊宴歌舞 故 至今稱爲大王浦

又始祖溫祚 乃東明第三子 體洪大 性孝友 善騎射 又多婁王 寬厚有威望 又沙沸王 一作沙伴王 仇首崩 嗣位 而幼少不能政 卽廢 而立古爾王 或云 至樂初三年己未 乃崩 古爾方立

무왕*

용의 아들

제30대 무왕武王[1]의 이름은 장璋이다. 그 어머니는 과부가 되어

---

* 고본에는 무강武康이라 했으나 잘못이다. 백제에는 무강왕武康王이 없다.
1 백제 제30대의 무왕이 아니고 아마 제25대의 무령왕武寧王을 일컬은 것 같다. 주註의 '武康'은 '武寧'의 오기인 듯하다. 제24대 동성왕東城王도 15년(493)에 백제에서 신라에 청혼하니 신라에서는 이벌찬 비지比智의 딸로 시집보낸 일이 있었으며 또 무령왕은 동성왕의 아들이니 이런 사실이 하나의 로맨스로 화한 것이 아닌가 생각된다. 이때는 신라 제21대 소지왕炤知王 15년(493)이니 제26대 진평왕 시대의 일이란 것도 아마 백제 무왕과 같은 시대를 만들기 위해 조작한 것으

서울 남쪽 못가에 집을 짓고 살고 있었는데, 그녀는 그 못의 용과 관계하여 장을 낳았다. 아이 때 이름은 서동薯童이다. 재기才器와 도량度量이 커서 헤아리기가 어려웠다. 늘 마를 캐어 팔아서 생업을 삼았으므로 나랏사람들이 그 때문에 서동이라 이름했다.

서동이 노래로 선화공주를 얻다

그는 신라 진평왕의 셋째공주 선화善花—혹은 선화善化라고도 쓴다—가 아름답기 짝이 없다는 말을 듣고 머리를 깎고 신라의 서울로 가서 마를 동네 아이들에게 먹이니, 아이들이 친해져 그를 따르게 되었다.

이에 그는 동요를 지어 여러 아이들을 꾀어서 그것을 부르게 했는데 그 노래는 이렇다.

> 선화공주님은
> 남 몰리 얼려 두고
> 서동방을 밤에 몰래 안고 간다

동요가 서울에 퍼져서 대궐에까지 들리니 백관이 임금에게 극력 간하여 공주를 먼 곳으로 귀양 보내게 했다. 떠날 때 즈음 왕후는 순금 한 말을 노자로 주었다. 공주가 장차 귀양터에 이르려 하

로 추측된다.

는데 서동은 도중에서 나와 절하면서 모시고 가겠다고 했다. 공주는 비록 그가 어디서 왔는지는 알지 못했으나 우연히 믿고 좋아했다. 이로 말미암아 서동을 따라갔으며 몰래 관계했다. 그런 후에야 서동의 이름을 알았으며, 동요의 영검을 알았다. 함께 백제로 와서 모후母后가 준 금으로 생계를 도모하려 하니 서동은 크게 웃으면서 물었다.

"이것이 무엇이오?"

공주는 말했다.

"이것은 황금입니다. 한평생의 부를 이룰 만합니다."

"나는 어릴 때부터 마를 파던 곳에 황금을 흙처럼 많이 쌓아놓았소."

공주는 이 말을 듣고 크게 놀라면서 말했다.

"그것은 천하의 진귀한 보배이니 당신이 지금 그 금이 있는 데를 알면 그 보물을 부모님이 계신 궁전으로 수송하는 것이 어떻겠습니까?"

서동은 말했다.

"좋소."

이에 금을 모아 언덕처럼 많이 쌓아놓고, 용화산龍華山 사자사師子寺[2]의 지명법사知命法師에게 금을 수송할 계책을 물으니 법사

---

[2] 전라북도 익산군 용화산龍華山에 있던 절. 지명법사知命法師가 있었던 곳으로, 지금의 미륵산彌勒山 사자암師子庵.

는 말했다.

"내가 신통한 도의 힘으로 보낼 수 있으니 금을 가져오시오."

공주는 편지를 써서 금과 함께 사자사 앞에 갖다놓으니, 법사는 신통한 도의 힘으로 하룻밤 사이에 신라 궁중으로 보내어 두었다. 진평왕은 그 신비로운 변화3를 이상히 여겨 더욱 서동을 존경해서 늘 편지를 보내어 안부를 물었다. 서동은 이로 말미암아 인심을 얻어 왕위에 올랐다.

미륵사를 짓다

어느 날 무왕이 부인과 함께 사자사에 가려고 용화산 밑의 큰 못가에 이르니 미륵삼존彌勒三尊이 못 가운데서 나타나므로 수레를 멈추고 절을 올렸다. 부인이 왕에게 말했다.

"이곳에 큰 절을 세워주십시오. 진실로 제 소원입니다."

왕은 그것을 허락했다. 지명법사에게 가서 못을 메울 일을 물었더니 법사는 신통한 도의 힘으로 하룻밤 사이에 산을 무너뜨려 못을 메워서 평지로 만들었다. 이에 미륵삼존의 상을 모방해 만들고, 전전殿과 탑과 낭무廊廡를 각각 세 곳에 세우고 절 이름을 미륵사彌勒寺4―『국사』에서는 왕흥사王興寺5라 했다―라 했다. 진평왕은

---

3 신변神變 : 사람의 지혜로는 헤아릴 수 없는 신비로운 변화.《晉書》神變應機
4 전라북도 익산군 금마면 용화산에 있던 절.
5 이 사실을 무왕 때의 일로 보았기 때문에 무왕 때에 세운 왕흥사로 오인한 것 같다.

각종 공인工人[6]을 보내어 역사를 도와주었다. 그 절은 지금도 남아 있다.—『삼국사』에는 이분을 법왕法王의 아들이라 했는데, 여기서는 독녀獨女의 아들이라 했으니, 자세히 알 수 없다.

武王 古本作武康 非也 百濟無武康
第三十 武王名璋 母寡居 築室於京師南池邊 池龍交通而生 小名薯童
器量難測 常掘薯蕷 賣爲活業 國人因以爲名
聞新羅眞平王第三公主善花 一作善化 美艷無雙 剃髮來京師 以薯蕷餉
閭里羣童 羣童親附之 乃作謠 誘羣童而唱之云 善化公主主隱 他密只
嫁良置古 薯童房乙 夜矣卯抱遣去如 童謠滿京 達於宮禁 百官極諫 竄
流公主於遠方 將行 王后以純金一斗贈行 公主將至竄所 薯童出拜途
中 將欲侍衛而行 公主雖不識其從來 偶爾信悅 因此隨行 潛通焉 然後
知薯童名 乃信童謠之驗 同至百濟 出母后所贈金 將謀計活 薯童大笑
曰 何物也 主曰 此是黃金 可致百年之富 薯童曰 吾自少掘薯之地
委積如泥土 主聞大驚曰 此是天下至寶 君今知金之所在 則此寶輸送
父母宮殿何如 薯童曰 可 於是聚金 積如丘陵 詣龍華山師子寺知命法
師所 問輸金之計 師曰 吾以神力可輸 將金來矣 主作書 幷金置於師子
(寺)前 師以神力 一夜輸置新羅宮中 眞平王異其神變 尊敬尤甚 常馳
書問安否 薯童由此得人心 卽王位

---

6 백공百工 : 여러 공인工人을 말한다. 《論語》百工居肆 以成其事

一日王與夫人 欲幸師子寺 至龍華山下大池邊 彌勒三尊出現池中 留
駕致敬 夫人謂王曰 須創大伽藍於此地 固所願也 王許之 詣知命所 問
塡池事 以神力 一夜頹山塡池爲平地 乃法像彌勒三會〔尊〕 殿塔廊廡
各三所創之 額曰彌勒寺 國史云 王興寺 眞平王遣百工助之 至今存其寺
三國史云 是法王之子 而此傳之獨女之子 未詳

후백제의 견훤

『삼국사』「본전本傳」에, 견훤甄萱은 상주尙州 가은현加恩縣 사람
이고 함통咸通[1] 8년 정해(867)에 났으며 본성은 이씨였는데 후에
견씨라 했다.

그의 아버지 아자개阿慈介는 농업으로 생활했는데, 광계光啓[2] 연
간에 사불성沙弗城―지금의 상주―에 웅거하여 스스로 장군이라
일컬었다. 아들이 넷이 있었는데 모두 세상에 이름이 알려졌으며,
그 중에 견훤은 걸출傑出[3]이라 불렸고 지략이 많았다고 한다.

---

1 당나라 의종懿宗의 연호. 함통 8년은 곧 신라 경문왕 7년(867).
2 당나라 희종僖宗의 연호. 광계 연간(885~887)에 진성여왕이 즉위했다.
3 재능이 남보다 훨씬 뛰어난 것을 이름.

견훤의 계보

「이제가기李磾家記」[4]에서는 말했다. 진흥대왕의 비 사도思刀의 시호는 백융부인白𩜁夫人이다. 그의 셋째아들 구륜공仇輪公의 아들 파진간波珍干 선품善品의 아들 각간 작진酌珍이 왕교파리王咬巴里를 아내로 맞아 각간 원선元善을 낳으니 이가 아자개다.

자개의 첫째부인은 상원上院부인이요, 둘째부인은 남원南院부인이며, 아들 다섯과 딸 하나를 낳았다. 그의 맏아들은 곧 상보尙父 훤萱이요, 둘째아들은 장군 능애能哀요, 셋째아들은 장군 용개龍蓋요, 넷째아들은 보개寶蓋요, 다섯째아들은 장군 소개小蓋며, 맏딸은 대주도금大主刀金이다.

또 하나의 이설

또 『고기』에는 옛날에 한 부자가 광주光州 북촌北村에 살고 있었는데 딸 하나가 있었으며 모습이 단정했다. 딸이 그 아버지에게 말했다.

"매번 자주색 옷을 입은 남자가 저의 침실에 와서 관계를 갖곤 합니다."

그녀의 아버지는 딸에게 일렀다.

"네가 긴 실을 바늘에 꿰어 그 남자의 옷에 꽂아두어라."

---

4 원문의 '李碑家記'는 '李磾家記'의 오기. 이제李磾의 사가私家 기록으로 우리 나라의 고대 기록.

딸은 그 말에 따랐다. 날이 밝자 실을 북쪽 담 밑에서 찾아보니 바늘이 큰 지렁이의 허리에 꽂혀 있었다. 그로 말미암아 아기를 배어 한 사내아이를 낳았는데, 나이 열다섯 살이 되자 스스로 견훤이라 일컬었다.

견훤은 경복景福[5] 원년 임자(892)에 왕이라 일컫고 도읍을 완산군完山郡[6]에 정했다. 재위한 지 43년인 청태淸泰[7] 원년 갑오(934)에 견훤의 세 아들[8]이 반역했으므로 견훤은 고려 태조에게 가서 항복했다.

그리고 그의 아들 신검[9]이 왕위에 올랐다. 천복天福[10] 원년 병신(936)에 고려 군사와 일선군一善郡[11]에서의 회전會戰에서 패하여[12] 후백제는 멸망했다고 한다.

후백제의 건국

처음에 견훤이 나서 젖먹이일 때에 그의 아버지는 들에서 밭을 갈고 있었다. 어머니가 아버지에게 밥을 갖다 날랐다. 젖먹이를

---

5 당나라 소종昭宗의 연호. 경복 원년은 곧 신라 진성여왕 6년(892).
6 지금의 전주.
7 후당後唐 폐제廢帝의 연호. 청태 원년은 곧 신라 경순왕 8년(934).
8 신검神劍, 양검良劍, 용검龍劍을 말한다.
9 원문의 '金剛'은 '神劍'의 잘못. 금강은 신검에게 살해되어 즉위하지 못했다.
10 후진後晉 고조高祖의 연호. 고려 태조 19년(936)에 해당된다.
11 지금의 선산善山.
12 패적敗績 : 군사가 싸움에서 크게 패했다는 말이다. 《左傳》 大崩曰敗績

수풀 아래에 두었더니 범이 와서 젖을 먹여주었다. 마을 사람들은 이 말을 듣고는 이상히 여겼다.

장성하자 체모가 웅장 기이하고, 지기志氣가 크고 비범했다.13

군인이 되어 서울에 들어갔다가 서남 해변에 가서 국경을 지킬 때 창을 베고 적군을 기다렸다.14 그 용기는 상시 사졸士卒의 선두에 서 있었으며, 그 공로로써 비장裨將이 되었다.

당나라 소종昭宗 경복 원년은 신라 진성여왕 재위 6년(892)인데, 이때 폐신嬖臣이 임금의 측근에 있어 국권을 마음대로 조종하여 강기綱紀가 문란해졌다.

게다가 흉년이 겹치니, 백성들이 이리저리 떠돌아다니고 많은 도적이 벌떼처럼 일어났다.

이에 견훤은 몰래 배반할 마음을 품고 무리들을 모아15 서울 서남쪽 주현州縣을 쳤다. 이르는 곳마다 빨리 호응하여16 한 달 사이에 무리가 5천 명에 이르렀다. 드디어 무진주武珍州17를 습격하여 스스로 왕이 되었으나, 그래도 감히 공공연히 왕이라 일컫지는

---

13 척당괴당倜儻傀儻 : 뜻이 크고 기개가 있다는 말이다.《晉書》瓌偉倜儻 不拘細行
14 침과대적枕戈待敵 : 침과대단枕戈待旦과 같은 말. 창을 베고 적군을 기다린다는 뜻. 즉 군무軍務에 전념하여 편안히 잠자지 못한다는 말.《晉書》日昃忘食 枕戈待旦
15 소취嘯聚 : 휘파람을 불면서 서로 모은다는 말이다.《唐書 室韋傳》逐水草而居 每戈獵 卽相嘯聚 事畢去
16 향응響應 : 소리에 따라 울리는 소리가 응하듯이 빨리 호응한다는 말.
17 지금의 광주.

못하고 스스로 '신라 서면 도통 행 전주자사 겸 어사중승 상주국 한남군 개국공新羅西面都統行全州刺史兼御史中丞上柱國漢南郡開國公'이라 했으니, 용기龍紀[18] 원년 기유(889)였다.

또는 경복 원년 임자(892)라고도 한다.

이때에 북원北原의 도적 양길良吉의 세력이 강성하니 궁예弓裔는 자진해서 그의 부하가 되었다. 견훤은 이 소식을 듣고 멀리서 양길에게 직함을 내려 비장으로 삼았다. 견훤은 서쪽으로 순행巡行하여 완산주完山州에 이르니 주민이 영접하며 위로를 드렸다. 견훤은 인심을 얻은 것을 기뻐하여 좌우 사람에게 말했다.

"백제가 개국한 지 6백여 년에 당나라 고종은 신라의 요청으로 장군 소정방을 보내어 수군 13만 명으로 바다를 건느게 하고 신라의 김유신은 군사를 다 거느리고[19] 황산을 거쳐 당군과 합세하여 백제를 쳐서 멸망시켰소. 그러니 내가 이제 어찌 국도國都를 정하여 예전의 원분怨憤을 씻지 않을 수 있겠소."

드디어 스스로 후백제 왕이라 일컫고 관직을 설치했다. 이때는 당나라의 광화 3년이요 신라의 효공왕 4년(900)이었다.

---

18 원문의 '龍化'는 '龍紀'의 오기. 용기는 당나라 소종昭宗의 연호. 용기 원년은 신라 진성여왕 3년(889)에 해당되는데 이 기사는 『삼국사기』에도 없다. 그릇된 것 같다.

19 권토卷土 : 권토捲土와 같으니, 있는 힘을 다 기울인다는 말. 《杜牧 詩》江東子弟多才俊 捲土重來未可知

고려와 후백제의 대립

정명 4년 무인(918)에 철원경鐵原京[20]에서 민심이 갑자기 변하여 우리 태조를 추대하여 왕위에 오르게 하였다. 견훤은 이 소식을 듣고 사자를 보내어 경하하고 또 공작선孔雀扇과 지리산의 대화살 등을 바쳤다.

견훤은 우리 태조와 겉으로는 화친하면서 속으로는 시기하여 태조에게 총마驄馬를 바치더니 동광 3년(925) 겨울 10월에는 기병 3천을 거느리고 조물성曹物城—지금은 자세히 알 수 없다—까지 이르렀다. 태조도 또한 정병을 거느리고 와서 그와 대전하였다.

견훤의 군사가 날래어 승부를 결판낼 수 없었으므로, 태조는 잠정적으로 화친하여 시일을 끌면서 그 군사들을 피로케 하려고 서신을 보내어 화친을 청했다. 종제從弟 왕신王信을 볼모로 보내니 견훤도 또한 그 사위 진호眞虎를 보내어 볼모로 교환했다.

12월에 견훤은 신라의 거서居西—지금은 자세히 알 수 없다—등 20여 성을 쳐서 뺏고 사자使者를 후당後唐에 보내어 번신藩臣이라고 일컬었으니 후당에서는 그에게 검교태위 겸 시중 판 백제군사檢校太尉兼侍中判百濟軍事란 작명을 주고, 그전대로 도독 행 전주자사 해동사면도통 지휘병마제치등사 백제왕都督行全州刺史海東四面都統指揮兵馬制置等事百濟王이라 하고 식읍은 2천5백 호로 하였다.

---

20 지금의 철원鐵原 월정리月井里 풍천원楓川原.

견훤이 신라를 침범하다

동광 4년(926)에 진호가 갑자기 죽으니 견훤은 고의로 죽였다고 의심하여 즉시 왕신을 가두고 사람을 보내어 전년에 보냈던 총마를 돌려주기를 청했다. 태조는 웃으면서 돌려보냈다. 천성天成[21] 2년 정해(927) 9월에 견훤은 근품성近品城[22]—지금의 산양현山陽縣—을 쳐서 뺏고 그 성을 불지르니 신라 왕은 태조에게 구원을 청했다. 태조가 출병하려 하는데, 견훤은 고울부高鬱府[23]—지금의 울주蔚州—를 습격해서 뺏고 시림始林—혹은 계림서교鷄林西郊라고도 한다—으로 진군하여 갑작스레 신라 서울로 쳐들어갔다. 이때 신라 경애왕은 부인과 함께 포석정에 나와 놀다가 이로 말미암아 더욱 낭패를 당했다. 견훤은 왕의 부인을 끌어내어 능욕하고, 왕의 족제族弟 김부로 왕위를 잇게 하고는 왕의 아우 효렴孝廉과 재상 영경英景을 사로잡고, 또 신라의 진귀한 보물과 무기와 자제들이며 각종 공인의 우수한 이도 친히 데리고 갔다.

고려 태조가 견훤군에게 패전하다

태조는 정예精銳한 기병騎兵 5천을 거느리고 공산公山[24] 아래에서 견훤을 맞이하여 크게 싸웠다. 태조의 장수 김락金樂[25]과 신숭

---

21 후당後唐 명종明宗의 연호. 천성 2년은 곧 고려 태조 10년(927).
22 지금의 문경군 산양면山陽面 일대.
23 지금의 영천永川이니, 주에 울주蔚州라 함은 잘못.
24 지금의 팔공산.

겸申崇謙[26]은 여기서 죽고 모든 군병이 패전했으며 태조는 겨우 죽음을 면했다. 그래서 견훤에게 저항하지 못하고 그가 하는 대로 내버려두었다.

견훤은 이긴 기세를 타서 대목성大木城—지금의 약목若木—과 경산부京山府[27]와 강주康州[28]를 노략하고, 부곡성缶谷城을 들이치니 의성부義城府의 태수 홍술洪述은 대항해 싸우다가 죽었다. 태조는 이 소식을 듣고 말했다.

"나의 오른쪽 손을 잃어버렸구나."

42년 경인(930)[29]에 견훤은 고창군古昌郡—지금의 안동—을 치려고 하여, 군사를 이끌고 석산石山에서 진을 쳤다. 태조는 백 보 가량 서로 떨어져서 고을 북쪽 병산甁山에서 진을 쳤다. 여러 번 싸

---

25 고려의 개국공신. 태조 10년 7월에 원보元甫 재충在忠 등과 함께 후백제의 대량성大良城(陜川)을 쳐서 이를 깨뜨리고 장군 추허조鄒許祖 등 30여 명을 사로잡았다. 그해 9월에 후백제의 견훤이 신라를 침범하자 그는 공산동수公山桐藪에서 싸우다가 대패하여 대장 신숭겸申崇謙과 함께 전사했다.

26 숭겸崇謙: 신숭겸을 이름이니 고려의 개국공신. 궁예弓裔의 말년에 배현경裵玄慶·홍유洪儒·복지겸卜智謙과 함께 비밀히 모의하여 태조를 추대하여 개국開國의 대업을 결정하였다. 태조 10년에 후백제의 견훤이 신라를 침범하자 태조를 모시고 공산동수에서 싸워 대패하여 원보 김락과 함께 전사했다.

27 지금의 성주.

28 지금의 진주.

29 42년 경인(930)은 신라 경순왕敬順王 4년, 고려 태조 13년, 후백제 견훤의 39년에 해당되니 대개 신라 진성여왕 3년 을유(889)에 도둑 떼가 각처에서 일어난 그때부터 기산한 것 같다.

위서 견훤이 패했으므로 시랑侍郞 김악金渥을 잡았다. 그 이튿날 견훤이 군사를 거두어 순주성順州城(順興)을 습격하여 부수니 성주 원봉元逢은 막을 수 없어 성을 버리고 밤에 도망했다. 태조는 크게 노하여30 그 고을의 격을 낮추어 하지현下枝縣—지금의 풍산현豊山縣이니 원봉은 본래 순주성 사람인 까닭이다—으로 삼았다.

견훤이 태조에게 서신을 보내다

신라의 군신들은 쇠망해가는 세상에 다시 일어나기 어려우므로 우리 태조를 끌어들여 사이좋게 의를 맺어 후원을 삼으려 했다. 견훤은 이 소식을 듣고 또 신라 서울에 들어가 포악한 짓을 하려 했으나 혹시 태조가 먼저 들어갈까 두려워하여 태조에게 서신을 보냈다.

지난번에 신라의 국상國相 김웅렴金雄廉 등이 장차 족하足下를 서울로 불러들이려 했소. 이는 작은 자라가 큰 자라의 소리에 호응함31과 같음이 있었소. 이는 종달새가 매의 날개를 찢으려 함이었으니32 반드시 백성들을 도탄에 빠지게 하고 종묘와 사직을 폐

---

30 혁노赫怒 : 크게 성을 내는 것을 말한다. 《詩經》王赫斯怒
31 별응원성鼈應黿聲 : 원명별응黿鳴鼈應이란 문구에서 응용한 말. 즉 작은 자라〔鼈〕는 큰 자라〔黿〕 소리에 호응한다는 뜻. 고려를 작은 자라에, 신라를 큰 자라에 비유하여 임금(신라)과 신하(고려)가 서로 감응함을 이른 말. 《後漢書》樊噲披帷入見 高祖踞洗以對酈生 當此之會 乃黿鳴而鼈應也

허33로 만들었을 것이오. 나는 이로써 먼저 조적祖逖의 채찍34을 잡고 홀로 한금호韓擒虎의 부월鈇鉞35을 휘둘러, 백관에게 백일白日처럼 맹세하고 6부를 의풍義風으로써 설유說諭했는데, 뜻밖에 간신은 도망하고 방군邦君36은 세상을 떠나셨소. 마침내 경명왕의 표제表弟 헌강왕의 외손을 받들어 왕위에 오르게 하여 위태롭던 나라를 다시 세우니 없어진 임금이 있게 되었소. 족하는 나의 충고를 자세히 살피지 않고 다만 유언만을 들어 온갖 계책으로 왕위를 노리고37 여러 방면으로 나라를 침노했으나 오히려 내 말머리도 볼 수 없었고 내 소털도 뽑을 수 없었소.

이 겨울 초승에는 도두都頭 색상索湘이 성산진星山陣 아래에서 항복했고,38 이 달 안에 좌장左將 김락은 미리사美利寺39 앞에서 전

---

32 안피준익鴳披準翼: 종달새가 매의 날개를 찢는다는 말. 즉 종달새는 신라와 고려의 비유요, 매는 후백제의 비유이다.

33 구허丘墟: 공허하다는 뜻. 즉 폐허라는 의미로 해석된다. 《漢書 公孫弘傳》 丞相府客舘 丘墟而已

34 조편祖鞭: 진晉나라 사람 조적祖逖의 채찍이란 말이니, 선착조편先著祖鞭은 즉 선착편先著鞭 또는 선편先鞭이란 말. 먼저 착수한다는 뜻. 《晉書》 劉琨與范陽祖逖爲友 常恐祖生先我著鞭

35 한월韓鉞: 한금호韓擒虎의 부월鈇鉞이란 말이니, 한금호는 수나라 장수로서 진陳나라를 쳐서 후주後主를 사로잡은 사람.

36 여기서는 경애왕을 말한다.

37 규유窺覦: 개유覬覦와 같은 말. 분수에 넘치는 욕망을 품고 기회를 노린다는 뜻이다. 《晉書 陶侃傳》 及都督八州 據上流 握强兵 潛有窺覦之志

38 속수束手: 저항하지 않고 항복한다는 말이다. 《晉書》 所過城邑 莫不束手

사했으며,40 그밖에 죽인 것도 많고 사로잡은 것도 적지 않았소. 양편의 강하고 약함이 이와 같으니 누가 승리하고 패망할 것도 알 수 있을 것이오. 내가 기대하는 일은 내 활을 평양성의 문루에 걸고 내 말로 대동강 물을 마시게 하는 것이오.

그러나 지난달 7일에 오월국吳越國의 사신 반상서班尚書가 와서 국왕의 조서詔書를 전하여 경卿41이 고려와 오랫동안 화호和好를 통하고 서로 이웃나라의 맹약盟約을 맺은 줄 알고 있는데, 근래에 볼모가 죽음으로 말미암아 마침내 화친의 옛정을 저버리고 서로 경계를 침범하며 전쟁을 그만두지 아니하므로 지금 사신을 보내어 경의 본도本道로 가게 하고, 또 고려에도 글을 보내니 각기 서로 친목하여 영구히 평화를 도모하도록 하오라고 했소.

나는 왕실을 높이는 의義에 돈독하고 대국을 섬기는 일에 전념해오던바, 이제 오월왕의 조유詔諭를 듣고 즉시 그 명령을 받들려 하오. 다만 족하가 싸움을 그만두려 해도 그만둘 수 없으므로 곤경에 처해 있으면서도 오히려 싸우려 할 것을 염려하오. 이제 그 조서를 베껴 보내니 유의하여 자세히 살피기를 바라오. 토끼와 사냥개가 다 피곤하면 마침내 반드시 조롱을 받을 것이요, 조개와 황새가 서로 버티면 또한 남의 웃음거리가 되는 것이니,42 마

---

39 경북 달성군에 있었던 절.
40 폭해曝骸 : 전사해서 해골을 드러내었다는 뜻이다.
41 군주가 신하를 부르는 말. 진·한秦漢 이후에 사용되었다.
42 방휼상지蚌鷸相持 : 휼방상쟁鷸蚌相爭과 같은 말. 즉 도요새와 조개가 서로 다투

땅히 끝까지 미혹하여 깨닫지 못하면 흉하다[43]는 말을 경계하여, 후회를 스스로 초래하지 말도록 하오.

태조의 회신

천성 2년(927) 정월에 태조는 답서를 보냈다.

삼가 오월국 통화사通和使 반상서가 전한 조서 한 통을 받들었고, 겸하여 족하가 준 긴 편지 사연도 받아보았소. 사신[44]이 이에 조서를 가지고 왔고, 족하의 편지[45]에서도 아울러 가르침을 입었소. 조서[46]를 받들어 읽고는 비록 감격을 더했으나, 족하의 편지를 펴보고는 혐의를 없애기 어렵소. 이제 돌아가는 사신에게 부쳐 내 심중을 피력하려 하오.[47]

나는 위로 천명을 받들고 아래로 인민의 추대에 못 이겨 외람되

다가 모두 어부에게 잡혔다는 고사. 『전국책戰國策』에 나타난다.
43 미복迷復 : 끝까지 미혹하여 깨닫지 못하면 흉하다는 말이다. 《易經 復卦》 上六 迷復 凶
44 화초부사華軺膚使 : 화초華軺는 사신이 타고 온 좋은 수레란 말이요, 부사膚使는 선량한 사자란 말이다. 여기서는 오월국의 사신을 말한다. 《法言 淵騫》 張騫 蘇武之奉使也 執節沒身 不屈王命 古之膚使 其猶劣諸 (注) 膚 美也
45 척소尺素 : 서신을 이름. 옛날에는 편지를 비단에 썼던 까닭으로 척소라 일컬었다. 《古詩》 客從遠方來 遺我雙鯉魚 呼童烹鯉魚 中有尺素書
46 지검芝檢 : 오월왕의 조서를 이른 말.
47 부위임敷危祍 : 『초사楚辭』의 '跪敷衽以陳辭兮'란 문구에서 따온 말이니 하고 싶은 말을 진술한다는 뜻이다.

이 장수의 직권을 맡아 천하를 경영할48 기회를 얻었소.

지난번에 삼한이 액운을 당하고 구주九州가 흉년으로 황폐해져 인민들은49 대부분 황건적黃巾賊50에 속하게 되고, 전야田野는 적지赤地51가 아닌 땅이 없었소. 풍진風塵의 소란함을 그치게 하고 나라의 재난을 구하려고 이에 스스로 이웃나라와 친목하여52 화호를 맺으니 과연 수천 리 국토가 농사로써 생업을 즐겼고 7, 8년 동안 사졸士卒은 한가로이 쉬었었소. 을유년(925)에 이르러 10월53에 문득 사건을 일으키니 곧 싸움에까지 이르렀소.

족하는 처음에는 상대를 가벼이 여겨 곧장 달려드는 것이 마치 버마재비가 수레바퀴에 대항함과 같더니54 마침내 어려움을 알고 급히 물러감은 모기가 산을 짊어진 것과 같았소.55

---

48 경륜經綸 : 천하를 경영한다는 말이다. 《易經》君子以經綸
49 금려黔黎 : 인민 즉 백성이란 말이다. 《唐文宗 詩》願蒙四海福黔黎
50 황건黃巾 : 황건적을 이름이니 후한後漢 말기에 장각張角을 수령으로 하여 일어났던 떠돌이 도둑 떼. 모두 황색 수건을 그 표지로 했으므로 이를 황건적이라 했다.
51 적토赤土 : 적지赤地와 같은 말이니, 흉년이 들어 거둘 것이 아주 없게 된 땅. 《說苑》晉平公時 赤地千里
52 선린善隣 : 이웃나라와 친하게 지낸다는 말이다. 《左傳》善隣之誼
53 양월陽月 : 음력 10월의 딴 이름. 《後漢書》至于陽月 陰慝害作
54 당랑거철螳螂距轍 : 버마재비가 팔을 벌리고 수레바퀴를 막는다는 뜻이니, 즉 약한 것이 제 역량도 헤아리지 않고 강한 것에게 대적한다는 말이다. 《莊子》猶螳螂之怒 臂以當車轍 則必不勝其任矣
55 문자부산蚊子負山 : 모기가 산을 짊어진다는 뜻이니, 힘은 모자라면서 중임重任

공손히 말을 하고 하늘을 가리켜 맹세하기를 오늘부터는 길이 화목하겠는데 혹시 맹세를 어긴다면 신이 벌줄 것이라 하므로, 나도 또한 전쟁을 하지 않는[56] 무武를 숭상하고 사람을 죽이지 않는 인仁을 기하여, 마침내 여러 겹의 포위를 풀어 피곤한 병졸들을 쉬게 하고 볼모 보냄도 거절하지 않고 다만 백성만을 편안케 하려 하였소.

　이것은 내가 남방[57] 사람들에게 큰 덕을 끼쳤다 하겠는데, 어찌 맹약을 맺은 지도 얼마 안 되어 흉악한 세력이 다시 일어나서, 벌과 전갈과 같은 독기는 생민을 침해하고[58] 이리와 범과 같은 난폭함은 기전畿甸을 가로막아 금성金城[59]이 군급窘急해지고 왕궁[60]을 몹시 놀라게 할 줄이야 누가 알았겠소.

　대의에 의거하여 주 왕실周王室[61]을 높였으니 그 누구가 환공桓公·문공文公[62]의 패업霸業과 같으며 기회를 타서 한 왕조를 도모

　을 짊어진 것을 비유한 말이다. 《莊子》 使蚊負山
56 지과止戈 : 전쟁을 그친다는 말이다. 《左傳》 夫文止戈爲武
57 후백제를 말한다.
58 봉채지독蜂蠆之毒 : 벌과 전갈은 독이 있으므로 미물이지만 사람에게 해를 끼친다. 《左傳》 君其無謂邾小 蜂蠆有毒 而況國乎
59 신라 서울을 가리킨다.
60 황옥黃屋 : 황옥거黃屋車, 곧 임금의 수레란 말. 여기서는 왕궁을 일컫는다. 《史記》 於是紀信 乘黃屋車 傳左纛 曰漢王降
61 존주尊周 : 주나라의 왕실을 높인다는 말. 여기서는 신라를 이른다. 《穀梁傳 莊公十六年》 會齊侯宋公陳侯衛侯鄭伯許男曹伯滑伯滕子 同盟于幽 同者有同也 同尊周也

하니 오직 왕망王莽・동탁董卓63의 간악함을 볼 뿐이오.

왕의 지존으로서 몸을 굽혀 족하에게 '자子'라고 일컫게 했으니, 존비尊卑는 차례를 잃게 되므로 상하가 같이 근심하여 "큰 보필輔弼64의 충성과 순실純實함이 없으면 어찌 다시 나라를 편안하게 할 수 있으리요" 하오.

나는 마음에는 악이 없고 뜻은 왕실을 높임에 간절하므로, 장차 조정을 구원하고 나라를 위태로움에서 구하려고 했는데 족하는 터럭만한 적은 이익을 보고 천지와 같은 후한 은혜를 잊고 임금을 죽이고 궁궐을 불사르며 대신을 학살하고65 사민士民을 도륙하며66 궁녀67는 잡아서 수레에 싣고 보물은 빼앗아 짐바리에 실으니 그 흉악함68은 걸왕桀王・주왕紂王69보다도 더하고 불인不仁함

---

62 환문桓文 : 춘추시대 제나라의 환공桓公과 진나라의 문공文公을 이름이니, 이 두 임금은 오패五霸 중의 우두머리로서 제후를 다스리고 주나라 왕실을 높였다.
63 망탁莽卓 : 전한前漢 말기의 왕망王莽과 후한後漢 말기의 동탁董卓을 이름이니, 이 두 사람은 모두 임금을 갈아세우고 반역적인 일을 했다.
64 원보元輔 : 임금의 큰 보필이란 말이다. 《顔延之 曲水詩序》王宰宣哲於元輔
65 저해菹醢 : 사람을 죽여 육장肉醬을 만든다는 말이니, 즉 주륙誅戮・학살虐殺이란 뜻이다. 《李陵 文》韓彭菹醢 (注) 菹醢 肉醬也
66 건류虔劉 : 죽인다는 말이다. 《左傳》芟夷我農功 虔劉我邊陲
67 희강姬姜 : 희姬란 성은 주나라의 종실이고 강姜이란 성은 주의 외척이므로 희강은 귀부인 또는 궁녀를 일컫는 말이다. 《左傳》雖有姬姜 無棄蕉悴
68 원악元惡 : 수악首惡 즉 원흉이란 말이다. 《書經》元惡大憝
69 걸주桀紂 : 하나라의 걸왕桀王과 은나라의 주왕紂王을 이름이니, 중국 고대의 대표적인 포학한 군주이다. 《大學》桀紂率天下以暴 而民從之

은 경짐승과 올빼미[70]보다도 심했었소.

나는 하늘이 무너진[71] 원한과 해를 돌이킨[72] 정성으로 매가 참새를 쫓듯이[73] 나라에 견마犬馬의 근로[74]를 다하려 했소.

다시 군사를 일으켜 이미 두 해를 지났는데 육전陸戰에 있어서는 우레와 번개처럼 빨리 달렸고 수전에 있어서는 범과 용처럼 용맹스럽게 쳐서 군사를 일으켜서는 반드시 공을 이루었고, 거사해서는 헛되게 한 일이 없었소.

윤경尹卿[75]을 해안에서 쫓았을 때는 갑옷이 산더미처럼 쌓였고, 추조雛造[76]를 성성城 부근에서 잡았을 때는 엎으러진 시체가 들판을 덮었으며, 연산군燕山郡 부근에서는 길환吉奐[77]을 진 앞에서 목베

---

70 경효獝梟: 경짐승[獝]과 올빼미[梟]는 모두 불효한 짐승. 경짐승은 나면서 애비를 잡아먹고, 올빼미는 나면서 어미를 잡아먹는다고 한다. 《北史》獝梟爲物 天實生之

71 붕천崩天: 임금이 돌아감을 이른 말이다. 경애왕景哀王이 죽임을 당함을 이른다. 《史記 魯仲連傳》周烈王崩 齊後往 周怒 赴於齊曰 天崩地坼 天子下席 東藩之臣 因齊後至則斮

72 각일却日: 노나라 양공陽公이 전쟁할 때에 창을 휘둘러 해를 뒤로 돌렸다는 고사. 《淮南子》魯陽公與韓搆難 戰酣方暮 援戈而麾之 日爲之反三舍

73 응전鷹鸇: 매를 이름이니 매가 참새를 쫓듯 사람을 주축誅逐할 수 있는 강력한 자를 비유한 말이다. 《左傳》見無禮于其君者 誅之如鷹鸇之逐鳥雀也

74 신하가 임금에게 자기를 낮추어 일컫는 겸사이니 견마지犬馬之勤은 나라와 임금에게 다하는 근로 또는 충성이란 말이다. 《史記》臣竊不勝犬馬之心

75 후백제의 장수.

76 후백제의 장수.

77 후백제의 장수.

었고, 마리성馬利城―이산군伊山郡인 듯하다―근처에서는 수오隨晤78를 깃발 아래에서 죽였으며, 임존성任存城―지금의 대흥군大興郡―을 뺏던 날에는 형적邢積79 등 수백 명이 목숨을 버렸고, 청천현淸川縣―상주尙州 영내의 현 이름―을 부셨을 때는 직심直心80 등 네다섯 명이 머리를 바쳤었소.

동수桐藪―지금의 동화사桐華寺―는 깃발만 바라보고 도망했고 경산京山은 구슬을 머금고 항복했으며81 강주康州는 남으로부터 귀순했고 나주羅州는 서로부터 와서 소속되었소. 공략한 지역이 이와 같았으니 수복될 날이 어찌 멀다 하겠소.

기필코 저수泜水82 진중에서 장이張耳83의 묵은 원한을 씻고 오강烏江84 기슭에서 한왕漢王의 일전一戰 승리의 소원을 이룩하여

---

78 후백제의 장수.
79 후백제의 장수. 『삼국유사』 정덕본에는 형적刑積으로 씌어 있으나 『삼국사기』와 『고려사』에는 형적邢積으로 되어 있다.
80 후백제의 장수.
81 함벽銜璧 : 패전하여 항복하려고 나가면서 구슬을 머금고 간다는 말이다. 구슬은 폐백으로 쓴다. 《左傳》 許男面縛銜璧
82 북저수北泜水를 이름이니, 중국 직예성直隸省 원씨현元氏縣 서군산西羣山에서 발원發源하여 동으로 괴하槐河에 흘러들어가는 강.
83 초한시대의 사람. 처음에 조趙나라 정승이 되어 진여陳餘와 잘 지내다가 후에 틀어져 한나라로 도망가서 한신韓信과 함께 조나라 군사를 쳐서 깨뜨리고 진여를 저수 위에서 베어 죽였다.
84 중국 안휘성安徽省 화현和縣에 있는 강. 이곳에서 초패왕楚霸王 항우項羽는 목을 찔러 죽었다.

마침내 풍파를 그치게 하고 길이 천하[85]를 맑게 할 것이오.

하늘이 우리를 돕고 있는데 천명이 어디로 돌아가겠소! 하물며 오월왕 전하는 덕이 먼 지역을 포섭하고[86] 인仁은 소국小國을 애무해오던바[87], 특히 대궐[88]에서 조서를 내려 동방[89]에서 난리를 그치기를 개유開諭하시니 이미 가르침을 받았사온데 어찌 감히 받들지 않겠소.

만약 족하도 조서를 받들어 전쟁을 그친다면, 다만 상국上國의 어진 은혜에 보답할 뿐 아니라 또한 동방의 절사絶嗣[90]도 계승할 수 있을 것이오. 그러나 만약에 허물을 짓고서도 고치지 않는다면 그때는 후회해도 소용이 없을 것이니 어찌겠소.─이 글은 최치원崔致遠이 지은 것이다.[91]

---

85 환해寰海 : 세계란 말. 《李俊民 詩》淸風披至最高頂 下視寰海塵埃昏
86 포황包荒 : 황예荒穢를 포용한다는 뜻이니 사람을 포용하는 도량이 크다는 말. 《易經》包荒 用馮河
87 자소字小 : 소민小民을 자육字育(愛育)한다는 말이다. 여기에서는 소국을 애무한다는 뜻이다.
88 단금丹禁 : 금성禁城 즉 대궐이란 말이다. 《隋書 百官志》武騎之職 皆以分司丹禁 侍衛左右
89 청구靑丘 : 중국에서 우리 나라를 일컫는 말이다.
90 절서絶緒 : 절사絶嗣와 같은 말. 곧 뒤가 끊어짐을 말한다. 《後漢書 張衛傳》絶緒 言無後也
91 이 글을 최치원이 지었다는 것은 믿기 어려운 말이다.

후백제와 고려의 결전

장흥長興[92] 3년(932)에 견훤의 신하 공직龔直은 용맹하고 지략이 있었는데, 태조에게 와서 항복했다. 견훤은 공직의 두 아들과 한 딸을 잡아다가 다리 힘줄을 불에 지져서 끊었다.

가을 9월에 견훤은 일길一吉을 보내어 수군으로써 고려 예성강 禮成江에 들어와 사흘을 머물면서 염주鹽州·백주白州·진주眞州 3주에서 배 1백 척을 빼앗아 불사르고 돌아갔다 한다.

청태 원년 갑오(934)에 견훤은 태조가 운주運州[93]—자세히 알 수 없다—에 둔주屯駐하고 있다는 말을 듣고 드디어 갑옷 입은 병사를 뽑아 재빨리 이르렀으나,[94] 미처 진영을 설치하기도 전에 태조의 장군 유금필庾黔弼[95]이 날랜 기병을 이끌고 진영을 덮쳐서 3천여 명을 목베니, 웅진熊津 이북의 30여 성이 소문만 듣고 자진해서 항복했고, 견훤의 휘하에 있던 술사術士 종훈宗訓과 의원 지겸之謙, 용장 상달尙達, 최필崔弼 등도 태조에게 항복했었다.

---

92 후당後唐 명종明宗의 연호. 장흥 3년은 곧 고려 태조 15년(932).
93 지금의 홍성洪城 부근.
94 욕식蓐食 : 잠자리 위에서 밥을 먹음을 이름이니, 일찍 밥 먹는다는 말이다. 《左傳》訓卒厲兵 秣馬蓐食 潛師夜起
95 금필黔弼 : 유금필庾黔弼을 이름. 고려의 명장. 태조를 섬겨 여러 번 전공을 세워 정남대장군征南大將軍에 승진되었다. 태조 17년 운주 싸움에서 후백제를 쳐서 큰 타격을 주었으며, 19년에는 태조를 따라 후백제 신검神劒을 쳐서 이를 멸망시켰다.

후백제 왕실의 내분

병신년 정월에 견훤은 그 아들에게 말했다.

"노부老父가 신라 말기에 후백제를 세운 지 여러 해가 되었다. 군사가 북군인 고려군보다 갑절이나 많으면서 오히려 이기지 못하니, 아마 하늘이 고려에게 손을 빌리는 것 같다.[96] 어찌 고려왕에게 귀순하여 생명을 보전하지 않을 수 있겠느냐?"

그 아들 신검·양검·용검 등 세 사람은 모두 응하지 않았다. 「이제가기李磾家記」에서는 "견훤에게는 자식 아홉 명이 있었으니, 맏이는 신검―혹은 견성甄成이라고도 한다―이요, 둘째는 태사 겸뇌太師謙腦요, 셋째는 좌승 용술佐丞龍述이요, 넷째는 태사 총지太師聰智요, 다섯째는 대아간 종우大阿干宗祐요, 여섯째는 이름이 전하지 않고, 일곱째는 좌승 위흥佐丞位興이요, 여덟째는 태사 청구太師靑丘이며, 한 딸은 국대부인國大夫人이니 모두 상원부인上院夫人이 낳은 것이다"고 했다.

견훤은 아내와 첩이 많아서 아들 여남은 명을 두었는데, 넷째아들 금강이 키가 크고 지혜가 많으므로 견훤은 특별히 그를 사랑하여 왕위를 그에게 전하려 했다. 그의 형 신검·양검·용검 등이 그것을 알고 매우 근심하고 번민했다.

이때 양검은 강주도독康州都督으로 있었고, 용검은 무주도독武

---

96 가수假手 : 하늘이 사람의 손을 빌려서 일을 한다는 말이다. 《書經》 皇天降災 假手于我有命

州都督(武珍州)으로 있었으므로 홀로 신검만이 견훤의 옆에 있었다.

이찬 능환伊飡能奐이 사람을 강주와 무주에 보내어 양검 등과 모의했다. 청태 2년 을미(935) 이른봄 3월에 영순英順 등과 함께 신검에게 권유하여 견훤을 금산金山의 절97에 가두고 사람을 보내어 금강을 죽이고는 신검은 스스로 대왕이라 일컫고 경내의 모든 죄인을 사면해주었다고 한다.

처음에 견훤이 아직 잠자리에서 일어나기 전에 멀리 궁정에서 고함치는 소리가 들렸으므로 이것이 무슨 소리냐고 물으니 신검이 아버지에게 아뢰었다.

"왕께서 연만하셔서 군국 정무軍國政務에 어두우시므로 장차 신검이 부왕의 자리를 대리하매 여러 장수들이 기뻐서 축하하는 소리입니다."

조금 후에 아버지를 금산의 절로 옮기고 파달巴達 등 장사 서른 명으로 그를 지키게 했다. 이때 이런 동요가 있었다.

가엾은 완산完山 아이
아비를 잃고 울고 있다

견훤은 후궁과 나이 어린 남녀 두 명, 시비 고비녀古比女, 나인

---

97 금산불우金山佛宇 : 전라북도 금제군 수류면 무악산에 있는 절. 금산사金山寺를 가리킨다.

능예남能乂男[98] 등과 함께 갇혀 있었다. 4월에 와서 술을 빚어서 지키는 군사 서른 명을 먹여 취하게 하고는 고려로 도망해오자[99] 태조가 소원보小元甫 향예香乂·오염吳琰·충질忠質 등을 보내어 바닷길로 가서 맞이하게 했다.

견훤이 이미 고려에 이르니 태조는 견훤의 나이가 자기보다 10년이나 위이므로 존칭하여 상보尙父라 하고 남궁南宮에 머물게 하며 양주楊州의 식읍·전장田庄과 노비 마흔 명 그리고 말 아홉 필을 주고 후백제에서 먼저 와 항복한 사람 신강信康을 아전으로 삼았다.

견훤의 사위 영규 장군의 내응

견훤의 사위 장군 영규英規는 그의 아내에게 비밀히 말했다.

"대왕께서 근로한 지 40여 년에 공업이 거의 이루어지려 했는데 하루아침에 가족간의 불화로 나라를 잃고 고려로 가셨소. 무릇 열녀는 두 남편을 받들지 않으며 충신은 두 임금을 섬기지 않는 법이오. 만약 내 임금을 버리고 반역한 아들 신검을 섬긴다면 무슨 면목으로 천하의 의사들과 대할 수 있겠소. 더구나 들으니 고려 왕공은 어질고 후덕하며 부지런하고 검소하여 민심을 얻었

---

98 『삼국사기』와 『고려사』에 의하면 나인 능예남은 견훤의 막내아들 능예能乂.
99 정덕본에 문장이 빠져 있는 부분. 다른 『삼국사기』(경인문화사)에는 '逃奔錦城 遣將軍黔弼萬歲'로 되어 있다.

다 하니 아마 하늘이 계시한[100] 것인가 하오. 반드시 삼한의 임금이 될 것이니, 어찌 글을 보내어 우리 임금을 위안하고 왕공에게도 은근하게 하여 뒷날의 복을 도모하지 않을 수 있겠소."

"당신의 말씀은 곧 제 뜻입니다."

이에 천복 원년 병신(936) 2월에 사람을 보내어 태조에게 의사를 전했다.

"당신께서 의기義旗를 들면 저는 내응하여 고려 군대를 맞이하겠습니다.

태조는 기뻐하여 그의 사자에게 예물을 후하게 주어 그에게 보내고 영규에게 사례했다.

"만약 장군의 은혜를 입어 한번 합세하여 길에서 가로막힘이 없게 되면 곧 먼저 장군께 뵈옵고 다음에 당堂에 올라가서 부인께 절하여 장군을 형으로 섬기고 부인을 누님으로 받들겠소. 반드시 끝까지 장군을 후히 보답하겠소. 천지신명도 모두 이 말을 들을 것이오."

6월에 견훤이 태조에게 아뢰었다.

"노신老臣이 전하께 항복해온 까닭은 전하의 위엄을 빌려[101] 반역한 자식을 죽이기 원했을 뿐입니다. 바라옵건대 대왕께서는 신병神兵을 빌리시어 적자賊子와 난신亂臣을 죽이게 해주시면 신은

---

100 천계天啓 : 하늘의 계시. 《左傳》天所啓 人不及
101 위릉威稜 : 임금의 존엄한 위력이란 말이다. 《漢書》威稜憺乎隣國

비록 죽더라도 한이 없겠습니다."

태조는 말했다.

"그들을 토벌하지 않으려 함은 아니나 그 시기를 기다리고 있는 것이오."

후백제의 멸망

태조는 먼저 태자 무武와 장군 술희述希102를 보내어 보병과 기병 10만 명을 거느리고 천안부天安府로 가게 했다.

가을 9월에 태조는 3군103을 거느리고 천안에 이르러, 군사를 합하여 일선군一善郡으로 진군하니 신검이 군사를 거느리고 와서 막았다.

갑오일에 일리천一利川을 사이에 두고 서로 대치했는데, 고려군은 동북방을 등지고 서남방을 향해 진을 쳤다. 태조는 견훤과 함께 군대의 위력을 보이는데104 문득 칼과 창 모양으로 된 흰구름이 우리 진 쪽에서 일어나 적진 쪽으로 향하여 갔다.

이에 북을 치고 나가니 후백제의 장군 효봉孝奉・덕술德述・애

---

102 원문의 '太子及武'는 '太子武及'을 잘못 쓴 것이니, 즉 태자 무와 장군 술희를 말한다. 태자 무는 고려 제2대 혜종惠宗.
103 주나라의 제도에 천자天子는 6군이고 제후는 대국大國이 3군(상군・중군・하군), 그 다음이 2군, 소국이 1군으로 되어 있다. 또 춘추시대에 와서는 3군은 군대의 통칭으로 되어 있다. 참고로 각 군은 1만 2천5백 명이다.
104 관병觀兵 : 군대의 위력을 남에게 보이는 것을 말한다. 《左傳》楚子觀兵于周疆

술애述哀·명길明吉 등은 고려 군병軍兵들의 형세가 크고 질서가 정연한 것을 바라보고 그만 갑옷을 벗어던지고 진 앞에 와서 항복했다.

태조는 그들을 위로하고 장수가 있는 곳을 물으니 효봉 등은 말했다.

"원수 신검은 중군中軍에 있습니다."

태조는 장군 공훤公萱 등에게 명령을 내리니 3군이 함께 나아가 양쪽에서 끼고 들이쳐 후백제의 군사는 무너져 달아났다.

황산黃山 탄현炭峴에 이르니 신검은 두 아우와 장군 부달富達·능환能奐 등 40여 명과 함께 항복했다.

태조는 그들의 항복을 받고 나머지는 모두 위로하고는 처자와 함께 서울로 올라가도록 했다.

태조는 능환에게 문책했다.

"처음에 양검 등과 비밀히 모의하여 대왕[105]을 가두고 그 아들을 세운 일은 네 계책이니 신하 된 의리로서 의당 그럴 수가 있느냐?"

능환은 머리를 숙이고 말을 하지 못했다. 드디어 그를 목베어 죽였다.

신검이 참람되이 왕위에 오른 일은 남에게 협박받은 때문이요 그의 본심은 아닌 것이며, 또 항복하여 죄를 애걸하므로 태조는

---

105 여기서는 견훤을 가리킨다.

특별히 그 죽음을 용서했다. 견훤은 이것을 분하게 여겨 등창이 나서 며칠 만에 황산불사黃山佛舍에서 죽으니 때는 9월 1일이며 수壽는 일흔 살이었다.

태조는 군령이 엄격하고 명백하여 사졸들이 추호도 남의 것을 침범하지 않았으므로, 주현이 편안히 지내게 되어106 늙은이와 어린이가 모두 만세를 불렀다.

태조는 영규에게 일렀다.

"전왕前王이 나라를 잃은 후 그의 신자臣子로서 한 사람도 그분을 위로해주는 사람이 없었는데, 오직 경의 부부만이 천리 밖에서 서신을 보내어107 성의를 보이고, 겸하여 나에게 아름다운 명예를 돌려보내니 그 의리를 잊을 수 없소."

태조는 그에게 좌승左丞이란 벼슬과 밭 1천 경頃을 주고는 역마 서른다섯 필을 빌려주어 가족들을 맞아오게 하고 그 두 아들에게도 벼슬을 주었다.

견훤은 당나라 경복景福 원년(892)에 건국하여 진晉나라의 천복 원년(936)에 이르러 도합 45년 만인 병신년에 멸망하였다.

궁예와 견훤을 비판하다

사론史論에 이른다. 신라는 운수가 다 되고 도를 잃어버려 하늘

---

106 안도安堵 : 사는 그곳에서 평안히 지낸다는 말이다. 《史記》 吏民皆安堵如故
107 사음嗣音 : 소식을 계속 보낸다는 말이다. 《詩經》 子寧不嗣音

이 돕지 않고 백성들이 따르지 않으니 이에 뭇도적들이 틈을 타서 일어나 마치 고슴도치 털처럼 되었는데, 그 중에 강한 도적108은 궁예와 견훤 두 사람뿐이었다.

궁예는 본시 신라의 왕자였는데 도리어 제 나라를 원수로 삼아, 선조의 화상을 칼로 베기까지 했으니 그가 어질지 못함이 너무 심했다.

견훤은 신라의 평민으로서 일어나 신라의 국록을 먹고도 나쁜 마음을 품고 나라가 위태함을 다행히 여겨 신라의 수도를 쳐들어가 임금과 신하를 마치 짐승처럼 찔러 죽였으니 그들은 실로 천하의 원흉이다.

그러므로 궁예는 그 신하에게서 버림을 당했고 견훤은 그 아들에게서 화근이 발생되었다. 모두 스스로 만든 일이니 다시 누구를 원망하겠느냐?

비록 항우項羽와 이밀李密109과 같은 웅재雄才로서도 한나라와 당나라가 일어남에 대적하지 못했는데, 하물며 궁예와 견훤 같은 흉악한 사람이 어찌 우리 태조에게 대항할 수 있었으랴.

---

108 극자劇者 : 극구劇寇와 같은 뜻이니, 즉 강한 도적이란 말. 《唐書》秦王數平劇寇 功冠天下

109 수나라 사람. 수나라 말기에 양현감楊玄感이 군사를 일으키니 이밀은 그의 모주謀主가 되었다. 현감이 죽자 그는 낙구洛口를 웅거하며 위공魏公이라 일컬었으나 이내 왕세충王世充에게 배반당해 당나라에 항복해서 광록경光祿卿이 되었다. 후에 실망하여 당나라를 배반했다가 성세언盛世彦에게 토벌되어 죽었다.

後百濟 甄萱

三國史本傳云 甄萱尙州加恩縣人也 咸通八年丁亥生 本姓李 後以甄 爲氏 父阿慈个 以農自活 光啓中 據沙弗城 今尙州 自稱將軍 有四子 皆知名於世 萱號傑出 多智略

李碑〔磾〕家記云 眞興大王妃思刀 諡曰白䭽夫人 第三子仇輪公之子 波珍干善品之子角干酌珍 妻王咬巴里 生角干元善 是爲阿慈个也 慈 之第〔一〕妻上院夫人 第二妻南院夫人 生五子一女 其長子是尙父萱 二 子將軍能哀 三子將軍龍蓋 四子寶蓋 五子將軍小蓋 一女大主刀金

又古記云 昔一富人 居光州北村 有一女子 姿容端正 謂父曰 每有一紫 衣男到寢交婚 父謂曰 汝以長絲貫針刺其衣 從之 至明尋絲於北墻下 針刺於大蚯蚓之腰 因姙生一男 年十五 自稱甄萱 至景福元年壬子稱 王 立都於完山郡 理四十三年 以淸泰元年甲午 萱之三子簒逆 萱投太 祖 子金剛〔神劍〕卽位 天福元年丙申 與高麗兵會戰於一善郡 百濟敗 績 國亡云

初萱生孺褓時 父耕于野 母餉之 以兒置于林下 虎來乳之 鄕黨聞者異 焉 及壯體貌雄奇 志氣倜儻不凡 從軍入王京 赴西南海防戌 枕戈待敵 其(勇)氣恒爲士卒先 以勞爲裨將 唐昭宗景福元年 是新羅眞聖王在位 六年 嬖堅在側 竊弄國權 綱紀紊弛 加之以飢饉 百姓流移 羣盜蜂起 於是萱竊有叛心 嘯聚徒侶 行擊京西南州縣 所至響應 旬月之間 衆至 五千 遂襲武珍州自王 猶不敢公然稱王 自署爲新羅西面都統行全州刺 史兼御史中丞上柱國漢南國〔郡〕開國公 龍化〔紀〕元年己酉也 一云景 福元年壬子 是時北原賊良吉雄强 弓裔自投爲麾下 萱聞之 遙授良吉

職爲裨將 萱西巡至完山州 州民迎勞 喜得人心 謂左右曰 百濟開國六百餘年 唐高宗以新羅之請 遣將軍蘇定方 以舡兵十三萬越海 新羅金庾信 卷土歷黃山 與唐兵合攻百濟滅之 予今敢不立都 以雪宿憤乎 遂自稱後百濟王 設官分職 是唐光化三年 新羅孝恭王四年也

貞明四年戊寅 鐵原京衆心忽變 推戴我太祖卽位 萱聞之 遣使稱賀 遂獻孔雀扇地理山竹箭等 萱與我太祖 陽和陰剋 獻驄馬於太祖 三年冬十月 萱率三千騎 至曹物城 今未詳 太祖亦以精兵來與之角 萱兵銳 未決勝負 太祖欲權和 以老其師 移書乞和 以堂弟王信爲質 萱亦以外甥眞虎交質 十二月 攻取居西 今未詳 等二十餘城 遣使入後唐稱藩 唐策授檢校太尉兼侍中判百濟軍事 依前都督行全州刺史海東四面都統指揮兵馬制置等事 百濟王 食邑二千五百戶

四年 眞虎暴卒 疑故殺 卽囚王信 使人請還前年所送驄馬 太祖笑還之 天成二年丁亥九月 萱攻取近品城 今山陽縣 燒之 新羅王求救於太祖 太祖將出師 萱襲取高鬱府 今蔚州 進軍於始林 一云鷄林西郊 卒入新羅王都 新羅王與夫人出遊鮑石亭時 由是甚敗 萱强引夫人亂之 以王之族弟金傅嗣位 然後虜王弟孝廉 宰相英景 又取國帑珍寶 兵仗 子弟 百工之巧者 自隨以歸

太祖以精騎五千 要萱於公山下大戰 太祖之將金樂 崇謙死之 諸軍敗之 太祖僅以身免 而不與相抵 使盈其貫 萱乘勝轉掠大木城 今若木 京山府 康州 攻缶谷城 又義成府之守洪述 拒戰而死 太祖聞之曰 吾失右手矣 四十二年庚寅 萱欲攻古昌郡 今安東 大擧而石山營寨 太祖隔百步 而郡北瓶山營寨 累戰萱敗 獲侍郎金渥 翌日萱收卒 襲破順(州)城

城主元逢不能禦 棄城宵遁 太祖赫怒 貶爲下枝縣 今豐山縣 元逢本順(州)城人故也

新羅君臣 以衰季難以復興 謀引我太祖 結好爲援 萱聞之 又欲入王都作惡 恐太祖先之 寄書于太祖曰 昨者(新羅)國相金雄廉等 將召足下入京 有同鼈應黿聲 是欲鷃披準翼 必使生靈塗炭 宗社丘墟 僕是以先著祖鞭 獨揮韓鉞 誓百寮如皎日 諭六部以義風 不意奸臣遁逃 邦君薨變 遂奉景明王表弟 獻[憲]康王之外孫 勸卽尊位 再造危邦 喪君有君 於是乎在 足下勿[不]詳忠告 徒聽流言 百計窺覦 多方侵擾 尙不能見僕馬首 拔僕牛毛 冬初 都頭索湘束手於星山陣下 月内 左將金樂曝骸於美利寺前 殺獲居多 追禽不小 强羸若此 勝敗可知 所期者 掛弓於平壤之樓 飮馬於浿江之水 然以前月七日 吳越國使班尙書至 傳王詔旨 知卿與高麗 久通和好 共契隣盟 比因質子之兩亡 遂失和親之舊好 互侵彊境 不戢干戈 今專發使臣 赴卿本道 又移文高麗 宜各相親比 永孚于休 僕義篤尊王 情深事大 及聞詔諭 卽欲祗承 但慮足下欲罷不能 困而猶鬪 今錄詔書寄呈 請留心詳悉 且兎獹迭憊 終必貽譏 蚌鷸相持 亦爲所笑 宜迷復之爲誡 無後悔之自貽

(天成)二年正月 太祖答曰 伏奉吳越國通和使班尙書所傳詔書一道 兼蒙足下辱示長書叙事者 伏以華軺膚使 爰致制書 尺素好音 兼蒙敎誨 捧芝檢而雖增感激 開華牋而難遣嫌疑 今託廻軒 輒敷危衽 僕仰承天假 俯迫人推 過叨將帥之權 獲赴經綸之會 頃以三韓厄會 九土凶荒 黔黎多屬於黃巾 田野無非其赤土 庶幾弭風塵之警 有以救邦國之災 爰自善隣 於焉結好 果見數千里農桑樂業 七八年士卒閑眠 及至癸[乙]

酉年 維時陽月 忽焉生事 至乃交兵 足下始輕敵以直前 若螳螂之拒轍 終知難而勇退 如蚊子之負山 拱手陳辭 指天作誓 今日之後 永世歡和 苟或渝盟 神其殛矣 僕亦尙止戈之武 期不殺之仁 遂解重圍以休疲卒 不辭質子 但欲安民 此卽我有大德於南人也 豈期歃血未乾 凶威復作 蜂蠆之毒 侵害於生民 狼虎之狂 爲梗於畿甸 金城窘忽〔急〕 黃屋震驚 仗義尊周 誰似桓文之霸 乘間謀漢 唯看莽卓之奸 致使王之至尊 枉稱子於足下 尊卑失序 上下同憂 以爲非有元輔之忠純 豈得再安社稷 以僕心無匿惡 志切尊王 將援置於朝廷 使扶危於邦國 足下見毫釐之小利 忘天地之厚恩 斬戮君主 焚燒宮闕 葅醢卿佐 虔劉士民 姬姜則取以同車 珍寶則奪之相〔輛〕載 元惡浮於桀紂 不仁甚於獍梟 僕怨極崩天 誠深却日 約効鷹鸇之逐 以申犬馬之勤 再擧干戈 兩更槐柳 陸戰則雷馳電激 水攻則虎搏龍騰 動必成功 擧無虛發 逐尹卿於海岸 積甲如山 禽雛造於城邊 伏屍蔽野 燕山郡畔 斬吉奐於軍前 馬利 疑伊山郡城(邊) 戮隨晤於纛下 拔任存(城) 今大興郡 之日 刑〔邢〕積等數百人捐軀 破淸川縣 尙州領內縣名 之時 直心等四五輩授首 桐藪 今桐華寺 望旗而潰散 京山銜璧以投降 康州則自南而來 羅府則自西移屬 侵攻若此 收復寧遙 必期泜水營中 雪張耳千般之恨 烏江岸上 成漢王一捷之心 竟息風波 永淸寶海 天之所助 命欲何歸 況承吳越王殿下 德洽包荒 仁深字小 特出綸於丹禁 諭戢難於靑丘 旣奉訓謨 敢不尊奉 若足下祗承容旨 悉戢凶機 不唯副上國之仁恩 抑亦可紹海東之絶緖 若不過而能改 其如悔不可追 書乃崔致遠作也

長興三年 甄萱臣龔直 勇而智略 來降太祖 萱捉龔直二子一女 烙斷股

筋 秋九月 萱遣一吉 以舡兵入高麗禮城江 留三日 取鹽白眞三州船一百艘 焚之而去 云云 淸泰元年甲午 萱聞太祖屯運州 未詳 遂簡甲士 蓐食而至 未及營壘 將軍黔弼以勁騎擊之 斬獲三千餘級 熊津以北三十餘城 聞風自降 萱麾下術士宗訓 醫者之謙 勇將尙達 崔弼等降於太祖 丙申正月 萱謂子曰 老夫(父)新羅之季 立後百濟名 有年于今矣 兵倍於北軍 尙爾不利 殆天假手爲高麗 盍歸順於北王 保首領矣 其子神劍龍劍良劍等三人 皆不應 李磾家記云 萱有九子 長曰神劍 一云甄成 二子太師謙腦 三子佐丞龍述 四子太師聰智 五子大阿干宗祐 六子闕 七子佐丞位興 八子太師靑丘 一女國大夫人 皆上院夫人所生也 萱多妻妾 有子十餘人 第四子金剛 身而而多智 萱特愛之 意欲傳位 其兄神劍良劍龍劍 知之憂憫 時良劍爲康州都督 龍劍爲武州都督 獨神劍在側 伊湌能奐使人往康武二州 與良劍等謀 至淸泰二年乙未春三月 與英順等勸神劍 幽萱於金山佛宇 遣人殺金剛 神劍自稱大王 赦境內 云云 初萱寢未起 遙聞宮庭呼喊聲 問是何聲歟 告父曰 王年老 暗於軍國政要 長子神劍攝父王位 而諸將歡賀聲也 俄移父於金山佛宇 以巴達等壯士三十人守之 童謠曰 可憐完山兒 失父涕漣洏 萱與後宮年少男女二人 侍婢古比女 內人能乂男等囚繫 至四月 釀酒而飮醉守卒三十人 而(逃奔錦城 遣將軍黔弼萬歲) 與小元甫香乂 吳琰 忠質等以海路迎之 旣至以萱爲十年之長 尊號爲尙父 安置于南宮 賜楊州食邑田莊 奴婢四十口 馬九匹 以其先來降者信康爲衙前

甄萱婿將軍英規 密語其妻曰 大王勤勞四十餘年 功業垂成 一旦以家人之禍 失地從於高麗 夫貞女不事二夫 忠臣不事二主 若捨己君 以事

逆子 則何顔以見天下之義士乎 況聞高麗王公 仁厚勤儉 以得民心 殆天啓也 必爲三韓之主 盍致書以安慰我王 兼慇懃於王公 以圖後來之福乎 妻曰 子之言是吾意也 於是天福元年丙申二月 遣人致意於太祖曰 君擧義旗 請爲內應 以迎王師 太祖喜 厚賜其使者遣之 謝英規曰 若蒙恩一合 無道路之梗 卽先致謁於將軍 然後升堂拜夫人 兄事而姉尊之 必終有以厚報之 天地鬼神 皆聞此語 六月 萱告太祖 老臣所以投身於殿下者 願仗殿下威稜 以誅逆子耳 伏望大王借以神兵 殲其賊亂 臣雖死無憾 太祖曰 非不欲討之 待其時也

先遣太子及武〔及〕將軍述希 領步騎十萬 趣天安府 秋九月 太祖率三軍至天安 合兵進次一善 神劍以兵逆之 甲午 隔一利川相對 王師背艮向坤而陣 太祖與萱觀兵 忽白雲狀如劍戟 起我師向彼行焉 乃鼓行而進 百濟將軍孝奉 德述 哀述 明吉等 望兵勢大而整 棄甲降於陣前 太祖勞慰之 問將帥所在 孝奉等曰 元帥神劍在中軍 太祖命將軍公萱等 三軍齊進挾擊 百濟軍潰北 至黃山炭峴 神劍與二弟 將軍富達 能奐等四十餘人生〔出〕降 太祖受降 餘皆勞之 許令與妻子上京 問能奐曰 始與良劍等密謀 囚大王立其子者 汝之謀也 爲臣之義 當如是乎 能奐俛首不能言 遂命誅之 以神劍僭位爲人所脅 非其本心 又且歸命乞罪 特原其死 甄萱憂懣發疽 數日卒於黃山佛舍 九月八日也 壽七十 太祖軍令嚴明 士卒不犯秋毫 州縣安堵 老幼皆呼萬歲 謂英規曰 前王失國後 其臣子無一人慰之者 獨卿夫妻 千里嗣音 以致誠意 兼歸美於寡人 其義不可忘 許職左丞 賜田一千頃 許借驛馬三十五匹 以迎家人 賜其二子以官 甄萱起唐景福元年 至晋天福元年 共四十五年 丙申滅

史論曰 新羅數窮道喪 天無所助 民無所歸 於是羣盜投隙而作 若猬毛然 其劇者 弓裔 甄萱二人而已 弓裔本新羅王子 而反以家〔宗〕國爲讎 至斬先祖之畫像 其爲不仁甚矣 甄萱起自新羅之民 食新羅之祿 而包藏禍心 幸國之危 侵軼都邑 虔劉君臣若禽獸 實天下之元惡 故弓裔見棄於其臣 甄萱産禍於其子 皆自取之也 又誰咎也 雖項羽李密之雄才 不能敵漢唐之興 而況裔萱之凶人 豈可與我太祖相抗歟

가락국기*

부락 국가의 성장

천지가 개벽한 후로 이 지방에는 아직 나라 이름도 없고 또한 왕과 신하의 칭호도 없었다. 이때 아도간我刀干·여도간汝刀干·피도간彼刀干·오도간五刀干·유수간留水干·유천간留天干·신천간神天干·오천간五天干·신귀간神鬼干들의 구간九干[1]이 있었다. 이들 수장首長은 백성을 통솔했는데, 대개 1만 호[2]에 7만 5천 명이

---

* 고려 문묘조文廟朝, 즉 문종文宗 때 요나라 도종道宗 대강大康 연간(1075~1083)에 금관金官 지주사知州事로 있던 문인文人이 적은 것이다. 여기에 그 개요를 간추려 싣는다.
1 아도간我刀干 이하의 구간 등은 그 당시 그 지방의 부족장을 이름인데, 부족장의 수를 아홉에 국한시켜 구간이라 함은 중국의 구관九官 등을 모방한 윤색적인 기록인 것 같다.
2 원문의 '一百戶'는 '一萬戶'의 오기. 1백 호에 인구가 7만 5천 명이 될 수 없다.

었다.

그때 사람들은 거의 스스로 산과 들에 모여 살면서 우물을 파서 마시고 밭을 갈아서 먹었다.

하늘이 왕을 보내다

후한後漢의 세조 광무제世祖光武帝 건무建武 18년 임인(42) 3월 상사일上巳日[3]에 그들이 사는 곳의 북쪽 구지龜旨[4]—이것은 산봉우리의 이름인데 거북이 엎드린 형상과 같으므로 구지라 했다—에서 수상한 소리가 들렸다. 구간과 마을 사람들 2, 3백 명이 거기에 모이니, 사람 소리 같기는 한데 그 모습은 안 보이고 소리만 났다.

"여기 누가 있느냐?"

구간들은 대답했다.

"우리들이 여기 있습니다."

"내가 있는 곳이 어디이냐?"

"여기는 구지입니다."

또 말했다.

---

3 계욕禊浴 : 3월 첫번째 사일巳日에 액을 덜기 위해 목욕하고 물가에서 술 마시던 일.

4 산봉우리가 거북이 엎드린 것 같다고 해서 구지봉이라고 한다고 했으나 이는 향찰로서, '龜'는 '곰', '旨'는 '므ᄅ'인 듯하며, 신산神山으로 해석되는데, '곰바ᄅ金海'와 같은 말인 것 같다. 원문 주에 나오는 '若十朋伏之狀'의 '十朋'은 『역경』 '十朋之龜'의 '龜'자를 생략한 것. 여기서는 거북을 이른다.

"하늘이 나에게 명령하신 것은 이곳에 와서 나라를 새로 세워 임금이 되라 하셨다. 그래서 내려왔다. 너희들은 이 산 꼭대기를 파고 흙을 집으면서 '신이여, 신이여, 수로首露를 내놓아라. 내놓지 않으면 구워 먹겠다,'5라고 노래하고 춤을 추어라. 그러면 곧 하늘에서 대왕을 맞이하여 너희들은 매우 기뻐서 춤추게 될 것이다."

구간들은 그 말을 따라 마을 사람과 함께 모두 기뻐하면서 노래하고 춤추었다. 얼마 후 우러러 하늘을 바라보니, 자주색 줄이 하늘로부터 드리워져 땅에 닿는 것이었다. 줄 끝을 찾아보니 붉은 단이 붙은 보자기에 금합이 싸여 있었다.

열어보니 황금색 알이 여섯 개가 있는데 해처럼 둥글었다. 여러 사람은 모두 놀랍기도 하고 기뻐서 함께 수없이 절했다. 조금 있다가 다시 보자기에 싸서 아도간의 집으로 돌아와 탑榻 위에 두고 무리들은 모두 흩어졌다.

수로왕의 탄생과 즉위

12일6이 지난 그 다음날 아침에 마을 사람들이 다시 모여서 금

---

5 구하龜何 : '검하?' '곰하?'의 향찰이니 여기서는 '신이여' 또는 '산신이여'의 뜻인 듯. '龜'는 '검?' '곰?'의 향찰이고 '何'는 존칭 호격조사 '하'의 향찰임. 「구지가龜旨歌」는 일종의 주문呪文이라 한다. '首'는 '므른'이니 곧 수로首露이다. 『국어국문학』 16호 참조.
6 협진浹辰 : 자일子日에서 해일亥日까지의 12일을 이르는 말이다. 《左傳》浹辰之

합을 열어보니 알 여섯 개가 어린이로 변해 있었는데 용모가 덩실하니 컸으며, 이내 평상에 앉았다. 여러 사람들은 모두 삼가 절을 올리고는 극진히 공경했다.

어린이는 나날이 자라 십수일이 지나니 키가 9척임은 은나라 천을天乙7과 같았고, 얼굴이 용안龍顏임은 한나라 고조와 같았으며, 눈썹이 팔채八彩임은 당나라 요임금과 같았고, 겹눈동자를 가짐은 우나라 순임금과 같았다. 그 달 보름날에 왕위에 올랐다.

세상에 처음 나타났다고 하여 이름을 수로首露8라 하거나 수릉首陵—수릉은 죽은 뒤의 시호다—이라 했다.

대가락국과 다섯 가야국이 서다

나라 이름은 대가락大駕洛이라 하거나 또 가야국伽倻國이라고도 했으니 곧 여섯 가야국 중의 하나다.

나머지 다섯 사람도 각각 다섯 가야국으로 돌아가서 임금이 되었다. 여섯 가야국은 동쪽은 황산강黃山江9, 서남쪽은 창해滄海, 서북쪽은 지리산地理山, 동북쪽은 가야산伽倻山으로써 경계를 삼았

間 而楚克其三都

7 은나라의 탕왕湯王을 이른다. 신장 9척, 용안, 팔채미八彩眉, 겹눈동자 중동 등은 중국 고대의 위대한 제왕의 신체적 특징을 한 몸에 지녔음을 일러준 것으로 수로왕이 신성 위대했음을 나타낸 말이다.
8 'ᄆᆞᆯ'의 향찰인 듯하며, 최고자의 뜻인 듯하다.
9 황산강 이하는 대개 가락국을 중심한 동맹체 6가야의 경계를 말한다.

고, 남쪽이 나라의 끝이 되었다.

임시 궁궐을 세우게 하여 거처했는데, 특히 질박하고 검소하여 짚의 이엉10을 자르지 않았으며 흙 계단은 겨우 석 자였다.

수도건설사업

즉위 2년 계묘(43) 봄 정월에 왕11은 말했다.

"내가 도읍을 정하려고 한다."

이내 임시 궁궐의 남쪽 신답평新畓坪12—이 땅은 예전부터 한전閑田이다. 새로 경작했기 때문에 신답평이라 한 것이다. '畓'자는 속자다—에 가서 산악을 두루 바라보고 가까이 모시는 신하에게 말했다.

"이 땅이 여뀌잎처럼 협소하기는 하나, 산천이 기이하게 빼어나니 16나한13이 살 만한 곳이오. 하물며 1에서 3을 이루고 3에서 7을 이루매 칠성聖14이 살 곳으로도 이곳이 적합한데, 이 땅에 의탁

---

10 모자茅茨 : 짚을 이은 이엉이란 말이다. 《史記》堯舜采椽不刮 茅茨不翦
11 왕약왈王若曰 : 왕이 이와 같이 말씀한다는 뜻. 대의가 이와 같다는 말이다. 《書經》王若曰 格汝衆 予告汝訓
12 그 지역은 어디인지 알 수 없다. '畓'은 수전水田의 뜻으로 우리 나라에서 만든 글자이다. 가락국의 수전 개발은 대개 2세기에 해당되나 '답'이 만들어진 것은 수전이 어느 정도 발달된 그 후기 즉 7,8세기의 일일 것이니, 신답평이란 신라 통일 이후 생긴 이름으로 생각된다.
13 학문과 덕행이 높은 석가의 16제자.
14 성聖은 정지正智로써 진리를 조견照見한 이를 이름이니 칠성은 수신행隨信行·수법행隨法行·신해信解·견지見至·신증身證·혜해탈慧解脫·구해탈俱解脫을 말한다. 《俱舍論 二十五》學無學位有七聖者 一切聖者 皆此中攝 一隨信行 二隨

하여 강토疆土를 개척해서 마침내 좋은 곳15이 됨에서랴."

이에 1천5백 보 둘레의 외성外城과 궁궐과 전당殿堂 및 여러 관청의 청사와 무고武庫, 창고를 지을 장소를 마련한 후 일이 끝나자 궁궐로 돌아왔다.

널리 나라 안의 장정·인부·공장工匠들을 불러모아 그 달 정월 20일에 성곽16 일을 시작하니, 3월 10일에 이르러 역사가 일단 끝났다. 궁궐과 옥사屋舍만은 농한기를 이용하여 지었으므로 그해 10월에 시작하여 갑진년(44) 2월에 이르러서야 완성되었다.

좋은 날을 가려 새 궁으로 옮아가서, 대정大政17을 보살피고 서무庶務에도 부지런하였다.

탈해와 수로왕의 왕위 다툼

완하국琓夏國18 함달파왕의 부인이 임신하여 달이 차서 알을 낳았는데 알이 변하여 사람이 되었으므로 이름을 탈해脫解라 했다.

法行 三信解 四見至 五身證 六慧解脫 七俱解脫

15 윤장允臧 : 진실로 좋다는 말이다.《詩經 鄘風》卜云其吉 終焉允臧
16 원문의 '金陽'은 '金湯'의 오기인 듯하다. 금탕은 금성탕지金城湯池의 준말이니, 매우 튼튼한 성지城池와 성곽을 이른 말이다.《漢書》皆爲金城湯池 不可攻也《後漢書》金湯失險 車書共道
17 만기萬機 : 만기萬幾와 같은 말이다. 곧 임금은 만사萬事의 기미幾微를 살펴야 된다는 뜻으로 천하의 대정大政을 이른 말이다.《書經》兢兢業業 一日二日 萬幾
18 『삼국유사』 1권 「탈해왕」 소주小註에 이미 나타났는데, 그 위치는 자세히 상고할 수 없다.

탈해가 바다를 따라 가락국으로 오니 그의 키는 다섯 자였고 머리의 둘레는 한 자나 되었다. 흔연히 대궐에 나아가서 왕에게 말하였다.

"나는 왕의 자리를 빼앗으러 왔소."

왕은 답했다.

"하늘이 나에게 명하여 왕위에 오르게 했고, 나는 장차 나라 안[19]을 안정시키고 백성을 편안하게 하려 한다. 나는 감히 천명天命을 어기어 왕위를 남에게 줄 수 없으며, 또 감히 우리 나라와 백성을 너에게 맡길 수도 없다."

"그렇다면 기술奇術로써 승부를 결정하자."

"좋다."

잠깐 사이에 탈해가 변해서 매가 되니 왕은 변해서 독수리가 되었다. 또 탈해가 변해서 참새가 되니 왕은 변해서 새매가 되었다. 그 동안이 촌음寸陰도 걸리지 않았다.

얼마 후에 탈해가 본모습대로 돌아오니 왕도 또한 본모습으로 돌아왔다. 탈해는 이에 엎드려 항복했다.

"제가 기술을 다투는 장면에서 매가 독수리에게서, 참새가 새매에게서 죽음을 면함은 아마 성인께서 죽이기를 싫어하는 인덕仁德을 가지셨기 때문입니다. 제가 왕과 왕위를 다툰다 해도 이기기는 진실로 어렵겠습니다."

---

19 중국中國 : 나라의 중앙이란 말이다. 《孟子》 我欲中國而授孟子室

곧 탈해는 하직하고 나갔다. 인교麟郊[20] 변두리의 나루터에 이르러 중국 배가 와서 대는 뱃길을 따라 떠났다. 왕은 슬그머니 그가 이곳에 머물면서 반란을 꾸밀까 염려하여, 급히 수군을 실은 배 5백 척을 보내어 그를 쫓았다. 탈해가 계림의 영토 안으로 도망하니, 수군은 모두 돌아왔다. 이 기사記事에 적힌 일은 신라쪽의 기사와는 많이 다르다.

수로왕이 아유타국의 공주를 얻다

건무建武 24년 무신(48) 7월 27일에 구간 등이 왕을 조알朝謁할 때 말씀을 올렸다.

"대왕께서 강림하신 후로 좋은 배필[21]을 아직 얻지 못하셨습니다. 신들이 기른 처녀 중에서 가장 좋은 사람을 궁중에 뽑아 들여 왕비를[22] 삼으시기 바랍니다."

왕은 말했다.

"내가 이곳에 내려옴은 하늘의 명령이다. 내게 짝지어 왕후로 삼게 함도 또한 하늘이 명령할 것이니 그대들은 염려하지 말라."

드디어 유천간에게 명령하여 가벼운 배와 빠른 말을 주어 망산도望山島로 가서 서서 기다리게 하고, 또 신귀간에게 명령하여 승

---

20 가락국의 수도 변두리의 지명인 듯하나 어딘지 알 수 없다.
21 호구好仇 : 좋은 짝이란 말. 여기서는 호구好逑, 곧 좋은 배필이란 뜻으로 사용했다. 《詩經》赳赳武夫 公侯好仇 《詩經 關雎》窈窕淑女 君子好逑
22 항려伉儷 : 배우配偶, 곧 배필이란 말이다. 《左傳》已不能庇其伉儷而亡之

점乘岾―망산도는 서울 남쪽의 섬이요, 승점은 기내畿內의 나라다―으로 가게 했다. 갑자기 한 척의 배가 바다의 서남쪽으로부터 붉은 빛의 돛을 달고 붉은 기를 휘날리면서 북쪽으로 향하여 오는 것이었다.

유천간 등이 먼저 망산도 위에서 횃불을 올리니 배 안의 사람들이 앞다투어 육지에 내려와서 뛰어왔다. 승점에 있던 신귀간이 이를 바라보고는 대궐로 달려와 그 사실을 아뢰니 이 말을 듣고 왕은 기뻐했다.

곧 구간 등을 보내어 목련木蓮[23]의 키를 바로잡고 계목의 노[24]를 들어 그들을 맞이하여, 곧 모시고 대궐로 들어가려고 했다.

그 배 안에 탔던 왕후는 말했다.

"나는 너희들과 본디 전혀 모르는 사이인데 어찌 경솔하게 따라가겠느냐?"

유천간들이 돌아가서 왕후의 말을 전달했다. 왕은 그렇게 여겨 유사有司를 거느리고 행차하여 대궐 아래로부터 서남쪽으로 60보 가량 되는 곳에 가서, 산 변두리에 장막의 궁전을 설치하여 기다렸다. 왕후도 산 밖의 별포別浦 나루터에 배를 매고, 육지로 올라와서 높은 언덕에서 쉬었다. 그리고 자기가 입었던 비단바지를 벗

---

23 난요蘭橈 : 난장蘭槳과 같은 말. 목란木蘭 곧 목련으로 만든, 배의 키. 《梁簡文帝詩》桂楫蘭橈浮碧水
24 계즙桂楫 : 계수나무로 만든 노.

어서, 그것을 폐백 삼아 산신에게 바치는 것이었다.

이 외에 시종侍從해온 잉신媵臣[25] 두 사람은 이름을 신보申輔·조광趙匡이라 했고, 그들의 아내 두 사람은 모정慕貞·모량慕良이며, 노비[26]까지 합해서 20여 명이었다. 가지고 온 금수錦繡·능라綾羅와 옷·필단疋緞이며 금은·주옥과 경구瓊玖의 장신구 등은 이루 다 기록할 수 없었다.

왕후가 점점 행궁行宮[27]으로 다가가니 왕은 나와서 그녀를 맞이하여 함께 장막의 궁전에 들어갔다. 잉신 이하의 여러 사람들은 섬돌 아래로 나아가서 임금을 뵙고 즉시 물러갔다.

왕은 유사에게 명령하여 잉신의 부부를 인도하게 하며 말했다.

"잉신은 사람마다 각방에 머무르게 하고 그 이하의 노비들은 한 방에 대여섯 명씩 있게 하라."

왕은 그들에게 난초로 만든 음료와 혜초蕙草로 만든 술을 주었다. 무늬와 채색이 있는 자리에 재웠으며, 의복·필단·보화도 주었다. 그리고 군인들을 많이 모아서 그들을 지키게 했다.

이에 왕은 왕후와 함께 침전에 있는데, 왕후가 조용히 왕에게

---

25 시집갈 때 따라가는 시신侍臣을 이르는 말이다. 《史記》 吾媵臣百里傒在焉 請以五羖皮贖之

26 장획臧獲 : 노비란 말. 《漢書 注》 臧獲 敗敵所被虜獲爲奴隷者 《方言》 海岱之間 罵奴曰臧 罵婢曰獲

27 행재行在 : 행재소行在所 또는 행궁行宮이라고도 한다. 임금이 순행할 때 잠시 머무는 곳. 《通鑑綱目集覽》 天子以四海爲家 故 行曰乘輿 止曰行在

말했다.

"저는 아유타국阿踰陁國[28]의 공주입니다. 성은 허許라 하고 이름은 황옥黃玉이며 나이는 열여섯 살입니다. 본국에 있을 때 올 5월 달에 부왕父王과 모후母后께서 제게 말씀하시기를 '우리 내외가 어젯밤 꿈에 함께 하늘의 상제上帝를 뵈오니, 상제께서 가락국왕 수로는 하늘이 내려보내 왕위[29]에 오르게 했으니 신성한 분이란 이 사람이며, 또 새로 나라를 다스림에 있어 아직 배필을 정하지 못했으니 그대들은 공주를 보내어 배필을 삼게 하라' 하시고 말을 마치자 하늘로 올라가셨습니다. 꿈에서 깨어난 뒤에도 상제의 말씀이 귀에 쟁쟁하니 '너는 이 자리에서 곧 부모와 작별하고 그곳 가락국을 향해 떠나라' 하셨습니다. 그래서 저는 바다에 떠서 멀리 증조蒸棗[30]를 찾고, 하늘로 가서 멀리 반도蟠桃[31]를 찾아, 지금 이 아름다운 모습으로[32] 용안龍顔[33]을 가까이하게 되었습니다."

---

28 중인도中印度에 있는 고대의 왕국. 『대당서역기大唐西域記』에 그 지방이 5천여 리나 되고 백곡百穀이 풍성하고 풍속이 선량하며 가람伽藍이 1백여 군데, 승도僧徒가 3천여 명이나 된다 하였다.

29 대보大寶 : 보위寶位와 같은 말. 제왕帝王의 자리를 말한다. 《易經》聖人之大寶曰位

30 반도蟠桃처럼 선경仙境에 있는 좋은 과실. 《晏子》晏子對曰 昔者 秦繆公乘龍而理天下 以黃布裏蒸棗

31 선도仙桃를 이름이니 3천 년 만에 한 번씩 열매가 열린다고 한다. 《漢武內傳》七月七日 西王母降 以仙桃四顆與帝 桃味甘美 帝收其核欲種之 母曰 此桃三千年一生實 中夏地薄 種之不生 帝乃止

32 진수螓首 : 매미의 머리와 같다는 말이니 미인의 네모 반듯한 이마를 말한다. 《詩

왕은 말했다.

"나는 나면서부터 자못 신성하여 공주가 먼 곳으로부터 올 것을 먼저 알았으므로 신하들에게서 왕비를 맞이하자는 청이 있었으나 굳이 듣지 않았소. 이제 현숙한 그대가 스스로 왔으니 이 사람34으로서는 다행한 일이오."

드디어 혼인35하여 이틀 밤과 하루 낮을 지냈다. 이에 그들이 타고 왔던 배는 돌려보냈는데 뱃사공은 모두 열다섯 명이었다. 각각 쌀 열 섬과 베 서른 필을 주어 본국으로 돌아가게 했다.

8월 1일에 왕은 대궐로 돌아오는데, 왕후와 함께 수레를 타고 잉신 부처도 나란히 수레를 탔다. 중국의 각종 물품도 모두 실어 천천히 대궐로 들어오니, 시각36은 오정이 되려 했다. 왕후는 중궁中宮에 거처하게 하고 잉신 부처와 그들의 노비들에게는 비어 있는 두 집을 주어 나누어 들게 했다. 나머지 종자들에게도 스무 칸이 넘는 빈관賓舘 한 채를 주어 사람수를 보아 적당히 나누어 있게 하고, 매일 주는 물품은 풍부했다. 그리고 그들이 싣고 온 진귀한 보물은 내고內庫에 간직해두어 왕후의 사시 비용으로 쓰게 했다.

經》蠂首蛾眉

33 임금의 얼굴을 말한다. 《史記》高祖爲人 隆準而龍顔

34 묘궁眇躬 : 묘신眇身과 같은 말. 곧 작은 신체란 뜻으로 자기의 겸사로 쓰던 말이다. 《漢書》朕以眇身 獲保宗廟

35 합환合歡 : 혼인 또는 동침을 뜻한다. 《古詩》文采雙鴛鴦 裁爲合歡被

36 동호銅壺 : 물시계. 《戴叔倫 詩》銅壺愁滴更漏長

제도의 정돈과 허왕후의 내조의 공

어느 날 왕이 신하에게 말했다.

"구간들이 모두 여러 벼슬아치의 으뜸이지만, 그 직위와 명칭이 다 소인·농부의 칭호이며 고관[37] 직위의 칭호가 아니니 만약 외국에 전해지면 반드시 웃음거리가 될 것이다."

드디어 아도我刀를 고쳐 아궁我躬으로 하고, 여도汝刀를 여해汝諧로 하고, 피도彼刀를 피장彼藏으로 하고, 오도五刀를 오상五常으로 했다. 유수留水와 유천留天의 명칭은 윗글자는 바꾸지 아니하고 아랫글자만 고쳐서 유공留功과 유덕留德으로 하고, 신천神天은 신도神道로 고치고, 오천五天은 오능五能으로 고치고, 신귀神鬼의 음은 바꾸지 아니하고 그 훈만 고쳐 신귀臣貴로 했다.

왕은 신라의 직제를 채용하여 각간·아질간阿叱干·급간級干의 품계를 두었고, 그 이하의 관료는 주나라의 제도와 한나라의 법도로써 나누어 정했다. 이것은 옛것을 고치고 새것을 취하여[38] 관직을 설치한 방법이었다.

이제야 나라와 집안을 잘 다스리고 인민을 자식처럼 사랑하니 그 교화는 엄급嚴急하지 않아도 위엄이 서고, 그 정치는 엄혹嚴酷하지 않아도 다스려졌다.

---

37 잠리簪履 : 잠영簪纓과 같은 뜻. 고관 귀인의 관복을 이른 말. 《駱賓王 詩》簪纓 北闕來

38 혁고정신革古鼎新 : 옛것을 고치고 새것을 취한다는 뜻. 《易經》井道不可不革 故 受之以革 革物者莫如鼎 故 受之以鼎

더구나 왕이 왕후와 함께하는 삶을 비유하면 마치 하늘에 대하여 땅이 있고, 해에 대하여 달이 있고, 양에 대하여 음이 있음과 같음에랴! 그 내조의 공은 도산塗山39씨가 하나라 우왕禹王을 돕고, 당원唐媛40이 순임금을 도와 요姚씨를 일으킨 것과 같았다. 그 해 왕후는 곰의 몽조夢兆41를 얻어 태자 거등공居登公을 낳았다. 후한後漢의 영제靈帝 중평中平 6년 기사(189) 3월 1일에 왕후가 세상을 떠나니 나이가 백쉰일곱 살이었다.

나랏사람들은 마치 땅이 무너진 것처럼 슬퍼하고, 구지봉 동북쪽 언덕에 장사지냈다. 그리고 마침내 백성을 사랑하던 왕후의 은혜를 잊지 않으려고, 왕후가 처음 배에서 내려 닻을 내린 나루터 마을을 주포촌主浦村42이라고 하였다. 또한 비단 바지를 벗었던 산등성이를 능현綾峴이라 하고, 붉은 깃발이 들어왔던 해변을 기출변旗出邊이라고 했다.

잉신 천부경泉府卿 신보와 종정감宗正監 조광 등은 가락국에 온

---

39 도산씨의 딸이 하夏나라 우왕禹王에게 시집가서 우왕을 돕고 계왕啓王을 낳았다고 한다.
40 원문의 '唐媛'은 '唐媛'의 오기. 당원은 도당씨陶唐氏인 요임금의 딸 아황娥皇과 여영女英을 말한다. 이 두 딸은 순임금에게 시집가서 순임금의 후예 요姚씨의 시조가 되었다.
41 웅비지조熊羆之兆 : 곰 꿈을 꾸면 사내아이를 낳는다는 뜻. 《詩經》吉夢維何 維熊維羆 (又) 大人占之 維熊維羆 男子之祥
42 『동국여지승람東國輿地勝覽』 32권에 의하면 주포는 김해부金海府의 남쪽 40리 웅천현熊川縣의 동쪽 30리, 곧 김해부와 웅천현의 경계에 있다고 했다.

지 30년 만에 각자 두 딸을 낳았는데 부부가 1, 2년이 지나 모두 세상을 떠났다. 그 밖에 노비들은 온 지 7, 8년에 아직 자녀를 낳지 못하였으므로 다만 고향을 그리워하는 슬픔을 품고 모두 고향43을 생각하다가 죽어갔다. 그리고 그들이 살던 빈관賓館은 텅 비어버렸다.

수로왕이 세상을 떠나다

왕후가 세상을 떠난 후 왕은 매양 외로운 베개에 의지한 채 지나칠 정도로 슬퍼하였다. 10년을 지낸 헌제獻帝 건안建安44 4년 기묘(199) 3월 20일에 세상을 떠났다.45 나이 백쉰여덟 살이었다.

나랏사람들은 마치 부모46를 잃은 듯했으며, 슬퍼함이 왕후가 돌아가던 때보다 더했다. 마침내 대궐의 동북쪽 평지에 빈궁殯宮을 세웠다. 높이는 한 발이요 둘레는 3백 보인데, 그곳에 장사지내고 수릉왕묘首陵王廟라고 했다.

그 아들 거등왕居登王47으로부터 9대손 구형왕仇衡王48까지 이

---

43 수구首丘 : 근본을 잊지 않는다는 뜻이니, 대개 고향을 잊지 않는다는 말로 사용된다.《禮記》古之人有言曰 狐死正首丘 仁也
44 원문의 '立安'은 '建安'이니 후한後漢 헌제獻帝의 연호. 고려 태조의 이름 '建'을 피하여 입안이라고 썼다.
45 조락殂落 : 제왕이 죽는다는 말인데 후세에 와서는 정통正統의 제왕 이외의 군주에게 이 문구를 썼다.《書經》帝乃殂落
46 천지天只 : 부모를 이른 말이다.《詩經》母也天只 不諒人只 (傳) 天謂父也
47 가락국 2대의 왕. 신라 내해왕奈解王 4년(199)에 왕위에 올라 첨해왕沾解王 7년

묘廟에 배향했다. 매년 정월 3일·7일과 5월 5일, 8월 5일·15일에 풍성하고 정결한 제전祭奠으로 제사지냈는데, 대대로 이어져 끊어지지 않았다.

신라 문무왕이 수로왕을 종묘에 모시다

신라 제30대 법민왕法敏王은 용삭 원년 신유(661) 3월 어느 날에 조서를 내렸다.

"가야국 시조의 9대손 구형왕이 우리 나라에 항복할 때 거느리고 온 아들 세종世宗[49]의 아들이 솔우공率友公[50]이요, 그 아들 서운잡간庶云匝干[51]의 딸 문명황후文明皇后께서 나를 낳았다. 때문에 시조 수로왕은 나[52]에게 있어서 15대의 시조가 된다. 그 나라는 이미 멸망했으나 그 묘는 아직 남아 있으니, 종묘에 합하여 제사를

---

(253)에 세상을 떠났다.

48 수로왕의 9대손으로서 가락국 10대왕. 가락국의 마지막 왕. 신라 법흥왕 8년(521)에 왕위에 올라 법흥왕 19년(532)에 신라에 항복했다. 구형은 정덕본正德本『삼국유사』「가락국기」에는 구충仇衝이라 씌어 있고 『삼국사기』에는 구해仇亥라고 씌어 있다.

49 구형왕의 맏아들인데 『삼국사기』에는 노종奴宗으로 나타난다. 세世의 훈은 옛말에 '뉘'니 노奴는 음은 같고 글자만 달랐던 것 같다.

50 뒤에 나타나는 졸지공卒支公과 같은 사람.

51 서운庶云:『삼국사기』에는 서현舒玄, 김유신 비에는 소연逍衍으로 나타나는데 이것도 같은 음을 딴 글자로 표기한 것 같다.

52 유충인幼冲人: 나이가 어린 사람, 곧 임금이 자기를 가리킨 말이다.《書經》惟我幼冲人

계속하게 하겠다."

이내 사자使者2를 그 옛 궁전 터에 보내어 묘에 가까이 있는 가장 좋은 밭 30경頃53을 바쳐 제사를 마련할 토지로 삼은 후 왕위전王位田이라 부르고 본 위토位土에 부속시켰다.

수로왕의 17대손 갱세 급간賡世級干은 조정의 명을 받들어 그 제전祭田을 주관하여 매년 명절마다 술과 단술을 만들고 떡·밥·차·과자 따위의 많은 제물로써 제사를 지냈으며 매년 빠뜨리지 않았다. 그리고 그 제일祭日도 거등왕이 정했던 연중 다섯 날을 바꾸지 않았다.

그리하여 그 향기로운 제사는 그제야 우리에게 맡겨졌다. 거등왕이 즉위한 기묘년(199)에 편방便房54을 두고부터 내려와 구형왕 말기에 이르기까지 3백30년 동안에 묘의 제사는 영구히 변함이 없으나, 구형왕이 왕위를 잃고 나라를 떠난 후부터 용삭 원년 신유(661)에 이르기까지의 120여 년55 사이에는 이 묘의 제사를 간혹 빠뜨리기도 했던 것이다.

훌륭하다! 문무왕—법민왕의 시호다—은 먼저 조상을 받드니 효성스럽구나. 끊어졌던 제사를 이어 다시 이를 행함이여!

---

53 땅의 면적을 이름이니 1백 묘를 1경이라고 한다. 1묘는 30평.
54 정전正殿이 아닌 곳에 제사지내는 방을 마련했다.
55 구형왕이 신라에 항복한 법흥왕 19년(532)에서 문무왕 즉위 원년(661)까지는 1백 20여 년이나 되는데, 원문에서 '六十年'이라 함은 오기다.

수로왕묘의 영검 · 1

신라 말기에 충지 잡간忠至匝干이란 자가 있었다. 금관성金官城을 쳐서 뺏은 뒤 성주장군城主將軍[56]이 되자 그 부하 영규 아간英規阿干이란 자가 장군의 위세를 빌려 묘의 제향祭享을 빼앗아 제사를 참람히 행하더니[57] 단오날에 사당에 제사지내던 중, 사당의 대들보가 까닭없이 부러져 영규가 깔려 죽었다. 이에 장군 충지 잡간은 혼잣말을 했다.

"다행히 전세의 인연으로 외람되이 성왕聖王이 계시던 국성國城에 제전을 올리게 되었다. 나는 마땅히 그 진영眞影을 그려 모시고 향과 등으로 받들어 신의 은혜를 갚아야 하겠다."

마침내 교견鮫絹[58] 석 자에 진영을 그려서 벽 위에 모시고 아침저녁으로 촛불을 켜서 경건히 받들었다. 사흘도 채 안 되어 진영의 두 눈에서 피눈물이 흘러 땅 위에 고였는데 그것이 거의 한 말 가량이나 되었다. 장군은 너무 두려워서 그 진영을 모시고 사당으로 가서 불살라버리고는 즉시 수로왕의 직계손인 규림圭林을 불러 말했다.

---

56 성주는 군의 태수·현령 등을 이름이고, 장군은 군관의 최고 칭호인데 신라 말기에 와서 지방의 호족들이 지방을 무력으로 점령하여 성주장군이란 칭호를 썼던 것이다.

57 음사淫祀 : 제사를 참람히 지낸다는 말, 곧 제사를 지내서는 안 되는 곳에 제사를 지냄을 이른다. 《禮記》 非其可祭而祭之 名曰淫祀 淫祀無福

58 교초鮫綃를 이름이니 남해南海에서 산출되는 비단. 《述異記》 南海出鮫綃 一名龍紗 以爲服 入水不濡

"어제도 불상사가 있었다. 어떻게 이런 일이 거듭 일어날 수 있는가? 이는 정녕 묘의 위령威靈이 내가 화상을 그려 공양함이 불손하다고 크게 노하신 것 같다. 영규가 이미 죽었으므로 나는 매우 괴이히 생각되고 두려워서, 화상을 불살라버렸으니 반드시 신의 벌을 받을 것이다. 그대는 왕의 직계손이니 그전대로 제사를 받드는 것이 합당하겠다."

규림은 선대先代를 이어 제사를 받들더니 나이 여든여덟 살에 죽었다.

그 아들 간원경間元卿이 아버지를 이어 제사를 받들었다. 단오날 알묘제謁廟祭 때 영규의 아들 준필俊必이 또 미친 증세가 일어나 사당에 와서 간원이 차려둔 제물을 치우게 하고 자기의 제물을 차려서 지내더니 삼헌三獻[59]이 채 끝나지 않아서 갑작스러운 병을 얻어 집에 돌아가서 죽었다.

그런데 옛사람의 말에 "참람하게 지내는 제사는 복을 받지 못하고 도리어 재앙을 받는다"고 했는데 전에는 영규의 일이 있었고, 후에는 준필의 일이 있었으니 이들 부자를 두고 이른 말인가?

수로왕묘의 영검 · 2

또 도적들이 사당 안에 금과 옥이 많이 있다 하여 와서는 그것

---

59 제사 때 술잔을 세 번 올리는 일. 곧 초헌初獻·아헌亞獻·종헌終獻을 이른다. 《後漢書 百官志》光祿勳 郊祀之事 掌三獻

을 훔쳐가려고 하였다. 처음에 도적들이 오자 몸에 갑옷을 입고 투구를 쓰고 활에 살을 먹인 용사 한 사람이 사당 안으로부터 나와 화살을 사면으로 빗발처럼 쏘아서 일고여덟 명을 맞추어 죽이니 도적들이 달아났다. 며칠 후에 다시 오니 큰 구렁이가 나타났는데, 길이는 서른 자가 넘고 눈빛은 번개 같았다. 사당 곁에서 나와 여덟아홉 명을 물어 죽이니, 겨우 죽음을 면한 자들도 모두 엎어지면서 달아났다. 그러므로 능원의 안팎에는 틀림없이 신물神物이 보호하고 있음을 알겠다.

건안 4년에 처음으로 사당을 세운 때로부터 현재 고려 문종 즉위 31년인 대강 2년 병진(1076)에 이르기까지 대개 8백78년이나 되었는데, 제단을 쌓은 깨끗한 흙이 허물어지지 않았고, 심었던 좋은 나무도 시들어 죽지 않았다. 더구나 그곳에 벌여놓은 많은 옥조각도 또한 부서진 것이 없다.

이로써 본다면 신체부辛替否60는 "예로부터 지금까지 어찌 멸망하지 않은 나라와 파괴되지 않은 무덤이 있겠느냐?" 했지만, 다만 이 가락국만은 예전에 멸망한 점은 신체부의 말이 들어맞았지만 수로왕의 사당이 허물어지지 않은 점은 신체부의 말을 믿을 수 없다.

---

60 당나라 사람. 중종中宗 때 좌습유가 되었다. 예종睿宗 때 우대전중시어사右臺殿中侍御史로 승진되었다. 현종玄宗 때는 영왕부 장사潁王府長史가 되었다.

수로왕을 사모하는 놀이

여기에 또 놀이로서 수로왕을 사모하는 일이 있다. 매년 7월 29일에 이 지방의 인민과 서리胥吏·군졸들은 승점乘岾에 올라가서 장막을 설치하고, 술과 음식으로써 즐기고 떠들면서 동서편으로 서로 눈짓하고 건장한 인부들은 좌우로 나뉘어, 망산도望山島로부터 말발굽은 빨리 육지로 달리고 뱃머리[61]는 둥실거리며 물 위에서 서로 밀면서 북으로 고포古浦로 향해 달아난다. 대개 이는 옛날에 유천간과 신귀간들이 허황후가 오는 것을 바라보고 수로왕에게 급히 아뢰었던 옛 자취다.

가락국 멸망 뒤의 사적

가락국이 망한 후에 대대로 이곳의 칭호는 일정하지 않았다. 신라 제31대 정명왕政明王[62]이 즉위한 개요 원년 신사(681)에는 금관경金官京이라 이름하고 태수를 두었다. 그 후 2백59년에 우리 태조가 후삼국을 통합한 후로는 여러 대로 임해현臨海縣이라고 하여 배안사排岸使를 두어 48년간을 지냈다. 다음에는 임해군 또는 김해부金海府라 하여 도호부都護府를 두고 27년간을 지냈다. 또 방어사防禦使를 두고 64년간을 지냈다.

---

61 익수鷁首 : 뱃머리에 익조鷁鳥를 그린 까닭으로 배를 익조라 일컫는다. 《淮南子》 龍頭鷁首 浮吹以娛
62 신문왕神文王을 이른다. 정명은 신문왕의 이름이다.

벌받아 죽은 조문선

순화淳化[63] 2년(991)에 김해부 양전사量田使[64] 중대부中大夫 조문선趙文善은 조사 보고했다.

"수로왕 능묘陵廟에 딸린 땅 면적이 많으니 마땅히 15결結로써 그전대로 하고 그 나머지는 부府의 역정役丁[65]들에게 나누어주는 것이 좋겠습니다."

소관 관서官署에서 그 장계狀啓를 전해 아뢰니 그때 조정에서 지령했다.

"하늘에서 내려온 알이 변해서 성군이 되었고, 왕위에 계시어 나이 백쉰여덟 살이나 누렸으니, 저 삼황 이후로 이에 견줄 이가 적다. 수로왕이 세상을 떠난 후 선대로부터 묘에 딸렸던 전답을 지금 줄임은 참으로 의구스러운 일이므로 허락하지 않는다."

양전사가 또 거듭 아뢰니 조정에서도 이를 그렇게 여겨, 절반은 능묘에서 옮기지 아니하고 절반은 향인鄕人의 역정에게 나누어주게 했다.

절사節使—양전사의 별칭—는 조정의 명령을 받아 이에 절반은

---

63 송나라 태종太宗의 연호. 순화 2년은 고려 성종 10년.

64 토지의 측량을 맡은 관원.『고려사』「백관지百官志」에 그 관명이 나타나지 않은 것으로 보아 임시로 임명한 관직인 것 같다.

65 부역을 맡은 호정戶丁이란 말.『고려사』79권 「식화지食貨志・2」'호구戶口'에 '國制民年十六爲丁 始服國役 六十爲老而免役 州郡每歲 計口籍民 貢于戶部 凡徵兵 調役 以戶籍抄定'이라는 규정이 있다.

능원에 소속시키고 절반은 부府에 부역하는 호정戶丁에게 지급했다. 거의 이 일이 끝날 무렵에 이르러 양전사는 몹시 피곤함을 느끼더니 갑자기 어느 날 밤 꿈에 일고여덟 명의 귀신을 보았는데, 밧줄을 쥐고 칼을 잡고 와서 말했다.

"너에게 큰 죄악66이 있으므로 베어 죽이겠다."

양전사는 형을 받고 아프다고 하면서 놀라 깨었다. 이내 병이 나서 다른 사람에게 그 사실을 알리지도 못하고 밤에 도망쳤는데, 병이 낫지 않으므로 관문關門을 지나서 죽었다.

이런 까닭으로 양전도장量田都帳에는 그의 도장이 찍히지 않았다. 그 뒤에 조정의 명을 받은 사자가 와서 그 밭을 검사해보았더니 11결·12부負·9속束67으로 모자라는 것이 3결 87부 1속이었다. 이에 모자라는 밭의 가로챈 것을 조사해서 중앙과 지방의 관서에 보고하고 칙명으로 그 모자라는 것을 능묘에 주게 했으니 또한 고금에 이와 같이 탄식할 일이 있었던 것이다.

---

66 대대大懟 : 대악大惡 곧 큰 죄악이란 말.《書經》元惡大懟
67 결結·부負·속束 : 토지의 면적을 표시한 단위인데, 처음에는 토지 측정할 때 그 수확을 기준으로 하여 농부의 손에 쥔 벼 한줌을 단위로 하여 10악握을 1파把, 10파를 1속, 10속을 1부, 1백 부를 1결로 하는 계산법을 마련했으나 고려 문종(1069) 때에 양전척量田尺과 전결田結의 산정법을 정하여 6촌寸(周尺)을 1푼分, 10푼을 1척, 6척을 1보步로 하여 결부結負의 면적은 사방 33보를 1결로 정했으며, 그 뒤 공양왕 원년(1389)에는 이 양전척을 사용하여 사방 3보 3척을 1부, 사방 33보를 1결로 정했다.

김질왕의 선정

시조 수로왕의 8대손 김질왕金銍王은 부지런히 정치를 했고, 또 매우 도道를 숭상하여 시조모始祖母 허황후를 위해 명복을 빌고자 하여 원가元嘉[68] 29년 임진(452)에 수로왕과 허황후가 결혼한 곳에 절을 세우고 액자額子에 왕후사王后寺[69]라 했다.

사자를 보내어 절 근방의 평전平田 10결을 측량하고 불·법·승 삼보三寶를 공양하는 비용으로 삼게 했다. 이 절이 생기고부터 5백 년 후에 또 장유사長遊寺[70]를 세웠는데 절에 바친 전지와 채초지採樵地가 모두 3백 결이나 되었다. 이에 장유사의 삼강三綱[71]은 왕후사를 없애고 장사莊舍로 만들어 곡식을 거두어 저장하는 장소와 말과 소를 기르는 마구간으로 만들어버렸다. 슬프도다. 시조 이하 9대손의 역수曆數는 아래에 자세히 기록했다. 사적을 새긴 문구는 이러하다.

가락국의 사적

혼돈이 처음 열리자 해와 달[72]이 밝게 되었다. 인륜이 비록 생겼

---

68 남조南朝 유송劉宋 문제文帝의 연호.
69 경상남도 김해군에 있던 절.
70 경상남도 김해군에 있던 절. 선종에 소속된 절이며 지금의 장유암長遊庵이다.
71 삼강은 세 가지의 승직僧職으로서 상좌上座·사주寺主·유나維那 또는 승정僧正·승도僧都·율사律師를 이른 것이다.
72 이안利眼 : 해와 달을 말한다. 《陸機 演連珠》 利眼臨雲 不能垂照 朗璞蒙垢 不能吐輝

으나, 임금의 지위는 아직 이루어지지 않았다.

중국에서는 벌써 여러 대를 지냈으나 동국東國에서는 아직 서울이 갈려 있었다. 신라는 먼저 정해지고 가락은 후에 경영經營되었다.

세상에 통할할 사람이 없으면 누가 인민을 보살피랴. 드디어 상제上帝께서 저 창생蒼生들을 돌보았다.

부명符命을 주어 정령精靈을 특히 보내었다. 산중에 알이 내려오니 안개 속에 형체를 감추었다.

안도 오히려 아득하고, 밖도 또한 캄캄했다. 바라보니 형상은 없는 듯했으나, 들으면 곧 소리가 있었다.

군중들은 노래로써 아뢰고, 무리들은 춤을 추었다. 이레가 지난 후에는 한때 안정되었다.

바람이 불어 구름이 걷히자 푸른 하늘이 터져나왔다. 여섯 개의 둥근 알이 한 가닥 자주색 끈에 매여 내려왔다.

낯설은 지방에 가옥이 연잇게 되었다. 구경꾼은 담에우듯 하고 쳐다보는 이는 우글거렸다.

다섯 분은 각 읍으로 돌아가고 한 분만이 성에 남아 있었다. 같은 때 같이한 자취는 아우와 형과 같았다.

실로 하늘이 덕 있는 이를 낳아서 세상을 위해 질서를 지으셨다. 왕위에 처음 오르자 세상은 곧 맑고 밝아지려 했다.

궁전은 옛 제도를 따랐고 흙 계단은 오히려 평평했다. 큰 정사에 힘쓰고 서정庶政을 보살폈다.

편파偏頗함과 편의偏倚함이 없으니 순일純一하고 정수精粹할 뿐이었다. 길손은 길을 서로 양보하고, 농부는 농토를 서로 사양했다.

사방은 모두 안정되고[73] 만민이 태평을 맞이했다. 갑자기 풀잎의 이슬[74]처럼 대춘大椿 같은 수명[75]을 보전하지 못했다.

천지가 기운이 변하고, 조야朝野가 모두 슬퍼했다. 금바탕[76] 같은 그 발자취요, 옥소리[77] 같은 그 명성이었다.

후손[78]이 끊어지지 않으니 영묘靈廟의 제전祭奠[79]이 깨끗했다. 세월은 비록 흘렀으나 그 규범만은 허물어지지 않았다.

거등왕居登王 : 아버지는 수로왕이고 어머니는 허왕후다. 건안 4년 기묘(199) 3월 13일에 왕위에 올라 나라를 다스리기 39년, 가평嘉平[80] 5년 계유(253) 9월 17일에 세상을 떠났다. 왕비는 천부경 신

---

73 전침奠枕 : 안정된다는 뜻. 《法言 寡見》昔在姬公用於周 而四海皇皇 奠枕於京
74 해로薤露 : 초로草露와 같은 말. 해상지로薤上之露 곧 부추 위의 이슬처럼 쉽사리 죽는다는 말이다. 《搜神記》薤上露何易晞 露晞明朝更復落 人死一去何時歸
75 춘령椿齡 : 대춘大椿의 연령. 1만 6천 년을 산다고 한다. 여기서는 장수를 말한다. 《莊子》上古有大椿者 以八千歲爲春 八千歲爲秋
76 금상金相 : 금과 같은 바탕. 《王逸 離騷序》所謂金相玉質 百世無比
77 옥진玉振 : 옥경쇠가 울린다는 말, 곧 '金聲而玉振'이란 문구는 지덕智德의 대성을 비유로 쓴 말이다. 《孟子》集大成也者 金聲而玉振之也
78 내묘來苗 : 내예來裔와 같은 말. 후손을 이른다.
79 천조薦藻 : 천은 제사한다는 뜻이고 조는 수초水草의 총칭이니, 곧 제전祭奠 제수祭需를 말한다.

보의 딸 모정이며, 태자 마품麻品을 낳았다. 『개황력開皇曆』[81]에서는 "성은 김씨니 대개 시조가 금알에서 난 까닭에 금을 성으로 삼았다"고 했다.

마품왕麻品王 : 혹은 마품馬品이라고도 한다. 성은 김씨다. 가평 5년 계유에 왕위에 올라 나라를 다스리기 39년, 영평永平[82] 원년 신해(291) 1월 29일에 세상을 떠났다. 왕비는 종정감 조광의 손녀 호구好仇이며, 태자 거질미居叱彌를 낳았다.

거질미왕居叱彌王 : 혹은 금물今勿이라고도 한다. 성은 김씨다. 영평 원년에 왕위에 올라 나라를 다스리기 59년, 영화永和[83] 2년 병오(346) 7월 8일에 세상을 떠났다. 왕비는 아궁 아간阿躬阿干의 손녀 아지阿志며, 왕자 이시품伊尸品을 낳았다.

이시품왕伊尸品王 : 성은 김씨다. 영화 2년에 왕위에 올라 나라를 다스리기 62년, 의희義熙[84] 3년 정미(407) 4월 10일에 세상을 떠났다. 왕비는 사농경司農卿 극충克忠의 딸 정신貞信이며, 왕자 좌지

---

80 조위曹魏 제왕齊王의 연호. 가평 5년은 서기 253년.
81 책 이름.
82 서진西晉 혜제惠帝의 연호. 영평 원년은 서기 291년.
83 동진東晉 목제穆帝의 연호. 영화 2년은 서기 346년.
84 동진 안제安帝의 연호. 의희 3년은 서기 407년.

坐知를 낳았다.

　좌지왕坐知王 : 김질金叱이라고도 한다. 의희 3년에 왕위에 올랐다. 용녀傭女에게 장가들어 그 여자의 무리를 벼슬아치로 삼았으므로 국내가 소란스러웠다. 신라가 꾀로써 가락국을 치려 했다. 이때 가락국에 박원도朴元道란 신하가 있었는데, 좌지왕에게 간했다.

　"유초遺草를 열람하고 열람해도[85] 또한 털이 나는데 하물며 사람에게 있어서입니까! 질서가 문란해지면 사람이 어느 곳에서 보전되겠습니까. 또 복사卜師가 점을 쳐서 해괘解卦를 얻었는데 그 점괘의 말에 '소인을 제거하면 군자인 벗이 와서 합심할 것이다' 했으니 임금님께서는 주역의 괘를 살피시기 바랍니다."

　왕은 사과했다.

　"그 말이 옳다."

　용녀를 물리쳐 하산도荷山島로 귀양보내고, 그 정치를 고쳐 행하여 길이 나라를 다스려 백성을 편안하게 했다.

　나라를 다스리기 15년, 영초永初[86] 2년 신유(421) 5월 12일에 세상을 떠났다. 왕비는 도령 대아간道寧大阿干의 딸 복수福壽며, 아들 취희吹希를 낳았다.

85　유초열열遺草閱閱 : 무슨 뜻인지 자세히 알 수 없다.
86　남조 송 무제宋武帝의 연호. 영초 2년은 서기 421년.

취희왕吹希王 : 질가叱嘉라고도 한다. 영초 2년에 왕위에 올라 나라를 다스리기 31년, 원가元嘉 28년 신묘(451) 2월 3일에 세상을 떠났다. 왕비는 진사 각간進思角干의 딸 인덕仁德이며, 왕자 질지銍知를 낳았다.

질지왕銍知王 : 김질왕金銍王이라고도 한다. 원가 28년에 왕위에 올랐다. 이듬해 시조의 비 허황옥許黃玉 왕후의 명복을 빌기 위해 왕후가 처음 시조와 결혼했던 곳에 절을 세워 왕후사라 하고 밭 10결을 바쳐 비용에 충당하게 했다. 나라를 다스리기 42년, 영명永明[87] 10년 임신(492) 10월 4일에 세상을 떠났다. 왕비는 금상 사간金相沙干의 딸 방원邦媛이며, 왕자 겸지鉗知를 낳았다.

겸지왕鉗知王 : 금겸왕金鉗王이라고도 한다. 영명 10년에 왕위에 올라 나라를 다스리기 30년, 정광正光[88] 2년 신축(521) 4월 7일에 세상을 떠났다. 왕비는 출충 각간出忠角干의 딸 숙淑이며, 왕자 구형仇衡을 낳았다.

구형왕仇衡王 : 성은 김씨다. 정광 2년에 왕위에 올라 나라를 다스리기 42년, 중대통 4년 임자(532)에 신사 제23대 법흥왕[89]이 군

---

87 남조 제 무제齊武帝의 연호. 영명 10년은 서기 492년.
88 북위 효명제孝明帝의 연호. 정광 10년은 서기 521년.

사를 일으켜 가락국을 치니[90] 왕은 친히 군졸을 지휘했으나 저편은 군사가 많고 이편은 적어서 맞서 싸울 수 없었다. 이내 왕은 동기 탈지잇금脫知爾叱今을 보내어 본국에 머물러 있게 하고, 왕자와 장손 졸지공卒支公 등과 함께 항복해서 신라로 들어갔다.

왕비는 분질수이질分叱水爾叱의 딸 계화桂花며, 세 아들을 낳았는데 첫째는 세종 각간世宗角干이요, 둘째는 무도 각간茂刀角干이며, 셋째는 무득 각간茂得角干이었다. 『개황록』에서는 "양梁나라 무제武帝 중대통中大通 4년 임자(532)에 구형왕이 신라에 항복했다"고 했다.

논평해서 말한다. 『삼국사기』를 상고하면 구형왕은 양나라 무제 중대통 4년 임자에 국토를 바치고 신라에 항복했다 하니, 그렇다면 수로왕이 처음 왕위에 오른 동한東漢 건무 18년 임인(42)으로부터 구형왕의 말년 임자까지 계산하면 4백92년이 된다. 만약 이 기록, 즉 「가락국기」로써 살펴본다면 국토를 바침이 북주北周[91] 보정 2년 임오에 해당되므로 30년이 더하게 되니 도합 5백20년이

---

89 가락국의 구형왕이 신라에 항복해 온 것은 법흥왕 19년(532) 때의 일이므로, 원문의 '保定二年壬午九月 新羅第二十四君眞興王'은 '中大通四年壬子 新羅第二十三君法興王'의 오기. 진흥왕 23년 임오(562)에 신라에서 대가야大伽倻를 정복한 사실이 있었으므로 이것을 가락국 멸망과 혼동했던 것이다.

90 박벌薄伐 : 박은 발어사發語辭니 박벌은 정벌한다는 뜻. 《詩經》薄伐玁狁 至于太原

91 북위北魏의 후신.

다. 이제 이 두 설을 다 적어둔다.

駕洛國記 文廟朝 大康年間 金官知州事文人所撰也 今略而載之
開闢之後 此地未有邦國之號 亦無君臣之稱 越有我刀干 汝刀干 彼刀干 五刀干 留水干 留天干 神天干 五天干 神鬼干等九干者 是酋長 領總百姓 凡一百〔萬〕戶 七萬五千人 多以自都山野 鑿井而飮 耕田而食 屬後漢世祖光武帝建武十八年壬寅三月禊浴之日 所居北龜旨 是峰巒之稱 若十朋伏之狀 故云也 有殊常聲氣呼喚 衆庶二三百人 集會於此 有如人音 隱其形 而發其音曰 此有人否 九干等云 吾徒在 又曰 吾所在爲何 對云 龜旨也 又曰 皇天所以命我者 御是處 惟新家邦 爲君后 爲玆故降矣 儞等須掘峯頂撮土 歌之云 龜何龜何 首其現也 若不現也 燔灼而喫也 以之蹈舞 則是迎大王 歡喜踴躍之也 九干等如其言 咸忻而歌舞 未幾 仰而觀之 唯紫繩自天垂而着地 尋繩之下 乃見紅幅裹金合子 開而視之 有黃金卵六圓如日者 衆人悉皆驚喜 俱伸百拜 尋還裹著 抱持而歸我刀家 寘榻上 其衆各散

過浹辰 翌日平明 衆庶復相聚集開合 而六卵化爲童子 容貌甚偉 仍坐於床 衆庶拜賀 盡恭敬止 日日而大 踰十餘晨昏 身長九尺則殷之天乙 顔如龍焉 則漢之高祖 眉之八彩 則有唐之高 眼之重瞳 則有虞之舜 於其月望日卽位也 始現故諱首露 或云首陵 首陵是崩後諡也

國稱大駕洛 又稱伽耶國 卽六伽耶之一也 餘五人各歸爲五伽耶主 東以黃山江 西南以滄海 西北以地理山 東北以伽耶山 南而爲國尾 俾創

假宮而入御 但要質儉 茅茨不剪 土階三尺

二年癸卯春正月 王若曰 朕欲定置京都 仍駕幸假宮之南新畓坪 是古來閑田 新耕作故云也 畓乃俗文也 四望山嶽 顧左右曰 此地狹小如蓼葉 然而秀異 可爲十六羅漢住地 何況自一成三 自三成七 七聖住地 固合于是 托土開疆 終然允臧歟 築置一千五百步周廻羅城 宮禁殿宇 及諸有司屋宇 武庫倉庫之地 事訖還宮 徧徵國內丁壯人夫工匠 以其月二十日 資始金陽〔湯〕 暨三月十日役畢 其宮闕屋舍 俟農隙而作之 經始于厥年十月 逮甲辰二月而成 涓吉辰御新宮 理萬機而懃庶務

忽有琓夏國含達(婆)王之夫人妊娠 彌月生卵 卵化爲人 名曰脫解 從海而來 身長五尺 頭圍一尺 悅焉詣闕 語於王云 我欲奪王之位 故來耳 王答曰 天命我俾卽于位 將令安中國而綏下民 不敢違天之命 以與之位 又不敢以吾國吾民 付囑於汝 解云 若爾可爭其術 王曰 可也 俄頃之間 解化爲鷹 王化爲鷲 又解化爲雀 王化爲鸇 于此際也 寸陰未移 解還本身 王亦復然 解乃伏膺曰 僕也適於角逐之場 鷹之於鷲 雀之於鸇 獲免焉 此蓋聖人惡殺之仁而然乎 僕之與王 爭位良難 便拜辭而出 到麟郊外渡頭 將中朝來泊之水道而行 王竊恐滯留謀亂 急發舟師五百艘而追之 解奔入雞林地界 舟師盡還 事記所載 多異與新羅

屬建武二十四年戊申七月二十七日 九干等朝謁之次 獻言曰 大王降靈已來 好仇未得 請臣等所有處女絶好者 選入宮闈 俾爲伉儷 王曰 朕降于玆 天命也 配朕而作后 亦天之命 卿等無慮 遂命留天干 押輕舟 持駿馬 到望山島立待 申命神鬼干 就乘岾 望山島 京南島嶼也 乘岾 輦下國也 忽自海之西南隅 掛緋帆 張茜旗 而指乎北 留天等 先擧火於島上 則競

渡下陸 爭奔而來 神鬼望之 走入闕奏之 上聞欣欣 尋遣九千等 整蘭橈 揚桂楫而迎之 旋欲陪入內 王后乃曰 我與〔爾〕等素昧平生 焉敢輕忽 相隨而去 留天等返達后之語 王然之 率有司動蹕 從闕下西南六十步 許地 山邊設幔殿祗候 王后於山外別浦津頭 維舟登陸 憩於高嶠 解所 著綾袴爲贄 遺于山靈也 其他侍從媵臣二員 名曰申輔 趙匡 其妻二人 號慕貞 慕良 或臧獲幷計二十餘口 所賫錦繡綾羅 衣裳疋段 金銀珠玉 瓊玖服玩器 不可勝記 王后漸近行在 上出迎之 同入帷宮 媵臣已下衆 人 就階下而見之卽退 上命有司 引媵臣夫妻曰 人各以一房安置 已下 臧獲各一房五六人安置 給之以蘭液蕙醑 寢之以文茵彩薦 至於衣服疋 段寶貨之類 多以軍夫遴集而護之 於是王與后共在御國寢 從容語王曰 妾是阿踰陀國公主也 姓許名黃玉 年二八矣 在本國時 今年五月中 父 王與皇后 顧妾而語曰 爺孃一昨夢中 同見皇天上帝 謂曰 駕洛國元君 首露者 天所降而俾御大寶 乃神乃聖 惟其人乎 且以新莅家邦 未定匹 偶 卿等須遣公主而配之 言訖升天 形開之後 上帝之言 其猶在耳 儞於 此而忽辭親 向彼乎往矣 妾也浮海遐尋於蒸棗 移天夐赴於蟠桃 螓首 敢叨 龍顏是近 王答曰 朕生而頗聖 先知公主自遠而屆 下臣有納妃之 請 不敢從焉 今也淑質自臻 眇躬多幸 遂以合歡 兩過淸宵 一經白晝 於是遂還來船 篙工楫師共十有五人 各賜粮粳米十碩 布三十疋 令歸 本國 八月一日廻鑾 與后同輦 媵臣夫妻 齊鑣並駕 其漢肆雜物 咸使乘 載 徐徐入闕 時銅壺欲午 王后爰處中宮 勅賜媵臣夫妻私屬空閑二室 分入 餘外從者 以賓舘一坐二十餘間 酌定人數 區別安置 日給豊羨 其 所載珍物 藏於內庫 以爲王后四時之費

一日上語臣下曰 九干等 俱爲庶僚之長 其位與名 皆是宵人野夫之號
頓非簪履職位之稱 儻化外傳聞 必有嗤笑之耻 遂改我刀爲我躬 汝刀
爲汝諧 彼刀爲彼藏 五刀爲五常 留水 留天之名 不動上字 改下字(爲)
留功 留德 (神天)改爲神道 五天改爲五能 神鬼之音不易 改訓爲臣貴
取雞林職儀 置角干 阿叱干 級干之秩 其下官僚 以周制漢儀而分定之
斯所以革古鼎新 設官分職之道歟 於是乎理國齊家 愛民如子 其敎不
肅而威 其政不嚴而理 況與王后而居也 比如天之有地 日之有月 陽之
有陰 其功也 塗山翼夏 唐媛〔媛〕興姚 頻年有夢 得熊羆之兆 誕生太
子居登公 靈帝中平六年己巳三月一日 后崩 壽一百五十七 國人如歎
坤崩 葬於龜旨東北塢 遂欲不忘子愛下民之惠 因號初來下纜渡頭村
曰主浦村 解綾袴高岡 曰綾峴 茜旗行入海涯 曰旗出邊 勝臣泉府卿申
輔 宗正監趙匡等 到國三十年後 各産二女焉 夫與婦踰一二年 而皆抛
信也 其餘臧獲之輩 自來七八年間 未有兹子生 唯抱懷土之悲 皆首丘
而沒 所舍賓館 閴其無人

元君乃每歆鰥枕 悲歎良多 隔二五歲 以獻帝立〔建〕安四年己卯三月二
十三日而殂落 壽一百五十八歲矣 國中之人 若亡天只 悲慟甚於后崩
之日 遂於闕之艮方平地 造立殯宮 高一丈 周三百步而葬之 號首陵王
廟也 自嗣子居登王 洎九代孫仇衡之享是廟 須以每歲孟春三之日 七
之日 仲夏重五之日 仲秋初五之日 十五之日 豐潔之奠 相繼不絶
洎新羅第三十王法敏龍朔元年辛酉三月日 有制曰 朕是伽耶國元君九
代孫仇衡王之降于當國也 所率來子世宗之子 率友公之子 庶云匝干之
女 文明皇后 寔生我者 兹故元君於幼沖人 乃爲十五代始祖也 所御國

者已曾敗 所葬廟者今尙存 合于宗祧 續乃祀事 仍遣使於黍離之址
(納)近廟上上田三十頃 爲供營之資 號稱王位田 付屬本土 王之十七代
孫賡世級干 祗稟朝旨 主掌厥田 每歲時釀醪醴 設以餠飯茶菓庶羞等
奠 年年不墜 其祭日不失居登王之所定年內五日也 芬苾孝祀 於是乎
在於我 自居登王卽位己卯年置便房 降及 仇衡朝末三百三十載之中
享廟禮典 永無違者 其乃仇衡失位去國 逮龍朔元年辛酉 六十〔一百二
十〕年之間 享是廟禮 或闕如也 美矣哉 文武王 法敏王諡也 先奉尊祖 孝
乎惟孝 繼泯絶之祀 復行之也

新羅季末 有忠至匝干者 攻取金官高城 而爲城主將軍 爰有英規阿干
假威於將軍 奪廟享而淫祀 當端午而致告祠 堂梁無故折墜 因覆壓而
死焉 於是將軍自謂 宿因多幸 辱爲聖王所御國城之奠 宜我畫其眞影
香燈供之 以酬玄恩 遂以鮫絹三尺 摸出眞影 安於壁上 旦夕膏炷 瞻仰
虔至 才三日 影之二目 流下血淚 而貯於地上 幾一斗矣 將軍大懼 捧
持其眞 就廟而焚之 卽召王之眞孫圭林而謂曰 昨有不祥事 一何重疊
是必廟之威靈 震怒余之圖畫 而供養不孫 英規旣死 余甚怪畏 影已燒
矣 必受陰誅 卿是王之眞孫 信合依舊以祭之 圭林繼世奠酹 年及八十
八歲而卒 其子間元卿 續而克禋 端午日謁廟之祭 英規之子俊必又發
狂 來詣廟 俾徹間元之奠 以己奠陳享 三獻未終 得暴疾 歸家而斃 然
古人有言 淫祀無福 反受其殃 前有英規 後有俊必 父子之謂乎

又有賊徒 謂廟中多有金玉 將來盜焉 初之來也 有躬擐甲冑 張弓挾矢
猛士一人從廟中出 四面雨射 中殺七八人 賊徒奔走 數日再來 有大蟒
長三十餘尺 眼光如電 自廟旁出 咬殺八九人 粗得完免者 皆僵仆而散

故 知陵園表裡 必有神物護之 自建安四年己卯始造 逮今上御國三十一載大康二年丙辰 凡八百七十八年 所封美土 不騫不崩 所植佳木 不枯不朽 況所排列萬蘊玉之片片 亦不頹坼 由是觀之 辛替否曰 自古迄今 豈有不亡之國 不破之墳 唯此駕洛國之昔曾亡 則替否之言有徵矣 首露廟之不毀 則替否之言 未足信也

此中更有戱樂思慕之事 每以七月二十九日 土人吏卒 陟乘岾 設帷幕 酒食歡呼 而東西送目 壯健人夫 分類以左右之 自望山島 駿蹄駸駸 而競湊於陸 鷁首泛泛 而相推於水 北指古浦而爭趨 盖此昔留天 神鬼等 望后之來 急促告君之遺跡也

國亡之後 代代稱號不一 新羅第三十一 政明王卽位 開耀元年辛巳 號爲金官京 置太守 後二百五十九年 屬我太祖統合之後 代代爲臨海縣 置排岸使 四十八年也 次爲臨海郡 或爲金海府 置都護府 二十七年也 又置防禦使 六十四年也

淳化二年 金海府量田使中大夫趙文善申省狀稱 首露王廟屬田結數多也 宜以十五結仍舊貫 其餘分折於府之役丁 所司傳狀奏聞 時廟朝宣旨曰 天所降卵 化爲聖君 居位而延齡 則一百五十八年也 自彼三皇而下 鮮克比肩者歟 崩後自先代 俾屬廟之壟畝 而今減除 良堪疑懼 而不允 使又申省 朝廷然之 半不動於陵廟中 半分給於鄕人之丁也 節使 量田使稱也 受朝旨 乃以半屬於陵園 半以支給於府之徭役戶丁也 幾臨事畢 而甚勞倦 忽一夕夢見七八介鬼神 執縲紲握劍而至 云 儞有大懲 故加斬戮 其使以謂受刑而慟楚 驚懼而覺 仍有疾瘵 勿令人知之 宵遁而行 其病不間 渡關而死 是故量田都帳不著印也 後人奉使來 審檢厥田

十一結十二負九束也 不足者三結八十七負一束矣 乃推鞫斜入處 報告
內外官 勅理足支給焉 又有古今所歎息者

元君八代孫金銍王 克勤爲政 又切崇眞 爲世祖母許皇后奉資冥福 以
元嘉二十九年壬辰 於元君與皇后合婚之地創寺 額曰王后寺 遣使審量
近側平田十結 以爲供億三寶之費 自有是寺五百(歲)後 置長遊寺 所納
田柴幷三百結 於是右寺三綱 以王后寺在寺柴地東南標內 罷寺爲莊
作秋收冬藏之場 秣馬養牛之廐 悲夫 世祖已下九代孫曆數 委錄于下
銘曰

元胎肇啓 利眼初明 人倫雖誕 君位未成 中朝累世 東國分京 雞林先定
駕洛後營 自無銓宰 誰察民氓 遂玆玄造 顧彼蒼生 用授符命 特遣精靈
山中降卵 霧裏藏形 內猶漠漠 外亦冥冥 望如無象 聞乃有聲 羣歌而奏
衆舞而呈 七日而後 一時所寧 風吹雲卷 空碧天靑 下六圓卵 垂一紫纓
殊方異土 比屋連甍 觀者如堵 覩者如羹 五歸各邑 一在玆城 同時同迹
如弟如兄 實天生德 爲世作程 寶位初陟 寰區欲淸 華構徵古 土階尙平
萬機始勉 庶政施行 無偏無黨 惟一惟精 行者讓路 農者讓耕 四方奠枕
萬姓迓衡 俄晞薤露 靡保椿齡 乾坤變氣 朝野痛情 金相其躅 玉振其聲
來苗不絶 薦藻惟馨 日月雖逝 規儀不傾

居登王

父首露王 母許王后 立安四年己卯三月十三日卽位 治三十九年 嘉平
五年癸酉九月十七日崩 王妃泉府卿申輔女慕貞 生太子麻品 開皇曆云
姓金氏 蓋國世祖從金卵而生 故 以金爲姓爾

麻品王
一云馬品 金氏 嘉平五年癸酉卽位 治三十九年 永平元年辛亥一月二十九日崩 王妃宗正監趙匡孫女好仇 生太子居叱彌

居叱彌王
一云今勿 金氏 永平元年卽位 治五十六年 永和二年丙午七月八日崩 王妃阿躬阿干孫女阿志 生王子伊尸品

伊尸品王
金氏 永和二年卽位 治六十二年 義熙三年丁未四月十日崩 王妃司農卿克忠女貞信 生王子坐知

坐知王
一云金叱 義熙三年卽位 娶傭女 以女黨爲官 國內擾亂 雞林國以謀欲伐 有一臣名朴元道 諫曰 遺草閱閱亦含羽 況乃人乎 天亡地陷 人保何基 又卜士筮得解卦 其辭曰 解而拇 朋至斯孚 君鑑易卦乎 王謝曰 可 擯傭女 貶於荷山島 改行其政 長御安民也 治十五年 永初二年辛酉五月十二日崩 王妃道寧大阿干女福壽 生子吹希

吹希王
一云叱嘉 金氏 永初二年卽位 治三十一年 元嘉二十八年辛卯二月三日崩 王妃進思角干女仁德 生王子銍知

銍知王

一云金銍王 元嘉二十八年卽位 明年 爲世祖許黃玉王后 奉資冥福 於初與世祖合御之地創寺 曰王后寺 納田十結充之 治四十二年 永明十年壬申十月四日崩 王妃金相沙干女邦媛 生王子鉗知

鉗知王

一云金鉗王 永明十年卽位 治三十年 正光二年辛丑四月七日崩 王妃出忠角干女淑 生王子仇衡

仇衡王

金氏 正光二年卽位 治四十二年 保定二年壬午九月 新羅第二十四君眞興王〔中大通四年壬子 新羅第二十三君法興王〕興兵薄伐 王使親軍卒 彼衆我寡 不堪對戰也 仍遣同氣脫知爾叱今 留在於國 王子上孫卒支公等 降入新羅 王妃分叱水爾叱女桂花 生三子 一世宗角干 二茂刀角干 三茂得角干 開皇錄云 梁中大通四年壬子 降于新羅

議曰 案三國史 仇衡以梁中大通四年壬子 納土投羅 則計自首露初卽位東漢建武十八年壬寅 至仇衡末壬子 得四百九十年矣 若以此記考之 納土在元魏保定二年壬午 則更三十年 總五百二十年矣 今兩存之

(제 3 권)

제3 흥법편

흥법편興法篇은 불교의 흥기에 관한 것이다.

순도가 고구려에 불교를 처음 전하다*

고구려에 불교가 처음 들어오다

「고구려 본기」에 이런 말이 있다. 소수림왕小獸林王[1] 즉위 2년 임신(372)은 곧 동진東晉의 함안 2년이니, 효무제孝武帝가 즉위한 해였다. 전진前秦 왕 부견苻堅[2]이 사신과 중 순도를 시켜 불상과

---

* 도공道公(順道)의 다음에 또한 법심法深, 의연義淵, 담엄曇嚴의 무리들이 서로 잇따라 불교를 일으켰으나 고전古傳에는 기사가 없으므로 여기서도 감히 순서를 따라 편집할 수가 없다. 자세한 것은 『승전僧傳』에 나타나 있다.
1 고구려 제17대왕. 즉위 2년(372)에 전진前秦에서 불교를 수입하고 또 이해에 태학太學을 세웠다. 384년에 세상을 떠났다.
2 원문의 '符堅'은 중국의 역사책에는 '苻堅'으로 되어 있다. 동진 때 전진의 왕. 오호五胡의 제일 강국. 비수淝水 싸움에서 진晉나라의 사현謝玄에게 크게 패하여

경문을 보내왔다.―이때 부견은 관중關中에 도읍했으니 곧 장안長安이다.

또 4년 갑술(374)에는 아도阿道가 동진에서 왔다. 이듬해 을해(375) 2월에는 초문사肖門寺3를 지어 순도를 그곳에 있게 하고, 또 이불란사伊弗蘭寺4를 지어 아도를 그곳에 있게 했는데, 이것이 고구려 불법의 시초다.

『승전』5에 순도와 아도가 북위北魏에서 왔다 함은 잘못이다. 실은 전진에서 왔던 것이다. 또 초문사는 지금의 흥국사興國寺6이고 이불란사는 지금의 흥복사興福寺7라 한 것도 잘못이다.

살펴보건대 고구려 때의 도읍은 안시성安市城8, 다른 이름은 안정홀安丁忽이니 요수遼水의 북쪽에 있었다. 요수의 다른 이름은 압록鴨淥9인데 지금은 안민강安民江이라 한다. 어찌 송경松京 흥국사의 이름이 여기에 있을 수 있으랴.

기린다.

돌아갔다. 뒤에 요장姚萇에게 살해되었다.

3 소재를 알 수 없다.

4 소재를 알 수 없다.

5 『해동고승전海東高僧傳』의 준말. 고려 고종 2년(1215)에 왕명으로 지은 책으로서 우리 나라의 훌륭한 스님들의 전기가 실려 있다. 2권 1책으로 되어 있다.

6 경기도 개성에 있던 절.

7 경기도 개성에 있던 절.

8 안시성은 고구려의 도읍이 아니니 잘못된 기록이다.

9 원문의 '鴨淥'은 '鴨綠'의 옛 이름이다.

압록강 한 봄에 물풀은 곱고

갈매기는 한가히[10] 졸기만 한다

문득 저 멀리 노젓는 소리

어느 곳 어선漁船인지 길손은 온다

順道肇麗 道公之次 亦有法深 義淵 曇嚴之流 相繼而興敎 然古傳無文 今亦不敢 編次 詳見僧傳

高麗本記云 小獸林王卽位二年壬申 乃東晉咸安二年 孝武帝卽位之年 也 前秦符(苻)堅 遣使及僧順道 送佛像經文 時堅都關中 卽長安 又四年 甲戌 阿道來自晉 明年乙亥二月 創肖門寺 以置順道 又創伊弗蘭寺 以 置阿道 此高麗佛法之始 僧傳作二道來自魏云者 誤矣 實自前秦而來 又云肖門寺今興國 伊弗蘭寺今興福者 亦誤 按麗時都安市城 一名安 丁忽 在遼水之北 遼水一名鴨淥 今云安民江 豈有松京之興國寺名 讚 曰 鴨淥春深渚草鮮 白沙鷗鷺等閑眠 忽驚柔櫓一聲遠 何處漁舟客到 烟

---

10 등한等閑 : 유의하지 않는다는 말, 곧 여기서는 한가하다는 뜻이다. 《張謂 詩》 眼前 一樽又常滿 心中萬事如等閑

난타가 백제의 불교를 열다

인도의 중 백제에 오다

「백제 본기」에 이런 말이 있다. 제15대―『승전』에서는 14대라 했으나 잘못이다―침류왕枕流王이 즉위한 갑신년(384)―동진 효무제의 태원太元 9년―에 인도의 중 마라난타摩羅難陁가 동진에서 이르니, 그를 맞이하여 궁중에 두고 예로써 공경했다.

백제 불교의 시초

이듬해 을유년(385)에 새 서울 한산주漢山州에 절을 짓고 중 열 명을 두었으니1 이것이 백제 불법의 시초다.

또 아신왕阿莘王이 즉위한 태원 17년(392) 2월에 명령을 내려 백성들에게 불법을 믿어 복을 구하라고 했다. 마라난타는 번역하면 동학童學이 된다.―그의 이상한 행적은 『승전』에 잘 나타나 있다.

기린다.

천운2이 창조3될 시기에는
대개4 솜씨 부리기가 어려운데

---

1 도승度僧 : 관에서 중이 되는 것을 허가하는 것.
2 천조天造 : 천운天運 곧 자연의 기운이란 말.《易經》天造草昧 宜建侯
3 초매草昧 : 초창草創과 같은 뜻.《易經》天造草昧

늙은이[5]는 스스로의 노래와 춤으로

곁사람을 이끌어 눈뜨게 했다

難陁闢濟

百濟本記云 第十五 僧傳云 十四 誤 枕流王卽位甲申 東晉孝武帝太元九年
胡僧摩羅難陁至自晉 迎置宮中禮敬

明年乙酉 創佛寺於新都漢山州 度僧十人 此百濟佛法之始 又阿莘王
卽位太元十七年二月 下敎崇信佛法求福 摩羅難陁 譯云童學 其異迹詳
見僧傳 讚曰 天造從來草昧間 大都爲伎也應難 翁翁自解呈歌舞 引得
旁人借眼看

아도가 신라 불교의 기초를 닦다*

신라 불교의 시초

「신라 본기」 제4권에 이런 말이 있다. 제19대 눌지왕 때 사문沙
門 묵호자墨胡子가 고구려로부터 일선군一善郡에 이르니, 그 고을

---

4 대도大都 : 대개 또는 대략과 같은 뜻. 《韓愈 文》乃命工人 存其大都焉
5 옹옹翁翁 : 야야爺爺와 같은 뜻이니 존경의 칭호.
  〈아도가 신라 불교의 기초를 닦다〉
* 혹 아도我道 또는 아두阿頭라고도 한다.

사람 모례毛禮—혹은 모록毛祿이라고도 쓴다—는 자기 집 안에 굴을 파서 방을 만들고 그를 머물도록 했다.

이때 양梁나라에서 사신을 시켜 의복과 향물香物—고득상高得相의 「영사시詠史詩」에서는 "양나라에서 원표元表란 사승使僧을 보내 명단溟檀·불경·불상을 보내왔다"고 했다—을 보내왔는데, 신라의 임금과 신하는 그 향의 이름과 쓸 곳을 알지 못했다. 그래서 사람을 시켜 향을 싸가지고 널리 나라 안을 다니면서 묻게 했다.

묵호자가 이것을 보고 말했다.

"이것은 향이란 것입니다. 불에 태우면 향기가 매우 강렬합니다. 정성을 신성神聖한 곳에까지 통하게 하기 때문입니다. 신성한 것 중 삼보三寶보다 나은 것이 없으니 만약 이것을 불에 태워 소원을 빌면 반드시 영검이 있을 것입니다."—눌지왕은 진晉·송宋나라 시대에 해당되니 양나라에서 사자를 보냈다고 함은 아마 잘못일 것이다.

묵호자가 불법으로 왕녀의 병을 고치다

이때 왕녀가 병이 위급해서 묵호자를 불러다가 향을 피우고 소원을 말하니, 왕녀의 병이 즉시 나았다. 왕이 기뻐하여 예물을 후히 주었는데, 잠시 후에 그의 간 곳을 알 수 없었다.

---

1 범어의 Sramana. 곧 선을 행하고 악을 없애는 사람이라는 뜻으로 머리를 깎고 불문에 들어가서 도를 닦는 사람을 말한다. 《瑞應經》沙門之爲道 舍妻子 捐棄愛欲也

아도화상이 신라에 오다

또 제21대 비처왕毗處王 때에 와서 아도화상我道和尙이란 이가 시종 세 사람을 데리고 역시 모례의 집으로 왔는데 모습이 묵호자와 비슷했다. 몇 해 동안 이곳에 머물다가 아무런 병도 없이 죽었다. 그의 시종 세 사람은 남아 있으면서 경經과 율律을 가르치니, 가끔 믿는 사람이 있었다.—주에 "본비本碑와 모든 전기와는 사실이 전혀 다르다"고 했다. 또 『고승전』에서는 "서천축西天竺 사람이다" 했고, 어떤 이는 "오나라에서 왔다"고 했다.

아도의 본비를 살펴보면 아도는 고구려 사람이요 그의 어머니는 고도령高道寧이다. 정시正始2 연간(240~248)에 조위曹魏 사람 아굴마我崛摩—아는 성이다—가 사신으로 고구려에 왔다가 고도령과 관계하고 돌아갔는데 그로 인하여 아기를 가지게 되었다.

아도는 다섯 살 때 그의 어머니가 그를 출가시켰다.3 나이 열여섯 살 때에 위나라에 가서 굴마를 뵙고 현창화상玄彰和尙의 강석講席에 가서 배웠다. 열아홉 살 때에 또 돌아와서 어머니를 뵈었는데4 어머니는 그에게 말했다.

"이 나라 고구려는 지금까지 불법을 모르지만 이후 3천여 달이

---

2 조위曹魏 제왕齊王의 연호.
3 집을 떠나서 중이 되는 일. 《廬山蓮社錄》謝靈運謂生法師曰 道人將謂俗緣未盡 不知我在家出家久矣
4 귀령歸寧 : 시집간 딸이 친정에 가서 부모의 안부를 묻는다는 말. 남자가 부모를 문안하는 일에도 쓴다. 《詩經》歸寧父母

지나면 신라에 성군이 나서 불교를 크게 일으킬 것이다. 그 나라 서울 안에 일곱 곳의 절5터가 있는데, 첫째는 금교金橋 동쪽 천경림天鏡林—지금의 흥륜사興輪寺다. 금교는 서천교西川橋니 우리말로는 솔다리(松橋)6라고 부른다. 이 절은 아도가 비로소 터를 잡았는데 중간에 폐지되었다가 법흥왕 14년 정미에 시작하여 22년 을묘에 크게 착공해서 진흥왕 때에 와서 낙성되었다—이요, 두번째는 삼천기三川歧—지금의 영흥사永興寺니 흥륜사와 같은 시대에 착공되었다—요, 세번째는 용궁龍宮의 남쪽—지금의 황룡사니 진흥왕 14년 계유에 착공되었다—이요, 네번째는 용궁의 북쪽—지금의 분황사니 선덕여왕 3년 갑오에 착공되었다—이요, 다섯번째는 사천沙川의 끝—지금의 영묘사靈妙寺니 선덕여왕 4년 을미에 비로소 착공되었다—이요, 여섯번째는 신유림神遊林—지금의 천왕사니 문무왕 19년 기묘에 착공되었다—이요, 일곱번째는 서청전婿請田—지금의 담엄사曇嚴寺—이다. 모두 전불前佛7 시대의 절터며 불법8이 길이 유행할 곳이다. 네가 그곳으로 가서 불교를 전파하면 마땅히 불교의 개조開祖9가 될 것이다."

---

5 가람伽藍: 범어로 Sangharama, 곧 승가람마僧伽藍摩의 준말. 승려가 살면서 불도를 닦는 곳.《飜譯名義集》僧伽藍 譯爲衆園
6 우리말로 '솔'과 '쇠'가 비슷한 까닭.
7 석가모니 이전에 세상에 나타나서 성도成道하고 돌아가신 부처를 이름이니, 가섭불迦葉佛을 이른다. 여기서는 석가불, 가섭불 둘을 가리킨 것 같다.
8 법수法水: 불법이 중생의 번뇌를 씻어 정결하게 함을 물에 비유하여 일컫는 말.
9 동향東嚮: 사당의 위차位次에 시조의 위차는 동으로 향하게 되니 곧 시조, 개조의 뜻으로 사용한 듯하다.

아도는 그 어머니의 가르침을 받아 신라에 가서 서울의 서리西
里에 살았는데, 그곳은 지금의 엄장사嚴莊寺며 그 시기는 미추왕味
雛王 즉위 2년 계미(263)였다.

신라, 불교를 꺼리다

아도가 대궐에 나아가서 불교 전하기를 청하니, 세상에서 일찍
이 보지 못했던 것이라 하여 꺼리고 심지어 그를 죽이려는 사람
까지 있었으므로 이에 속림續林―지금의 일선현一善縣―모록毛祿―
록祿은 예禮와 자형이 비슷한 데서 생긴 잘못일 것이다. 『고기古記』에 법
사가 처음 모록의 집에 올 때에 천지가 진동했는데 그 당시 사람들은 중
이란 명칭을 알지 못했으므로 아두삼마阿頭彡麼라 했다. 삼마란 우리말로
중을 가리키니, 사미沙彌라는 말과 같다―의 집으로 도망가서 숨어버
렸다.

아도법사가 성국공주의 병을 고치고 전도를 청하다

미추왕 3년이 되던 해에 성국成國공주가 병들었는데 무당과 의
원이 치료해도 효험이 없었으므로 사람을 사방으로 보내어 의원
을 구하게 했다. 아도법사가 급히 대궐로 들어가서 치료하니 그
병이 드디어 나았다. 왕은 크게 기뻐하여 그의 소원을 물으니 법
사는 대답했다.

"제게는[10] 아무런 청도 없으나 다만 천경림에 절을 세워 불교를
크게 일으켜서 국가의 복을 빌고 싶을 뿐입니다."

왕은 이를 허락하고 공사에 착수하도록 명령했는데 그때 풍속이 질박·검소해서 띳집을 지어 살면서 불법을 강연하니 간혹 천화天花[11]가 땅에 내렸다. 그 절 이름을 흥륜사라 했다.

최초의 여승과 불교의 폐지

모록의 누이동생은 이름이 사씨史氏인데, 법사에게 귀의하여 여승이 되었으며 또한 삼천기에 절을 지어 살았다. 그 절 이름을 영흥사라 했다. 얼마 후에 미추왕이 세상을 떠나니[12] 나랏사람들이 법사를 해치려 했다. 법사는 모록의 집으로 돌아가서 스스로 무덤을 만들고 그 속에 들어가 문을 닫고 세상을 떠났으므로, 마침내 다시 세상에 나타나지 않았다. 이리하여 불교도 또한 폐지되었다.

법흥대왕이 불교를 일으키다

제23대 법흥대왕이 소량蕭梁[13] 천감天監 13년 갑오(514)에 왕위에 올라 불교를 일으켰다. 미추왕 계미년(262)에서 2백52년이나 시간이 차이졌다. 고도령이 말한 3천여 달이 들어맞았다고 하겠다.

---

10 빈도貧道 : 중이나 도사가 자기를 낮추어 일컫는 말. 《石林燕語》晉宋間 佛敎初行 未有僧稱 通曰道人 自稱則曰貧道
11 천화天華라고도 하는데, 하늘에서 내리는 꽃을 말한다. 《心地觀經 一》六欲諸天 來供養 天華亂墜徧虛空
12 즉세卽世 : 세상을 떠난다는 말. 《左傳》無祿, 獻公卽世
13 중국 남조南朝의 양나라. 그 왕조의 창건자는 소연蕭衍(武帝)이기 때문에 소량이라 한다.

여기서 말한 「본기」와 본비本碑에 따르면 두 설이 서로 어긋남이 이와 같았다.

불교 전파의 사실을 논함

나로서 이것을 논한다면 양梁·당唐나라의 두 『승전僧傳』 및 삼국본사三國本史에는 모두 고구려와 백제, 두 나라의 불교가 동진 말기의 태원太元[14] 연간에 시작되었다고 했으니, 순도와 아도법사는 소수림왕 갑술년(374)에 고구려에 온 것이 분명하므로 이 전기는 그릇되지 않았다.

만약 비처왕 때 처음으로 신라에 왔다고 한다면, 그것은 아도가 고구려에서 1백여 년이나 있다가 온 것이 된다. 비록 대성인의 행동거지는 세상에 숨었다 나타났다 함이 일정하지 않다고는 하지만 반드시 다 그렇지는 않을 것이다. 그리고 아마 신라에서 불교를 믿은 것이 그처럼 매우 늦지는 않았을 것이다. 또 만약 미추왕 때에 있었다고 한다면, 이것은 도리어 고구려에 들어왔던 갑술년(374)보다도 1백여 년이나 앞서게 된다.

그리고 이때 신라에서는 아직 문물과 예교禮敎가 없었고, 나라 이름도 정해져 있지 않았는데, 무슨 겨를에 아도가 와서 불교의 신봉을 청했겠는가? 또 고구려에도 이르지 않고 이를 지나서 신

---

14 동진 효무제의 연호. 아도가 고구려에 온 것은 효무제 영강寧康 2년(374)이며 마라난타가 백제에 온 것은 태원 9년(384)이었다.

라에 이르렀다는 일은 이치에 맞지 않는다. 설령 불교가 잠시 일어났다가 즉시 폐지되었다 하더라도 어찌 그 중간에 잠잠히 소문이 없었을 것이며 그때까지 향의 이름조차 알지 못했겠는가? 하나 (신라 본기)는 연대가 어찌 그렇게도 뒤지고, 또 하나(아도의 본비)는 연대가 어찌 그렇게도 앞섰을까?

생각건대 불교가 동방에 전파되던 형세는 틀림없이 고구려·백제에서 시작되어 신라에서 끝났을 것이니 신라의 눌지왕과 고구려의 소수림왕시대가 서로 잇대어 있으니 아도가 고구려를 하직하고 신라에 온 것은 마땅히 눌지왕 때였을 것이다.

또 왕녀의 병을 고친 것도 모두 아도의 일이라고 전하니 이른바 묵호자도 진짜 이름이 아니요 단순히 별명일 것이다. 양나라 사람이 달마達磨15를 가리켜 벽안호碧眼胡라 하고, 진晉나라에서 중 도안道安16을 조롱하여 칠도인漆道人이라고 하는 따위다. 아도는 고결한 행동17으로 세상을 피하면서 성명을 말하지 아니한 까닭이다.

대개 신라 사람들은 그들이 소문에 따라 묵호자니 아도니 하는

---

15 달마대사達磨大師(534)를 이름이니 중국 선종禪宗의 시조다. 남인도 향지국香至國의 셋째왕자. 중국 위나라로 가서 숭산嵩山 소림사少林寺에서 9년 동안이나 벽을 향하고 좌선하여 도를 깨달았다고 한다.

16 도안(313~384)은 중국 전진前秦(苻堅) 때의 고승高僧. 업도鄴都에 가서 불도징佛道澄에게 배웠는데 그때 사람들이 그를 모습이 누추하다는 뜻에서 칠도인이라고 했다.

17 위행危行 : 고결한 행실이란 말.《論語》邦有道 危言危行 邦無道 危行言孫

이름으로써 두 사람을 만들어 전했을 뿐이다. 더구나 아도의 모습이 묵호자와 비슷하다고 했으나 이것으로도 그가 한 사람임을 알 수 있다.

고도령이 일곱 곳을 차례로 든 것은 곧 절을 세운 선후의 순서로서 예언한 것이었으나, 이것은 전하지 못하고 잃은 때문에 여기서는 사천沙川의 끝을 다섯번째에 실은 것이며, 3천여 달이란 말도 반드시 전부 믿을 수 없다. 대개 눌지왕시대에서 법흥왕 정미년(527)까지는 무려 1백여 년이나 되니 만약 1천여 달이라 했다면 거의 비슷했을 것이다. 성을 아我라 했고 이름이 외자인 것은 거짓인 듯하나 자세히 알기 어렵다.

중 담시의 전기

또 북위[18]의 중 담시曇始2—혹은 혜시惠始라고도 한다—의 전기를 살펴보자.

담시는 관중關中(長安) 사람인데 출가한 후로는 이상한 일이 많이 있었다. 동진 효무제 태원 9년(384) 말에 담시는 경장經藏, 율장律藏 수십 부를 싸가지고 요동으로 가서 불교를 전파하고 3승三乘[19]을 가르쳐 즉시 불계에 귀의하게 했는데 대개 이것이 고구려

---

18 원위元魏 : 중국 북조北朝 후위後魏의 다른 이름. 조위曹魏와 구별지어 한 말이다. 후위는 본래 탁발拓跋씨인데 효문제孝文帝 때에 성을 원元씨로 고쳤으므로 원위라 한다.
19 불교에서 중생을 태우고 생사의 바다를 건널 때의 세 가지 교법. 곧 성문승聲聞

에서 불교와 접한 시초일 것이다.

　의희義熙 초년(405)에 담시는 다시 관중으로 돌아가서 삼보三輔[20] 지방을 개도시켰다. 담시는 발이 얼굴보다도 희었으며, 흙탕물을 건너더라도 발이 젖지 않았으므로 세상 사람들은 모두 그를 백족화상白足和尙이라 불렀다고 한다.

　동진 말기에 북방의 흉노 혁련발발赫連勃勃[21]이 관중을 함락시키고 죽인 사람이 수도 없이 많았다. 그때 담시도 화를 당했으나 칼날이 그를 해치지 못했다. 발발勃勃은 탄식하면서 승려들을 놓아주고 하나도 죽이지 않았다. 담시는 이에 몰래 산택山澤으로 도망하여 두타승頭陁僧[22]의 행실을 닦았다. 탁발도拓跋燾[23]가 다시 장안을 쳐서 이기고 관중과 낙양洛陽에 위세를 떨쳤다. 이때 박릉博陵에 최호崔浩란 사람이 있는데 좌도左道[24]를 조금 익혀 불교를 시기하고 미워했다. 최호는 지위가 재상[25]에 올라 탁발도의 신임

　　乘, 연각승緣覺乘, 보살승菩薩乘을 말한다.
20　한나라 때 장안長安 부근을 일컫던 말. 곧 경조京兆·좌풍익左馮翊·우부풍右扶風을 지칭한다.
21　진晉나라 때 5호16국의 하나인 하夏나라의 임금. 흉노의 후손으로, 후진後秦 요흥姚興 때 북방을 지키고 있다가 배반하여 대하천왕大夏天王이라 일컬었으며, 후에 장안에 들어가서 황제라 참칭하고 통만統萬에 도읍을 정했다.
22　두타頭陀 : 범어 Dhuta의 음역. 번뇌와 의식주에 대한 탐욕을 버리고 청정하게 불도를 닦는 수행. 민간에서는 행각行脚하면서 걸식하는 중을 말하거나 행자行者라고도 한다. 《法苑珠林》 或有山居蘭若 頭陀苦行
23　북조 후위의 태무제太武帝를 이름이니 도는 그의 이름이다.
24　사도邪道란 말이니, 여기서는 도교를 가리킨다. 《禮記》 執左道以亂政 殺

을 받자 이에 천사天師26 구겸지寇謙之와 함께 탁발도를 달랬다.

"불교는 세상에 이익이 없고 생업生業에 피해만 끼칩니다."

그리하여 불교를 폐지하도록 권했다고 한다.

양나라 경제敬帝의 태평太平 말년에 담시는 그제서야 탁발도를 감화시킬 때가 온 것을 알고 이에 원회일元會日27에 문득 지팡이28를 짚고 궁문宮門에 이르렀다. 탁발도는 그가 왔다는 것을 듣고 베어 죽이게 했다. 그러나 여러 번 베어도 상하지 않으므로 탁발도는 직접 그를 베었으나 또한 상하지 않았다. 북쪽 동산에 기르고 있던 범에게 밥으로 던져주었으나 범도 또한 감히 가까이 가지 못했다. 탁발도는 매우 부끄러워하고 두려워하더니 마침내 역질疫疾에 걸렸으며, 최호와 구겸지 두 사람도 차례로 몹쓸 병에 걸렸다. 탁발도는 이 죄과가 그들 때문이라 하여 이에 두 집의 종족을 죽여 없애고, 나라 안에 선언하여 불교를 크게 퍼뜨렸다. 담시는 그 뒤에 그의 죽은 곳을 알 수 없었다고 한다.

---

25 위보僞輔 : 위조僞朝의 재상이란 말이니, 중국의 남북조시대에 있어, 남조를 정통으로 치면 북조(北魏)는 위조가 된다.
26 도교의 교주의 칭호. 후한의 장도릉張道陵이 천사라 자칭했으므로 그 교를 천사도라 하고 교주도 천사라 일컬었다.
27 정월 초하루에 갖는 조회朝會. 《晉書》元會設白獸樽於殿上
28 석석錫 : 석장錫杖(禪杖)을 이름이니 중이 짚는 지팡이.

논평

논평하여 말한다. 담시는 태원 말년에 해동海東에 왔다가 의희 초년에 관중으로 돌아갔다 하니, 그렇다면 이곳에 머물러 있은 지가 10여 년이나 되는데 어찌 동국 역사에는 그 기록이 없는가? 담시가 이미 괴이하여[29] 알 수 없는 사람이며 아도·묵호자·난타와 연대 및 사적이 서로 같으니 아마 세 사람 중의 한 사람이 필경 그의 변명이 아닌가 한다.

기린다.

> 금교金橋에 눈이 와서 해동되지 않으니
> 계림雞林의 봄빛이 돌지 않았다
> 어여쁘게 청제青帝(春神)님은 재사才思 많으셔
> 모랑毛郎댁 매화 낡에 먼저 꽃피었네

阿道基羅 一作我道 又阿頭

新羅本記第四云 第十九訥祇王時 沙門墨胡子 自高麗至一善郡 郡人 毛禮 或作毛祿 於家中作堀室安置 時梁遣使賜衣著香物 高得相詠史詩云 梁遣使僧曰元表 宣送溟檀及經像 君臣不知其香名與其所用 遣人齎香 遍問 國中 墨胡子見之曰 此之謂香也 焚之則香氣芬馥 所以達誠於神聖 神

---

29 회궤恢詭 : 매우 괴이하다는 뜻.《陸游 草書歌》有時寓意筆硯間 鐵宕弅騰作恢詭

聖未有過於三寶 若燒此發願 則必靈應 訥祇在晉宋之世而云梁遣使 恐誤
時王女病革 使召墨胡子 焚香表誓 王女之病尋愈 王喜 厚加賚貺 俄而
不知所歸 又至二十一毗處王時 有我道和尙 與侍者三人 亦來毛禮家
儀表似墨胡子 住數年 無疾而終 其侍者三人留住 講讀經律 往往有信
奉者 有注云 與本碑及諸傳記殊異 又高僧傳云 西竺人 或云從吳來 按我道本碑
云 我道高麗人也 母高道寧 正始間 曹魏人我 姓我也 崛摩奉使句麗 私
之而還 因而有娠 師生五歲 其母令出家 年十六歸魏 省覲崛摩 投玄彰
和尙講下就業 年十九 又歸寧於母 母謂曰 此國于今不知佛法 爾後三
千餘月 雞林有聖王出 大興佛敎 其京都內有七處伽藍之墟 一曰 金橋
東天鏡林 今興輪寺 金橋謂西川之橋 俗訛呼云 松橋也 寺自我道始基 而中廢 至法
興王丁未草創 乙卯大開 眞興王畢成 二曰 三川歧 今永興寺 與興輪開同代 三曰
龍宮南 今黃龍寺 眞興王癸酉始開 四曰 龍宮北 今芬皇寺 善德(王)甲午始開 五
曰 沙川尾 今靈妙寺 善德王乙未始開 六曰 神遊林 今天王寺 文武王己卯開 七
曰 婿請田 今曇嚴寺 皆前佛時伽藍之墟 法水長流之地 爾歸彼而播揚大
敎 當東嚮於釋祀矣 道稟敎至雞林 寓止王城西里 今嚴莊寺 于時未雛
王卽位二年癸未也

詣闕請行敎法 世以前所未見爲嫌 至有將殺之者 乃逃隱于續林 今一善
縣 毛祿家 祿與禮形近之訛 古記云 法師初來毛祿家 時天地震驚 時人不知僧名 而
云阿頭彡麽 彡麽者 乃鄕言之稱僧也 猶言沙彌也

三年 時成國公主疾 巫醫不效 勅使四方求醫 師率然赴闕 其疾遂理 王
大悅 問其所須 對曰 貧道百無所求 但願創佛寺於天鏡林 大興佛敎 奉
福邦家爾 王許之 命興工 俗方質儉 編茅葺屋 住而講演 時或天花落地

號興輪寺

毛祿之妹名史氏 投師爲尼 亦於三川歧 創寺而居 名永興寺 未幾 未雛王卽世 國人將害之 師還毛祿家 自作塚 閉戶自絶 遂不復現 因此大敎亦廢

至二十三法興大王 以蕭梁天監十三年甲午登位 乃興釋氏 距未雛王癸未之歲 二百五十二年 道寧所言三千餘月驗矣 據此 本記與本碑 二說相戾不同如此

嘗試論之 梁唐二僧傳 及三國本史皆載 麗濟二國佛敎之始 在晉末太元之間 則二道法師 以小獸林甲戌 到高麗明矣 此傳不誤 若以毗處王時方始到羅 則是阿道留高麗百餘歲乃來也 雖大聖行止出沒不常 未必皆爾 抑亦新羅奉佛 非晚甚如此 又若在未雛之世 則却超先於到麗甲戌百餘年矣 于時雞林 未有文物禮敎 國號猶未定 何暇阿道來請奉佛之事 又不合高麗未到 而越至于羅也 設使暫興還廢 何其間寂寥無聞而尙不識香名哉 一何大後 一何大先 揆夫東漸之勢 必始于麗濟而終乎羅 則訥祇旣與獸林世相接也 阿道之辭麗抵羅 宜在訥祇之世 又王女救病 皆傳爲阿道之事 則所謂墨胡者 非眞名也 乃指目之辭 如梁人指達摩爲碧眼胡 晉調釋道安爲柒道人類也 乃阿道危行避諱 而不言名姓故也 蓋國人隨其所聞 以墨胡阿道二名 分作二人爲傳爾 況云阿道儀表似墨胡 則以此可驗其一人也 道寧之序七處 直以創開先後預言之 而傳失之故 今以沙川尾 躋於五次 三千餘月 未必盡信 蓋自訥祇之世 抵乎丁未无慮一百餘年 若曰一千餘月 則殆幾矣 姓我單名 疑贋難詳 又按元魏釋曇始 一云惠始 傳云 始關中人 自出家已後多有異迹 晉孝武

太元九年末 齎經律數十部 往遼東宣化 現授三乘 立以歸戒 蓋高麗聞道之始也 義熙初 復還關中 開導三輔 始足白於面 雖涉泥水 未嘗沾濕 天下咸稱白足和尙云 晉末 朔方凶奴赫連勃勃 破獲關中 斬戮無數 時始亦遇害 刀不能傷 勃勃嗟歎之 普赦沙門 悉皆不殺 始於是潛遁山澤 修頭陁行 拓跋燾復尅長安 擅威關洛 時有博陵崔浩 小習左道 猜嫉釋教 旣位居僞輔 爲燾所信 乃與天師寇謙之說燾 佛敎無益 有傷民利 勸令廢之云云 太平之末 始方知燾將化時至 乃以元會之日 忽杖錫到宮門 燾聞令斬之 屢不傷 燾自斬之 亦無傷 飼北園所養虎 亦不敢近 燾大生慙懼 遂感癘疾 崔寇二人 相次發惡病 燾以過由於彼 於是誅滅二家門族 宣下國中 大弘佛法 始後不知所終 議曰 曇始以太元末到海東 義熙初還關中 則留此十餘年 何東史無文 始旣恢詭不測之人 而與阿道 墨胡 難陁 年事相同 三人中疑一必其變諱也 讚曰 雪擁金橋凍不開 雞林春色未全廻 可憐靑帝多才思 先著毛郞宅裏梅

원종[1]은 불법을 일으키고* 염촉은 순교하다

이차돈의 순교

「신라 본기」에 법흥대왕 즉위 14년(527)에 소신小臣 이차돈異次

---

* 눌지왕 때와 1백여 년이 차이진다.
1 신라 23대 법흥왕의 이름.

頓이 불법을 위하여 제 몸을 죽였다. 곧 소량蕭梁(梁武帝) 보통普通 8년 정미(527)에 서천축西天竺의 달마대사가 금릉金陵에 왔던 해다. 이 해에 또한 낭지법사朗智法師가 처음으로 영취산靈鷲山에서 법장法場을 열었으니, 불교의 흥하고 쇠하는 것도 반드시 중국과 신라에서 같은 시기에 서로 감응했던 것을 여기서 믿을 수 있다.

원화元和2 연간에 남간사南澗寺3의 사문 일념一念이 「촉향분예불결사문髑香墳禮佛結社文」을 지었는데 이 사실을 자세히 기재했다. 그 대략은 이렇다.

예전에 법흥대왕이 자극전紫極殿에서 등극했을 때 동쪽 지역을 살펴보시고 "예전에 한나라 명제明帝4가 꿈에 감응되어 불법이 동방에 유행하였다. 내가 왕위에 오른 후부터 인민을 위하여 복을 닦고 죄를 없앨 곳을 마련하려 한다"고 말씀하셨다.

이에 조신朝臣들—『향전』에는 공목工目과 알공謁恭 등이라고 했다—은 그 깊은 뜻을 헤아리지 못하고 다만 나라를 다스리는 대의만을 지켜 절을 세우겠다는 신략神略을 따르지 않았다.

대왕은 탄식하면서 말했다.

"아!5 내가 덕이 없는 사람으로서 왕업을 이으니, 위로는 음양

---

2 당나라 헌종憲宗의 연호. 원화의 연호는 806년에서 820년까지다.

3 경상북도 월성군 내남면에 있던 절.

4 명제는 채음蔡愔을 인도에 보내어 가섭마등迦葉摩騰·축법란竺法蘭의 두 중을 맞이해오고 낙양洛陽에 백마사白馬寺를 세웠으니 이것이 불교가 중국에 들어온 시초라고 한다.

의 조화가 모자라고 아래로는 백성들을 즐겁게 하지 못했으므로 정사를 보살피는 틈틈이 불교에 마음을 두고 있소. 누가 나와 같이 일하겠소?"

이때 내양자內養者(小臣)의 성은 박朴, 자는 염촉厭髑6—혹은 이차異次라 쓰거나 이처伊處라고도 했는데 방음方音이 다르기 때문이다. 한역漢譯하여 염厭이라 한다. 촉髑·돈頓·도道·도覩·독獨 등은 모두 글쓰는 사람의 편의에 따른 것이니 곧 조사助辭다. 이제 윗글자는 한역하고 아랫글자는 한역하지 않았으므로 염촉 또는 염도厭覩 등이라 한 것이다—이라 했다. 그의 아버지는 자세히 알 수 없고 할아버지는 아진阿珍 종宗으로서 곧 습보習寶 갈문왕葛文王의 아들이다.—신라의 관작은 모두 17등급인데 제4위는 파진찬波珍湌 또는 아진찬阿珍湌이라고도 한다. 종은 그 이름이요, 습보도 이름이다. 신라 사람은 대체로 추봉한 왕을 모두 갈문왕이라 했는데, 그 이유는 사신史臣 또한 자세히 모른다고 했다. 또 김용행金用行이 지은 아도비阿道碑를 살펴보면, 사인舍人은 그때 나이가 스물여섯 살이며 아버지는 길승吉升, 할아버지는 공한功漢, 증조할아버지는 걸해대왕乞解大王이라 했다.

염촉은 죽백竹栢7과 같은 자질에 수경水鏡8과 같은 심지로 적선9

---

5 어희於戲 : 오호嗚呼와 같다. 《詩經》於戲 前王不忘
6 소주小註에 보이는 바와 같이 이차돈의 한역.
7 송백과松栢科에 속한 나무로서 매우 곧은 나무. 《益部方物記》竹栢生峨眉山中 葉繁長而擽似竹 然其幹大 類栢而亭直
8 거울같이 물체의 그림자를 비추는 물을 이름이니 곧 사람의 통찰력이 밝은 것을

집의 증손으로서 궁내宮內의 위사衛士[10] 되기를 희망했고 성조聖朝의 충신으로서 성세盛世[11]의 시신侍臣 되기를 바랐다. 그때 나이 스물두 살로서 사인舍人—신라 관작에 대사大舍·소사小舍 등이 있었는데 대개 하사下士의 등급이다—의 자리에 있었다.

왕의 얼굴을 쳐다보고 그 심정을 눈치채어 왕에게 아뢰었다.

"신이 듣자오니 옛사람은 비천[12]한 사람에게도 계책을 물었다 하옵기에 신은 중죄重罪를 무릅쓰고 아뢰겠습니다."

왕은 말했다.

"네가 할 일이 아니다."

사인은 말했다.

"나라를 위하여 몸을 던지는 것은 신하의 큰 절개이오며 임금을 위하여 목숨을 바침은 백성의 바른 의리입니다. 거짓으로 말씀을 전했다고 하여 신에게 벌하여 머리를 베시면, 만민이 모두 굴복하고 감히 왕명을 어기지 못할 것입니다."

비유한 말.《三國志》諸葛孔明爲臥龍 龐士元爲鳳雛 司馬德操爲水鏡 皆龐德公語也

9 선행을 쌓은 가문.《易經》積善之家 必有餘慶
10 조아爪牙 : 발톱과 어금니는 짐승과 새가 제 몸을 방위하는 무기이므로 궁궐을 호위하는 군사를 조아라 이른다.《詩經》祈父 予王之爪牙
11 하청河淸 : 황하黃河가 맑아지면 세상이 태평해진다는 뜻으로 태평한 세상이라는 말.《鄭錫 賦》河淸海晏 時和年豊
12 추요蒭蕘 : 추요자蒭蕘者, 곧 꼴을 베는 사람과 땔나무를 하는 사람으로 비천한 사람을 말한다.《詩經》詢于蒭蕘

왕은 말했다.

"살을 베어 저울에 달아13 새 한 마리를 살리려 했고, 피를 뿌려 생명을 끊어14 짐승 일곱 마리를 스스로 불쌍히 여겼었다. 내 뜻은 사람을 이롭게 함에 있는데 어찌 무죄한 사람을 죽이겠는가? 너는 비록 공덕을 끼치려 하지만 죄를 피하는 것이 좋겠다."

사인은 말했다.

"일체를 버리기 어려운 것은 자기의 신명身命입니다. 그러하오나 소신이 저녁에 죽어 불교가 아침에 행해지면 불법15은 다시 일어나고 성주聖主께서는 길이 편안해질 것입니다."

왕은 말했다.

"난새와 봉황16의 새끼는 어릴 때부터 하늘을 뚫을 마음이 있고, 큰 기러기와 고니17의 새끼는 날 때부터 물결을 헤칠 기세가

---

13 해육평구解肉枰軀 : 과거에 시비왕尸毗王이 고행할 때, 제석천왕帝釋天王은 매로 둔갑하고 석제환인釋帝桓因은 메추리로 둔갑해서 메추리가 매에 쫓겨 시비왕의 품속에 들었는데, 왕은 메추리를 살려야 하겠고 매도 굶게 할 수 없으므로 자기의 살을 베어 메추리 고기의 분량만큼 저울에 달아서 매를 먹였다는 고사. 『대지도론大智度論』 35권에 보임.

14 쇄혈최명洒血摧命 : 자기의 생명을 끊어 짐승 일곱 마리를 구했다는 내용인데, 그 출전은 자세히 알 수 없다.

15 불일佛日 : 불타를 존칭한 말. 곧 불법이 자비 광대하여 보도무사普渡無私함이 해가 대지에 두루 비치는 것과 같음을 비유한 말. 《隋書》 佛 日也 道 月也 儒 五星也 《梁簡文帝 文》 佛日出世

16 난봉鸞鳳 : 난새(鸞)와 봉황(鳳), 곧 신조神鳥의 이름. 대개 영준英俊한 선비를 비유한 말. 《後漢書》 枳棘非鸞鳳所棲 百里豈大賢之路

있는데 네가 그렇게 할 수 있다면 보살[18]의 행위라 할 수 있겠다."

이에 대왕은 임시로 위의威儀를 갖추고 무시무시한 형구刑具[19]를 사방에 벌여놓고 뭇신하들을 불러 물었다.

"그대들은 내가 사원寺院[20]을 지으려 하는데 고의로 지체시켰다."—『향전鄕傳』에서는 염촉이 왕명이라 하면서 그 역사役事를 일으켜 절을 세운다는 뜻을 전했더니 여러 신하들이 와서 간했으므로 왕은 이에 염촉에게 책임을 물어 노하면서 왕명을 거짓으로 꾸며 전달했다고 처형한 것이라고 했다.

이에 뭇신하들은 벌벌 떨면서 황급히 맹세하고 손으로 동서를 가리켰다. 왕은 사인을 불러 이 일을 문책했다. 사인은 얼굴빛이 변하면서 아무 말도 못하였다. 대왕은 분노하여 베어 죽이라고 명령했다. 유사有司가 그를 묶어 관아로 끌고 가니 사인이 맹세했다. 옥리獄吏가 그의 목을 베니 허연 젖이 한 길이나 솟구쳤다.—『향전』은 이렇다. 사인이 맹세하기를 "대성법왕大聖法王께서 불교를 일으키려 하므로 내가 몸과 목숨을 돌보지 않고 결연結緣을 버리오니 하늘은 상

---

17 홍곡鴻鵠 : 큰 기러기와 고니, 곧 큰 인물을 비유해서 한 말.《史記 陳涉傳》陳涉 太息曰 嗟乎 燕雀安知鴻鵠之志哉
18 대사大士 : 불가에서 보살菩薩을 이른 칭호. 관음보살觀音菩薩을 관음대사觀音大士라 일컬은 것 등이 이것이다.
19 풍도풍刀(撥風刀?)와 상장霜仗은 서슬이 시퍼런 무기로 모두 무시무시한 형구를 이른 말.
20 정사精舍 : 사원寺院이라고도 한다.《晉書 孝武帝紀》帝初奉佛法 立精舍於殿內 引諸沙門以居之

서를 내려 인민에게 두루 보여주십시오" 했다. 이에 그의 머리가 날아가서 금강산[21] 꼭대기에 떨어졌다고 한다.

이에 하늘은 침침해져[22] 사양斜陽을 감추고 땅은 진동하는데 천화가 내려왔다.[23] 임금은 슬퍼하여 눈물이 곤룡포를 적셨고 재상[24]은 상심하여 진땀이 관[25]에까지 흘렀다. 감천甘泉이 문득 마르니 고기와 자라가 다투어 뛰고, 곧은 나무가 먼저 부러지니 원숭이가 떼지어 울었다.

동궁[26]에서 말고삐를 나란히 하던 동무들은 피눈물을 흘리면서 서로 돌아보고, 월정月庭[27]에서 소매를 맞잡은 친구들은 창자가 끊어질 듯이 이별을 애태웠다. 관을 바라보고 우는 소리는 부모의 상을 당한 것 같았다. 모두 말했다.

"개자추介子推[28]가 다릿살을 벤 일도 염촉의 고절苦節엔 비할 수

---

21 경주 북쪽에 있는 산.
22 원문의 '黯黲'은 '黯慘'의 오자인 듯. 암참은 침침하고 처참한 모양.《杜甫 渼波行》天地黯慘忽異色
23 우화雨花 : 천화天花가 내려왔다는 말.《無量壽經 上》斯願若剋果 大千應感動 虛空諸天人 當雨珍妙華
24 총재冢宰 : 주나라의 육관六官의 장長.《書經》冢宰掌邦治 統百官 均四海
25 선면蟬冕 : 선관蟬冠이니 신하들의 조관朝冠을 이른 말.《齊書》齊庾之風範和順 爲蟬冕所照 更有豐采
26 춘궁春宮 : 동궁東宮, 곧 태자궁太子宮의 딴 이름.
27 위의 춘궁과 같은 뜻인 듯하다.
28 자추子推. 중국 춘추시대 진晉나라 사람. 진나라 문공文公이 공자公子로 망명할 때 함께 따라가서 고난을 겪었으며, 문공이 굶주리니 자추는 자기 다리의 살을

없을 것이며, 홍연弘演29이 배를 가른 일인들 어찌 그의 장렬壯烈에 견줄 수 있으랴. 이는 곧 임금30의 신력을 붙들어 아도의 본심을 이룬 것이니 성자聖者다."

드디어 북산의 서쪽 고개―곧 금강산이다.『향전』에서는 머리가 날아가 떨어진 곳이므로 그곳에 장사지냈다 했는데, 여기서는 그것을 말하지 아니하였으니 무슨 까닭일까?―에 장사지냈다.

나인內人들은 이를 슬퍼하여 좋은 곳을 가려서 절31을 짓고 그 이름을 자추사刺楸寺32라 했다. 이에 집집마다 부처를 공경하면 반드시 대대의 영화를 얻게 되고 사람마다 불도를 행하면 마땅히 불법의 이익을 얻게 되었다.

불교가 크게 일어나다

진흥대왕 즉위 5년 갑자(544)에 대흥륜사大興輪寺를 지었다.―

베어서 먹였다고 한다.
29 춘추시대 위衛나라 사람. 의공懿公 때에 적인狄人이 위나라를 쳐서 의공을 죽여 그 살은 다 먹고 간만 남겨놓았다. 이때 홍연은 사신 갔다가 돌아와 의공의 간 앞에서 복명하고, 이내 자기 배를 갈라 그 간을 자기 배 안에 넣고 죽었다 한다.《魏書 陳矯傳》縱無申脣之效 敢忘弘演之義乎
30 단지丹墀 : 단폐丹陛와 같은 말이니, 곧 궁정宮庭. 여기에서는 법흥왕을 말한다.《漢書》以丹朱漆地 謂之丹墀
31 난야蘭若 : 범어로 aranya, 곧 아란야阿蘭若의 준말이니 고요한 곳이란 뜻으로 사원을 이른 말.《上官儀 詩》長嘯求煙霞 高步尋蘭若
32 경상북도 경주시에 있던 절. 지금의 백률사栢栗寺.

『국사國史』와 『향전』에 의하면 실은 법흥왕 14년 정미(527)에 처음으로 터를 닦고 22년 을묘(535)에 천경림을 크게 채벌하여 그 역사役事를 시작하였는데 기둥과 들보의 재목은 모두 그 숲에서 넉넉히 취하여 썼고 주춧돌과 석감石龕도 다 갖추었다. 진흥왕 5년 갑자에 절이 낙성되었으므로 갑자라고 한 것이다. 『승전』에 7년이라고 한 것은 잘못이다.

양나라 무제武帝 태청太淸 초년(547)에 양나라의 사신 심호沈湖가 사리33를 가져왔고 진나라 문제文帝 천가天嘉 6년(565)에 진나라의 사신 유사劉思는 명관明觀과 함께 불경34을 받들어왔다. 절들은 별처럼 벌여 있고 탑들이 기러기 행렬처럼 연이어 섰다. 법당法幢35을 세우고 범종36을 달았다.

용상龍象37의 중은 천하의 복전福田38이 되고, 대승大乘·소승小乘의 불법은 경국京國의 자운慈雲39이 되었다. 타방他方의 보살이

---

33 범어로는 Sarira, 곧 불타나 성자의 유골을 이른 말.《法華經》佛滅度後 供養舍利
34 내경內經. 불경 이외의 것은 외전外傳이라 한다.
35 부처님이 쓰던 의장儀仗을 이른 것.《無量壽經 上》建法幢 震法雷
36 원문의 '梵鏡'은 '梵鐘'의 오자인 듯. 곧 범종을 이른 말.
37 불가에서 덕이 높고 뚜렷한 행적이 있는 중을 일컫는 말. 곧 동물 중에서도 물에서 가장 용맹한 용과 육지에서 가장 힘센 코끼리에 비유한 말.《維摩經》菩薩勢力 譬如龍象
38 복을 낳게 하는 밭이란 뜻. 곧 여래如來나 비구比丘 등 공양供養을 받을 만한 법력法力이 있는 이에게 공양하면, 복이 되는 것이 마치 농부가 밭에 씨를 뿌린 다음에 수확하는 것과 같으므로 복전이라 한다.《無量壽經 淨影疏》生世福善 如田生物 故 名福田
39 자음慈蔭과 같은 말. 자비스런 마음이 구름처럼 세계를 덮는다는 뜻. 곧 자비심

세상에 출현하고—분황芬皇의 진나陳那, 부석浮石의 보개寶蓋, 낙산洛山의 오대五臺 등이 이것이다—서역의 명승들이 이 땅에 오시니 이로 말미암아 삼한은 합하여 한 나라가 되고 온 세상은 어울려 한 집이 되었다. 그러므로 덕명德名은 천구天鈘[40]의 나무에 쓰이고 신적神迹은 은하수[41]에 그림자를 비추니 이것이 어찌 세 성인의 위덕으로 이룬 것이 아니랴!—세 성인은 아도·법흥왕·염촉을 말한다.

신라, 이차돈을 추모하다

훗날 국통國統[42] 혜륭惠隆과 법주法主 효원孝圓·김상랑金相郎과 대통大統[43] 녹풍鹿風과 대서성大書省[44] 진서眞恕와 파진찬波珍湌 김의金嶷 등이 사인舍人의 무덤을 고쳐 쌓고 큰 비를 세웠다.

원화 12년 정유(817) 8월 5일은 곧 제41대 헌덕대왕 9년이다. 흥륜사의 영수선사永秀禪師—이때 유가瑜伽의 여러 중들을 모두 선사라 일컬었다—는 이 무덤에 예불할 향도香徒[45]를 결성하고 매달 5일

慈悲心.《鷄跖集》如來慈心 如彼大雲 蔭注世界
40 알 수 없다.
41 성하星河 : 천하天河. 곧 은하銀河란 말.
42 신라 때 제일 높은 승직.
43 승직의 명칭. 일국의 비구를 통할하는 벼슬.《佛祖統紀 五十一》隋文帝 勅僧猛爲 隋國大統
44 승직의 명칭. 신라 진흥왕 11년(550)에 안장법사安藏法師를 대서성으로 삼았다.
45 신라 때 있었던 불교 신앙 단체의 하나. 불교와 일반신앙을 함께 믿었다. 김유신金庾信의 화랑도花郎徒를 용화향도龍華香徒라 했으니 화랑이 불교와 일반신앙

에 혼의 묘원妙願을 위해 단을 만들어 법회를 열었다.

또 『향전』에는 고을의 늙은이들이 매양 그가 죽은 날을 당하면 사社를 만들어 흥륜사에 모였다고 하였으니 이 달 초닷샛날 곧 사인이 목숨을 버리고 불법에 순응하던 날이다.

아! 이 법흥왕이 없었으면 이 염촉이 없었을 것이고, 이 염촉이 없었으면 이 공덕이 없었을 것이니 유비劉備와 제갈량諸葛亮의 고기와 물 같은 관계46며, 구름과 용이 서로 감응한 아름다운 일47이라 할 수 있겠다.

법흥왕 출가 후 불교는 더욱 성하다

법흥왕은 이미 폐지된 불법을 일으켜 절을 세웠으며 절이 완성되자 면류관을 벗고 가사48를 입으며 궁에 있는 왕의 친척을 내놓아 절 종으로 삼고—절 종은 지금까지도 왕손이라 일컫는다. 후에 태종왕 때에 이르러 재상 김양도金良圖가 불법을 믿었다. 두 딸이 있었는데

을 믿었음을 알 수 있다. 《三國史記 金庾信傳》公年十五歲 爲花郞 時人洽然服從 號龍華香徒

46 유갈어수劉葛魚水 : 유갈은 중국의 삼국시대 유비와 제갈량을 이름이요, 어수는 고기가 물을 얻음과 같이 임금과 신하가 마음이 서로 합쳐짐을 비유한 말. 《三國志》先主與諸葛亮 情好日密 關羽張飛不悅 先主解之曰 孤之有孔明 猶魚之有水也

47 운룡雲龍 : 마음과 뜻이 서로 맞는 사람끼리 서로 구하고 좇는다는 뜻이니, 성주聖主가 현신賢臣을 얻은 것을 비유한 말. 《易經》雲從龍 風從虎

48 방포方袍. 가사가 네모졌기 때문에 방포라 일컫는다. 또는 중을 일컫기도 한다. 《金華子》方袍且多 其中必有妙通易道者

화보花寶·연보蓮寶라 했다. 몸을 던져 이 절의 종이 되었다. 또 역신逆臣 모척毛尺의 가족을 잡아와서 절의 노예로 삼았는데 이 두 가족의 후손이 지금까지도 끊어지지 않았다―그 절에 살면서 몸소 불교를 널리 폈다.

진흥왕은 선덕先德49을 이은 성군이었으므로 임금의 직책50을 잇고 임금의 자리51에 처하여 위엄으로 백관을 통솔하니 호령이 다 갖추어졌다. 왕은 이내 이 절에 대왕 흥륜사大王興輪寺란 이름을 내렸다.

법흥왕의 성은 김씨요, 출가한 이름은 법운法雲이며, 자는 법공法空이다.―『승전僧傳』과 여러 설에서는 왕비도 출가하여 이름을 법운이라 했다. 또 진흥왕도 법운이라 했고, 진흥왕비도 법운이라 했다 하니 자못 혼동스러운 곳이 많다.

『책부원구冊府元龜』52에서는 법흥왕의 성은 모慕요, 이름은 진秦이라 했다.

처음 역사役事를 일으켰던 을묘년에 왕비 또한 영흥사永興寺53를 세우고, 사씨史氏의 유풍을 사모하여 법흥왕과 같이 머리를 깎

---

49 법흥왕을 말한다.
50 곤직袞職 : 임금의 직책이란 말.《詩經》袞職有闕 惟仲山甫補之
51 구오九五 :『역경易經』건괘乾卦의 구오효九五爻가 인군人君의 상象이므로 임금의 자리를 구오라 이른다.《易經 乾卦》九五飛龍在天 利見大人
52 책이름. 모두 1천 권임. 송나라의 왕흠약王欽若, 양억楊億 등이 진종眞宗의 명을 받들어 엮었다. 그 내용은 31부, 1천1백4문으로 나누어져 있으며 역대 군신의 사적을 모은 것이다.
53 경상북도 경주시에 있던 절.

고[54] 여승이 되어 법명을 묘법妙法이라 하고는 또한 영흥사에 살더니 몇 해 만에 세상을 떠났다.

『국사』에서는 건복建福[55] 31년(614)에 영흥사의 소상이 저절로 무너지더니 얼마 안 가서 진흥왕비 비구니가 세상을 떠났다고 했다.

살펴보건대 진흥왕은 법흥왕의 조카요, 왕비인 사도부인思刀夫人 박씨는 모량리牟梁里 영실 각간英失角干의 딸로서 또한 출가하여 여승이 되었다. 그러나 영흥사를 세운 주인은 아니다. 아마도 진眞자는 마땅히 법法자로 고쳐야 될 것 같다. 이는 법흥왕비 파조부인巴刁夫人이 여승이 되었다가 세상을 떠난 것을 말하며 이분이 바로 그 절을 짓고 불상을 세운 주인이기 때문이다.

법흥·진흥 두 왕이 왕위를 버리고 출가한 것을 사관이 쓰지 아니함은 출가한 일이 세상을 다스리는 교훈이 될 수 없기 때문이다. 또 대통大通[56] 원년 정미에는 양나라 무제를 위하여 웅천주熊川州에 절을 세우고 그 절 이름을 대통사大通寺라 했다.—웅천은 곧 공주다. 그때 신라에 소속해[57] 있었기 때문이다. 그러나 아마 정미년은 아닌 것 같다. 곧 중대통 원년 기유(529)에 세운 것이다. 흥륜사를 처음 세운 정미년에는 아직 다른 군에 절을 세울 겨를이 없었을 것이다.

---

54 낙채落彩 : 낙발落髮과 같은 말이니 머리를 깎는다는 뜻.
55 신라 진평왕의 연호.
56 양나라 무제의 연호.
57 이 시기는 신라 통일 이전이니 웅천주(公州)가 신라에 속했다고 함은 잘못이다.

법흥왕과 이차돈에 대한 찬사
기린다.

성인의 지혜는 만세를 위하니
구구한 여론은 보잘것없다
법륜法輪[58]이 금륜金輪[59]을 좇아 구르니
태평성세[60]가 불교로 인해 이루어진다

―위는 원종에 대한 찬사다.

의義에 죽고 생生을 버림도 놀라운 일인데
천화天花와 흰 젖은 더욱 다정하다
어느덧 한 칼에 몸은 죽었으나
각 절의 종소리는 서울을 뒤흔든다

―위는 염촉(이차돈)에 대한 찬사다.

---

58 불법佛法이란 말. 불타가 법륜을 전운轉運하여 널리 중생을 제도한다는 말. 윤輪은 두 가지 뜻이 있으니, 하나는 굴리는 것으로서 심중의 청정한 묘법妙法을 굴려 중생을 제도하는 것이고, 하나는 가는(갈다) 것으로서 세속의 모든 유혹을 부순다는 것.
59 천하를 통일하는 성왕聖王은 천상에서 내려온 금륜을 굴린다고 하는데, 여기서는 부처의 법륜이 왕의 위덕에 의하여 금륜과 함께 구른다는 뜻.
60 순일요일舜日 : 태평성세를 순일요년舜日堯年이라 한다. 《沈約 四時白紵歌》佩服瑤草駐容色 舜年堯日歡無極

原宗興法 距訥祗世一百餘年 厭髑滅身

新羅本記 法興大王卽位十四年 小臣異次頓爲法滅身 卽蕭梁普通八年 丁未 西竺達摩來金陵之歲也 是年 朗智法師 亦始住靈鷲山開法 則大 敎興衰 必遠近相感一時 於此可信 元和中 南澗寺沙門一念 撰髑香墳 禮佛結社文 載此事甚詳 其略曰 昔在法興大王垂拱紫極之殿 俯察扶 桑之域 以謂昔漢明感夢 佛法東流 寡人自登位 願爲蒼生 欲造修福滅 罪之處 於是朝臣 鄕傳云 工目 謁恭等 未測深意 唯遵理國之大義 不從建 寺之神略 大王歎曰 於戱 寡人以不德 丕承大業 上虧陰陽之化 下無黎 庶之歡 萬機之暇 留心釋風 誰與爲伴 粵有內養者 姓朴字厭髑 或作異 次 或云伊處 方音之別也 譯云厭也 髑 頓 道 覩 獨等皆隨書者之便 乃助辭也 今譯上 不譯下 故云厭髑 又厭覩等也 其父未詳 祖阿珍宗 卽習寶葛文王之子也 新 羅官爵凡十七級 其第四曰波珍湌 亦云 阿珍湌也 宗其名也 習寶亦名也 羅人凡追封 王者 皆稱葛文王 其實史臣亦云未詳 又按金用行撰阿道碑 舍人時年二十六 父吉升 祖功漢 曾祖乞解大王 挺竹栢而爲質 抱水鏡而爲志 積善曾孫 望宮內之爪 牙 聖朝忠臣 企河淸之登侍 時年二十二 當充舍人 羅爵有大舍小舍等 蓋 下士之秩 瞻仰龍顔 知情擊目 奏云 臣聞古人 問策蒭蕘 願以危罪啓諮 王曰 非爾所爲 舍人曰 爲國亡身 臣之大節 爲君盡命 民之直義 以謬 傳辭 刑臣斬首 則萬民咸伏 不敢違敎 王曰 解肉秤軀 將贖一鳥 洒血 摧命 自憐七獸 朕意利人 何殺無罪 汝雖作功德 不如避罪 舍人曰 一 切難捨 不過身命 然小臣夕死 大敎朝行 佛日再中 聖主長安 王曰 鸞 鳳之子 幼有凌霄之心 鴻鵠之兒 生懷截波之勢 爾得如是 可謂大士之 行乎 於焉大王權整威儀 風刀東西 霜仗南北 以召群臣 乃問卿等於我

欲造精舍 故作留難 鄕傳云 髑爲以王命 傳下興工創寺之意 群臣來諫 王乃責怒
於髑 刑以僞傳王命 於是群臣戰戰兢懼 偬侗作誓 指手東西 王喚舍人而
詰之 舍人失色 無辭以對 大王忿怒 勅令斬之 有司縛到衙下 舍人作誓
獄吏斬之 白乳湧出一丈 鄕傳云 舍人誓曰 大聖法王 欲興佛敎 不顧身命 多刼結
緣 天垂瑞祥 遍示人庶 於是其頭飛出 落於金剛山頂云云 天四黯黲〔慘〕 斜景爲
之晦明 地六震動 雨花爲之飄落 聖人哀戚 沾悲淚於龍衣 冢宰憂傷 流
輕汗於蟬冕 甘泉忽渴 魚鼈爭躍 直木先折 猿狖群鳴 春宮連鑣之侶 泣
血相顧 月庭交袖之朋 斷腸惜別 望柩聞聲 如喪考妣 咸謂 子推割股
未足比其苦節 弘演剖腹 詎能方其壯烈 此乃扶丹墀之信力 成阿道之
本心 聖者也 遂乃葬北山之西嶺 卽金剛山也 傳云 頭飛落處 因葬其地 今不言
何也 內人哀之 卜勝地造蘭若 名曰刺楸寺 於是家家作禮 必獲世榮 人
人行道 當曉法利

眞興大王卽位五年甲子 造大興輪寺 按國史與鄕傳 實法興王十四年丁未 始開
二十一〔二〕年乙卯 大伐天鏡林 始興工 梁棟之材 皆於其林中取足 而階礎石龕皆有之
至眞興王五年甲子 寺成 故云甲子 僧傳云七年 誤 太淸之初 梁使沈湖將舍利
天嘉六年陳使劉思幷僧明觀 奉內經幷次 寺寺星張 塔塔鴈行 竪法幢
懸梵鏡〔鐘〕龍象釋徒 爲寰中之福田 大小乘法 爲京國之慈雲 他方菩
薩 出現於世 謂芬皇之陳那 浮石寶蓋 以至洛山五臺等是也 西域名僧 降臨於
境 由是幷三韓而爲邦 掩四海而爲家 故 書德名於天鎭之樹 影神迹於
星河之水 豈非三聖威之所致也 謂我道 法興 猒髑也

降有國統惠隆 法主孝圓 金相郎 大統鹿風 大書省眞怒〔恕〕 波珍湌金
嶷等 建舊塋 樹豊碑 元和十二年丁酉八月五日 卽第四十一憲德大王

九年也 興輪寺永秀禪師 于時瑜伽諸德 皆稱禪師 結湊斯塚禮佛之香徒每月五日 爲魂之妙願 營壇作梵 又鄕傳云 鄕老每當忌旦 設社會於興輪寺 則今月初五 乃舍人捐軀順法之晨也 嗚呼 無是君 無是臣 無是臣 無是功 可謂劉葛魚水 雲龍感會之美歟

法興王旣擧廢立寺 寺成 謝晜旒 披方袍 施宮戚爲寺隷 寺隷至今稱工孫 後至太宗王時 宰輔金良圖 信向佛法 有二女 曰花寶 蓮寶 捨身爲此寺婢 又以逆臣毛尺之族 沒寺爲隷 二族之裔 至今不絶 主住其寺 躬任弘化 眞興乃繼德重聖 承袞職處九五 威率百僚 號令畢備 因賜額大王興輪寺 前王姓金氏 出家法雲 字法空 僧傳與諸說 亦以王妃出家名法雲 又眞興王爲法雲 又以爲眞興之妃名法雲 頗多疑混 冊府元龜云 姓募 名秦 初興役之乙卯歲 王妃亦創永興寺 慕史氏之遺風 同王落彩爲尼 名妙法 亦住永興寺 有年而終 國史云 建福三十一年 永興寺塑像自壞 未幾 眞興王妃比丘尼卒 按眞興乃法興之姪子 妃思刀夫人朴氏 牟梁里英失角干之女 亦出家爲尼 而非永興寺之創主也 則恐眞字當作法 謂法興之妃巴刁夫人爲尼者之卒也 乃創寺立像之主故也 二興捨位出家 史不書 非經世之訓也 又於大通元年丁未 爲梁帝創寺於熊川州 名大通寺 熊川卽公州也 時屬新羅故也 然恐非丁未也 乃中大通元年己酉歲所創也 始創興輪之丁未 未暇及於他郡立寺也

讚曰 聖智從來萬世謀 區區輿議謾秋毫 法輪解逐金輪轉 舜日方將佛日高 右原宗 徇義輕生已足驚 天花白乳更多情 俄然一釰身亡後 院院鍾聲動帝京 右厭髑

법왕이 살생을 금하다

백제 제29대 법왕法王의 이름은 선宣인데, 혹 효순孝順이라고도 한다. 개황開皇 19년[1] 기미(599)에 왕위에 올랐다. 이해 겨울에 조령詔令을 내려, 살생을 금지시키고 민가에서 기르던 매 따위를 놓아주게 하고 사냥하는 기구를 불살라 살생을 일체 금지시켰다.

왕흥사의 역사

이듬해 경신년에는 서른 명의 중을 새로 두고, 그때 서울인 사비성—지금의 부여—에 왕흥사王興寺를 세웠는데, 겨우 담틀(築板)을 세우고 세상을 떠났다.[2] 무왕武王이 왕위를 이어[3] 아버지가 시작한 것을 아들이 경영하여 수십 년[4]에 걸쳐서 낙성시켰다. 그 절을 또한 미륵사彌勒寺라고도 한다. 산을 등지고 물을 내려다보는 곳이며, 꽃나무가 수려하여, 4계절의 아름다움을 갖추었다. 왕은 언제나 배를 타고 강물을 따라 절에 들어와서 그 지형과 경치의

---

1 원문의 '十'은 '十九'의 오기.
2 승하升遐 : 승하升遐는 승하昇遐와 같은 말. 임금이 세상을 떠난다는 말.《資治通鑑》先帝升遐
3 계통繼統 : 왕통王統을 잇는다는 말이니, 곧 즉위와 같은 뜻.《漢書 昭帝紀贊》昔成周以孺子繼統 而有管蔡四國流言之變
4 수기數紀 : 12년이 1기紀니 수기는 수십여 년이 된다.《書經》旣歷三紀

장엄하고 수려함을 구경했다.—『고기古記』에 기재한 것과는 조금 다르다. 무왕은 가난한 어머니가 연못의 용과 관계하여 낳은 이다. 아명은 서동薯童인데 즉위한 후에 시호를 무왕이라 했다. 이 절은 처음에는 왕비와 함께 창건했다.

 기린다.

　　짐승을 보호하는 임금의 명령 그 은혜 천구千丘에 미치고
　　돼지와 물고기[5]에까지 흐뭇한 덕택 그 인애 사해四海에 넘치었다
　　성군聖君 법왕이 갑작스레 별세함[6]을 말하지 말라
　　상계上界[7] 도솔천兜率天엔 바야흐로 봄이 한창이리

法王禁殺

百濟第二十九 法王諱宣 或云孝順 開皇十[十九]年己未卽位 是年冬 下詔禁殺生 放民家所養鷹鷂之類 焚漁獵之具 一切禁止

明年庚申 度僧三十人 創王興寺於時都泗沘城 今扶餘 始立栽而升遐 武王繼統 父基子構 歷數紀而畢成 其寺亦名彌勒寺 附山臨水 花木秀

---

5 돈어豚魚 : 돼지와 물고기. 돼지와 물고기는 동물 중에서도 감동시키기 어려운 동물인데, 이것까지 흐뭇하게 했다니 그 덕택의 깊이를 알 수 있다.《易經》信及豚魚
6 경하세輕下世. 백제의 법왕이 재위 1년 만에 세상을 떠남을 이른다.
7 상방上方 : 천상天上이란 말.《雲笈七籤》上方九天之上 淸陽恢空之內

麗 四時之美具焉 王每命舟 沿河入寺 賞其形勝壯麗 與古記所載小異 武王是貧母與池龍通交而所生 小名薯蕷 卽位後諡號武王 初與王妃草創也 讚曰 詔寬狴狩千丘惠 澤洽豚魚四海仁 莫道聖君輕下世 上方兜率正芳春

보장왕이 도교를 신봉하니
보덕화상은 절을 남쪽으로 옮기다

「고구려 본기」에 이런 말이 있다. 고구려 말기인 무덕武德·정관貞觀[1] 연간에 나랏사람들이 오두미교五斗米敎[2]를 다투어 신봉했다. 당나라 고조는 이 소식을 듣자, 도사를 시켜 천존상天尊像[3]을 보내오고 『도덕경道德經』을 가르치게 하니 왕은 나랏사람들과 함께 강의를 들었다. 그때는 곧 제27대 영류왕榮留王 즉위 7년인 무덕 7년 갑신(624)이었다. 이듬해 고구려는 사신을 당나라에 보내어 불교와 도교 배우기를 청하니, 당나라 황제―고조를 이른다―는 이를 허락했다.

---

1 무덕은 당나라 고조의 연호고, 정관은 태종의 연호다.
2 도교를 일컫는 말인데 후한 말에 장도릉張道陵이 처음 창건하여 주부요병呪符療病하는 교법으로 민중을 혹하게 하고 그에게 도를 배운 사람은 쌀 다섯 말을 내게 하였으므로, 이것을 오두미교라 한다.
3 도교에서 받드는 최고의 신, 원시 천존상元始天尊像을 이른 것.《晁氏讀書志》道家云 始天尊 生于太元之先 姓樂名靜信 常存不滅 每天地開闢 則以秘道授諸仙 謂之開劫度人

보장왕寶藏王이 왕위에 올라—정관 16년 임인(642)이다—또한 유교·불교·도교를 모두 일으키려 하니, 그때 총애받던 재상 개소문蓋蘇文4이 왕에게 말했다.

"유교와 불교는 다 성하나 도교5는 성하지 못하니 특별히 당나라에 사신을 보내어 도교를 구합시다."

이때 보덕화상普德和尙은 반룡사盤龍寺6에 있었는데 도교가 불교에 대치함으로써 국운이 위태하게 될 것을 민망히 여겨 여러 번 왕에게 간했으나 듣지 않았다. 이에 신력神力으로써 방장方丈을 날려 남쪽으로 완산주完山州—지금의 전주다—고대산孤大山7에 옮겨 거기서 살았다.

이때가 바로 영휘 원년 경술(650) 6월이었다.—또「본전本傳」에서는 건봉乾封 2년 정묘(667) 3월 3일이라 했다. 얼마 후 나라가 망했다.—총장 원년 무진(668)에 나라가 망했으니 셈하면 경술년과는 19년 후다. 지금 경복사景福寺8에 날아온 방장이 있다는 것이 이것이라 한다.

---

4 연개소문淵蓋蘇文이니 성은 연, 이름은 개소문이다. 스스로 막리지莫離支가 되어 국권을 독재했다. 보장왕 2년(643)에 당나라에 사자를 보내어 도교를 받아들였다.
5 황관黃冠 : 도사道士.《唐書 方技傳》李淳風父播 仕隋高唐尉 棄官 爲道士 號黃冠子
6 평안남도 용강군에 있던 절.
7 『동국여지승람』에서는 고달산高達山이라고 했다.
8 전라북도 완주군 고달산에 있던 절. 백제 의자왕 10년(650)에 고구려의 보덕화상이 반룡사에서 날려 왔다는 비래방장이 있었다.

—이상은 『국사』다. 진락공眞樂公[9]은 시를 써서 그의 당堂에 남겨두었고, 문열공文烈公[10]은 그의 전기를 지어 세상에 폈다.

부장 양명의 맹세

또 『당서』에 의하면, 이보다 먼저 수나라 양제煬帝[11]가 요동(高句麗)을 정벌할 때, 부장副將 가운데 양명羊皿[12]이란 이가 있었는데 전쟁에 패하여 바야흐로 죽으려 할 때 맹세해서 말했다.

"내 혼이 기필코 고구려의 총신寵臣이 되어 그 나라를 멸망시키겠다."

개씨蓋氏가 정권을 쥐게 되자 개蓋로써 씨를 삼았으니 곧 양명羊皿이 이에 부합된다.

양제가 고구려를 침략하다

또 「고구려 고기」에 이런 말이 있다. 수나라 양제가 대업大業 8년 임신(612)에 30만 군사를 거느리고 바다를 건너 쳐들어왔다.

10년 갑술(614) 10월에 고구려왕—그때는 제36대 영양왕 즉위 25년이었다—이 국서를 보내어 항복을 청하였는데, 그때 한 사람이 비

---

9 고려 이자현李資玄의 시호.
10 고려 김부식金富軾의 시호.
11 수나라 문제文帝의 둘째아들.
12 양羊, 명皿 두 글자를 합치면 개蓋자가 되기 때문이다. 『당서』에는 이러한 기록이 없다.

밀히 작은 강궁強弓을 품속에 지니고서 사신을 따라 양제가 탄 배 안에 이르러, 양제가 국서를 들고 읽을 때에 활로 쏘아 황제의 가슴을 맞췄다.

양제는 회군하려 하면서 측근의 신하에게 말했다.

"내가 천하의 군주가 되어 친히 소국을 정벌하다가 이기지 못했으니 이것은 만대의 웃음거리다."

이때 우상右相 양명이 아뢰었다.

"신이 죽으면 고구려의 대신이 되어서 반드시 그 나라를 멸망시켜 임금님의 원수를 갚겠습니다."

그런데 양제가 죽은 후 그는 과연 고구려에 태어났다. 나이 열다섯에 총명하고 신무神武[13]하니 이때 무양왕武陽王—『국사』에는 영류왕은 이름이 건무建武이다. 혹은 건성建成이라 했다 하였는데 여기에서는 무양왕이라 했으니 자세히 알 수 없다—이 그가 어질다는 말을 듣고 불러들여 신하로 삼았다. 그는 스스로 성을 개盖라 하고 이름은 금金이라 하였다. 벼슬이 소문蘇文에까지 이르렀으니, 소문은 곧 시중侍中의 벼슬이다.—『당서』에서는 개소문이 스스로 막리지라 일컬었는데 당의 중서령中書令과 같다 했다. 또 신지비사神誌秘詞의 서문에 의하면 '蘇文 大英弘 序並注'라 했으니 소문은 곧 직명으로서 문증文證이 있는데 전傳에는 '文人 蘇英弘 序'라 했으니 어느것이 옳은지 자세히 알 수 없다.

---

13 사람의 지혜로써는 생각할 수 없는 무용武勇.《杜甫》時 君王自神武 駕馭必英雄

고구려, 도교를 받아들이다

개금蓋金이 왕에게 아뢰었다.

"솥에는 발 세 개가 있고 나라에는 삼교三敎가 있는 법인데, 신이 보기에 우리 나라에는 오직 유교와 불교만 있고 도교는 없습니다. 그래서 나라가 위태롭습니다."

왕은 그 말을 옳게 여겨 당나라에 도교를 청하니 당나라의 태종은 숙달叔達 등 도사 여덟 명을 보내주었다.—『국사』에서는 무덕 8년 을유(625)에 사신을 당나라에 보내어 불교와 도교를 구했더니 당나라의 황제가 이를 허락했다고 한다. 「고구려 고기」에 의하면 양명은 갑술년(614)에 죽어 이 땅 고구려에 태어났다고 하는데, 나이 겨우 10여 세에 총재寵宰가 되고 또 왕에게 말하여 당나라에 사신을 보내어 도교를 청했다 하니, 그 연월이 반드시 한 군데는 잘못이 있다. 지금 두 기록을 다 실어둔다.

왕은 기뻐하여 절을 도관道舘으로 만들고, 도사를 높여 유사儒士의 위에 있게 했다. 도사들은 국내의 유명한 산천을 돌아다니며 진압시켰다. 옛 평양성은 지세가 신월성新月城(半月城)이므로 도사들은 주문을 읽어 남하南河의 용에게 명령하여 성을 더 쌓게 하여 만월성滿月城으로 만들었다. 이 때문에 성 이름을 용언성龍堰城이라 한다. 비결을 지어 용언도龍堰堵 또는 천년보장도千年寶藏堵라 했다. 혹 영석靈石—민간에서는 도제암都帝嵓 또는 조천석朝天石이라고도 하는데 대개 옛날에 성제聖帝가 이 돌을 타고 상제上帝에게 조현朝見했기 때문이다—을 파서 깨뜨리기도 했다.

개금이 또 왕에게 아뢰어 동북 서남에 긴 성14을 쌓았는데 이때 남자들은 부역에 나가고 여자들이 농사를 지었다. 그 역사는 16년 만에 끝났다.

고구려 망하다

보장왕 때 당나라의 태종이 친히 6군을 거느리고 와서 쳤으나 또 이기지 못하고 돌아갔다.

고종 총장 원년 무진(668)에 우상 유인궤劉仁軌·대장군 이적李勣과 신라 김인문金仁問 등이 고구려를 공격하여 나라를 멸망시키고 보장왕을 사로잡아 당나라로 돌아가니 보장왕의 서자 안승安勝은 4천여 가구를 인솔하여 신라에 항복해 갔다.―『국사』와 조금 다르므로 아울러 기록한다.

보덕성사의 업적

대안大安15 8년 신미(1091)에 고려의 우세승통祐世僧統16이 고대산 경복사 비래방장飛來方丈에 가서 보덕성사의 진영眞影을 뵙고

---

14 장성長城 : 『삼국사기』에서는 고구려 영류왕 14년에 왕이 민중을 동원하여 긴 성을 쌓았는데, 동북은 부여성扶餘城(長春)에서 동남은 해변에까지 뻗쳐 천여 리나 되었다고 했다.
15 요나라 도종道宗의 연호. 대안 8년은 고려 선종宣宗 9년.
16 고려의 대각국사 의천義天을 이른 말. 우세승통은 그의 승호僧號고 대각국사는 그의 시호.

시를 지었다.

> 열반[17]의 보변 평등한[18] 교는
> 우리 스승님으로부터 전수되었다 한다
> 애석하다 승방을 날려온 후
> 동명왕의 고국古國이 위태해졌다

그 발문에 이런 말이 있다.

고구려 보장왕이 도교에 미혹하여 불법을 믿지 않으므로, 보덕법사는 이에 승방을 날려 남으로 내려와 이 산에 이르렀더니 후에 신인神人이 고구려 마령馬嶺에 나타나서 사람들에게 알렸다.
"너희 나라가 멸망할 날이 며칠 안 남았다."

이것은 다 『국사』와 같고 그 나머지는 「본전」과 『승전』에 자세히 기록되어 있다. 보덕법사에게는 뛰어난 제자가 열한 명 있었는데, 무상화상無上和尙은 제자 김취金趣 등과 함께 금동사金洞寺[19]를 세웠고, 적멸寂滅·의융義融 두 법사는 진구사珍丘寺[20]를 세웠고,

---

17 범어 Nirvana의 음역音譯. 도를 완전히 이루어 일체의 중고衆苦와 번뇌에서 벗어나 불생不生·불멸不滅의 법성法性을 증험한 해탈의 경지를 이른 말.《楞伽經》涅槃者 不死不生之地
18 방등方等 : 대승경전의 총칭. 방정方正, 평등의 뜻.《元照彌陀經疏》一切大乘 皆以方等實相爲體 方謂方廣 等卽平等 實相妙理 橫徧諸法 故名方廣 堅該凡聖 故言平等
19 평안남도 안주군 오도산에 있던 절.

지수智藪는 대승사大乘寺[21]를 세웠고, 일승一乘은 심정心正·대원大原 등과 함께 대원사大原寺[22]를 세웠고, 수정水淨은 유마사維摩寺[23]를 세웠고, 사대四大는 계육契育 등과 함께 중대사中臺寺[24]를 세웠고, 개원화상開原和尙은 개원사開原寺[25]를 세웠고, 명덕明德은 연구사燕口寺[26]를 세웠다.

개심開心과 보명普明도 또한 전기가 있는데 다 「본전」과 같다. 기린다.

> 불교는 넓고 한이 없는[27] 바다다
> 냇물 같은 유교 도교 다 받아들인다[28]
> 가소롭다 여왕麗王은 웅덩이[29]에 한계를 치고
> 와룡臥龍[30]이 바다로 옮아감을 알지 못하였네

---

20 전라북도 임실군에 있던 절.
21 경상북도 문경군 산북면 전두리 사불산에 있던 절.
22 전라북도 전주 서남쪽으로 30리 되는 무악산에 있던 절.
23 전라북도 정읍군 칠보산에 있던 절.
24 전라북도 진안군 성수산에 있던 절.
25 충청북도 단양군 금수산에 있던 절.
26 소재를 알 수 없다.
27 왕양汪洋 : 수세水勢가 넓고 큰 모양.
28 조종朝宗 : 강물이 바다로 흐르는 것을 이름이니 제후가 천자에게 조현朝見함을 비유한 말. 《詩經》 沔彼流水 朝宗于海
29 저여沮洳 : 저택沮澤과 같은 말. 물에 늘 잠겨 있는 곳, 즉 하습지下濕地를 이른다. 《詩經》 彼汾沮洳 言採其莫

寶藏奉老 普德移庵

高麗本記云 麗季武德貞觀間 國人爭奉五斗米敎 唐高祖聞之 遣道士 送天尊像 來講道德經 王與國人聽之 卽第二十七代 榮留王卽位七年 武德七年甲申也 明年遣使往唐 求學佛老 唐帝 謂高祖也 許之 及寶藏 王卽位 貞觀十六年壬寅也 亦欲幷興三敎 時寵相蓋蘇文 說王 以儒釋並 熾 而黃冠未盛 特使於唐求道敎 時普德和尙住盤龍寺 憫左道匹正 國 祚危矣 屢諫不聽 乃以神力飛方丈 南移于完山州 今全州也 孤大山而居 焉 卽永徽元年庚戌六月也 又本傳云 乾封二年丁卯三月三日也 未幾國滅 以 總章元年戊辰國滅 則計距庚戌十九年矣 今景福寺 有飛來方丈是也云云 已上 國史 眞樂公留詩在堂 文烈公著傳行世

又按唐書云 先是隋煬帝征遼東 有裨將羊皿 不利於軍 將死 有誓曰 必 爲寵臣滅彼國矣 及蓋氏擅朝 以盖爲氏 乃以羊皿是之應也

又按高麗古記云 隋煬帝以大業八年壬申 領三十萬兵 渡海來征 十年 甲戌十月 高麗王 時第三十六代 嬰陽王立二十五年也 上表乞降 時有一人密 持小弩於懷中 隨持表使 到煬帝舡中 帝奉表讀之 弩發中帝胸 帝將旋 師 謂左右曰 朕爲天下之主 親征小國而不利 萬代之所嗤 時右相羊皿 奏曰 臣死爲高麗大臣 必滅國 報帝王之讎 帝崩後 生於高麗 十五聰明 神武 時武陽王聞其賢 國史 榮留王名建武 或云建成 而此云武陽 未詳 徵入爲 臣 自稱姓盖名金 位至蘇文 乃侍中職也 唐書云 盖蘇文自謂莫離支 猶中書

---

30 장차 풍운조화風雲造化를 일으킬 초야에 숨은 큰 인물을 말한다.《三國志》徐庶 謂先主曰 諸葛孔明 臥龍也

令 又按神誌秘詞序云 蘇文大英弘序幷注 則蘇文乃職名 有文證 而傳云 文人蘇英弘序 未詳孰是

金奏曰 鼎有三足 國有三敎 臣見國中 唯有儒釋無道敎 故 國危矣 王然之 奏唐請之 太宗遣叔達等道士八人 國史云 武德八年乙酉 遣使入唐求佛老 唐帝許之 據此則羊皿自甲戌年死 而托生于此 則才年十餘歲矣 而云寵宰 說王遣請 其年月必有一誤 今兩存 王喜 以佛寺爲道館 尊道士坐儒士之上 道士等行鎭國內有名山川 古平壤城 勢新月城也 道士等 呪勅南河龍 加築爲滿月城 因名龍堰城 作讖曰 龍堰堵 且云千年寶藏堵 或鑿破靈石 俗云都帝嵓 亦云朝天石 蓋昔聖帝騎此石 朝上帝故也 盖金又奏築長城東北西南 時男役女耕 役至十六年乃畢

及寶藏王之世 唐太宗親統 以六軍來征 又不利而還 高宗總章元年戊辰 右相劉仁軌大將軍李勣 新羅金仁問等 攻破國滅 擒王歸唐 寶藏王庶子 率四千餘家 投于新羅 與國史少殊 故 幷錄

大安八年辛未 祐世僧統 到孤大山景福寺飛來方丈 禮普聖師之眞 有詩云 涅槃方等敎 傳受自吾師 云云 至可惜飛房後 東明古國危 跋云 高麗藏王 惑於道敎 不信佛法 師乃飛房 南至此山 後有神人 現於高麗馬嶺 告人云 汝國敗亡無日矣 具如國史 餘具在本傳與僧傳 師有高弟十一人 無上和尙與弟子金趣等 創金洞寺 寂滅 義融二師 創珍丘寺 智藪創大乘寺 一乘與心正大原等 創大原寺 水淨創維摩寺 四大與契育等 創中臺寺 開原和尙創開原寺 明德創燕口寺 開心與普明亦有傳 皆如本傳 讚曰 釋氏汪洋海不窮 百川儒老盡朝宗 麗王可笑封沮洳 不省滄溟徙臥龍

(부록)

색인

⟨ ㄱ ⟩

가락국駕洛國 121
가락국기駕洛國記 341
가리촌加利村 109
가섭원迦葉原 95
가탐賈耽 88
갈문왕葛文王 117
감은사感恩寺 219
강구려康仇麗 140
강수强首 210
강주康州 243
개골산皆骨山 282
개로왕蓋鹵王 42
개루왕蓋婁王 32
개소문蓋蘇文 421
개운포開雲浦 265
개원사開原寺 427

개자추介子推 407
개황력開皇曆 30, 367
개황록開皇錄 370
거등왕居登王 34, 355, 366
거란契丹 88
거서간居西干 111, 116
거슬한居瑟邯 111
거질미왕居叱彌王 36, 367
거타지居陀知 273
걸해왕乞解王 37
견훤甄萱 78, 279, 308
겸지왕鉗知王 43, 367
경덕왕景德王 52, 235
경명왕景明王 57, 277
경문왕景文王 55, 259
경복사景福寺 421
경순왕敬順王 58, 279
경애왕景哀王 58, 278, 314

계림雞林　113

계림왕雞林王　139

계백階伯　183

계왕契王　38

계정雞井　112

고구려高句麗　97

고구려 본기高句麗本紀　385, 420

고국천왕故國川王　34

고기古記　65, 189

고령가야古寧伽倻　92

고성진古省津　294

고야촌高耶村　109

고울부高鬱府　279, 314

고이왕古爾王　35, 301

고장왕高藏王　206

고전기古典記　297

고조선古朝鮮　64

고죽국孤竹國　70

고허촌高墟村　108

곤연鯤淵　96

골화관骨火舘　170

공손수公孫遂　75

공직龔直　326

공훤公萱　332

광개토왕廣開土王　40

구간九干　341

구겸지寇謙之　397

구당서舊唐書　102

구룡산九龍山　103

구수왕仇首王　34, 301

구이九夷　79

구이신왕久爾辛王　41

구지龜旨　342

구한九韓　79

구형왕仇衡王　44, 355, 369

국내성國內城　29

국사國史　83, 209, 306

국선國仙　167, 259

국양왕國壤王　40

국원왕國原王　38

국조왕國祖王　30

국통國統　410

국학國學　288

궁예弓裔　312, 334

궁파弓巴　256

궁홀산弓忽山　69

귀비고貴妃庫　130

규림圭林　358

근구수왕近仇首王　39

근초고왕近肖古王　39, 298

금관경金官京 361

금동사金洞寺 426

금란金蘭 263

금미달今彌達 69

금성金城 91

금와金蛙 96

급량부及梁部 108

기루왕己婁王 30

기림사祇林寺 222

기림잇금基臨尼수 37

기벌포伎伐浦 178

기자箕子 69

기준箕準 78

기출변旗出邊 354

기파랑耆婆郎 237

길달吉達 156

김경신金敬信 133, 241, 245

김대문金大問 116

김락金樂 314

김무력金武力 168

김무알金武謁 136

김봉휴金封休 281

김부金傅 84, 279

김서현金舒玄 168

김알지金閼智 112, 127

김양도金良圖 411

김용수金龍樹 173

김용춘金龍春 173

김용행金用行 403

김웅렴金雄廉 316

김유신金庾信 132, 169, 194

김인문金仁問 205, 425

김제상金堤上(=朴堤上) 135

김주원金周元 245

김질왕金銍王 364

김천존金天尊 208

김춘추金春秋 173

김해부金海府 361

김흠순金欽純 165, 206

〈 ㄴ 〉

나밀왕那密王 135

나정蘿井 110

낙랑樂浪 70

낙랑공주樂浪公主 84, 283

낙랑국樂浪國 83

낙랑군 부인樂浪郡夫人 84

남간사南澗寺 402

남대방군南帶方郡 86

남부여南扶餘 294

남옥저南沃沮 90
남평양南平壤 146, 298
남해거서간南解居西干 115
남해왕南解王 113
남해차차웅南解次次雄 29
낭지법사朗智法師 402
내물마립간奈勿麻立干 39
내물왕奈勿王 135
내해잇금奈解尼叱今 34
노관盧綰 72
노례왕弩禮王 83
노례잇금弩禮尼叱今 29
노인路人 76
논어정의論語正義 80
누리累利 28
눌지마립간訥祇麻立干 41
눌지왕訥祇王 136
능현綾峴 354

〈 ㄷ 〉

다라니陀羅尼 271
다루왕多婁王 29, 300
단군기壇君記 98
단군왕검壇君王儉 64
단오端午 215

달도怛忉 148
달마達磨 394
담시曇始 395
담엄사曇嚴寺 108, 390
당사唐史 180, 191
당태종唐太宗 194, 425
대가야大伽倻 94
대구화상大矩和尙 263
대도곡大道曲 264
대무신왕大武神王 29
대방帶方 70
대소帶素 96
대수촌大樹村 108
대승사大乘寺 427
대왕포大王浦 300
대원사大原寺 427
대조영大祚榮 87
대통大統 410
덕물도德勿島 181
도교道敎 420
도기야都祈野 130
도덕경道德經 235, 420
도솔가兜率歌 119
도안道安 394
도화녀桃花女(=桃花娘) 153

돌산突山 108

돌석堗石 300

동명기東明記 89

동명성제東明聖帝 90, 97

동명왕東明王 27

동부도위부東部都尉府 81

동부여東扶餘 95

동성왕東城王 43

동악신東岳神 125

동옥저東沃沮 90

동이東夷 79

동진東眞 89

동천왕東川王 35

동학童學 386

득오실得烏失 224

〈 ㅁ 〉

마라난타摩羅難陁 386

마려馬黎 296

마립간麻立干 116

마진摩震 56

마품왕麻品王 36, 367

마한馬韓 78, 103

막리지莫離支 421

만파식적萬波息笛 223, 247

말갈靺鞨 88, 192

망덕사望德寺 142, 210

망해사望海寺 267

명랑법사明朗法師 208

명주溟州 79, 247

명활산明活山 109

모량부牟梁部 108

모례毛禮 388

모본왕慕本王 30

묘정妙正 250

무령왕武寧王 43

무산茂山 108

무양왕武陽王 423

무엽산無葉山 64

무왕武王 47, 69, 177, 307, 418

무진주武珍州 214, 311

무휼왕無恤王 84

묵호자墨胡子 387

문경文慶 247

문군곡問羣曲 264

문두루文豆婁 208

문무왕文武王 49, 205

문성왕文聖王 55, 254

문자명왕文咨明王 43

문주왕文周王 42

문희文姬 169

물길勿吉 89

미륵사彌勒寺 306, 418

미륵삼존彌勒三尊 306

미천왕美川王 37

미추왕未鄒王 131, 391

미추잇금未鄒尼叱今 36

미추홀彌鄒忽 296

미해美海 135

민애왕閔哀王 54

민중왕閔中王 29

〈 ㅂ 〉

박문준朴文俊 209

박사람朴娑覽 136

박숙청朴夙淸 220

박이종朴伊宗 150

반룡사盤龍寺 421

발천撥川 112

발해渤海 87

방효공龐孝公 180

배구전裴矩傳 70

배씨裵氏 109

백강白江 182

백석白石 169

백악궁白岳宮 65

백악산白岳山 69

백정왕白淨王 158

백제百濟 297

백제고기百濟古記 191

백제 본기百濟本紀 386

백제 지리지百濟地理志 294

백족화상白足和尙 396

백좌百座 278

벌지지伐知旨 143

벌휴잇금伐休尼叱今 34

범공梵空 282

범교사範敎師 260

법민法敏 176, 356

법왕法王 47, 307, 418

법흥왕法興王 44, 152, 401

벽골제碧骨堤 38

변한卞韓 102

보덕화상普德和尙 421

보장왕寶藏王 48, 421

보해寶海 136

보희寶姬 168

본피부本彼部 108

봉덕사奉德寺 230

봉상왕烽上王 36

봉성사奉聖寺 243

부견苻堅 383

부례랑夫禮郞 223

부여성扶餘城 191

부여 융扶餘隆 188

북대방北帶方 85

북부여北扶餘 94

북옥저北沃沮 90

북원경北原京 214

분서왕汾西王 37

분황사芬皇寺 105, 390

불류沸流 296

불류수沸流水 100

비류왕比流王 37

비유왕毗有王 41

비처마립간毗處麻立干 43

비처왕毗處王 146, 389

비형랑鼻荊郞 155

비화非火 93

〈ㅅ〉

사뇌가詞腦歌 237

사뇌격詞腦格 119

사라斯羅 112

사략史略 93

사량沙梁 105

사량부沙梁部 108, 153

사로斯盧 112

사론史論 116, 333

사륜왕舍輪王 153

사릉蛇陵 113

사반왕沙伴王 35, 300

사불성沙弗城 308

사비泗沘 294

사비성泗沘城 185

사비수泗沘水 178

사비하泗沘河 299

사이四夷 79

사천왕사四天王寺 162

사탁沙涿 105

산상왕山上王 34

살수薩水 84

삼국본사三國本史 393

삼국사三國史 79, 116, 307

삼국사기三國史記 293

삼근왕三斤王 42

삼위 태백산三危太伯山 66

삼한三韓 220, 227

삼황三皇 115

삽라군歃羅郡 137

색인 439

상염무霜髥舞 268
상영常永 181
서동薯童 304, 419
서라벌徐羅伐 112
서벌徐伐 112
서천왕西川王 36
서출지書出池 148
석씨昔氏 124
선덕여왕善德女王 48, 160
선덕왕宣德王 53, 241
선화공주善花公主 304
설방薛邦 207
설씨薛氏 109
설인귀薛仁貴 206
섭하涉何 73
성골姓骨 122
성기成己 76
성덕왕聖德王 51, 230
성산가야星山伽倻 93
성왕聖王 44, 293
성주장군城主將軍 358
성충成忠 177
세리지왕世里智王 36
세오녀細烏女 129
소가야小伽倻 93

소벌도리蘇伐都利 108
소부리군所夫里郡 293
소성왕昭聖王 53
소수림왕小獸林王 39, 383
소자첨蘇子瞻 289
소정방蘇定方 180
소지왕炤知王 43, 146
소하蕭何 285
속말말갈粟末靺鞨 87
손씨孫氏 108
손호孫皓 185
송악군松岳郡 56
수로首露 343
수로부인水路夫人 231
수로왕首露王 30, 366
수릉首陵 344
수양제隋煬帝 422
숙신肅愼 89
순도順道 383
순체荀彘 74
술종공述宗公 227
습비부習比部 109
시랑侍郎 167
시조당始祖堂 131
시중侍中 230

신검神劍 310
신공사뇌가身空詞腦歌 247
신단수神壇樹 67
신답평新畓坪 345
신당서新唐書 83, 102
신대왕新大王 33
신덕왕神德王 56
신라新羅 37
신라고기新羅古記 88
신라고전新羅古傳 191
신라별기新羅別記 186
신라 본기新羅本紀 387, 401
신무왕神武王 54, 256
신문왕神文王 50, 194, 219
신보申輔 350
신숭겸申崇謙 315
신시神市 67
신웅神雄(=桓雄) 68
신원사神元寺 155
신월성新月城 424
신지비사神誌秘詞 423
신체부辛替否 360
실성마립간實聖麻立干 40
실성왕實聖王 146
실주왕實主王 40

심필心弼 263

〈 ㅇ 〉

아니부인阿尼夫人 123
아달라왕阿達羅王 129
아달라잇금阿達羅尼叱今 33
아도阿道 384
아도我道 387
아라가야阿羅伽倻 92
아란불阿蘭弗 95
아사달阿斯達 64
아슬라주阿瑟羅州 89, 150
아신왕阿莘王 40, 386
아유타국阿踰陁國 351
아자개阿慈介 308
아진의선阿珍義先 121
아진포阿珍浦 121
안국병법安國兵法 244
안민가安民歌 238
안사고顔師古 72
안시성安市城 384
안원왕安原王 44
안장왕安藏王 44
알영閼英 27
알영정閼英井 111

알지閼智(=金閼智) 128
알천閼川 161
알천공閼川公 167
알평謁平 108
압량국押梁國 32
애장왕哀莊王 53, 254
양강왕陽崗王 45
양검良劍 310
양길良吉 312
양명羊皿 422
양복楊僕 74
양산촌楊山村 107
양원왕陽原王 45
양전도장量田都帳 294, 363
양지사良志師 163
어법집語法集 269
엄수淹水 99
엄장사嚴莊寺 391
여근곡女根谷 161
여삼餘三 246
여상呂尙 284
여주餘州 294
연단燕丹 271
연오랑延烏郎 129
염장閻長 257

염장공廉長公 167
염촉猒髑 403
영규英規 329
영류왕榮留王 47, 420
영묘사靈妙寺 390
영묘사 옥문지靈妙寺玉門池 161
영수선사永秀禪師 410
영일현迎日縣 115
영취산靈鷲山 267, 402
영흥사永興寺 412
예맥穢貊 79
오가야五伽倻 92
오간烏干 296
오경五京 87
오기일烏忌日 148
오두미교五斗米敎 420
오릉五陵 113
오형五刑 140
옥저沃沮 89
온조왕溫祚王 28, 84, 295
완산주完山州 321
완하국琓夏國 122, 346
왕거인王居仁 271
왕검성王儉城 75
왕대종록王代宗錄 284

왕문도王文度 185
왕후사王后寺 364
왕흥사王興寺 179
왜국倭國 139
왜왕倭王 139
왜인倭人 139
요내정遙乃井 124
용검龍劍 310
용성국龍城國 122
용암龍巖 299
용언성龍堰城 424
용연龍淵 222
우거왕右渠王 73
우릉도于陵島 150
우발수優渤水 97
우세승통祐世僧統 425
우수주牛首州 80
웅녀熊女 69
웅신산熊神山 97
웅천주熊川州 413
원성왕元聖王 53, 247
원종原宗 401
원측법사圓測法師 226
원효법사元曉法師 190
위덕왕威德王 45

위만魏滿(=衛滿) 72
위만조선魏滿朝鮮 73
위서魏書 64
위지魏志 78
위징魏徵 194
위홍魏弘 270
유금필庾黔弼 326
유례왕儒禮王 132
유례잇금儒禮尼叱今 36
유리왕瑠璃王 28
유리왕儒理王 118
유백영劉伯英 180
유신공庾信公(=金庾信) 167
유인궤劉仁軌 189, 425
유인원劉仁願 185
유화柳花 97
육성六姓 109
율포栗浦 139
음질국音質國 32
읍루挹婁 89
응소應邵 83
의상법사義湘法師 207
의자왕義慈王 48, 177, 185
의직義直 181
이근행李謹行 206

색인 443

이밀李密　334

이불란사伊弗蘭寺　384

이서국伊西國　91, 120, 132

이순풍李淳風　194

이시품왕伊尸品王　39

이씨李氏　108

이적李勣　189, 206, 425

이제가기李磾家記　309

이차돈異次頓　401

이현대利見臺　220

일본제기日本帝紀　129

일선군一善郡　310

일성잇금逸聖尼叱今　32

임둔臨屯　70

임아상任雅相　206

임종공林宗公　156

임해전臨海殿　280

임해정臨海亭　231

〈 ㅈ 〉

자비마립간慈悲麻立干　42

자장법사慈藏法師　194

자충慈充　116

장당경藏唐京　69

장사長沙　143

장수왕長壽王　41, 136

장여화張麗華　289

장유사長遊寺　364

장의사壯義寺　201

장춘랑長春郞　201

재매곡財買谷　171

적녀국積女國　122

전백제前百濟　293

전지왕腆支王　40

전한서前漢書　72

점량부漸梁部　108

점탁漸涿　105

점해왕沾解王　131

정강왕定康王　55

정명왕政明王(=神武王)　361

정복貞福　185

정사암政事巖　299

정씨鄭氏　108

제왕연대력帝王年代曆　117

조광趙匡　350

조문선趙文善　362

조물성曹物城　313

조분잇금助賁尼叱今　35

조선전朝鮮傳　72

조적祖逖　317

444

졸본부여卒本扶餘 94
졸본주卒本州 94
좌지왕坐知王 41, 368
주가周苛 142
주례周禮 79
주림전珠琳傳 100
주몽朱蒙 27, 97, 295
주포촌主浦村 354
죽담성竹覃城 85
죽지랑竹旨郎 224
죽현릉竹現陵 132
중대사中臺寺 427
중천왕中川王 35
지대로智大路 149
지리다도파도파리理多都波都波 269
지마왕祇摩王 89
지마잇금祇摩尼叱今 31
지명법사知命法師 305
지의법사智義法師 211
지장도指掌圖 88
지증마립간智證麻立干 43
지철로왕智哲老王(=智證王) 149
지해智海 250
직산稷山 297
진구사珍丘寺 426

진국辰國 73
진국震國 88
진덕여왕眞德女王 48, 175
진번眞番 70
진사왕辰斯王 40
진성여왕眞聖女王 55, 165, 270
진숙보陳叔寶 185
진지왕眞智王 46
진지촌珍支村 108
진평왕眞平王 47, 155, 158
진한辰韓 103
진한秦韓 104
진흥왕眞興王 45, 151
질지왕銍知王 41, 369

〈 ㅊ 〉

차대왕次大王 32
차득공車得公 213
차사嗟辭 119
차차웅次次雄 116
책계왕責稽王 36
책부원구冊府元龜 44, 412
처용處容 266
천관사天官寺 245
천부인天符印 66

색인 445

천안부天安府 331

천정군泉井郡 88

천존고天尊庫 222

천존상天尊像 420

철원鐵原 57

철원경鐵原京 57

첨성대瞻星臺 163

청해진淸海鎭 257

초고왕肖古王 33

초문사肖門寺 384

최씨崔氏 108

최치원崔致遠 78, 103, 117

최호崔浩 396

추남楸南 170

추모왕鄒牟王 295

추연鄒衍 271

추화군推火郡 225

춘주春州 80

춘추공春秋公(=金春秋) 173

충담사忠談師 235

취선사鷲仙寺 133

취희왕吹希王 41, 369

치술령鵄述嶺 143

침류왕枕流王 40, 386

〈 ㅌ 〉

탁수涿水 105

탄현炭峴 178

탈해脫解 30, 346

탈해잇금脫解尼叱今 30

탈해치질금脫解齒叱今 30

태백산太伯山 67

태조太祖 57, 84, 279, 313

태조왕太祖王 30

태종대왕太宗大王 173

태종 무열왕太宗武烈王 49

태평가太平歌 165

토함산吐含山 251

토해吐解 123

토해이사금吐解尼師今 120

통전通典 70

〈 ㅍ 〉

파랑罷郎(=耀郎) 201

파사왕婆娑王 31, 128

패수浿水 72

평나平那 81

평양성平壤城 69

평양왕平陽王 47

평양주平壤州 145
평원왕平原王 46
평주도독부平州都督府 81
포석정鮑石亭 268, 279, 314
표훈대덕表訓大德 235
풍류황권風流黃卷 224
풍사귀馮士貴 180
필탄弼呑 161

〈 ㅎ 〉

하남 위례성河南慰禮城 296
하백河伯 97
하양관河陽館 249
한금호韓擒虎 289, 317
한기부漢歧部 109, 213
한도韓陶 76
한산漢山 298
한해瀚海 86
함달파含達婆 122
항우項羽 334
해가海歌 233
해동고승전海東高僧傳 384
해동안홍기海東安弘記 80
해모수解慕漱 94
해부루解夫婁 95, 97

해인사海印寺 282
향도香徒 410
허황옥許黃玉 351
헌강왕憲康王 55, 107, 265
헌덕왕憲德王 54, 254
헌안왕憲安王 55, 259
헌화가獻花歌 233
혁거세赫居世 27, 78, 111
현금포곡玄琴抱曲 264
현도玄菟 70
혜공왕惠恭王 52, 132, 240
혜왕惠王 47
호공瓠公 123
호림공虎林公 167
호왕虎王(=武王) 69
호진虎珍 109
홍술洪述 315
홍연弘演 408
화랑花郞 169
화엄경華嚴經 250
화주花主 226
화하국왕花廈國王 122
환웅桓雄 66
환웅천왕桓雄天王 67
환인桓因 65

색인 447

황건적黃巾賊 320
황룡사皇龍寺 159
황룡사皇龍寺 9층탑九層塔 159
황룡사皇龍寺 장륙존상丈六尊像 159
황산黃山 183
회남자淮南子 80
효공왕孝恭王 56, 276
효성왕孝成王 52
효소왕孝昭王 51, 224
후백제後百濟 308

후위서後魏書 89
후한서後漢書 82
흉노匈奴 72
흑수黑水 89
흘승골성紇升骨城 94
흥덕왕興德王 54, 255
흥륜사興輪寺 131, 390
흥수興首 182
흥호대왕興虎大王(=興武大王) 172
희강왕僖康王 54

옮긴이 이재호李載浩는 경남 함안에서 출생.
동국대학교 문과대학 사학과를 졸업하였다.
부산대학교 사학과 교수를 역임하였으며,
정년퇴임 후 명예문학박사 학위를 받았고, 현재 명예교수로 있다.
저서로는 『한국사의 비정批正』 『조선정치제도연구』 『한국사의 천명闡明』이 있고,
역서로는 『삼국유사』 『삼국사기』 『회재전서晦齋全書』
『징비록懲毖錄』 『반계수록磻溪隨錄』 『정다산문선丁茶山文選』 등이 있다.

나랏말씀 1

삼국유사 1

1판 1쇄 1998년 10월 10일
개정판 5쇄 2021년 4월 20일

지은이　일연
옮긴이　이재호
펴낸이　임양묵
펴낸곳　솔출판사

서울시 마포구 와우산로29가길 80
전화 02-332-1526　팩시밀리 02-332-1529
홈페이지 http://www.solbook.co.kr
이메일 solbook@solbook.co.kr
출판등록 1990년 9월 15일 제10-420호
ⓒ 이재호, 1997

ISBN 89-8133-125-2　04910

- 이 책의 모든 권리는 옮긴이와 솔출판사에 있습니다.
어떤 경우든 본책의 고유한 내용(번역과 주석)과
편집 체재의 일부 또는 전부를 무단 복제할 수 없습니다.

- 잘못된 책은 구입한 곳에서 바꿔드립니다.